城市轨道交通运营与维修技术丛书

城市轨道交通车站机电设备运行与维修（第二版）

俞军燕　主编

中国建筑工业出版社

图书在版编目（CIP）数据

城市轨道交通车站机电设备运行与维修/俞军燕主编. —2版. —北京：中国建筑工业出版社，2020.10（2022.3重印）
（城市轨道交通运营与维修技术丛书）
ISBN 978-7-112-25306-7

Ⅰ.①城… Ⅱ.①俞… Ⅲ.①城市铁路-车站设备-机电设备-运行②城市铁路-车站设备-机电设备-设备检修 Ⅳ.①U239.5

中国版本图书馆CIP数据核字（2020）第125171号

本书包括10章，分别是：概述、环控系统设备运行与维修、给水排水系统运行与维修、低压配电及照明系统运行与维修、站台门系统运行与维修、电梯系统运行与维修、综合监控系统（含设备监控系统）运行与维修、防灾报警及自动灭火系统运行与维修、机电系统的节能、自动售检票系统运行与维修等内容。

本书介绍了城市轨道交通车站机电设备的结构组成、运行管理、维修管理与事故处理等知识，总结提炼了机电设备的维修实践经验。全书内容系统完整，描述全面简洁。

本书可作为城市轨道交通运营管理部门的技术与行政人员、维修人员使用。也可作为城市轨道交通管理及相关专业人员的培训教材使用，还可供城市轨道交通企业机电检修人员使用。

责任编辑：胡明安
责任校对：芦欣甜

城市轨道交通运营与维修技术丛书
城市轨道交通车站机电设备运行与维修
（第二版）
俞军燕　主编

*

中国建筑工业出版社出版、发行（北京海淀三里河路9号）
各地新华书店、建筑书店经销
北京科地亚盟排版公司制版
北京建筑工业印刷厂印刷

*

开本：787×1092毫米　1/16　印张：20¾　字数：505千字
2020年10月第二版　2022年3月第九次印刷
定价：**62.00**元
ISBN 978-7-112-25306-7
（36085）

版权所有　翻印必究
如有印装质量问题，可寄本社退换
（邮政编码100037）

本书编委会

主　　编　俞军燕
副 主 编　唐艳英　刘利芝　张海燕
第 1 章　唐艳英　俞军燕
第 2 章　吴　滔　唐艳英　王诗瑶
第 3 章　廖权明　刘云辉　张攀峰　彭雄略
第 4 章　骆文尚　沈　驰　黄华文　谭　林
第 5 章　范贵慈　廖海象　许日进
第 6 章　何志豪　何广斌
第 7 章　吴永文　吴　辉　林桂明　林木勇
第 8 章　李　漾　方云笙　刘富标
第 9 章　潘志刚　王诗瑶　王晓夏
第 10 章　黄梓钊　汤　健　黄少斌　黄志成　蒋山山

前　言

　　城市轨道交通的高速发展，对促进城市经济发展、改善现代城市交通困扰局面、调整和优化城市区域布局、促进国民经济发展发挥了重要作用。同时，伴随科技水平的不断进步和发展，大量新设备、新技术在城市轨道交通生产中得到了广泛应用，新形势下对城市轨道交通专业人才提出了更高要求，现场关键岗位急需大量专业技能精湛，综合业务能力强的技能人才，这就迫切需要能够适应新形势需求，更加切合本专业特色的教材。

　　考虑到第一版《城市轨道交通运营与维修技术丛书》已成书十余年，在这十余年间，城市轨道交通技术的发展日新月异，大量的新技术、新方法和新工艺在车站机电设备运维过程中得到了广泛的应用。不可避免地，原"丛书"的部分内容已不适应城市轨道交通运营的实际情况，针对这一情况，为了使本书能够更好地贴合当前城市轨道交通运维的实际情况，我们组织修订了这套《城市轨道交通运营与维修技术丛书》。

　　《城市轨道交通车站机电设备运行与维修》是在当前最新一代地铁技术应用成就基础上，以广州地铁、上海地铁等城市轨道交通运维经验较丰富企业的维修管理模式为依托，结合国内、外同行业的先进技术经验，对投入运营的轨道交通项目，应怎样通过科学的运营管理手段，保持不同专业技术系统的可靠性和安全运转，进行了系统的论述。同时，我们通过直接和间接的实践经验，将有关资料归纳汇总上升到理论上，在同行业中作一抛砖引玉的尝试，希望能在运营管理与维修领域里，起到一定的作用。

　　在本次修订过程中，编者根据城市轨道交通发展的最新成果，对文中的部分老旧、过时的内容进行了删减和替换。同时，为了方便读者理解，本书按照行业内城市轨道交通车站机电设备的运行与维修特点，密切结合城市轨道交通机电设备特性和运维要求，介绍了机电设备的结构组成、运行管理、维修管理与事故处理等知识，结合业界的先进维修技术发展趋势，总结提炼了机电设备的维修实践经验，希望在城市轨道交通的运营管理和维修领域里起到相互提升的作用。

　　本"丛书"的修订，是在建设部科技发展促进中心的主持和指导下得以完成的，并得到了上海申通地铁集团有限公司和广州地铁集团有限公司的大力支持，在此，谨向支持本"丛书"的所有人表示诚挚的感谢！

　　由于我国城市轨道交通行业及机电技术发展日新月异，书中的资料和数据与实际设备存在个别的差异，仅供参考。鉴于编者水平所限，疏漏及不足之处在所难免，期待广大读者和同行多提宝贵意见。

编者

目　　录

第1章　概述 1
　1.1　车站机电设备系统运行管理 1
　1.2　车站机电设备系统维修管理 3
　1.3　维修信息化 7
第2章　环控系统设备运行与维修 13
　2.1　环控系统的组成及功能 13
　2.2　环控系统的运行管理 14
　2.3　环控系统设备的巡视与运行 22
　2.4　环控系统设备的维修 29
　2.5　环控系统故障分析与处理 57
第3章　给水排水系统运行与维修 62
　3.1　给水排水系统的组成及功能 62
　3.2　给水排水系统的操作运行 69
　3.3　给水排水系统设备的维修 72
　3.4　给水排水系统事故（故障）分析与处理 85
第4章　低压配电及照明系统运行与维修 89
　4.1　低压配电及照明系统的组成及功能 89
　4.2　低压配电及照明系统的运行管理 94
　4.3　低压配电及照明系统的巡视与运行 98
　4.4　低压配电及照明系统的维护维修 101
　4.5　低压配电及照明系统故障（事故）分析与处理 115
第5章　站台门系统运行与维修 118
　5.1　站台门系统的组成与功能 118
　5.2　站台门系统的运行管理 122
　5.3　站台门系统设备的巡视与运行 124
　5.4　站台门系统设备的维修 127
　5.5　站台门系统事故（故障）分析与处理 140
第6章　电梯系统运行与维修 147
　6.1　电梯系统的组成及功能 147
　6.2　电梯系统的运行管理 156
　6.3　电梯系统设备的巡视与运行 162
　6.4　电梯系统设备的维修 164
　6.5　电梯系统设备事故（故障）分析与处理 179

第 7 章 综合监控系统（含设备监控系统）运行与维修 ... 183
- 7.1 综合监控系统的组成及功能 ... 183
- 7.2 综合监控系统的运行管理 ... 193
- 7.3 综合监控系统的巡视 ... 198
- 7.4 综合监控系统的维修 ... 199
- 7.5 综合监控系统事故（故障）分析与处理 ... 212

第 8 章 防灾报警及自动灭火系统运行与维修 ... 219
- 8.1 防灾报警及自动灭火系统的组成及功能 ... 219
- 8.2 防灾报警及自动灭火系统的运行管理 ... 232
- 8.3 防灾报警及自动灭火系统（设备的巡视与运行） ... 235
- 8.4 防灾报警及自动灭火系统设备的维修 ... 238
- 8.5 防灾报警及自动灭火系统设备事故（故障）分析与处理 ... 262

第 9 章 机电系统的节能 ... 270

第 10 章 自动售检票系统运行与维修 ... 280
- 10.1 自动售检票系统的发展趋势 ... 280
- 10.2 自动售检票系统的设备介绍 ... 281
- 10.3 自动售检票系统的基本操作 ... 292
- 10.4 自动售检票系统的运维管理 ... 296
- 10.5 自动售检票系统的维护保养 ... 302
- 10.6 自动售检票系统的故障处理 ... 313
- 10.7 多元化支付背景下的 AFC 系统设备运作管理 ... 325

第1章 概述

车站是城市轨道交通系统最重要的组成部分，是乘客上下车、换乘的场所，也是列车到发、载客、通过、折返的关键节点，车站机电设备是为乘客提供乘车服务和保障车站安全运作的设备系统统称。车站机电设备系统可分为环控、给水排水、低压配电与照明、电扶梯、屏蔽门、综合监控（ISCS）、设备监控（BAS）、火灾报警（FAS）、自动灭火、自动售检票等，该10个设备系统从车站环境提供、乘客通行保障、车站设备协调运作和有效防灾应急等功能方面有机组合，相互协作、密不可分，车站机电设备系统通过科学运维保持良好的运行质量，是地铁车站生产有效运转、为乘客提供"安全、准点、快捷、便利"服务的重要保障，也是地铁运营管理的核心任务。

1.1 车站机电设备系统运行管理

城市轨道交通车站机电设备系统运行管理的任务是保障设备处于安全受控的状态，使设备达到优质、高效的运行工况，实现系统的设计功能，为车站正常运营提供必要的基础条件，运行管理工作内容包括技术规程及规章制修、日常巡视、设备检修、不良状态处理、维修效能评价和人员培训等6个方面。

1. 技术规程及规章制修

车站机电设备系统的运行检修工作应由管理部门对相应技术图纸、技术资料等基础资料进行收集存档，并根据厂家提供的使用及维修手册、设备（产品）设计的使用寿命（周期）、实际运行环境、状况编制修订各项管理规程，技术维修规程，设备维修工艺，安全工作规程等，作为设备运行纲领性指导文件，同时编制各种工作记录簿和图表，以使工作有章可循，同时便于积累资料进行运行分析，提高工作质量和效益。

2. 设备巡视

按照规定的周期和项目，沿指定的巡视路线进行设备检查，通过有关测量仪表、显示装置和人的感官等观察设备（有代表性的）运行状态，与标准常态比较，及早发现异常运行状态，及时将设备故障解决于发生的初期，避免故障扩大导致停机。

3. 设备检修

设备检修是一种主动的预防性维修，作业内容较巡视深入，是根据设备的构成、运行和使用特点等因素，周期性地纠正系统各设备（部件）运行后可能积累的误差、磨损，或零部件使用寿命后的更换，调整设备达到良好的运行状态。根据检修范围的大小、检修深度、检修时间长短，分为一级保养、二级保养、小修、中修、专项修和大修6个层次。

各专业每年底要根据维修规程制定次年本专业设备的年度检修计划，在设备检修计划中，要具体体现各个站点各个设备在那个月份实施什么级别的检修，维修模式是自主维修还是委外维修等信息，设备年度检修计划是城市轨道交通生产计划的龙头，生产物资及维修合同的签订均需匹配设备年度检修计划。

4. 不良状态处理

在设备运行、维护、使用过程中发现的不良状态信息，应及时将故障信息报告给设备所辖的专业调度，由专业调度组织对所有不良状态的处理。设备发生故障时，为不造成更大范围影响，由车站工作人员依照"先通后复"原则及有关规则暂作技术处理，必要时，设备维修部门或者设备使用部门明确设备不良状态下的使用、退出、再投用的指引，以控制设备故障造成的影响。

不良状态根据受其影响的对象和影响程度进行分类，实行分级管理，所有信息，应通过维修系统进行记录，信息内容应包括但不限于：

（1）时间信息：发生时间、修复时间；

（2）位置：包括设备地点、所属专业、系统、部位（可维修单元）、部件（可更换单元）；

（3）现象及影响类型；

（4）记录、报告、处置人员；

（5）处理方法；

（6）不良状态分类：设备受影响程度、失效范围；

（7）出现不良状态的原因。

不良状态出现至被完全修复过程中，参与报告、处理、分析的人员，应根据所参与的环节，记录相应的发生、处置、消除等信息。设备管理人员、专业技术人员，应定期对设备不良状态情况进行分析，对一定统计周期内设备的运行表现、故障情况，能及时发现设备的劣化趋势，并通过预防性措施予以遏制。

对不良状态分析的目的包括：

1）分析设备状态变化的规律，提高不良状态防控能力；

2）通过分析，针对性采取技术手段改善设备性能，提高设备的可靠性；

3）分析处理过程中的影响处置效果、处置效率的技术因素，提高处理的速度，降低设备停用时间，提高设备的可用率。

5. 维修效能评价

在城市轨道交通行业中，维修效能评价已经成为必不可少的一项重要战略考虑因素，进行维修效能评价，需要将组织目标分解成可下达的可衡量目标，并将测得的绩效指标进行汇总，提交给决策部门，帮助其做出正确的管理决策。维修效能评价对于长期的价值创造和经济可行性是非常关键的，也是衡量维修生产力常用的一个量度。

常用的指标可分为维修质量指标、维修成本指标、维修过程指标三类。

（1）维修质量指标：用于评价设备在规定条件下和规定时间内，完成规定功能的能力。城市轨道交通的运维，首先是要保证设备的安全可靠，即设备运行过程中少发生故障、不发生安全事件。

质量指标的设定主要来源于对设备的要求，对于城市轨道交通设备维护工作，即是来源于城市轨道交通运营服务对于设备可靠性、安全性的要求。维修质量的好坏可通过设备的故障率、故障影响程度、利用率、完好率等等得到体现。

（2）维修成本指标：评价设备维修投入与产出的关系。

维修成本指标的设定主要来源于经营改善和可持续发展的要求，通过测量维修投入，来确定实现质量输出的总体投入。

（3）维修过程指标：用于评价在现有条件下，用既定的程序和手段实施维修，使设备保持和恢复能执行规定功能状态的能力，维修过程指标的设定来源于内部管理要求，通过测量统计分析，来评价各类措施在实现目标的有效性、适宜性，发现具体的改进点。

6. 人员培训

不断提高运行人员的技术和管理水平也是保证安全运行、提高车站机电设备系统运行质量的重要条件之一。为此，车站机电设备系统管理部门应对值班和检修人员加强安全和技术业务教育、积极开展故障演练、技术比武等活动，不断提高值班业务和维护、检修水平以及事故处理的能力。

1.2 车站机电设备系统维修管理

设备的维修问题一直是行业人员以及设备管理人员的热门话题，尤其是轨道交通行业，如何保障地铁运营安全、质量与效率，如何制定维修管理策略，将维修效益最大化，这些难题随着我国城市轨道交通的飞速发展已摆在我们面前，为此，只有不断总结以往维修经验，随着计算机技术、监测技术的发展，不断优化调整维修模式，提高维修管理水平才能更好地适应城市轨道交通的发展需求。

1. 维修模式分类

维修模式通常指一种模式或多种模式的组合，车站机电设备系统维修模式依据设备特性、维修等级、故障后危害度等因素，其维修模式包括预防性维修（计划修），故障修（恢复性维修），改进性维修（技术改造）及以可靠性为中心的状态修。

（1）预防性维修

预防性维修是以时间为基础的定期维修方式（简称"定期维修"），是一种计划修，是为了防止设备性能和精度的劣化或降低，根据设备运转的周期和季节性等特点，按预先制定的设备维修周期和工作内容，技术要求和计划所进行的维修作业，包括不同周期的清洁、润滑、紧固、测试、调整、检查、更换和定时翻修等，从而保证设备可连续不间断、稳定、可靠运行，达到预防维修的目的。其主要适用于具有损耗特性的部件，即故障率随时间递增，比如轴承、密封件等。该种维修方式的优点是工作明确，管理简单，风险小；缺点是工作量大，效率低，浪费大，只要定时方式的部件到了它的使用时限，不管其本身实际技术状况如何就要翻修或更换，往往不能充分利用它的可用寿命，虽然各个部件的安全寿命和经济寿命都是用科学的方法制定的，但同类设备不同的运行环境和运行载荷其寿命存在有差异，仍然会存在维修过剩或维修不足的问题。

（2）故障修

故障修是一种恢复性维修，是指设备或其机件发生故障后，使其恢复到规定状态的维修活动，包括：故障定位、故障隔离、分解、更换、调校、检验，以及修复损伤/故障件。故障修也称事后补救式维修，相比预防性维修，故障修是一种临时性维修，是当系统发出故障报警或者系统的工作状态异常时需要停机的一种维修方式，是预防性维修方式的一种补充。

（3）改进性维修

改进性维修对设备进行改进或改装，以提高设备的固有可靠性、维修性和安全性水平，是维修工作的扩展，实质上是修改设备的设计，应属于设计、制造的范畴。改进性维修主要是对预防修模式和故障维修模式进行补充，通过技术革新、技术改造、软件升级等手段对设备的固有可靠性进行提升，属于一种补充维修方式。

（4）状态修

由于预防维修强调严格按计划按规定的时间安排维修，往往出现设备劣化尚未达到该修理的程度或超过该维修程度的情况，也就是维修过剩或维修不足的问题，维修过剩会增加运营成本，影响效益，带来人力、物力的浪费。而维修不足则增大了故障停机和故障维修，同样会影响地铁的运营。随着现代化设备的规模化、复杂化，传统的计划修模式已不适应未来维修管理工作发展的需求，设备维修模式由以前计划修为主逐步转为以可靠性为目的的状态修。

状态修是一种是以可靠性理论、状态监测、故障诊断为基础，根据设备的实际技术状态检测结果全面评估后确定维修时机和范围，这种维修模式的特点是维修周期、程序和范围都不固定，要依照实际情况而灵活决定，把维修工作的重心从维修和保养转到检测评估上，即有必要时才进行维修，克服了定期维修带来的不必要的维修成本和设备性能的下降，避免了维修的盲目性。状态修中状态的劣化是由被监测的设备状态参数的变化反映出来而进行的一种可靠性维修，由于受一定条件限制，状态修方式在我国仍然不算是一种成熟的维修方式，实现状态修需要一定的前提条件，需通过检测设备性能参数，故障数据统计维修管理体系，专家评估、定量化建模等技术手段，才能真正实现状态修。

目前，我国车站机电设备系统的状态修主要有基于大数据统计分析和可靠性理论分析的两种维修方式。由于车站机电设备系统种类繁多，数量庞大，点多线长，分布比较广，部分部件无法进行有效的监测或监测价值较高，通过状态监测实现大数据统计分析的状态修部件比较少，如轴承振动轴温监测，蓄电池在线监测等部件通过在线监测设备已实现状态修。其余车站机电设备只能收集设备表面运行参数及故障，数据范围和深度有限，数据量随着运营年限的增长而累积，是一种结合维修经验的数理统计法，然后结合设备外观运行的状态、声音等实现初步的状态评估，距离通过技术状态监测实现的状态修还有较大距离，但也是状态修的一种形式。

状态修是一种先进维修方式，能根据设备的健康状态来安排维修计划，实施设备维修，能根据检测设备提前预知设备的故障，可以减少不必要的维修工作，使维修工作更加科学化、经济化，但状态修的实现仍存在较多困难，目前还不能成为车站机电系统维修的主要维修方式，但随着传感器和测试技术、计算机技术、通信技术、人工智能技术等先进技术的发展和应用，状态监测和故障诊断系统技术会有飞速的发展，状态修会逐步发展为未来设备维修的主要维修方式。

2. 车站机电设备系统维修模式

车站机电设备系统种类繁多，且不同类型故障对设备设施可靠性的影响程度不一，对地铁安全运行及服务影响也不同，本书以某城市地铁车站机电设备系统为例，按照其故障对地铁行车影响程度，消防安全影响程度及客运服务影响程度，车站机电设备系统分类，如表 1-1。

车站机电设备分类　　　　　　　　表 1-1

序号	专业设备	A 类	B 类	C 类
1	环控	防排烟风机及风阀	√	
2	给排水	消防水泵	√	
3	低压配电	事故照明	√	
4	电扶梯	√		
5	屏蔽门	防夹装置	√	
6	设备监控	消防回路	√	
7	综合监控		√	
8	火灾报警	√	线管设备	
9	气体灭火	√		
10	自动售检票		√	
11	车站及车辆段其他机电设备	消防及特种设备		√

其中：A 类设备：直接影响行车安全、消防安全、人身安全的系统设备。
　　　B 类设备：对不直接影响行车安全但影响客运服务质量的系统设备。
　　　C 类设备：对运营行车及客运服务均无直接影响的系统设备，包括车站及车辆段设备区等专业设备。

结合成本控制，根据其设备特点，实现差异化维修模式，其中影响行车及安全的关键部件采取预防计划性维修模式（Ⅰ类），通过中大修，定期维修或更换影响行车及安全的关键部件；对影响客运服务的设备采取状态修维修模式（Ⅱ类），采取定期检测及维护保养，加深小修，评估后专项修；对行车及客运无直接影响的系统设备采用故障修维修模式（Ⅲ类），考虑成本效益，以事后维修为主，采取故障修、评估后专项修。具体各车站机电系统维修模式在各章节中详述。

本书以某城市地铁近 5 年车站机电设备设施故障数据为分析依据，按照故障发生频率和影响程度两维度建立风险矩阵，识别出设备设施可靠性的关注重点。

按故障年均发生的频次，将其分为频繁、经常、有时、很少、极少 5 个等级。

按设备设施故障造成的晚点时间和对乘客环境的影响程度，将故障后果分为轻微、次要、重大、特大 4 个等级

根据 2011~2015 年正线运营车站机电设备系统故障及晚点数据，建立了如图 1-1 风险矩阵图，识别关键系统，车站机电设备系统处于第一、二、三象限，进一步明确分别采用聚焦优化、重点改善及维持现状模式的维修策略。

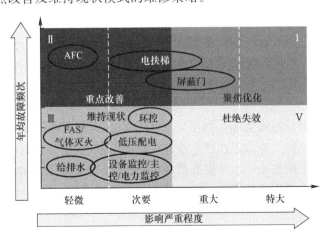

图 1-1　风险矩阵图

当然，维修策略的制定还与各地铁设备特点、技术发展程度、线网规模以及人员专业化水平相关，上述案例仅供参考。

3. 车站机电设备系统维修修程

设备维护保养是设备在使用过程中自身运动的客观要求，设备维护保养的内容是保持设备清洁、整齐、润滑良好、安全运行，包括及时紧固松动的紧固件，调整活动部分的间隙等。简言之，即"清洁、润滑、紧固、调整、防腐"十字作业法。实践证明，设备的寿命在很大程度上取决于设备维护保养的好坏，车站机电设备系统维修修程按照检修深度和难度分为六级。

（1）一级保养

又称例行保养，一般为日检、周检、半月检，其主要内容是巡视、外观检查、参数记录，进行拧紧、清洁、润滑、紧固易松动的零件，检查零件、部件的完整，还要部分地进行调整。这类保养的项目和部位较少，大多数在设备的外部。

（2）二级保养

一般为月检、季检、半年检，主要内容包括内部清洁、润滑、局部或主体部分进行解体检查和调整工作，必要时对达到规定磨损限度的零件加以更换。此外，还要对主要零部件的磨损情况进行测量、鉴定和记录。还需检查更换接线、测试绝缘及电气性能、调整参数、更换不良的部件等内容。

在各类维护保养中，一级保养、二级保养是基础。保养的类别和内容，要针对不同设备的特点加以规定，不仅要考虑到设备的生产工艺、结构复杂程度、规模大小等具体情况和特点，同时要考虑到不同工业企业内部长期形成的维修习惯。

（3）小修

一般为年检、两年检，小修通常只需修复、更换部分磨损较快和使用期限等于或小于维修间隔期的零件，调整设备的局部结构，以保证设备能正常运转到计划维修时间。小修的特点是：维修次数多，工作量小，每次维修时间短。小修一般在生产现场专职维修工人执行。

（4）中修

中修是对设备进行部分解体、维修或更换部分主要零件与基准件，或维修使用期限等于或小于维修间隔期的零件；同时要检查整个机械等系统，紧固所有机件，消除扩大的间隙，校正设备的基准，以保证机器设备能恢复和达到应有的标准和技术要求；对电气设备开展预防性试验、保护校验，检查接线及参数性能，进行调整及集中整治。中修的特点是：相对大修，中修的维修次数较多、工作量不大、每次维修时间较短。

（5）专项修

专项修是按照状态修模式实施，每年定期组织评估检查，根据评估检查结果对系统/设备进行有针对性的维修，类似以往的中修和大修的维修内容，区别在于其维修的启动实施条件不是按照时间定期实施，而是根据现场设备技术状态的变化规律和磨损程度对系统/设备进行恢复、改善和提高设备质量，属于状态修的维修模式。

（6）大修

大修是指通过更换，恢复其主要零部件或设备的原有精度、性能和生产效率而进行的全面维修。大维修的特点是：维修次数少、工作量大、每次维修时间较长。设备大修后，质量管理部门和设备管理部门应组织使用和承修单位有关人员共同检查验收，合格后送修单位与承修单位办理交接手续。

1.3 维修信息化

在城市轨道交通的大线网、大运营的背景下，规范、高效的维修管理更显重要，为实现高效运营、实现维修管理能力与水平的持续提升，需要以设备全寿命周期管理精细化、减少设备故障发生、提高设备维修质量为目标；以规范化为基础、标准化为前提、精细化为目标，通过抓住维修管理中的关键环节，并加以控制，对维修执行过程的监督与作业质量的控制，逐步让维修管理业务从规范化、标准化迈向精细化、智能化管理。

1. 维修信息化的发展

纵观国内城市轨道交通企业的维修信息化发展历程，根据其应用深度和应用目标可分为几个阶段。

（1）初期阶段

此阶段重点是为了解决财务相关成本的核算问题。企业在建立财务系统和仓储管理系统后，应用维修信息系统的首要目标，是根据财务核算要求，记录各类维修任务的物资消耗品种、数量、成本等。一般维修工单会和库存出入库紧密集成，详细记录物资的去向。

在此阶段，维修部门通常会认为维修信息系统与维修生产工作脱节，系统只是为财务服务。

（2）生产管理阶段

维修部门会引用维修信息系统来辅助管理生产任务，在信息系统建立设备台账，根据检修规程安排检修计划，检修人员根据检修工单开展工作并详细登记检修记录。使用系统记录、分配故障工单。

此阶段的应用难点是如何保障维修系统的检修计划与检修规程要求一致、如何在尽量不增加工作量的前提下让检修人员准确地录入检修过程各种记录、并利用系统数据库中大量的数据为各级生产管理服务。

（3）智能化阶段

随着设备本身的信息化和智能化水平的提升，设备从计划性检修走向状态性维修变得可能。维修信息系统与设备集成后，自动采集设备各种测量和状态、根据各种模型进行数据分析后，评估出设备的健康状态，从而触发相匹配的检修任务，实现根据单体设备状态进行差异化维修。

受目前设备的监控水平和数据分析的水平限制，此阶段仍处于研究探索、个别设备突破阶段，尚未较多的成功应用案例。

2. 精细化维修信息系统案例

维修过程精细化管理是一套完整的体系，是一个闭环的管理系统，由"计划制定→实施→监督"三大必不可少的主要环节构成。实现维修全过程的闭环管理是提高维修质量的前提条件。在这个闭环过程中，计划过程尤其重要，借助信息系统，结合设备状态和设备属性，综合考虑人员、设备、物流等因素，制定可执行的精细化维修计划是维修精细化管理的核心。下面以某城市地铁已经实施的精细化维修信息系统为例进行介绍，其系统功能主要有。

(1) 设备管理模块

1) 设备台账管理

按照精细化管理要求，建立每一台设备的台账，关键设备细化到部件级，如车辆、电扶梯。设备台账主要属性包括：设备编码、名称、所属专业，ABC 分类，设备分类，安装位置/存放地点，线路，是否周转件，是否委外维修，投用日期，设备资产状态，合同编号，供应商名称，制造工厂名称，制造日期，品牌，规格型号，出厂编号，设备单价，归属部门编码，归属部门描述，使用班组编码，使用班组描述，备注等。设备编码采用10位流水号。

设备履历记录设备的所有检修记录、故障记录、测量记录、设备技术鉴定评定、技术资料登记、设备评比及检查评定情况履历、设备异动记录、国产化技改记录、部件、备件和周转件等。

2) 位置管理

位置的重要的系统数据，位置信息中包含位置编码、名称、线路、专业、子系统信息，底层位置与设备编码一一对应。系统实现按树形结构组织和展示位置层次结构（图 1-2）。

图 1-2　层次结构

(2) 作业标准管理模块

1) 故障代码管理

故障代码实现故障现象-故障原因-维修措施 3 级管理，并结合地铁内部业务要求对故障代码体系的要素进行扩展，在系统内配置《维修服务承诺表》，每张故障工单能够和《维修服务承诺表》中的时限管理标准进行关联，进而得知故障处理时间是否满足维修服务标准。对于即将超期未能完全修复的故障工单，系统可以自动督办。

2) 标准作业模板管理

标准作业模块功能实现根据不同的设备，设置不同的作业工序的填报要求、填报方式、顺序关系、提交方式、质检方式等，作业标准信息主要包含四个部分：工序、物资、工具、人工。可根据用户不同的权限、工种，设置不同填报要求。为支持多人共同作业，一个标准作业计划/工单支持多组工序，每组工序都可单独填报、上传。

安全交底是各专业班组在开展施工作业前，由施工负责人通报安全事项，对安全事项逐项宣读、打钩、接管作业区域、填写作业情况、补充特殊、遗漏的安全要求和防范措施。每次作业前都需要进行安全交底操作，并记录执行情况。

3）工具定额标准管理

实现设置作业过程中所需的工具清单，为作业执行前和工作完成后进行的工具检查提供清单。工单创建时根据关联的标准作业计划，系统自动将设定的标准工具代入相应的工单中。工班使用手持端下载当天工作任务，任务执行前，手持端自动汇总当天工单中所列的全部工具。工作完成时，工班人员根据工具清单盘点手中工具。

4）物料定额标准管理

实现对作业成本管理要求的支持，设定单位消耗标准、标准作业量、标准作业；系统实现各单位消耗标准、标准作业量的输入；能按照输入的单位消耗标准、标准作业量形成作业的标准定额。根据精细化大纲要求针对每项维修工作，每个设备的检修设定物资消耗的标准数量。

通过作业标准物资信息实现定额物料的设定，物资定额信息包括：作业标准标编号，物资编码，物资描述，定额用量信息。其中定额用量为客户化字段，用来保存使用物资的定额数量。

5）测量工序标准管理

实现测量数据提醒功能，可预设标准值，填写超标时要提示。工序检查结果可记录到设备履历。工单中填报的工序信息能够在相应设备的设备履历中查看。

6）预防性维护管理

按照检修规程规定，每一个设备都应配置预防性维护计划，关联需要执行的工序信息。利用PM数据的设定实现对设备计划性维修的全面覆盖，各类设备的各等级维修都纳入到维修管理模块系统中进行管理。这类PM作业工序细化到单体设备，这类作业包含全部高修程、有设备测量值的低修程。

同一预防性维护支持不同周期的作业模板如：周检、月检、季检、年检等，不同的作业计划可以交替执行，不同的作业计划对应不同的维护内容。

预防性维护实现多位置、多设备功能，一个预防性维护可记录多个位置设备，并生成相应层次的工单。每个工单自动带入对应标准作业计划的内容。标准作业计划中的物料、工时，可根据设备的数量，汇总后记录到父级工单中。

通过预防性维护PM关联标准作业模板，其中定额用料信息即会自动带入到PM创建的工单中。子PM设置了标准作业信息将自动生成工单的计划信息，子PM未设置，父PM设置的标准作业信息生成工单时能够带入到子PM生成的工单计划信息中。

(3) 作业执行管理模块

1）检修计划管理

预防性维护生成的检修工单，其真正的作业时间，要根据施工计划的审批情况安排。设备检修计划管理功能实现了计划的排程功能，用户可修改计划时间、调整修程顺序。

检修计划以自然月为单位，提前一个月的1号开始编排，每个月的28号下发次月计划，由排程人员在导出的检修计划进行排程。整体月度检修计划排程包含施工工单与非施工工单。计划排程优先依据施工计划的安排，计划转工单后即完成排程工作，相应的工单赚到工单页面可查询、手持端可下载。

2）工单管理

每一张工单对应一项检修任务，工单是各专业班组执行工作的载体，通过检修计划排程、施工计划关联、故障修工作、专项整治等工作任务进入到工单模块，由班组长进行人员分配，作业人员通过手持端将属于自己工作任务的工单下载到手持端，开始执行作业，在工作中通过手持端填报具体工序、测量值等作业数据，作业完成后再通过手持端上传入维修管理模块系统。作业人员完成的工单交由班组长执行他检、审核。需要发料的工单最后经由班组材料员发料、关闭。

工单类型包括：预防性（计划）工单、故障工单、委外工单、巡检工单、设备整治工单等多种工单类型，结合不同的工单类型和专业使用要求，实现差异化工作流程，工单类型及描述见表1-2。

工单类型及描述　　　　　　　　　　　　　　　表1-2

工单类型	描述
CM	故障检修
CO	工作配合
DM	杂项维修
EI	设备普查、专项维护、设备整治
EV	工程遗留问题
PM	预防性维护
CBM	状态检修
CLTJ	车辆他检

① 实现对作业工序的自检、互检、他检的填报，并实现图像、录像、录音的填报和预览

② 实现委外成本分拆信息的填报，包括按项目委外材料、人工工时的上报。

③ 根据委外模式，实现对委外作业的用料和工时记录。

④ 实现工单的自动关闭功能，没有物料消耗和他检要求的工单，在一周后自动关闭；需要物料消耗或他检的工单，需完成后才可一周后自动关闭。

3）手持终端APP功能

手持终端APP实现了检修人员在现场填报检修任务，功能包括：

① 任务下载

班组成员使用手持终端可提前下载属于本人或本工班工作任务。

② 工单工序结果填报

实现对作业工序的自检、互检、他检的填报，并实现图像、录像、录音的填报和预览。工单填报完毕上传时如未执行互检上传LMIS维修管理系统。

a. 工序填报：用户可以对每个工单的工序结果进行填报，上传附件（图片、录像、录音）。

b. 多层工序填报：系统默认显示第一层工序进行填报，如果出现异常情况，显示该工序的下层工序进行填报。

c. 转故障工单：用户可以针对当前填报的工单直接生成故障功能，生成保存后故障工单与当前工单自动关联。

d. 先行工序：如果设置了先行工序，系统需要控制在先行工序都填报完成之后才能

够填报当前工序。

e. 测点工序超限提醒：对于测量工序，如果输入的测量值超过标准范围需要提示。

f. 批量填报操作：系统支持单个工单的工序批量填报功能，在工单填报页面点击批量确认按钮，系统会自动把该工单的工序结果默认为正常的选项。如果存在个别异常、关键工序拍照、输入测量值、上传附件的情况，用户需要进行手工录入。

③ 工单互检信息填报

用户可以针对单张工单或单个工序输入互检人、互检时间信息。

④ 他检功能

在工单上增加字段"是否需要他检"。他检由工班长发起流程，手持终端上传并提交工班长开展他检，工班长也可以选择工班已完成的工单执行他检；工班长负责选择他检人（他检人主要为工班长、技术员或专工），发送工单给选择的人员执行他检。被指定人执行他检时，填写他检时间及他检备注、他检完成标记。手持端能标记他检工序：当作业人员认为某部工序需要执行他检时，可标记在该工序上，工单上传之后由工班长安排执行他检。

⑤ 工单实际作业人员信息填报

用户可以针对单张工单输入实际作业人信息，支持输入多个。

⑥ 工单物料填报

a. 用户可以针对单张工单填报物料消耗情况，包括定额、非定额和委外物料。

b. 子工单填报的物料自动汇总到父工单。

⑦ 委外工单填报功能

通过系统实现委外工作的计划、执行、检查确认。委外工班通过手持端填报委外工单，包括工序、委外用料、委外人员工时信息。

3. 运营施工管理系统介绍

早期某城市地铁施工计划编制和施工请销点组织采用手工在 word 进行编制，到 2007 年开通四条线后，夜间的正线施工作业不断增加，手工编制模式已经难以满足越来越高的施工安全要求。为了避免施工过程中出现的施工安全隐患，实现施工组织安全、高效开展，某城市提出了通过系统软件将施工组织各环节结合在一起的构思，通过信息系统增加一些安全辅助措施，如系统自动进行施工计划冲突检测、请销点审批安全冲突检测、施工占用资源图形化显示等。

因此，在 2007 年，某城市地铁组织开发了一套城市轨道交通专用的运营施工管理信息系统，该系统是一套对地铁施工组织实时组织并监控的信息系统，其通过对施工要素的实时监控来确保施工组织的安全、高效和有序进行，通过软件专家模型来替代人脑对施工作业条件和施工冲突的判定，既实现施工计划申报、编制、审核、发布、施工请销点、施工统计分析信息化，又实现施工计划冲突检测、施工审批冲突检测信息化等安全保障，从而减少和避免了因为人为出错而造成施工安全事故的发生，又能减轻施工监控人员的工作量和工作强度。其主要功能如下。

(1) 施工计划模块

施工计划模块实现各种施工计划的编制和审批，以及审批过程中的作业冲突检测。施工计划包括月计划、周计划、日计划、巡道计划、临时计划的审批。所有计划经过批准后，都会反映在《施工行车通告》中，签发后形成《施工进场作业令》。《施工进场作业令》将成为作业请点的依据。

(2) 请销点模块

请销点模块主要实现施工作业的请点和销点审批、施工负责人签名，以及审批过程中的冲突检测。施工人员持《施工进场作业令》到站点或车厂，登录系统进行请点。请点由车站、车厂和OCC批准。作业完毕后，施工人员在系统进行销点。所有流程节点都提供冲突检查功能。

(3) 停电、送电模块

电调在当晚登录系统后，将当晚的需要停电/送电的单据提前进行填写，然后根据流程在OCC进行审批，完成停电/送电操作。停电、送电单分正线、车厂、车辆部3种类型。

(4) 挂拆地线模块

电调在当晚登录系统后，将当晚的需要挂地线/拆地线的单据提前进行填写，然后根据流程在OCC进行审批，完成挂地线/拆地线操作。挂地线/拆地线单分正线、车厂、供电部3种类型。

(5) 调度命令模块

调度命令模块实现调度命令和信息的单点、多点发送、接收及打印功能，OCC通过系统发布各种调度命令和信息给车站、车厂等，并可实时掌握调度命令的接收情况。

(6) 实时图版模块

实时图版显示当前时刻各正线、车厂作业区域/接触网/地线的占用情况，作为审批请销点时进行冲突检测的参考信息。

(7) 与其他系统集成

运营施工管理系统与设备维修系统和企业内部门户系统存在集成接口（图1-3）。

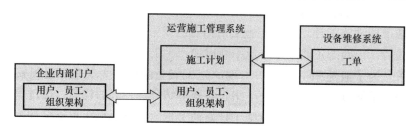

图1-3 运营施工管理系统与其他部分外围系统关联图

(8) 与企业内部门户系统集成

实现在企业内部门户系统的单点登录功能和待办提醒功能；实现用户、员工、组织架构与企业内部门户系统的数据同步。

(9) 与设备维修系统集成

实现与设备维修系统的工单数据关联同步。

4. 维修信息化发展方向

精细化维修信息系统应用的重心在基层，但实施精细化维修信息系统核心并不是为了管理，而是要建立一个企业数据库，把日常运转中出现的问题和解决方法积累起来，让公司的决策、创新等的工作建立在来自基层的数据上，使企业能够利用这些信息做出正确的决策或作为优化的依据，以指导企业管理工作。

第2章 环控系统设备运行与维修

2.1 环控系统的组成及功能

城市轨道交通环控系统（简称环控系统）是指在车站站厅、站台、隧道、设备及管理用房等处所的环境进行空气处理的系统。其功能主要是调节指定区域内的空气温度、湿度，并控制二氧化碳、粉尘等有害物质的浓度，以满足人体健康及相关设备正常运行的要求。

1. 环控系统功能

城市轨道交通地下环境因封闭、湿度大、发热源多（如人体散热、车站设备散热、列车散热、外界空气带入热等），故空气质量与地面其他场所相差较大。在这里降温、除湿和排热是主要的空气处理手段，同时对新、回风中的粉尘、有害物质及人员呼出的二氧化碳进行过滤和处理，为乘客和工作人员创造一个舒适的环境，保证设备能持续、正常地运行。当车站发生火灾、毒气等事故时，环控系统还能及时排除有害气体。显然，环控系统的重要性是不言而喻的。

2. 环控系统的组成

（1）风系统

指空调、通风系统，包括空调机、风机、风阀与风管路（风道）设备，可分为隧道通风系统、空调大系统、空调小系统。

1）隧道通风系统分为区间隧道机械通风（兼排烟）和车站隧道通风两部分。隧道机械通风主要设备有隧道风机、推力风机、射流风机及相关的电动风阀；车站隧道通风主要设备为轨道排风机、电动风阀和防火阀。活塞风是列车在隧道内运行过程中强迫气流形成的阵风，通过隧道和隧道活塞风道进、出。

2）车站站厅、站台公共区的制冷空调及通风（兼排烟）系统，简称空调大系统。由组合空调机、回/排风机、新风机、排烟风机，以及各种风阀、防火阀等组成。

3）车站管理及设备用房空调通风（兼排烟）系统，简称小系统。由小空调机、排风/排烟风机、风阀、防火阀等组成。

（2）车站空调水系统

指各站为供给车站大、小系统空调用水所设置的制冷系统，由冷水机组、水泵、冷却塔、水阀与管路等设备组成。

（3）集中供冷系统

集中供冷是指将相邻3~5个车站的空调用冷水汇集到某一处，集中处理。冷水再由二次冷水泵和管路长距离输送到各车站，以满足车站所需的冷量。集中供冷系统可分以下3部分：

1) 制冷系统环路，主要由冷水机组、冷水一次泵、冷却水系统及其附属设备组成，主要功能是根据运营要求所编制的时间表和各车站负荷的变化，启动或停止冷水机组的运行，为各车站提供满足空调用水要求的冷水。

正常运营时，根据二次环路的实际冷负荷值，同时分析二次环路上的温度测点值及末端比例积分二通阀的开度，确定一次环路中冷水机组的开启台数，并进行相应的联锁控制。冷水机组的主控制器实现冷水机组与一次冷水泵联动，一次冷水泵与冷水机组成唯一对应关系。

2) 冷水二次环路，由二次冷冻泵、变频器、管网等组成，主要的功能是实现冷水的远距离输送，并通过监视末端的阀门开度和压力差，计算出末端的冷负荷，进而改变二次泵的供电频率（变频）来满足车站实际冷负荷需求，二次泵的变频由末端差压控制。

由于管路长，水网稳定性差，各站的分流管上需要加装水力平衡阀进行水力平衡和减压。

3) 末端设备主要由各车站的组合空调器、风机盘管及前后的控制阀门组成。组合空调器（或落地式风机盘管），其过水量受其出水管上的比例积分二通阀控制。而控制比例积分二通阀开度的信号是由设置在站台、站厅的温度探头，经车站 PLC 计算后发出的。车站 PLC 可将站台、站厅及进出水温度通过网络传给冷站控制室。

(4) 备用冷源

考虑集中空调系统可能发生故障，为避免对运营和安全造成太大影响，部分关键重要设备房（包括信号、通信设备房等）会设置多联空调或分体空调作为备用冷源，以确保对运营安全和服务影响较大的关键设备可以正常运行。

2.2　环控系统的运行管理

1. 运行管理的任务和内容

环控系统运行管理的任务是保障系统设备安全、可靠、高效、经济地运行，主要内容包括安全管理、计划管理、技术管理、运行档案管理、设备质量管理、运行模式管理。

(1) 安全管理任务

1) 安全是城市轨道交通运营工作的生命线，安全管理工作必须严格执行国家有关安全生产法规、法令，并根据实际情况制定有关规章制度，严格遵循。

2) 应坚持"安全第一、预防为主"的方针，把安全工作放在重中之重，落到实处。

3) 环控设备维修人员必须认真执行"三不动"、"三不离"、"三不放过"、"三级施工安全措施"等基本安全生产制度。

① 三不动：未联系登记好不动；对设备性能、状态不清楚不动；正在使用中的设备不动。

② 三不离：维修完不复查试验好不离开；发现故障不排除不离开；发现异状、异味、异声不查明原因不离开。

③ 三不放过：事故原因分析不清不放过；未制定防范措施不放过；责任人与群众未受到教育不放过。

4) 在安排维修作业时，应有安全防范措施，并严格遵守有关技术作业安全规定。

5) 各特殊工种必须持证上岗，并进行必要的岗前培训，上岗证应按规定进行年审。

6) 各层级都应设专职或兼职安全员,负责安全工作及监控,形成安全管理网络。

(2) 计划管理

1) 维修计划的制定与实施应以系统、设备的修程、维修周期、技术条件、故障情况等为依据。

2) 根据系统设备的特性和现状,制定相应的维修计划(包括委外维修计划)。

3) 设备年度维修计划应均衡安排,每年的年度维修计划应根据上年度维修计划的完成情况作出相应调整,并在规定时间内编制如表2-1所示的年度设备维修计划申报表,申报批准后执行。

_____年度设备维修计划表　　　　　　　　　表2-1

_____车间_____专业

序号	设备名称	设备数量	单位	上次检修时间	维修周期	计划时间(月)												工作地点	备注
						1	2	3	4	5	6	7	8	9	10	11	12		

编制:_____　车间技术室审核:_____　车间主任审批:_____　____年__月__日

维修调度审核:_____　____年__月__日　部主管经理审定:_____　____年__月__日

注:1. 在"计划时间"栏内填写:"①"代表一级修程;"②"代表二级修程;"③"代表三级修程;"④"代表四级修程;"⑤"代表五级修程;"⑥"代表试验修程(删除)。具体修程定义见"第四节环控系统设备的维修"。

2. 计划完成后,请在圈内涂红色。

3. 此表一式五份。

4) 设备月度维修计划是年度维修计划的分解,专业工程师按时完成编制工作,经报批后执行。月生产维修计划申报表见表2-2。

(　)年度____月生产维修计划申报表　　　　　　　　　表2-2

_____车间_____专业　　　　　　填报日期:_____年__月__日

作业代码	作业项目	作业地点	作业起止时间				作业等级	作业量	上次作业日期	安全防护		责任人
			开始时间		结束时间					封锁	停电	
			日期	时间	日期	时间						

填表人:_____　生产技术组审核:_____　车间主任审批:_____　审批日期:____年__月__日

综合室生产管理组审定:_____　审定日期:____年__月__日

填表说明:1. 各填表及审核、审批人员签名必须用手写签名,不得打印。

2. 本表可以以复印件交综合室生产管理组。

5) 年度、月度维修计划中应有工时、材料等的消耗定额,并从实际报表上反映出来。

6) 年度、月度维修计划应严格认真执行,未经批准不得擅自更改,因客观原因影响计划执行时,应按审批程序申请修改,改报周计划或日计划。周/日计划申报表见表2-3。

周/日 维修计划申报表 表 2-3

申报单位：　　　　申报时间：　　年　月　日　　申报人：　　　　电话：

星期/××日 项目	一 日	二 日	三 日	四 日	五 日	六 日	日 日
作业地点							
作业起止时间							
作业内容							
作业要求							

7) 专业工程师每月应对所辖设备维修计划实施及完成情况进行跟踪，保证计划按质量完成。

8) 随着信息技术的发展，应利用软件信息系统搭建生产管理平台，对设备维修计划进行管理，通过信息系统完成维修计划的申报、审批、执行、跟踪、修改和报表等全过程的管理。

（3）技术管理

1) 在上级技术部门指导下进行相应的维修技术管理工作，环控专业技术人员应做好有关技术工作。

2) 环控技术人员应对环控设备的技术文本及技术档案、竣工资料进行全面归档，加强对技术文件、技术资料及相关标准化文本的管理，确保维修工作的需要。

3) 环控专业技术人员积极配合技术部门做好对设备技术状态的检查工作。并将设备运行信息反馈。针对维修工作过程中出现的技术难题，积极快速提供技术支援。

（4）运行档案管理

1) 环控设备的竣工资料包括各专业设计图纸、设计变更通知、供货商提供的设备图纸和使用说明书等存放集中资料室，常用的图纸、资料可将复印件存生产部门的资料室，以便查阅。

2) 设备档案除冷水机组、空调柜、风机、水泵、冷却塔等各种环控设备安装说明、操作手册、维修手册外，竣工资料、调试记录、系统、设备的原始数据都要合理保存。运行后的维修记录、故障记录等按类归档收集后保存，尽可能做成标准的电子文档，以便于保存、查阅及进行数据分析。

3) 对重要设备的主要运行参数（只能反映设备运行状态与效率的相关参数），进行定期收集整理，并做成标准的电子文档，以便于保存、查阅及进行数据分析。

4) 建立如表 2-4 所示的设备运行故障记录，记录设备在运行过程中的故障，以便跟踪分析。

设备故障登记表 表 2-4

日期	时间	设备名称	所在位置	故障现象	停用否	停用时间	操作员	处理结果

续表

日期	时间	设备名称	所在位置	故障现象	停用否	停用时间	操作员	处理结果

5）记录设备计划维修情况，如表 2-5。

设备维修记录表　　　　　　　　　表 2-5

维修计划（作业令）号		维修时间	___月___日___时___分至 ___月___日___时___分
设备名称		设备地点	设备编号
维修负责人		维修作业人	
维修内容			
维修前设备情况			
维修措施			
维修中发现的问题及处理情况			

维修材料消耗情况	序号	名称	型号及规格	单位	数量
工时消耗情况					

填表人：_____　维修负责人：_____　设备操作员：_____

6）记录设备故障处理情况，如表2-6。

设备故障处理记录表　　　　　　　　　　　　　　　表2-6

____年____月____日　　　　　　　　　　　　　　　　　　　故障地点：_____

故障设备名称		故障设备编号	
故障内容			
处理工班		接报人		接报时间	
处理人					
故障处理时间	____日____时____分至____日____时____分				
故障原因分析					
检修材料消耗情况	序号	名称	型号及规格	单位	数量
工时消耗情况					

故障处理责任人：_____　　　　设备操作员：_____

7）记录配合外单位对该设备作业的情况，如表2-7。

设备维修配合作业记录表　　　　　　　　　　　　　表2-7

____年____月____日　　　　　　　　　　　　　　　　　　作业地点：_____

作业令号		作业单位	
作业内容			
配合工班		配合人员	
配合作业内容			
预计开始时间		预计结束时间	
实际开始时间		实际结束时间	
配合作业完成情况			
工时消耗情况			

配合作业责任人：_____　　　　设备操作员：_____

8）专业技术人员对上述各项记录进行定期和不定期检查、整理及更新，做到每季度检查一次，不定期时间为每两月一次，保证各项记录的完整、清晰。

（5）设备质量管理

1）设备维修过程中及完成后，维修人员应按照设备的检修标准与技术要求，对该设备所规定的维修内容进行检查、维修，并且做好检查、维修记录。

2）设备维修后期使用功能及测试标准，符合该设备的有关技术规格要求和维修验收标准条款。

3）技术部门按照"三定、四化"进行质量把关，定期对各设备维修质量进行检查与鉴定，并做好质量把关记录。

4）备品备件的采购、验收应符合设备所要求的规格、型号，贮存应满足该零部件的贮存条件。

5）技术部门按系统、设备技术要求定期对系统设备进行全面测试，使设备所有技术性能与机械性能符合原设计或设备标准的要求。

6）专业工程师做好所辖设备的明细台账、设备履历表、设备拆分表、备品备件库存表等，保证账目清晰、实用，接受上级管理、技术部门的定期及不定期核查。

7）专业工程师按时填报根据设备管理的规章制度所明确要求的各类报表、图表、表格。

8）专业工程师应每周对设备典型故障进行统计分析，并建立相应的设备故障统计报表。

（6）运行模式管理

环控调度和设备管理部门应根据车站（以及控制中心、车辆段、主变电站等）内部环境要求，以及外部天气情况，合理使用和调整系统运行模式，模式控制要求如下：

1）确保车站公共区达到温湿度和空气质量等环境控制标准，满足客运服务要求，为乘客提供舒适的车站环境。

2）确保设备管理用房达到温湿度和空气质量等环境控制标准，满足设备运行和车站工作人员需求，为设备和人员提供良好的运行和工作环境。

3）在满足环境控制要求的基础上，优化环控系统设备的模式控制，提高系统设备运行能效，降低运行能耗和成本。

4）在发生故障时，除尽快组织维修恢复系统设备功能外，应及时通过设备运行模式的调整，最大限度降低故障影响，保障运营服务质量和关键设备的运行环境。

5）模式调整应建立相关控制流程和标准，且环控调度与车站和设备维修部门之间应有良好的信息沟通和指令传达机制，以便有效地对各站点环控系统运行模式进行控制和管理。

2. 运行管理组织及有关人员的职责

（1）环控系统运行管理的组织架构

1）环控系统设备运行管理方面设有日常巡检工班、专业维修工班、专业技术组。

2）环控专业工程师代表该专业负责制定各种作业计划、材料计划，必要时为维修工作提供技术支持。任职要求具有工程师或助理工程师资格证书。

3）专业维修工班执行各种计划作业、故障抢修、临时维修任务，并及时反馈各种作业情况。每工班有6~12人组成，由电工、钳工、制冷工、管道工等工种组成，从业人员应持证上岗。

（2）主要任务描述

1）环控专业工程师主要负责编制环控专业的年度和月度生产计划和材料消耗计划；检查和考核工班的维修作业完成情况、安全作业情况和材料消耗情况；负责环控系统的设备管理工作；负责编制和实施专业内的培训工作；负责环控专业各类生产和技术文本的编制以及企业标准相关部分的工作；负责检查车站环境控制参数实现情况；负责检查车站环控模式执行情况；负责所辖工班的各项作业和故障处理的技术支援和指导工作。

2）日常巡检工班负责车站环控设备的操作和运行记录工作，反馈设备运行状态，负责车站环控设备的日常巡视、定期保养、简单故障处理（属一、二级修程）的工作。

3）专业维修工班主要负责根据专业生产技术组编制下达的日常计划性维修（属三、四、五级修程）、故障维修以及抢修等工作。

3. 环控设备运行的技术要求

(1) 冷水机组系统设备（以双螺杆冷水机组为例）正常运行时的要求

1）冷水机组各部分完好，无损伤或变形。

2）冷水机组控制柜、供液阀调节电机、油加热继电器、带状发热丝、主机、冷水泵、冷却水泵、水塔风扇电机等都处在可送电状态。

3）长时间停机时要通电加热 24h，检查油温是否在 38℃ 以上或比冷媒蒸发温度高 18℃（如果电阻低于 200MΩ 时要对机组继续加热，达到电阻值要求才能开机）。

4）压缩机视窗冷冻油的油位，在停机时应在视液镜的 1/2～3/4 处，运行时视液镜应看不到油位，冷媒阀及冷冻油回路电磁阀在正常工作位置。

5）机组控制柜电源正常，电压在 360～440V 的允许值内，三相平衡。

6）蒸发器和冷凝器水管管路上的控制阀门动作灵活、开关到位，并处于可正常运转状态。

7）系统内冷却、冷水足够（风冷机组风道畅通），浮球和浮球阀能正常补水。

8）冷却塔电源正常，冷却水水温不超过 38℃。

9）补水用供水正常，补水箱、膨胀水箱水位合适，补水泵完好，电源正常。

10）开机后压缩机表面温度应在 60～74℃ 之间，若油温超过 95℃ 报警，应立即停机并查明造成高温的原因，未查明或未处理不得开机。

11）开机后高、低压油压差不小于 207kPa 为正常。

12）开机后冷凝器的冷媒压力在 690～1450kPa 之间，冷媒温度 15～41℃ 之间，冷却水的进水温度在 14～32℃ 之间，冷凝温度与冷水出水温度差值在 2～5℃ 之间。

13）开机后蒸发器的冷媒压力在 420～550kPa 之间，冷媒蒸发温度在 1～6℃ 之间，冷媒蒸发温度与冷却水出水温度差值在 1～4℃ 之间。

(2) 冷却、冷水泵正常使用要求

1）水泵结构完好，水泵各部分无损伤或变形。

2）水泵润滑油足够。

3）电源正常，环控室、就地控制箱、变频柜等指示灯指示正确。

4）管路上控制阀门动作灵活，开关到位，并处于正确的位置。

5）水泵运行时电流在正常范围内，且无异常波动。

6）水泵进、出水压、压差在正常范围内，压力波动幅度小。

7）水泵无发生异响、无异常振动，无漏油、漏水现象。

8）水泵电机工作温度正常。

(3) 冷却塔正常使用要求

1）管路进、出水蝶阀及冷却水泵能正常开启，水塔水位正常。

2）用手拨动风扇叶片，叶片平衡、无松动。

3）风扇皮带松紧度合适，有无破损。

4）布水槽无积垢、堵塞，布水均匀。

5）检查支架及电机等是否紧固。

6）风扇电机电流稳定在正常范围之内。

7）冷却水进、出水温差不超过正常范围。

（4）组合式空调机正常使用要求

1）机组外观无变形，支座弹簧平衡、风机和各部件紧固。

2）空调机各功能段内部清洁、干净无杂物。

3）空调机检修门无漏风、变形。

4）空调机尘网干净，每15日清洗一次，无压差报警。

5）风机叶轮运转灵活，无碰撞蜗壳。

6）皮带无过松、过紧或打滑现象。

7）机组的进出风风阀处在开启状态，空调季节空调机冷水进、出管路上阀门处在开启状态。二通阀状态正常。

8）设备运行时无异常响声或振动。如有异常，应立即停车检查，严禁机组"带病"运行。

9）风机运行时电流正常范围之内，不应超过额定电流。

10）空调季节接水盘冷凝水排水顺畅、无积水、风机段无飞水现象。

11）空调季节进出水压力、压差、进出水温差在正常范围值。

（5）柜式、吊式空调器的使用要求

1）空调器安装牢靠、部件无松脱。

2）空气过滤网定期清洗、干净，无堵塞。

3）空调检修门无漏风、变形。

4）空调器风机的转向正确，进、出风管风阀打开，风路顺畅。

5）运行时柜内无异常响声或振动。

6）电机运行电流在正常范围内，电流不应超过额定电流，发现异常情况应立即停机。

7）空调季节接水盘冷凝水排水顺畅、无积水、风机段无飞水现象。

8）空调季节要求进出水压力、压差、进出水温差在正常范围值。

（6）各种风机的使用要求

1）风机外观完好，表面无损伤或变形。

2）供给电源正常，风机就地控制箱和环控室控制箱电源指示灯指示一致。

3）风机联动风阀和相关调节阀动作灵活，开关到位并处在正确位置，相关联的防火阀要全开。

4）风机叶轮与机壳无发生碰撞，机壳内无杂物。

5）风机地脚螺栓或减振器无松脱、变形异常。

6）风机运行时无异响、碰撞或金属摩擦声，无异常振动，防止有不规则振动。

7）风机叶轮旋向与标志一致，隧道风机、射流风机、推力风机的运转方向符合设计功能要求。

8）风机运行电流在正常范围内，且无异常波动，仪表指示正常。

9) 与风机连接的风管无破损或漏风,送、排风口顺畅。

(7) 风阀的使用要求

1) 风阀框架无变形,与风管连接紧密,无漏风。
2) 风阀执行器与连杆连接紧密,转动灵活,无松脱或打滑。
3) 风阀执行器动作与环控电控柜指示动作一致。
4) 风阀叶片无松脱、变形,密封胶完好。

(8) 防火阀的使用要求

1) 防火阀框架无变形,与风管连接紧密,无漏风。
2) 防火阀阀片无松脱、变形。
3) 当电信号或手动拉绳使其关闭时,可反时针转动阀片主轴上的复位手柄使其复位。
4) 当易熔断片熔断使其关闭时,须更换新的易熔断片并重新使其复位。
5) 通过自动控制系统(消防报警系统)控制显示器可检查防火阀的开关状态。
6) 发现防火阀关闭应立即进行复位,遇到重要位置(如主风管,风机出入口等)的防火阀意外关闭时,立即关闭相应的正在运行的风机或空调机,并对防火阀进行复位。

2.3 环控系统设备的巡视与运行

1. 巡视的一般要求

(1) 为确保人员安全,每组巡视人员应不少于2人。在区间隧道巡视,应按有关规定办理作业令。所有作业,均应遵守维修生产作业程序,办理请点、销点手续。

(2) 巡视中需改变有关设备工作状态时,巡视人员应报知环调及相关生产调度。

(3) 日常巡视作业程序如图2-1。

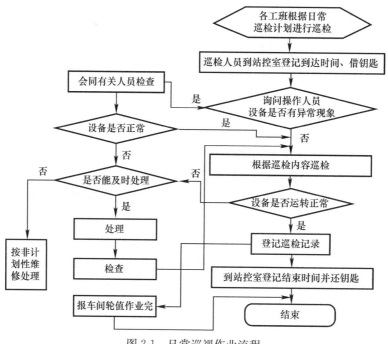

图 2-1 日常巡视作业流程

(4) 巡视人员应填写相应巡视记录

典型的记录表如下：

1) 冷水机组运行参数记录，如表2-8。

_____站冷水机组运行参数记录　　　　　　　　　　　表2-8

日期	时间	机组编号	记录项目		读数记录	记录人	备注
			蒸发器冷水温度（℃）	出水			
				进水			
			冷凝器冷却水温度（℃）	出水			
				进水			
			冷水压力（kPa）	出水			
				进水			
			冷却水压力（kPa）	出水			
				进水			
			1号系统压力（MPa）	排气			
				吸气			
			2号系统压力（MPa）	排气			
				吸气			
			电压（V）				
			压缩机工作电流（A）	1号机			
				2号机			
				3号机			
				4号机			
			蒸发器冷水温度（℃）	出水			
				进水			
			冷凝器冷却水温度（℃）	出水			
				进水			
			冷水压力（kPa）	出水			
				进水			
			冷却水压力（kPa）	出水			
				进水			
			1号机组压力（MPa）	排气			
				吸气			
			2号机组压力（MPa）	排气			
				吸气			
			电压（V）				
			压缩机工作电流（A）	1号机			
				2号机			
				3号机			
				4号机			

2) 组合空调机巡检记录，如表2-9。

_____站组合空调机巡检记录 　　　　表 2-9

设备编号：_____
巡检日期：　　　　　　　　　　　　　　　　设备状态：（1）运行 □
巡 检 人：　　　　　　　　　　　　　　　　　　　　　　（2）停机 □

巡检项目	检查情况	备注
皮带	一、(1) 无松动　　　□ 　　(2) 无断裂　　　□ 　　(3) 无磨损现象　□ 　　(4) 无裂纹　　　□ 二、未见异常　　　　□	
风机 风轮	一、(1) 无松动　　　□ 　　(2) 无移位　　　□ 二、未见异常　　　　□	
风机 轴承	一、无移位　　　　　□ 二、未见异常　　　　□	
润滑 油脂	一、(1) 溢出　　　　□ 　　(2) 溢出变色　　□ 二、未见异常　　　　□	
风机 皮带轮	一、(1) 无松动　　　□ 　　(2) 无移动　　　□ 二、未见异常　　　　□	
避振器	一、(1) 无变形　　　□ 　　(2) 无移位　　　□ 　　(3) 无松动　　　□ 二、未见异常　　　　□	
电机 底座	一、(1) 无移位　　　□ 　　(2) 无松动　　　□ 二、未见异常　　　　□	
电机 接线盒	一、(1) 无移位　　　□ 　　(2) 无松动　　　□ 二、未见异常　　　　□	
就地 控制箱	一、电源指示灯：　亮　□ 　　　　　　　　　不亮　□ 二、转换开关：环控/车控 　　　　　　　　　就地　□ 三、箱门：　　　　开　□ 　　　　　　　　　　关　□	

3) 冷却塔巡检记录表，如表 2-10。

冷却塔巡检记录表 表 2-10

巡检日期	设备状态	巡检项目	检查情况		巡检人	备注
	设备编号：_____ 运行 □ 停机 □	电机	一、（1）无异响	□		
			（2）无移位	□		
			二、未见异常	□		
		皮带	一、（1）无松动	□		
			（2）无移位	□		
			二、未见异常	□		
		风叶	一、（1）无松动	□		
			（2）无移位	□		
			二、未见异常	□		
		播水情况	一、均匀	□		
			二、不均匀	□		
		水位情况	一、正常	□		
			二、不正常	□		
		外观	一、正常	□		
			二、无变形	□		
	设备编号：_____ 运行 □ 停机 □	电机	一、（1）无异响	□		
			（2）无移位	□		
			二、未见异常	□		
		皮带	一、（1）无松动	□		
			（2）无移位	□		
			二、未见异常	□		
		风叶	一、（1）无松动	□		
			（2）无移位	□		
			二、未见异常	□		
		播水情况	一、均匀	□		
			二、不均匀	□		
		水位情况	一、正常	□		
			二、不正常	□		
		外观	一、正常	□		
			二、无变形	□		

巡视内容根据城市轨道交通车站环控系统设备布置情况分区设置实施，具体可分为环控电控室、空调机房和风机房、水系统设备、车站公共区及设备房等，具体巡视内容和周期应结合实际情况，匹配系统监测的功能和实际管理需求，下列巡视内容周期仅供参考，实际应用过程中，应在满足设备质量状态保障的基础上，结合现场设备可靠性要求，以及设备质量检测和监控技术手段的应用，进行相应的调整和优化。

① 各车站 A、B 端环控电控室巡视内容如表 2-11。

环控电控室巡视内容 表 2-11

巡视设备	巡视内容	重点巡视	周期
环控模式	是否正确执行模式		每天一次
一、二类负荷电源	电压是否正确、正常,电源指示灯指示正确	★	每天一次
隧道、推力风机电控柜	电压是否正确、正常,转换开关转换灵活,控制箱内元件完好、清洁、切换到实验位,控制箱可实现控制功能	★	每天一次
站厅、台回/排风机、空调机及各类风机电控柜	电压及运行电流是否正确、正常,转换开头转换灵活,控制箱内元件完好、清洁、动作灵活,打在实验位控制箱可实现控制功能,注意停机时,逐台停机	★	每天一次
风阀指示灯	是否正确、正常		每天一次
各电柜	是否有异常		每天一次

② 车站空调机房和风机房巡视内容如表 2-12。

空调机房和风机房巡视内容 表 2-12

巡视设备	巡视内容	重点巡视	周期
组合空调机及小系统空调器外观	检修门的密封性及机身漏风情况,尘滤袋及压差报警器,检修灯是否全部正常,机内有无积水,风机运转有无振动、异响,进出水温差及压差是否正常	★	每天一次
空调机内部结构	内部支架及部件紧固情况,表冷器表面是否积垢,是否需清理,轴承润滑以及轴平衡情况	★	每天一次
各类风机	运行时有无异常振动、响声,进出风管软接头有无破损、皱褶、松脱等现象,电机运行温度、电压、电流等	★	每天一次
各类风机结构	风机螺栓的松紧及锈蚀情况,电机接线有无松动,风柜皮带是否松动		每周一次
	扇叶有无松动、变形,高压排烟风机运行风压、电流、电压等是否正常,电机绕组对地绝缘正常		每周一次
隧道风机及推力风机	表面及周边有无潮湿等异常现象,运行时有无异常振动与响声,紧固螺栓及减振器有无松动变形	★	每天一次

③ 空调水系统巡视内容:如表 2-13。

空调水系统巡视内容 表 2-13

巡视设备	巡视内容	重点巡视	周期
冷水机组	启动柜或控制箱接触器及电源接线,润滑油油位与颜色,离心机油温及油压差,机体有无漏水、漏油,冷冻、冷却水进出水压力差、温差,冷凝器、蒸发器冷媒压力与温度,蒸发器、冷凝器内冷媒与冷冻水、冷却水的温差,电机冷却温度,供电电压、运行电流及电控柜有无异常,压缩机有无异常振动及噪声	★	每天一次
冷冻、冷却水泵	运行时有无异常振动与噪声,润滑油油位,有无漏水、漏油现象,进出口压力差,运行电流及水泵电机温升等。水泵是否漏水、异常振动、堵塞,水压、流量能否达到原设计要求	★	每天一次
冷却塔	有无异常振动与响声,皮带有无松动、打滑与磨损,浮球、水阀供水能否正常工作,补水箱水位是否正常,底盘有无漏水,是否需清淤,塔身有无破损、漏水,布水槽有无污垢、堵塞,布水是否均匀	★	每天一次
各类蝶阀、阀体	关节部位的生锈与润滑情况、对 Y 形过滤器进行定期检查(看有无堵塞、破损)		每周一次

④ 车站公共区域设备房设备巡视内容，如表 2-14。

公共区域及设备房设备巡视内容　　　　　　　　　表 2-14

巡视设备	巡视内容	重点巡视	周期
风管、风口	有无异响，保温层有无破损，风口百页是否松脱、振动，支吊架是否牢固、无变形等		每天一次
水管	有无漏水，保温层有无破损		每天一次
风阀、水阀	是否处在正常位置上，连接密封性好		每天一次

2. 环控系统设备的运行

正常条件下环控设备可通过就地级、车站级、中央级三级进行控制和自动控制系统进行监控，实现设备集中监控和科学管理，提高综合自动化精度，通过运行不同环控模式，满足不同场合对设备的运行要求，做到安全、合理、先进。

(1) 环控设备的受控方式

1) 中央级控制

中央级控制装置设在控制中心（即 OCC），配置有中央级工作站、全线隧道通风系统及车站环控系统中央模拟显示屏，OCC 工作站可对隧道通风系统进行监控，执行隧道通风系统预定的运行模式或向车站下达大、小系统和水系统各种运行模式指令，主要功能是：

① 可实现对全线通风空调系统、冷水机系统、隧道通风系统的监视、控制。

② 能自动显示并记录全线环控设备的运行状况和设备累积运行时间。

③ 能实时反映车站温、湿度等数据。

④ 通过自动控制系统与防灾报警系统在中央级接口，能接收报警信息并触发环控系统的灾害模式，指令环控设备按灾害模式运行。

⑤ 通过自动控制系统通过与信号系统的接口，接收区间堵车信息，并对相应区间运行强制通风模式。

2) 车站级控制

车站级控制装置设在各站车控室，配置车站级工作站和紧急控制盘，在正常情况下可监视本站的隧道通风系统、空调大、小系统及水系统，向中央级控制传达本站设备信息，并执行中央级控制下达的各项运行指令。在中央级控制工作站的授权下，车站级工作站可作为本车站的消防指挥中心，当车站工作站出现故障时，紧急控制盘可以执行中央级工作站下达的所有防灾模式指令。主要功能是：

① 可实现对本站通风空调系统、冷水机系统、隧道通风系统的监视、控制。

② 能使本车站环控设备按给定的模式运行；根据负荷变化，自动确定优化、节能模式并运行。

③ 能满足环控工艺要求，对区间隧道通风系统设备进行正常和灾害模式控制。

④ 能接收本站防灾报警系统的报警信息并通过自动控制系统实现本站进入灾害模式，控制环控设备按灾害模式运行。

3) 就地级控制

就地级控制设置在各车站的环控电控室，具有对单台环控设备就地控制功能。便于各种设备调试、检查和维修，单台环控设备同时设有就地控制箱。在中央级、车站级、就地级三级控制中，就地级控制具有优先权。

（2）环控设备的主要运行模式

1）各站环控大系统主要运行模式：

① 空调季节小新风空调（T_r＜设定值）。

② 空调季节小新风空调（T_r≥设定值）。

③ 空调季节全新风空调（T_r＜设定值）。

④ 空调季节全新风空调（T_r≥设定值）。

⑤ 非空调季节。

（注：T_r——实际车站回风温度，设定值——车站空调工况的设定回风温度值）。

⑥ 站厅火灾。

⑦ 站台火灾。

⑧ 小系统火灾、排毒运行模式。

2）各站隧道通风系统运行模式：

① 正常运行。

② 早间通风。

③ 晚间通风。

④ 左线站台火灾。

⑤ 右线站台火灾。

⑥ 左线车站隧道火灾。

⑦ 右线车站隧道火灾。

⑧ 左线区间阻塞。

⑨ 右线区间阻塞。

注：设计的优先顺序是：火灾事故运行优先，阻塞运行次之，正常运行最后。

3）集中冷站的运行模式（以3台冷水机组的冷站为例）：

① 空调工况运行早晨系统管网预冷。

② 空调工况运行总冷负荷＜30％。

③ 空调工况运行30％≤总冷负荷≤70％。

④ 空调工况运行70％＜总冷负荷≤100％。

⑤ 空调工况运行总冷负荷＞100％。

⑥ 空调工况运行晚间利用余冷供冷。

⑦ 非空调工况运行水系统全停。

⑧ 事故情况：区间爆管水系统全停。

⑨ 事故情况：火灾水系统全停。

随着信息技术的发展，应尽量通过车站设备监控系统（BAS）和故障维修管理系统，充分利用信息化手段，对环控系统及其主要设备的运行数据进行记录、收集，分析系统设备的质量状态、存在的问题及其发展趋势，以便对系统和相关设备进行合理的调整和维修，从而减少人工巡视和数据记录分析的工作量，提高运行管理的质量和效率。

2.4 环控系统设备的维修

1. 维修管理的任务和原则

环控系统设备的维修工作，应贯彻"预防为主，防治结合，修养并重"的原则，为保证行车安全、提升运营服务水平、为乘客提供"安全、准点、舒适、快捷"的乘车环境，必须坚持为一线服务的宗旨。作业内容较巡视深入，是一种主动的预防性维修，要根据环控设备的构成、运行和使用特点等因素，周期性地纠正设备运行后可能积累的误差、磨损，或零部件使用寿命到期后的更换，通过检测评估，以及定期维护、专项修和设备更新，有效地预防故障的发生，减少设备损耗和能耗，以取得较好的技术、经济效益，保证环控系统设备以良好状态投入运行。

2. 维修管理的组织及有关人员的职责

由于环控系统的设备使用场合不同，要维修的设备较多，较为分散，而且受正常载客运营时间的限制，必须服从调度的统一安排，遵章办理一切必要的作业手续，确保运营安全，包括行车安全、乘客安全和工作人员安全，需要在轨行区或所进行的维修作业对正常载客运营有影响时，必须在收车后进行。维修计划由专业技术人员根据环控系统的构成、运行和使用特点等因素制定，由专业维修工班的维修人员执行。执行过程包含作业前手续办理、维修作业、作业内容的记录、作业过程发现的异常问题反馈等内容。

（1）维修作业性质分类

1）维修作业：指保养、维修及故障抢修三种的生产作业。

2）计划性维修：

① 预防维修：为了防止设备性能及精度劣化或降低，根据设备运转的周期和季节性等特点，按预先制定的设备维修周期与工作内容、技术要求和计划所进行的维修作业。

② 改善维修：为了消除设备的先天性缺陷或频发故障，对系统及其设备的局部结构或零件的设计加以改进、改装，以提高其可靠性和免维护性的维修作业。

3）非计划性维修：

① 抢修：当某一环控系统设备发生故障，严重危及列车正常运行或构成严重安全隐患时，对该设备进行突击性、快速修复其基本功能。

② 补修：与上述情形类似，但对正常运营安全不构成直接或间接影响，可以在事后进行的修理。

4）委外维修：

维修作业经安全、技术、经济效益等方面比选后，可以将部分维修作业委托给外单位来承担的作业任务。

（2）设备维修程序

环控专业维修工班的维修作业分为非计划性维修和计划性维修，每项工作都必须遵守各类设备操作手册和维修手册的要求。

1）非计划维修作业程序如图 2-2。

2）计划性维修作业程序如图 2-3。

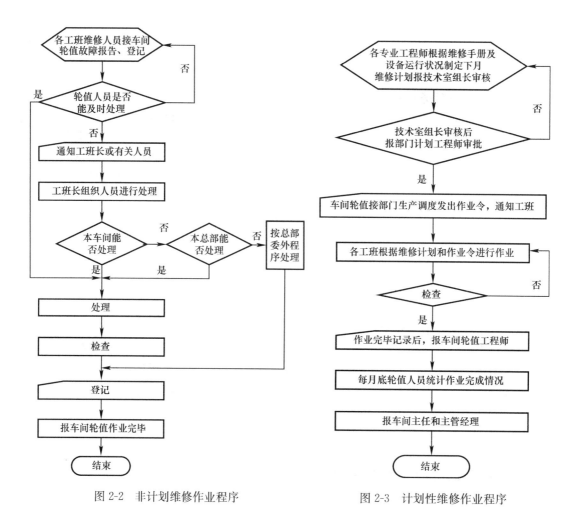

图 2-2 非计划维修作业程序　　图 2-3 计划性维修作业程序

3) 委外维修作业程序如图 2-4。

3. 维修管理的有关规程和要求

(1) 维修作业等级分类：

1) 一级：日常巡视（周检或日检）是每天设备投入使用前或使用后，对其状态进行认真检查，发现不正常现象及时排除和报告。保持设备清洁、使工作环境符合要求，进行简单的调整或更换易损件（如熔断器、指示灯等），按要求添加润滑油等。目的是使设备处于良好的工作条件。由巡检、操作人员按照使用说明和保养规程进行。

人员应接受必要的技术培训，执证上岗。

2) 二级：二级保养（月检、季检和半年检）是对设备的主要功能及主要部位作定期检查、局部解体、清理或更换标准零配件、加注或更换润滑油等。目的是使设备处于良好的工作状态。由维修人员按照维修说明书和保养规程在现场进行，巡检、操作人员做必要的配合。

需要便携式工具。

3) 三级：小修（年检）是对曾发生过的故障进行结构性分析诊断；更换或修复少量的零部件或组件；以及诸如全面调整或调校等。目的是使设备保持正常的工作状

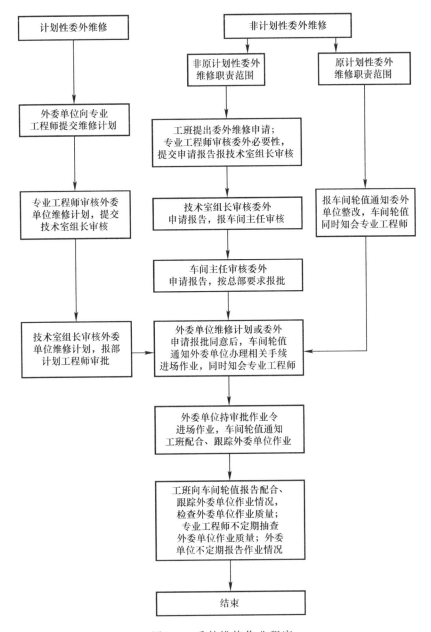

图 2-4 委外维修作业程序

态至下次计划性修理。由维修人员在现场或专门维修场所按照维修手册和维修规程进行。

需要专用工器具和设备。

4）四级：专项修是根据质量评定结果或对单个环控设备进行解体拆解分析；或根据设备运行情况对环控设备的某类零部件进行批量统一拆解修复或更换；或根据环控设备主要零部件使用寿命清单在指定期限内对主要零部件进行评估；根据评估或质量评定结果进行的，针对某个特定零部件或机构的维护、维修保养作业。

需要专用测试仪器、工器具和设备，以及全面详细的技术资料。

5) 五级：大修是将设备全部解体，更换和修复磨损零件，全面检测、调整设备。目的是使设备全面恢复原有的功能状态和技术特性。

除有能力自行承担的项目外，一般请制造厂商或专业大修单位承担。

(2) 环控系统维修周期与工作内容

环控专业设备根据其设备的功能和特点以及在运营中的作用，环控系统划分为B类，主要维修策略为Ⅱ，具体见表2-15，其中：

1) 防排烟风机及风阀因直接涉及人身安全，划分为A类，采取定期维修策略。

2) 冷水机组、冷却塔、空调机组、空调补水系统、无备用的空调水泵因直接涉及乘客服务，划分为B类，采用定期检测保养，状态维修策略，其维护工作由日常维护保养和专项修组成。

3) 其余设备划分为C类，采取加强小修维修策略，主要是日常维护保养工作。

环控专业设备分类等级及规则分类　　　　　　　　　　表 2-15

系统分类	设备名称	类别	维修策略	备注
环控系统（B）	防排烟风机及风阀（含轨排风机、推力风机、射流风机）	A	Ⅱ	周检（属区间隧道风机设备月检，如要挂地线才可上去检查的每月就地开机测试检查一次）+季检+年检+专项修
	冷水机组、直膨式制冷系统压缩机组	B	Ⅱ	周检（机组运行期间每天巡视）+半年检+年检+专项修
	冷却塔、水泵、补水系统、风墙型蒸发冷却式直膨散热机组	B	Ⅱ	周检（冷水机组运行期间每天巡视）+半年检+年检+专项修
	组合空调机组及柜式空调器	B	Ⅱ	周检（冷水机组运行期间每天巡视）+半年检+年检+专项修
	辐射、板式换热器	B	Ⅱ	周检（冷水机组运行期间每天巡视）+年检+专项修
	多联机	B	Ⅱ	周检+半年检+年检+专项修
	备用水泵	C	Ⅲ	周检+年检+专项修
	水处理	C	Ⅲ	月检+年检
	分体空调	C	Ⅲ	年检
	风机（除排烟风机）	C	Ⅲ	周检（需从区间进入的区间风亭内设备每周在EMCS/BAS点动测试，每月现场检查一次）+年检
	风机盘管、辐射空调新风处理除湿机	C	Ⅲ	公共区域风机盘管、辐射空调新风处理除湿机周检+年检，小系统风机盘管年检

续表

系统分类	设备名称	类别	维修策略	备注
环控系统（B）	管道及附件（风管、水管、消声器、伸缩节、普通风阀、保温、水阀、支吊架、静电除尘、补水装置、旁流水处理器、管道电极保护装置、CQM（胶球）清洗机、除渣机等）	C	Ⅲ	周检（区间为每月，补水装置、胶球清洗机、除渣机，冷水机组运行期间每天巡视）＋年检（风管、风道、水管、消声器、保温、除渣机、胶球清洗机等专项修）
	风幕机、喷雾风扇	C	Ⅲ	周检＋年检
	环控机房能效监控系统	B	Ⅱ	周检（冷水机组运行期间每天巡视）＋半年检＋年检＋专项修

表 2-15 中所列的是一些较为通用的设备定期检查维修项目，因不同的系统可能存在一定的特殊性，故实际应用时应根据具体设备配置与系统使用情况进行编制修订，如表 2-16。

环控设备维修周期与工作内容　　　表 2-16

序号	设备	修程	检修周期	工作内容
1	冷却塔	周检	每周（冷水机组运行期间每天巡视）	（1）控制箱显示状态巡视，控制箱设置在远程位。 （2）每周动作一次浮球检查其功能，每天巡检时确认冷却塔，补水箱水位是否正常。 （3）风机运转振动正常，无异常噪声。 （4）播水系统巡视，管道阀门开启正确，布水均匀。 （5）接水盘巡视是否正常，不得出现溢流、漏水情况。 （6）风机皮带松紧度巡视，视情况进行调整或更换。 （7）巡视冷却塔（接水盘、洒水盘及填料）及周围环境，无异物堵塞风路，并视情况进行清洁。 （8）检查填料是否有下沉，检查冷却塔周围是否有非正常水迹。 （9）检查管道阀门状态是否正常，清理堵塞严重的冷却塔填料
		半年检	六个月	（10）检查填料碳酸钙及黏泥藻类附着物情况，并通行清理。 （11）对松脱填料进行加固。 （12）对补水浮球阀进行检查调整，对不满足使用要求的进行更换。 （13）电机传动系统等转动部位的润滑油进行检查及添加，风机轮毂、皮带箱、叶片固定构件（U形码）、叶片等坚固的检查。 （14）电机绝缘和运行电流的检查和测量。 （15）冷却塔周围环境的清洁。 （16）接水盘及洒水盘、播水头的清洁。 （17）检查接水盘溢水口位、补水阀、浮球位置是否合适，并调整。 （18）冷却塔外表百叶的检查与修补。 （19）对钢索进行检查，并进行螺栓紧固。 （20）对冷却塔进水量进行检查，调整冷却塔水量平衡。 （21）电机、风机轴承的检查、加油或更换。 （22）风机皮带松紧度检查，视情况进行调整或更换

续表

序号	设备	修程	检修周期	工作内容
1	冷却塔	年检	一年	(23) 同半年检保养全部内容。 (24) 对外表框架、爬梯进行检查，并做好加固和防锈处理。 (25) 对塔体结构进行检查，并做好加固和防锈处理。 (26) 对水管及水箱进行检查，并做好防锈及油漆工作，对锈蚀严重，漏水严重的不合格管段局部更换。 (27) 接水盘补漏。 (28) 检查扇叶有无歪斜及裂纹，对不满足使用要求的扇叶进行更换。 (29) 对电机、风机轴承进行检查，对存在异响或不满足使用要求的轴承进行更换
		专项修	根据年度质量评定情况定维修内容	(30) 检查填料，水量、风量正常时对入水超出37℃，且换热温差小于3℃的填料进行更换。 (31) 检查风机皮带箱、轴套、轴、金属扇叶、皮带轮，有锈蚀、磨损、对多次补焊再加工有变形等情况，电机风速较低，不满足设计要求的进行更换。 (32) 检查冷却塔风扇支架，视情况进行加固或更换。 (33) 检查电机外壳锈蚀情况，测量电机三相电流、绝缘等电气性能参数，视情况进行维修或更换。 (34) 检查冷却塔框架及支撑架并进行除锈，视现场检查情况实施局部加固或更换。 (35) 检查冷却塔底盘，视情况对底盘进行加固和补漏。 (36) 清洗播水盘及播水器，视情况对播水盘及播水器进行补漏或更换
2	螺杆式冷水机组（含直膨式制冷系统的压缩机组）	周检	每周（冷水机组运行期间每天巡视）	(1) 记录冷水机组运行参数，具体见参数记录表，对参数异常进行处理。 (2) 巡视主机正常运行时噪声及振动情况，对异常噪音及振动情况进行处理。 (3) 主机停机时巡视油加热器状态是否处于工作状态。 (4) 主机外观巡视，对漏水、漏油情况进行处理。 (5) 周围环境卫生巡视，视情况进行清扫。 (6) 检查冷水机油位、液位是否在正常范围。 (7) 检查冷水机启动柜或控制箱散热风扇是否工作
		半年检	六个月	(8) 起动柜及控制箱内的检查及清扫清洁。 (9) 起动柜或控制箱内接触器的检查，并视需要进行打磨或更换。 (10) 各控制元件继电器，PLC，电源模块，及模拟量输入输出模块的检查，对不满足使用要求的进行更换。 (11) 电源线接点检查及紧固。 (12) 连接螺栓与地脚螺栓的检查，除锈与紧固。 (13) 机组保温效果检查。 (14) 冷冻机油油量、色泽及外观检查，颜色异常时要求化验。 (15) 制冷系统泄漏检查。 (16) 检查冷媒循环的压力及温度及液视镜，视需要添加制冷剂。 (17) 温度，压力传感器的校验或更换。 (18) 水流开关（或压差开关）检验、调整及异常情况更换。 (19) 安全阀铅封的检查。 (20) 电机对地绝缘阻值检测。 (21) 压缩机噪声异常值测量。 (22) 加卸载测试。 (23) 视情况检查半封闭式冷水机组联轴器，进行紧固、校核。 (24) 检查半封闭式、开式冷水机组各运转轴承是否有异响，视情况更换

续表

序号	设备	修程	检修周期	工作内容
2	螺杆式冷水机组（含直膨式制冷系统的压缩机组）	年检	一年	(25) 控制程序测试，具体见年检工单。 (26) 视情况手动加载满负荷，或添加制冷剂，记录机组冷媒循环压力。 (27) 冷冻机组运行时间达到1年（即自然年2年）时，对冷冻机油进行抽测，根据检测结果视情况更换机油（委外需求时要细化到换油单价和总价）。 (28) 视情况对油过滤器检查及更换。 (29) 导叶阀或滑阀检查，加卸载平滑顺畅。 (30) 机组及附件表面防锈油漆处理。 (31) 热交换器铜管内部积垢清洁，清洗后传热温差低于3℃（吉荣冷水机组除外）。 (32) 电气安全性能检查（包括压缩机相间、对地绝缘）。 (33) 机组外壳保温层的修补。 (34) 压力容器（冷凝器、蒸发器）及其附件（安全阀、压力表）年审检测
		专项修	根据年度质量评定情况定维修内容	(35) 电机绕组绝缘检查，对于非全封闭压缩机检查并清洗电机转子与定子绕组，对存在问题的进行更换。对于全封闭压缩机进行全面检测，视情况进行维修或更换。 (36) 电机绕组绝缘检查，对于全封闭压缩机进行全面检测，视情况进行维修或更换。 (37) 检查接线端子板绝缘，是否有破损裂缝渗漏现象。 (38) 检查、清洗压缩机轴承，对有故障、磨损、变形、退火现象的进行更换。 (39) 检查机体内表面，滑阀表面是否有摩擦痕迹，弹簧组件的压缩量是否在正常范围。 (40) 检查吸/排气止回阀是否有卡阻。对卡阻的止回阀进行更换。 (41) 更换全部密封圈。 (42) 检查螺杆转子磨损程度及机腔磨损程度，对磨损及表面缺陷、间隙过大的螺杆进行更换或调整。 (43) 对起动柜或控制箱内主断路器、接触器的检查，对不满足使用要求的进行更换。 (44) 对蒸发器、冷凝器进行检漏，检查冷凝器与蒸发器的腐蚀情况，对腐蚀严重的进行更换。 (45) 对蒸发器、冷凝器管壁厚度及焊缝探测。 (46) 对失效蒸发器保温进行更换。 (47) 节流装置检查，对不满足使用要求的进行更换
3	离心式冷水机组	周检	每周（冷水机组运行期间每天巡视）	(1) 记录冷水机组运行参数，具体见参数记录表，对参数异常进行处理。 (2) 巡视主机正常运行时噪声及振动情况，对异常噪声及振动情况进行处理。 (3) 主机停机时巡视油加热器状态是否处于工作状态，油温是否高于40℃。 (4) 主机外观巡视，对漏水漏油情况进行处理。 (5) 周围环境卫生巡视，视情况进行清扫。 (6) 检查冷水机油位、液位是否在正常范围。 (7) 检查冷水机启动柜或控制箱散热风扇是否工作

35

续表

序号	设备	修程	检修周期	工作内容
3	离心式冷水机组	半年检	六个月	(8) 起动柜及控制箱内的检查及清扫清洁及除锈。 (9) 起动柜或控制箱内接触器的检查，并视需要进行打磨或更换。 (10) 各控制元件继电器，PLC，电源模块，及模拟量输入输出模块的检查，对不满足使用要求的进行更换。 (11) 电源线接点检查及紧固。 (12) 连接螺栓与地脚螺栓的检查，除锈与紧固。 (13) 机组保温效果检查。 (14) 冷冻机油油量、色泽及外观检查，颜色异常时要求化验。 (15) 制冷系统泄漏检查。 (16) 检查冷媒循环的压力及温度及液视镜，视需要添加制冷剂。 (17) 温度，压力传感器的校验或更换。 (18) 水流开关（或压差式开关）检验、调整及异常情况更换。 (19) 安全阀铅封的检查。 (20) 电机对地绝缘阻值检测。 (21) 压缩机噪声异常值测量。 (22) 加卸载测试。 (23) 检查半封闭式离心机组联轴器，视情况进行紧固。 (24) 检查电机、压缩机轴承是否有异响，对磨损、噪声增大、窜动的进行更换
		年检	一年	(25) 控制程序测试，具体见年检工单。 (26) 手动加载满负荷，记录机组冷媒压力，视情况添加制冷剂。 (27) 冷冻机组运行时间达到 1 年（即自然年 2 年）时，对冷冻机油进行抽测，根据检测结果视情况更换机油（委外需求时要细化到换油单价和总价），并对油过滤器检查及更换。 (28) 油过滤器检查及更换。 (29) 调节电机检查，加卸载平滑顺畅。 (30) 机组及附件表面防锈油漆处理。 (31) 热交换器铜管内部积垢清洁，清洗后传热温差低于3℃。 (32) 电气安全性能检查（包括压缩机相间、对地绝缘）。 (33) 机组外壳保温层的修补。 (34) 压力容器（冷凝器、蒸发器）及其附件（安全阀、压力表）年审检测
		专项修	根据年度质量评定情况定维修内容	(35) 检查压缩机并清洗电机转子与定子绕组，对存在问题的进行更换、检查、清洗轴承，对有磨损、变形、退火现象的进行更换，对扇门导叶、离心叶轮进行检查，对有损坏的进行更换。 (36) 更换压缩机内全部密封圈。 (37) 清洗过滤器腔。 (38) 对起动柜或控制箱内主断路器、接触器的检查，对不满足使用要求的进行更换。 (39) 对蒸发器、冷凝器进行检漏，检查冷凝器与蒸发器的腐蚀情况，对腐蚀严重的进行更换。 (40) 对蒸发器、冷凝器管壁厚度及焊缝探测。 (41) 对失效蒸发器保温进行更换。 (42) 节流浮球阀拆解清洗、更换密封圈

续表

序号	设备	修程	检修周期	工作内容
4	活塞式冷水机组	周检	每周（冷水机组运行期间每天巡视）	(1) 记录冷水机组运行参数，具体见参数记录表，对参数异常进行处理。 (2) 巡视主机正常运行时噪声及振动情况，对异常噪音及振动情况进行处理。 (3) 主机停机时巡视油加热器状态是否处于工作状态。 (4) 主机外观巡视，对漏水漏油情况进行处理。 (5) 周围环境卫生巡视，视情况进行清扫
		半年检	六个月	(6) 起动柜及控制箱内的检查及清扫清洁及除锈。 (7) 起动柜或控制箱内接触器的检查，并视需要进行打磨或更换。 (8) 各控制元件继电器，PLC，电源模块，及模拟量输入输出模块的检查，对不满足使用要求的进行更换。 (9) 电源线接点检查及紧固。 (10) 连接螺栓与地脚螺栓的检查，除锈与紧固。 (11) 机组保温效果检查。 (12) 冷冻机油油量、色泽及外观检查，颜色异常时要求化验。 (13) 制冷系统泄漏检查。 (14) 检查冷媒循环的压力及温度及液视镜，视需要添加制冷剂。 (15) 温度，压力传感器的校验或更换。 (16) 水流开关（或压差式开关）检验、调整及异常情况更换。 (17) 安全阀铅封的检查。 (18) 电机对地绝缘阻值检测。 (19) 压缩机噪声异常值测量。 (20) 加卸载测试
		年检	一年	(21) 控制程序测试，具体见年检工单。 (22) 手动加载满负荷，记录机组冷媒压力，视情况添加制冷剂。 (23) 冷冻机组运行时间达到1年（即自然年2年）时，对冷冻机油进行抽测，根据检测结果视情况更换机油（委外需求时要细化为换油单价和总价），并对油过滤器检查及更换。 (24) 机组及附件表面防锈油漆处理。 (25) 热交换器铜管内部积垢清洁，清洗后传热温差低于3℃。 (26) 电气安全性能检查（包括压缩机相间、对地绝缘）。 (27) 机组外壳及保温层的修补。 (28) 压力容器（冷凝器、蒸发器）及其附件（安全阀、压力表）年审检测
		专项修	根据年度质量评定情况定维修内容	(29) 检查压缩机并清洗吸气口端滤网，检查、清洗压缩机内部曲轴组件、油泵组件、活塞连杆组件、阀板组件、加泄载机构，对有磨损、变形、退火、拉毛现象的进行检修更换。 (30) 更换压缩机内全部密封圈。 (31) 对起动柜或控制箱内主断路器、接触器的检查，对不满足使用要求的进行更换。 (32) 对蒸发器、冷凝器进行检漏，检查冷凝器与蒸发器的腐蚀情况，对腐蚀严重的进行更换。 (33) 对蒸发器、冷凝器管壁厚度及焊缝探测。 (34) 对失效蒸发器保温进行更换

37

续表

序号	设备	修程	检修周期	工作内容
5	防排烟风机及风阀	周检	每周（区间隧道风机设备月检，如要挂地线才可上去检查的每月就地开机测试检查一次）	(1) 风机运行情况有无异常振动与噪声。 (2) 巡视车站大系统、隧道通风系统风机进出风软接头及其紧固部件（不包括区间需停电挂地线才可检查到的设备）。 (3) 巡视车站大系统、隧道通风系统排风、排烟风机吊架、支架及减振器固定螺栓情况（不包括区间需停电挂地线才可检查到的设备）。 (4) 立式隧道风机加强对软接固定环及其连接螺栓的巡视。 (5) 巡视设备及周围环境，并视情况进行清洁。 (6) 巡视风阀是否有中间状态
		季检	三个月	(7) 检查紧固地脚螺丝或吊杆螺丝。 (8) 检查风机外壳有无变形破损。 (9) 检查并视情况调整或更换减振器。 (10) 电气安全性能检查（包括电机绝缘与运行电流的检测）。 (11) 检查风机轴承润滑与磨损情况，视需要更换润滑油脂或轴承。 (12) 检查隧道风机进出风口天圆地方，前后消声器等各部件的紧固情况。 (13) 开机检查风机的振动情况（立式隧道风机）。 (14) 对风阀执行器开关测试，对阀门开度与操作器及执行器不一致进行调整
		年检	一年	(15) 检查吊杆及基础螺栓，对不满足使用要求的进行更换。 (16) 检查风叶及其组件并视情况进行紧固。 (17) 检查风机叶片及电机积尘情况，视需要进行清扫。 (18) 根据风机运行电流分析风机运行情况，如有电流超过额定电流或偏小的需要查明原因。 (19) 检查叶片距管壳的间距均匀（隧道风机）。 (20) 机壳的检查，框架锈蚀严重、变形，失去支承能力，需要更换。 (21) 检查风机叶轮、轮毂及紧固螺栓。 (22) 检查测量减振器，并情况更换。 (23) 清理风阀连杆等活动件的污垢，涂适量润滑脂润滑防锈，并作松紧度调整。 (24) 检查阀体或密封件，视情况更换。 (25) 每年一次对大系统站台火灾开启屏蔽门及轨排辅助排烟后，站台到站厅楼梯中部风速测量
		专项修	根据年度质量评定情况定维修内容	(26) 更换锈蚀严重框架、机壳。 (27) 对绝缘性能低及三相电流不平衡电机进行维修。 (28) 更换或加固风机支架或吊架、基础。 (29) 调整或更换减振器。 (30) 更换不满足使用要求的风机叶轮
		隧道通风系统测试	每年一次（可结合环调月度抽测火灾模式或安排单独完成，记录备查）	(31) 使用有效期内合格风速仪。 (32) 每次测试点选择隧道内、区间中部位置进行检测。 (33) 区间测试时按相应任一区间火灾模式，开启隧道排烟设备。 (34) 测试隧道风速稳定后不小于2m/s，不大于11m/s的为合格。 (35) 对测试时未能达到风速合格要求的，需系统调节风机风量、风阀和频率设置等

续表

序号	设备	修程	检修周期	工作内容
6	风机（除防排烟风机外）	周检	每周（需从区间进入的区间风亭内设备每周在EMCS/BAS点动测试，每月现场检查一次）	(1) 风机运行情况有无异常振动与噪声。 (2) 巡视风机进出风软接头及其紧固部件。 (3) 巡视风机吊架，支架及减振器固定螺栓情况。 (4) 巡视设备及周围环境，并视情况进行清洁
		年检	一年	(5) 检查紧固地脚螺丝或吊杆螺丝，对不满足使用要求的进行更换。 (6) 检查风机外壳有无变形破损。 (7) 检查并视情况调整或更换减振器（15kW以上风机）。 (8) 电气安全性能检查（包括电绝缘与运行电流的检测）。 (9) 检查风机轴承润滑与磨损情况，视需要更换润滑油脂或轴承。 (10) 根据风机运行电流分析风机运行情况，如有电流超过额定电流或偏小的需要查明原因。 (11) 机壳的检查，框架锈蚀严重、变形，失去支承能力，需要更换。 (12) 检查风机叶轮、轮毂及紧固螺栓
7	水泵	周检	每周（冷水机组运行期间每天巡视）	(1) 水泵控制箱及变频器状态显示的巡视，需设置在自动状态。如是加开备用水泵则报备跟进好，确保运行时与冷机运行联动阀功能匹配。 (2) 水泵运行无异常噪声及振动，运行在正常压力范围内。 (3) 巡视电机温升是否有异常情况。 (4) 巡视水泵有无漏水，漏油。 (5) 巡视水泵及周围环境，并视情况进行清洁。 (6) 巡视联轴器下方是否有缓冲胶碎片粉末及铁削（直联式水泵除外）。 (7) 变频控制柜的显示信号巡视
		半年检	六个月	(8) 轴承润滑情况的检查，视情况添加润滑油。 (9) 检查并紧固地脚螺栓。 (10) 检查机械密封，对不满足使用的机械密封进行更换。 (11) 检查与调整联轴器的同轴度与轴向间隙（直联式水泵除外）。 (12) 检查电机绝缘性能及三相运行电流，并对不符合绝缘要求的电机进行处理
		年检	一年	(13) 检查密封，对有损坏的进行更换。 (14) 表面防锈、补漆处理。 (15) 检查并视情况调整或更换叶轮密封环，轴套，压盖，轴封等部件。 (16) 检查更换润滑油脂（对非含油密封）。 (17) 检查并视情况更换轴承、减振器。 (18) 检查水泵联轴器，磨损变形的需要更换（直联式水泵除外）。 (19) 检查水泵联轴器橡胶减振块或胶圈，根据磨损情况更换（直联式水泵除外）
		专项修	根据年度质量评定情况定维修内容	(20) 更换水泵支架及减振器。 (21) 更换或修复水泵联轴器。 (22) 更换水泵叶轮。 (23) 更换或维修水泵电机

39

续表

序号	设备	修程	检修周期	工作内容
8	组合空调机组及柜式空调机	周检	每周（冷水机组运行期间每天巡视）	（1）检修门的密封性巡视。 （2）风机运行情况巡视（异常振动及噪声）。 （3）组合空调机风机段集水巡视。 （4）机体变形巡视。 （5）机内检修照明情况巡视。 （6）巡视机组及周围环境，并视情况进行清洁。 （7）巡视并调整皮带松紧度，发现失效的皮带立刻更换 （8）组合空调机集水槽集水巡视。 （9）底盘漏水巡视。 （10）巡视风机出风口及机柜出风管软接。 （11）风机段设备移位情况以及风机轴承的巡视（确认是否异响）。 （12）散流器和涡舌的焊点巡视及异常检查。 （13）巡视压力表及温度计有无损坏或失效，并对异常的进行记录，安排更换。 （14）滤袋积尘、外部支承结构固定情况巡视（滤袋每月至少清洗一次）。 （15）滤网、金属尘网装置固定情况巡视（初效板式尘网每两周至少清洗一次）。 （16）高压静电除尘装置、红外线消毒装置通电、固定情况巡视，每半年至少清洁一次
		半年检	六个月	（17）视检查情况对检修门密封条进行更换。 （18）各紧固件的检查（包括轴承、皮带轮紧固螺丝的检查）。 （19）风机及内部环境的清洁。 （20）金属尘网装置内部结构、性能检查 （21）皮带轮对中。 （22）机体泄漏检查及补漏。 （23）电气安全性能检查（包括电机绝缘与运行电流的检测）。 （24）导水槽的检查与清理。 （25）内部照明装置的检修。 （26）检查减振器回弹性能，更换失效减振器。 （27）表冷器立式布水管、支管锈蚀情况、完好性检查。 （28）风机及电机轴承的运行检查及风机润滑油的更换。 （29）检查风机叶轮有无变形、叶片有否断裂、松动
		年检	一年	（30）压力表及温度计的校核与更换。 （31）清洗水封，清除容水湾内的积垢。 （32）清洗表冷器、冷凝水盘及盘管表面。 （33）机体、水管伸缩节变形限度、尘网支架强度的加固（视检查情况加固）。 （34）消声器检查。（消声器的清洁与紧固）。 （35）机体及箱体内支架水管的防锈、补漆处理。 （36）检查底盘，对漏水的底盘进行修补。 （37）表冷器翅片的疏理，防倒伏影响大面积送风情况。 （38）风机转动时有摇晃，与叶轮有摩擦现象，有较大锈蚀面积更换
		专项修	根据年度质量评定情况定维修内容	（39）对堵塞或换热效率低的表冷器进行更换。 （40）检查电机绝缘性能及三相运行电流，并对不符合绝缘要求的电机进行处理。 （41）检查框架与面板。出现大面积变形，框架锈蚀严重、变形，失去支承能力的，需要更换。面板变形不能紧密结合，有多处漏风，面板表面容易出现凝露，失去隔热能力，需要更换。

续表

序号	设备	修程	检修周期	工作内容
8	组合空调机组及柜式空调机	专项修	根据年度质量评定情况定维修内容	(42) 重新加固底座、风机支架，底座锈蚀严重，整体有倾斜现象，用水平尺测量水平和垂直角度，偏离中心点较大，需要重新加固。 (43) 更换效率下降的风机。 (44) 更换性能下降的消声器。 (45) 检查皮带轮磨损情况，并视情况更换
9	风机盘管、新风处理除湿机	周检	每周（公共区域）	(1) 主机运行状态是否正常，是否有异常噪声和振动。 (2) 送、回风口，送、回水阀，冷凝水排水是否正常。 (3) 过滤装置是否完好、固定位置是否漏网检查，尘网两周至少清洗一次
		年检	一年	(4) 风机盘管风机轴承运行情况检查，对噪声大的轴承进行更换。 (5) 对风轮上的积尘进行铲除，对变形的叶片进行校正或更换。 (6) 电气安全性能检查（包括电机绝缘与运行电流的检测）。 (7) 接水盘检查清洗，检查接水盘及排水管排水是否顺畅，对失效保温进行更换。 (8) 表冷器表面积尘、结垢清洁。 (9) 机体及支吊架防锈补漆处理。 (10) 清洗、梳理倒伏风机盘管换热器（片）
10	多联机组	每周	每周（生产、客服用运行期间）	(1) 巡视机组运行状态是否正常。 (2) 室外机运行是否有异常噪声和振动。 (3) 机组周围是否漏油漏制冷剂
		半年检	6个月	(4) 室外机控制箱内外的检查及清扫。 (5) 室外机及周围环境清扫。 (6) 制冷系统泄漏检查，视情况添加制冷剂。 (7) 控制箱内接触器等电气元器件的检查。 (8) 控制箱内接线点松脱检查。 (9) 各控制元件的检查或更换。 (10) 电气安全性能检查（包括电机绝缘与运行电流的检测等）。 (11) 室内机运行情况检查。 (12) 检查室内机风机运行情况。 (13) 室外机冷凝器翅片的检查及视情况清洗。 (14) 检查冷凝风扇扇叶及电机。 (15) 室外机管路检查，有无松脱。
		年检	一年	(16) 对机组控制箱元件进行全面检查，对性能下降及不满足使用要求的进行更换。 (17) 检查室内机换热器是否堵塞，并进行清洗。 (18) 室外机冷凝器翅片清洗。 (19) 室外机组外壳、框架、支架防锈处理。 (20) 室外管道保温检查、更换。 (21) 检查室外机热交换器完好情况
		专项修	根据年度质量评定情况定维修内容	(22) 检查保温情况，对失效高于20%保温进行更换。 (23) 检查室内机运行情况，对室内机电机运行噪声大，室内机换热效率低于额定80%的室内机进行专项维修或更换。 (24) 检查室外机，对室外机锈蚀严重，翅片老化，换热效率低，压缩机运行噪声大，制冷量低于额定80%的室外机进行专项修或更换。 (25) 检查室外机电子板件，控制箱，对不满足使用要求的进行更换

续表

序号	设备	修程	检修周期	工作内容
11	水处理	月检	每月（不开机时期无须检查，需配合水处理检测）	(1) 水质取样、化验与分析。 (2) 冷冻冷却水加药，杀菌防腐处理。 (3) 冷却塔排污、清洗。清洁冷却塔填料，表面无碳酸钙及黏泥藻类附着。 (4) 表冷器集水盘加药杀菌处理。 (5) 清除水管Y形过滤器中的杂物
		年检	一年	(6) 管道清洗及滤膜或湿保处理。 (7) 年度水质检测分析及报告。 (8) 对水系统进行加药杀菌，军团菌送外项目检测每年两次。 (9) 系统换水
12	胶球清洗装置	周检	每周（冷水机组运行期间每天巡视）	(1) 胶球清洗机胶球运行及程序是否正常。 (2) 配电正常及控制箱内部卫生整洁。 (3) 补压及水泵加压功能正常。 (4) 冷机传热温差是否低于2℃，观察胶球清洗效果。 (5) 检查注球、捕球率是否达90%以上
		年检	每年	(6) 胶球清洗机、管道捕注球装置锈蚀涂漆等。 (7) 结合清洗效果，核查注球、捕球运行时间，间隔设置是否合适，软件升级等。 (8) 每年观察球的磨损情况进行更换。 (9) 检查控制、注球设备是否老化，功能损失、无法修复时进行更换
		专项修	根据年度质量评定情况确定维修内容	(10) 胶球清洗装置金属支架、结构整体锈蚀严重，无法修复或重要部件失效。 (11) 供气、注水设备动力、运动部件严重磨损、功能损失大，无法更换恢复。 (12) 程序、控制设备已不适应使用，或能耗高、新型设备更新换代要求
13	管道及附件	每周	每周（需从区间进入巡视的相关设备为每月）	(1) 巡视轨顶风阀。 (2) 巡视轨顶消声器。 (3) 电极保护装置微电流、电压及信号显示是否正常，电极信源线连接是否正常。 (4) 风阀、水阀位置状态与模式需求是否正常。 (5) 巡视管路及阀门是否泄漏、管路上仪器仪表巡视。 (6) 管路保温是否严密，视需要进行局部修补或更换保温棉。 (7) 管路、阀门、风口是否有异常振动或松动，视需要进行相应处理。 (8) 阀门开度与操作器及执行器指示的巡视，视情况修理、更换操作器、执行器（环控电控室巡视阀门状态是否正常）。 (9) 风道、散流器表面及周围环境，视情况进行清洁。 (10) 巡视外部表面锈蚀情况，视需要进行防锈、补漆。 (11) 风机、管线、管路支架等是否有异常振动。 (12) 检查风管、回风口、轨顶风管插板阀是否有开裂、松脱、变形等（区间金属风管周期为每季，结构风管周期为半年）。 (13) 检查支架、紧固螺丝是否生锈、松脱现象（区间金属风管周期为每季，结构风管周期为半年）。 (14) 风管与支架压片固定是否有错位、不牢固情况。 (15) 巡视轨顶消声器防松压片牢固情况，各固定螺栓不得松脱。 (16) 巡视轨顶风阀落地螺栓及阀片牢固情况，连杆连接螺栓不得松脱。

续表

序号	设备	修程	检修周期	工作内容
14	管道及附件	每周	每周（需从区间进入巡视的相关设备为每月）	(17) 巡视轨顶消声器防松压片牢固情况，各固定螺栓不得松脱。 (18) 复合光催化抗菌泡沫金属滤网：去除滤网上的碎屑，当污泥沉积严重时，拆下滤网清洁（仅对光触媒、高压静电装置每季）。 (19) 防水型紫外线灯：外部灯罩表面污渍的清洗及密封情况检查。对故障灯管进行更换（仅对光触媒、高压静电装置每季）。 (20) 电气部分：清洁、紧固配电箱内各接线；检查箱内漏电开关、镇流器，视情况进行更换（仅对光触媒、高压静电装置每季）。
		年检	一年	(21) 视需要对管路水箱进行补漏或加固。 (22) 外表防锈处理。 (23) 更换变形、损坏的Y形过滤器过滤网。 (24) 清理阀门（含水阀、风阀、组合风阀）各活动件的污垢，涂适量润滑脂润滑防锈，并作松紧度调整。 (25) 检查阀体或密封件，视情况更换。 (26) 防火阀结构及弹簧性能检查，对易熔片异常情况进行更换。 (27) 执行器内部控制电路检查（包括各风机联动风阀执行器）。 (28) 检查管路、阀门、风口及支吊架是否有异常振动或松动并加固。 (29) 检查水管伸缩节拉伸情况，并检查其支架是否变形、移位，对变形情况进行处理。 (30) 区间冷管保温情况检查，泡沫玻璃贴管没有脱落松散，外包扎层完好。 (31) 区间冷冻、冷却水管管码、支架检查、紧固。 (32) 清洁、紧固控制箱内各接线；检查箱内漏电开关、镇流器，如有故障进行更换。 (33) 管道电极保护装置锈蚀涂漆，微电流、电压调整。 (34) 检查风管、水管过墙体段振动、渗漏、开裂异常情况。 (35) 消声器表面、结构风室、结构通风道清洁，金属支架检查、固定。 (36) 管道压力表送检（每两年）。 (37) 对新风、回风系统管路（主要指风管内部）进行清洁（每2年）。 (38) 检查风管、回风口、轨顶风管插板阀是否有开裂、松脱、变形等，并对其进行加固。 (39) 检查轨底风管百叶是否出现螺栓松脱、百叶脱落、框架变型开裂，并对其进行加固或更换。 (40) 轨顶风管、风道杂物清理（每2年）。
		专项修	根据年度质量评定情况定维修内容	(41) 车站（或区域）风管、水管保温松脱、严重破损、每站失效面积20%以上。 (42) 消声器表面锈蚀严重、变形严重，无法修复固定、消音效果差，站需更换面积达20%以上。 (43) 车站（或区域）管道及附件设备整体锈蚀严重、无修复价值等隐患。 (44) 其他相关设备评估后达专项修条件实施专项修

注：随着水处理技术的发展，通过各类在线水质处理和控制设备（包括臭氧、磁场、电场、物理过滤，以及自动、监测、加药和排水等装置），对环控水系统的水质进行控制和监测，可逐步减少人工加药检测的工作量，实现更为高效和高质量的自动化水质控制，因涉及设备的种类和形式较多，无法一一列举，但在使用过程中，需根据厂家的维护手册，做好设备的检查和维护。

（3）常用环控设备的维修质量标准

每种设备质量分为100，如表2-17。

环控设备检查标准　　表2-17

设备类别	序号	检查项目	评分标准	标准分
冷水机组	1	机组外观	外观整洁，保温完好，无锈蚀，无漏油，无漏水： 不整洁扣3分，保温破损扣3分，出现锈蚀扣3分，漏油扣3分，漏水扣3分	15
	2	机组电柜及电箱	电气仪表、部件及线路无松脱、熔化、损坏： 电气部件损坏扣4分，仪表损坏扣5分，线路松脱扣3分，熔化扣5分	17
	3	控制屏	能正常显示、操作： 背景灯坏扣3分，不能操作扣5分， 不能显示扣5分	13
	4	油箱	油质清澈，油位在下视镜顶部与上视镜一半之间，停机时油温为60～70℃： 油浑浊扣5分，油过多或过少扣5分，油温达不到要求扣5分	15
	5	运行指标	具体运行参数参考相应机型的技术资料	40
水泵	1	水泵外观	外观整洁，无锈蚀、漏水、漏油： 不整洁扣5分，发现锈蚀扣5分，漏水扣5分，漏油扣5分	20
	2	叶轮	叶轮不松动，无变形、损坏，与机壳不碰撞： 松动扣5分，变形、损坏扣10分，与机壳碰撞扣10分	25
	3	联轴	连接对中，无松动，油量适当： 连接不对中扣10分，松动扣5分，油量不当扣5分	20
	4	电机	运行良好，三相平衡，轴承无损坏： 轴承运转噪声大扣5分，绝缘在1MΩ以下扣5分，三相不平衡扣5分	15
	5	运行指标	在运行中应无不正常噪声及振动，无不良发热，电流不超过额定电流，扬程达到要求： 噪声、振动大扣5分，有不良发热扣5分，电流超过额定电流扣5分，扬程达不到要求扣5分	20
冷却塔	1	冷却塔外观	外观整洁，无破损、无锈蚀： 不整洁扣5分，有破损扣5分，有锈蚀扣5分	15
	2	风扇	叶轮平衡、完好，轴承、皮带轮无损坏，皮带无松动、磨损： 叶轮损坏或不平衡扣5分，轴承损坏扣5分，皮带轮损坏扣5分，皮带磨损、松动扣5分	20
	3	电机	运行良好，轴承无损坏： 轴承运转噪声大扣5分，轴承损坏扣5分，绝缘在1MΩ以下扣5分，三相不平衡扣5分	20
	4	布水槽	布水均匀，无积垢堵塞： 布水不均扣5分，积垢堵塞扣5分	10
	5	底盘	浮球（阀）无损坏、底盘无积垢、漏水： 浮球损坏扣5分，底盘积垢多扣5分，漏水扣5分	15
	6	运行指标	运行中应无异常噪声，电流不超过额定电流，无飘水，在额定工况下能达到良好的冷却效果： 噪声、振动大扣5分，电流超过额定值扣5分，有飘水现象扣5分，达不到额定冷却效果扣5分	20

续表

设备类别	序号	检查项目	评分标准	标准分
组合式空调器	1	空调器外观	无划痕,脱漆、变形、漏风: 无划痕变形扣5分,漏风扣5分,不整洁扣5分	15
	2	过滤段	滤袋无破损,无过多积尘: 滤袋破损扣5分,滤袋积尘堵塞扣3分	8
	3	表冷段	表冷器无破损,无堵塞,换热良好,挡水板无漏水: 表冷器破损扣5分,堵塞扣5分,因积垢导致换热不良扣5分,挡水板漏水扣3分	18
	4	风机	叶轮无损坏、与机壳不碰撞,皮带无松动、破损,轴承无损坏: 叶轮损坏扣5分,与机壳碰撞扣5分,皮带松动、破损扣3分,轴承损坏扣5分	18
	5	电机	运行良好,轴承无损坏: 轴承运转噪声大扣3分,轴承损坏扣5分,绝缘在1MΩ以下扣5分,三相不平衡扣5分	15
	6	消声段	消声器无损坏,无锈蚀: 有损坏扣5分,有锈蚀扣3分	10
	7	运行指标	运行中应无不正常噪声,电流不超过额定电流,送风达到系统要求: 噪声大、振动大扣5分,电流超过额定值扣6分,送风(温度,风量)达不到系统要求扣5分	16
小风柜	1	风柜外观	外观整洁,无锈蚀,无破损: 不整洁扣5分,有锈蚀扣5分,有破损、变形扣5分	15
	2	风机	叶轮无损坏,与机壳不相碰: 叶轮损坏扣8分,叶轮与机壳碰撞扣8分	16
	3	电机	运行良好,轴承无损坏: 轴承运转噪声大扣8分,轴承损坏扣8分,绝缘在1MΩ以下扣8分,三相不平衡扣8分	32
	4	尘滤网	滤网完好,无堵塞: 滤网损坏扣8,堵塞扣5分,	13
	5	运行指标	运行中应无不正常噪声,电流不超过额定电流,正常工况下送风温度应符合系统要求: 噪声、振动大扣8分,电流超过额定值扣8分,送风不符合要求扣8分	24
风机	1	风机外观	外观整洁,无锈蚀,软接无破损: 不整洁扣5分,出现锈蚀扣5分,软接破损扣5分	15
	2	叶轮	风机叶轮无损坏,与机壳不相碰: 叶轮损坏扣10分,叶轮与机壳相碰扣10分	20
	3	电机	运行良好,轴承无损坏: 轴承运转噪声大扣5分,轴承损坏扣10分,绝缘在1MΩ以下扣10分,三相不平衡扣10分	35
	4	运行指标	运行中应无不正常噪声,电流不超过额定电流,风量达到设计要求: 噪声大,振动大扣10分,电流超过额定值扣10分,风量不达标扣10分	30

续表

设备类别	序号	检查项目	评分标准	标准分
风阀	1	风阀外观	外观整洁，无锈蚀： 不整洁扣10分，发现锈蚀扣10分	20
	2	叶片	无松动，无损坏、变形： 叶片松动扣10分，损坏、变形扣10分	20
	3	操作器	显示与控制正常： 显示不正确扣10分，控制不正常扣10分	20
	4	执行器	机械动作灵活正常，信号接收与反馈正确： 机械动作不正常扣10分，信号接收与反馈不正确扣10分	20
	5	运行指标	运行中无不正常噪声，开闭动作与状态正常： 噪声大、振动大扣10分，开闭动作与状态不正常扣10分	20
水阀	1	水阀外观	外观整洁，无锈蚀： 不整洁扣10分，发现锈蚀扣10分	20
	2	阀体	无漏水，关闭严密，转动灵活，开度指示正确： 漏水扣10分，关闭不严扣10分，转动不灵活扣5分，开度指示不正确扣5分	30
	3	电动机构	电机无损坏，传动部件正常，无漏油： 电机损坏扣10分，传动部件损坏扣10分，漏油扣10分	30
	4	运行指标	运行中开闭动作准确、控制正常： 阀门控制与动作不正常扣20分	20
消声器	1	消声器外观	外观整洁，无锈蚀： 不整洁扣10分，发现锈蚀扣10分	20
	2	消声片	无松动，无损坏、变形： 松动扣10分，有损坏、变形扣15分	25
	3	活动导轨	无损坏，润滑良好，动作灵活： 变形、损坏扣15分，动作不灵活扣10分	25
	4	泄水沟	通畅无阻： 有堵塞，排水不畅扣15分	15
	5	运行指标	达到设计消声效果： 消声效果不佳扣15分	15
管路系统	1	管路外观	外观整洁，无锈蚀： 不整洁扣10分，有锈蚀扣10分	20
	2	管路保温	保温棉完好，无冷凝水： 保温棉有松脱、破损扣15分，保温不良产生冷凝水扣10分	25
	3	管体质量	密封性好，无破损，无堵塞： 有漏风、漏水现象扣10分，有破损、变形扣15分，管路堵塞扣15分	40
	4	运行指标	系统运行时管路无不正常振动与噪声： 管路产生较大噪声及共振扣15分	15
多联机组	1	机壳	机组表面不得有锈蚀、裂痕、气泡等缺陷，各零部件的安装应牢固可靠，管路与零部件不应有相互摩擦和碰撞： 有表面锈蚀和缺陷扣5分，有部件松动和管路摩擦、碰撞扣5分	10

续表

设备类别	序号	检查项目	评分标准	标准分
多联机组	2	阀门	机组的各种阀门动作应灵敏、可靠，保证机组正常工作；有阀门动作不灵，影响机组正常运行扣10分	10
	3	冷媒管路	制冷系统各部分不应有冷媒泄漏；有冷媒泄漏扣15分	15
	4	整机	开机运行，电流、电压、输入功率等参数应符合设计要求，运行压力记录并与正常参数对比（低压侧工作压力：R22制冷剂压力≥0.4MPa，R134a制冷剂压力≥0.2MPa，R410a制冷剂压力≥0.6MPa)；测量噪声值不得超过产品技术规格书中的规定；运行参数不达标扣15分，噪声不达标扣5分	20
	5	室外机	压缩机绝缘电阻应不低于说明书最低要求，压缩机油位不低于观察镜的1/2位置，冷冻油无变色；运行时无异常的噪声；绝缘值不达标扣10分，冷冻油异常扣5分，噪声异常扣5分	20
	6	室内机	控制板功能正常，尘网、翅片无堵塞损坏、运行时无异响；控制板功能失效扣5分，尘网、翅片堵塞或损坏扣5分，运行有异响扣5分	15
	7	控制元件	检测温度传感器、压力传感器参数是否正常，传感器值与对应的仪表值相同，误差小于1%；传感器存在超差扣10分	10

（4）典型设备的技术参数

在环控设备的维修管理中，应对系统中各种设备的技术参数以及维修技术要求进行收集整理，以作为设备状态检查和故障维修的指导与标准，下面列举一些常用环控设备的一般技术参数与维修要求。因各类环控设备中不同品牌型号的产品其技术参数与要求不尽相同，故下面只是列举一些特定的产品作为范例，以说明其技术参数与要求的收集整理方式，其中的项目与参数值并不一定适用于所有同类设备，所以在设备维修管理中应根据实际的设备配置情况，进行相关技术资料的收集与整理。

1) 离心式冷水机组。

① 技术参数见表2-18。

全封闭离心式冷水机组技术参数表 表2-18

机组	机组型号	19XL4343446CQ	19XL4242436CN	19XL4141425CM	19XL4040425CM
	制冷量	450RT	400RT	350 RT	300 RT
压缩机	压缩机型号	446	436	425	425
	制冷剂R22重量（kg）	658	635	608	576
	吸入压力下的饱和温度（℃）	5.03	5.02	5.04	5.06
	吸入温度（℃）	5.16	5.15	5.17	5.24
	排气压力下的饱和温度（℃）	39.10	39.12	39.14	39.09
	制冷剂过热温度	N/A	N/A	N/A	N/A
	ARI标准下的负载范围	20%～100%	20%～100%	20%～100%	20%～100%

续表

机组	机组型号	19XL4343446CQ	19XL4242436CN	19XL4141425CM	19XL4040425CM
	制冷量	450RT	400RT	350 RT	300 RT
电机	转速（r/min）	2950	2950	2950	2950
	最大功率（kW）	360	295	267	267
	型号	CQ	CN	CM	CM
	输出功率（kW）	320	279	250	223
	功率因数	0.9	0.9	0.9	0.9
	电源	380-3-50	380-3-50	380-3-50	380-3-50
蒸发器	结构	壳管式	壳管式	壳管式	壳管式
	型号	43	42	41	41
	类型	满液式	满液式	满液式	满液式
	制冷剂	R22	R22	R22	R22
	介质	清水	清水	清水	清水
	直径（mm）	724	724	724	724
	长度（mm）	3658	3658	3658	3658
	厚度（mm）	9.52	9.52	9.52	9.52
	最大/最小流量（L/s）	107.3/26.8	95.1/23.8	84/21	74.4/18.6
	蒸发器净容积	N/A	N/A	N/A	N/A
	传热管	TURBOB B-I	TURBOB B-I	TURBOB B-I	TURBOB B-I
	管号	290	257	227	201
	材料	铜	铜	铜	铜
	直径（mm）	20	20	20	20
	厚度（mm）	6	6	6	6
	管束内部压降（kPa）	109.2	105.7	102.4	95.6
	水侧工作压力（kPa）	1034	1034	1034	1034
	污垢系数（$m^2 \cdot K/kW$）	0.044	0.044	0.044	0.044
	水管直径（英寸）	200	200	200	200
冷凝器	结构	壳管式	壳管式	壳管式	壳管式
	型号尺寸	43	42	41	40
	制冷剂	R22	R22	R22	R22
	载冲剂	清水	清水	清水	清水
	壳体直径（mm）	629	629	629	629
	长度（mm）	3658	3658	3658	3658
	壳体厚度（mm）	9.52	9.52	9.52	9.52
	最大/最小水流量（L/s）	111.8/28	111.8/28	111.8/28	111.8/28
	冷凝器净密积	N/A	N/A	N/A	N/A
	传热管	SpIke Fin	SpIke Fin	SpIke Fin	SpIke Fin
	材料	铜	钢	铜	铜
	厚度（mm）	6	6	6	6
	管束内部压阵（kPa）	91.6	95.6	92.1	85.5
	水侧压降（kPa）	1034	1034	1034	1034
	污垢系数（$m^2 \cdot K/kW$）	0.044	—0.044	0.044	0.044
	水管直径（mm）	200	200	200	200
	管号	282	246	213	285
	润滑油标号	PP2382101	PP2382101	PP2382101	PP2382101

② 主要技术要求（表2-19）。

主要技术要求　　　　　表2-19

项目	数值	备注
制冷剂	R-22	
蒸发器进/出水温度	12℃/7℃	
冷凝器进/出水温度	32℃/37℃	
负载范围	20%～100%	ARI—550
电源	380V±10%	
起动方式	wye—delta	闭式转换
水源	城市管网自来水	
机房环境条件	（机房环境温度）	
温度	0～45℃	
相对湿度	10%～95%	
运作形式	a. 单机运作 b. 双机运作 c. 三机运作	
组合方式	两台离心机加一台活塞机	
机体自身保温	蒸发器，电机和吸入管道	
防锈处理	需要	
减振装置	需要	

③ 主要安全保护装置及控制功能。

a. 主电机过载

主电机电压过高：极限值为供电电压大于110%，1min。

主电机电压过低：极限值为供电电压小于90%，1min，或小于85%3s钟；或小于50%达1/60秒。主电机温度过高：极限值104.4℃

b. 循环间歇：开机到下次开机15min，以及停机到下次开机3min。限制频繁起动或间隔时间太短。

c. 轴承油温过高：极限值大于85℃。

d. 蒸发器制冷剂低温：不小于2.2℃。

e. 凝器制冷剂高压：工厂或现场设定，一般断开保护极限值为1793kPa，在1421kPa复位。

f. 压缩机排气温度过高：极限值104.4℃。

g. 润滑油低压：极限值103kPa。

h. 喘振保护：T-蒸发器进出水温差；P-冷凝器与蒸发器压差。

最小负载工况 $T=0.8℃$，$P=517kPa$；最大负载工况 $T=5.6℃$，$P=1379kPa$。

i. 蒸发器流量保护：不允许通过的水流量小于额定值的10%。

j. 冷凝器流量保护：不允许通过的水流量小于额定值的5%。

k. 启动器故障：启动器动作正常，加速时间一般15s，不能太长，转换时间应小于1s。

l. 冷水温度过低：冷水温度不低于0.8℃。

m. 控制方式：设备能满足全自动控制、就地/远程控制；并可以与EMCS连接。

2）双螺杆冷水机组。

① 机组技术参数见表 2-20。

双螺杆式冷水机组技术参数表 表 2-20

机组	机组型号	WCFX33C	WCFX22C	WCFX45C	WCFX30-30C
	制冷量	308 RT	193 RT	430 RT	568RT
压缩机	压缩机型号	1215、1218	1210、1212	1215、1218	1215
	制冷剂 R22 重量（kg）	239	160	343	436
	吸入压力下的饱和温度（℃）	5.03	5.02	5.04	5.06
	吸入温度（℃）	5.00	5.00	5.00	5.00
	排气压力下的饱和温度℃	38.6	38.6	38.6	38.6
	制冷剂过热温度	N/A	N/A	N/A	N/A
	ARI 标准下的负载范围	12.5%～100%	12.5%～100%	10%～100%	6.25%～100%
电机	转速（r/min）	2950	2950	2950	2950
	最大功率（kW）	198	127	267	
	型号	CQ	CN	CM	CM
	输出功率（kW）	203	127	274	369
	功率因数	0.93	0.93	0.93	0.93
	电源	380-3-50	380-3-50	380-3-50	380-3-50
蒸发器	结构	壳管式	壳管式	壳管式	壳管式
	型号	M3	L1	V4	M2
	类型	满液式	满液式	满液式	满液式
	制冷剂	R22	R22	R22	R22
	介质	清水	清水	清水	清水
	长度（mm）	3175	3175	3175	5334
	厚度（mm）	9.52	9.52	9.52	9.52
	最大/最小流量（L/s）	317/63.5	220/35	309/78	485/99
	蒸发器净容积	N/A	N/A	N/A	N/A
	传热管外径（mm）/厚度（mm）/根数	19/0.6/199	19/0.6/139	19/0.6/284	19/0.6/222
	管号	290	257	227	201
	材料	无缝铜管	无缝铜管	无缝铜管	无缝铜管
	管束内部压降（kPa）	16.2	34.1	16.7	40.8
	水侧工作压力（kPa）	1050	1050	1050	1050
	污垢系数（m²·℃/kW）	0.086	0.086	0.086	0.086
	水管进/出直径（mm）	203/203	168/168	254/254	203/203
冷凝器	结构	壳管式	壳管式	壳管式	壳管式
	型号尺寸	L2	L1	T3	M2
	制冷剂	R22	R22	R22	R22
	载冷剂	清水	清水	清水	珠江水
	长度（mm）	3175	3175	3175	5334
	壳体厚度（ml4）	9.52	9.52	9.52	9.52
	最大/最小水流量（L/s）	484/47	268/42.3	592/149	484/114
	冷凝器净密积	N/A	N/A	N/A	N/A
	材料	无缝铜管	无缝铜管	无缝铜管	无缝钛管

续表

机组	机组型号	WCFX33C	WCFX22C	WCFX45C	WCFX30-30C
	制冷量	308 RT	193 RT	430 RT	568RT
冷凝器	传热管外径（mm）/厚度（mm）/根数	19/0.7/245	19/0.7/164	19/0.7/353	19/0.7/387
	管束内部压阵（kPa）	91.6	95.6	92.1	85.5
	水侧压降（kPa）	1034	1034	1034	1034
	污垢系数（m²·K/kW）	0.086	0.086	0.086	0.086
	进/出水管直径（mm）	203/203	168/168	203/203	203/203
	润滑油标号/重量（kg）	4GS/39.6	4GS/33	4GS/59.4	4GS/79.1

② 双螺杆式冷水机组控制功能。

双螺杆式冷水机组由冷站中央监控系统依照前一天运行数据、冷机运行时间以及冷负荷量的大小决定应当投入或退出冷水机组的台数。也就是说通过运行模式来执行。

每台机组开启压缩机的数量是由机组微机控制装置来实现。先开一台压缩机，这台压缩机满负荷后出水温度还是高于设定值会自动启动第2台压缩机或第3台压缩机。如果出水温度低于设定值，超过死区范围机组会自动卸载到自动关闭一台压缩机。当开动的压缩机不能使水出水温度降到设定值，会重新启动停止的压缩机，如此反复。

负荷控制：微机通过给压缩机上的加载/卸载电磁阀送脉冲信号，把冷水温度控制在一个很窄的死区范围内，加载/卸载电磁阀确定压缩机滑阀的位置，从而控制容量的大小（即冷负荷量），压缩机的加载/卸载依据是电流限制功能优先于温度控制功能。

爬坡控制：通过爬坡控制可以改变机组从启动开始算起的加载时间性，实现预定的加载速度，有助于减少能耗及运行费用。如表2-21。

不同机型不同设定点的爬坡速度　　　　表2-21

爬坡速度设定值	单压缩机机组 起始点值			双压缩机机组 起始点值			三压缩机机组 起始点值			四压缩机机组 起始点值		
	25%	50%	75%	25%	50%	75%	25%	50%	75%	25%	50%	75%
0.1	25	17	8	58	50	42	91	83	75	125	117	108
0.2	13	8	4	29	25	21	46	42	37	63	58	54
0.3	8	6	3	19	17	14	30	28	25	42	39	36
0.4	6	4	2	15	12	10	23	21	19	31	29	27

③ 螺杆式机组的安全保护功能。

a. 控制电源掉电

微机出现控制电源故障以后，可以给微机设定为自动或手动启动（此功能由出厂设定），这种情况下，微机会记录一个掉电报警，当复位了报警才会再启动。

b. 欠电压保护

机组出现电压过低，相序不正确、缺相等供电故障时，控制继电器就会掉电，从而切断控制电路。此时微机会记录一个掉电警报，复位报警后，才能重新启动。

c. 压力过低停机

该功能防止机组在蒸发器制冷剂压力过低时运行。当蒸发器压力降低至压设定值以下时，微机就会让压缩机停机，打开报警信号灯。同时，微机会记录一个低压报警。出厂冷水机组设定值为 0.4MPa。

d. 压差过低报警

为保证良好润滑，在冷凝器与蒸发器之间压缩机需要有 207kPa 的压差。当压缩机运行时，若压差少于 207kPa 达 3 分钟，所有的压缩机都会停机。

e. 压力过高停机

这一功能用来保护压缩机，使之不会在制冷剂排汽压力过高时运行。当冷凝器压力达到高压设定值时，微机会使压缩机停机，并打开控制柜上的报警指示灯。微机会记录一个排汽压力过高报警。高压设定值为 1.7MPa。

f. 蒸发器结冰机停机

若冷水出水温度降低到结冰设定值以下（水冷为 0℃）时，微机会让机组停机，并记录一个结冰报警。

g. 油浮球开关

每一台压缩机中都有一个油位开关。若压缩机运行时，油位过低指示持续 60s，微机会关闭压缩机，同时报警。

h. 油温过高控制器

每一台压缩机中都有一个油温控制器。当油温超过 95℃时，调节器会切断压缩机运行电路。油温指示灯会指示油温过高，微机记录一次不运行故障。

i. 电机温度保护器

每一台压缩机的电机线圈中都埋入了 3 个温度传感器。它们由固态电机温度保护器来监控。如果任何一个传感器温度超过安全温度，保护器就会切断压缩机运行电路，打开相应的电机温度过高指示灯。微机中会记录一个不运行故障。

j. 过载保护

固体过载保护器通过监控三相电流来防止压缩机电流过高。跳闸设定值为工厂设定，一般以不超过额定电流的 10% 为上限。

k. 传感器故障报警

若计算机判断出一个模量值（如温度，压力）与正常运行值相去甚远，就会关闭与之有关的压缩机。计算机会记录一个与该传感器故障相应的报警码。传感器故障指明是模量测量系统出现了问题。

l. 不停机报警

如果微机关闭了一台压缩机，但该压缩机的数字输入仍然有效，就会产生一个不停机报警。微机就会切断控制电源继电器，使所有压缩机控制电路断开，这时说明有接线或者硬件错误。

④ 控制方式：设备能实现全自动控制，就地/远程控制，并能与 EMCS 系统连接。

3）半封闭式冷水机组。

① 半封闭活塞式冷水机组技术参数：如表 2-22。

半封闭活塞式冷水机组技术参数表

表 2-22

机组	机组型号	30HR140E	30HR120E
	制冷量	115 RT	96 RT
压缩机	型号	06E6299/F175	06E6299/F175
	每台机组的压缩机数量	4	4
	每台压缩机的汽缸数	6	6
	制冷剂（R22）重量（kg）	78	78
	吸入温度（℃）	4℃	4℃
	负载压力下的饱和温度（℃）	42℃	41℃
	负载范围（%）	19%～100%（8级）	17%～100%（8-STEPS）
电机	转速（r/min）	1450	1450
	最大功率（kW）	130	101
	冷却方式	制冷剂冷却	制冷剂冷却
	输入功率（kW）	113	89
	功率因数	0.85	0.85
	保温	WARISH	WARISH
	电源	400±10%-3-50Hz	400±10%-3-50Hz
蒸发器	结构	壳管式	壳管式
	型号	10HA400—464	10HA400—204
	类型	非满液式	非满液式
	制冷剂	R22	R22
	蒸发器数量	1	1
	直径（mm）	406	406
	长度（mm）	2743	2108
	厚度（mm）	12	12
	正常流量（L/s）	19.3	16.2
	蒸发器净容积（m³）	0.99	0.153
	传热管	铜管	铜管
	蒸发面积（m²）	34.9	27.1
	材料	铜	铜
	直径（mm）	9.5	9.5
	总长（mm）	2807	2172
	管束内部压降（kPa）	25.1	32.3
	水侧工作压力（kPa）	1724	1724
	污垢系数（m²·K/kW）	0.044	0.044
	水管直径（mm）	152	27
冷凝器	结构	管壳式	管壳式
	类型	水冷式	水冷式
	型号	09RP070	09RP070
	制冷剂	R22	R22
	载冷剂	清水	清水
	冷凝器数量	2	2
	直径（mm）	365	365
	长度（mm）	2524	2524

续表

机组	机组型号	30HR140E	30HR120E
	制冷量	115 RT	96 RT
冷凝器	厚度（mm）	1.09	1.09
	正常水流量（L/s）	24.4	24.4
	冷凝器净容积（m³）	0.52	0.43
	传热管	铜管	铜管
	冷凝面积（m²）	39.8	34.1
	材料	钢	钢
	直径（mm）	9.5	9.5
	总长	2188	2188
	管束内部压降（kPa）	39.7	28.4
	水侧工作压力（kPa）	1034	1034
	污垢系数（m²·K/kW）	0.044	0.044
	水管直径（mm）	102	76

② 主要技术要求（表2-23）。

主要技术要求　　　　　　　　　　　表2-23

项目	数值	备注
制冷剂	R22	
蒸发器进/出水温度	12℃/7℃	
冷凝器进/出水温度	32℃/37℃	
调节级数	8	
负载范围	20%～100%	ARI～590
电源	380V±10%　三相　50Hz	
启动方式	Y-Δ	
水源	城市自来水管网	
机房环境条件：		
温度	0℃～45℃	
相对湿度	10%～95%	
运作形式	a. 单机运作；b. 双机运作；c. 三机运作	
组合方式	两台离心机加一台活塞机	
机体自身保温	蒸发器和吸入管道	
防锈	需要	
减振装置	弹簧减振器	

③ 主要安全保护装置。

a. 制冷剂压力过低：运行时低压部分制冷剂压力小于400kPa。

b. 水流量过低：冷水不允许通过的水流小于额定值的10%，冷却水不允许通过的水流小于额定值的5%，否则无法开机。

c. 冷水温度过低：冷水出水温度不低于1.7℃。

d. 润滑油低压：油压力差不小于34.5±6.9kPa。一般油压力差在150～300kPa之间。

e. 控制电压过低：控制电压为 220V±10%。

f. 压缩机温度过高：极限值 104.4℃。

g. 压缩机压力过高：极限值 1900kPa。

h. 压缩机电机过载：过载余量为 5%。

i. 制冷剂温度过低：极限值 2.2℃。

j. 制冷剂压力过高：极限值 1900kPa。

k. 循环间歇：接到开机指令后在 1.5～3min 启动第一台压缩机。停机顺序与启动顺序相反。

l. 主电机温度过高（极限值 104.4℃）。

④ 控制方式：设备能实现全自动控制，就地/远程控制，并能与 EMCS 系统连接。

4）组合空调机。

① 组合空调机设计要求。

a. 夏季室外空调计算参数：

  干球温度：32.5℃   湿球温度：28℃

  焓值：90kJ/kg   含湿量： 22.05g/kg

b. 车站内设计参数：

  站厅：30℃ 站台：29℃ 相对湿度：50%～60%

  管理用房：25～27℃   相对湿度：45%～65%

  空调新风量：12.6m³（h·人） 全新风量：30m³（h·人）

主干管送风速度：≤12m/s 支管送风速度：≤8m/s 柜内表冷段迎面风速≤4m/s

组合柜的实际风量、功率、噪声、温升、电流以及振动度应达到机组的设计要求。

② 典型组合空调机主要性能参数（表 2-24）。

组合空调机的主要性能参数 表 2-24

机组规格	额定风量 (m³/h)	额定供冷量（kJ/h）				表冷器迎风面积 (m²)	表冷器迎面风速 (m/s)	功率 (kW)
		空气初参数 t=27℃ t_s=19.5℃ 冷水进出水温度 7℃/12℃		空气初参数 t=34℃ t_s=28℃ 冷水进出水温度 7℃/12℃				
		6 排	8 排	6 排	8 排			
ZK63	63000	1648496	1983216	4135	4681	6.49	2.69	97
ZK85	85000	2133840	2560608	5158	6004	8.15	2.73	45
ZK100	100000	2778176	3271888	6880	7727	10.31	2.69	55
ZK120	125000	3422512	4016640	8369	9515	12.59	2.76	75
KKD100Z（Y）	100000	2092000				8.52		55
KKA10.5	105000	188280～251040						45

③ 组合空调机主要技术要求：

a. 空调机在投入运转前，风机或电机单独试运转，每台风机应安装单独的控制装置，30kW 以上的风机应检测三相电流，且装有过载保护及缺相保护装置，按规定调整过载电流值。

b. 通过换热器内的水质应为软水,以减少水垢的生成。

c. 滤袋要保持完好,无损坏、破裂。由无纺布制作的粗中效过滤器滤袋重复使用可清洗2~3次,即需更换。过滤器的积尘阻力应在规定的压差值0.1Pa之下。当过滤器终阻力达到初阻力的2~3倍或压力传感器报警时,即应清洗或更换过滤器。

d. 风机、电机轴承应使用SKF锂基脂,并保持润滑良好,风机和电机运行时无杂声。运转不少于2h,滑动轴承温度不超过35℃,最高不得超过70℃;滚动轴承温度不超过40℃,最高不得超过80℃,电机升温正常。

e. 传动三角皮带松紧程度适当,用手按两传动轮中间的皮带处,有约3cm的凹陷,传动三角皮带无裂痕、破损或老化现象,磨损较大时,立刻更换

f. 隔振器压缩量按厂家说明要求值予以控制。位置要正确,受力均衡,偏差值应满足保证传动轴水平度的要求。

g. 电气设备绝缘良好,不漏电,机组维修应大于0.5MΩ方能通电。(初试机绝缘电阻≥2MΩ)机组的安全性能应符合《空气处理机组 安全要求》GB 10891—1989的要求。

④ 主要材料及工器具。

万用表、钳表、兆欧表、油枪、三爪拉马、增压泵、声级计、风速仪、千斤顶、翅片刷、动平衡仪、紫铜棒、油漆刷、手动葫芦、振动仪。

玻璃胶、表冷器清洗剂、润滑油脂、环氧树脂、玻璃胶、防锈漆、油漆、除锈润滑剂,一般个人维修工具。

5) 隧道风机。

① 主要技术要求。

a. 风机能够处理150℃的烟气1h,此间,风机将维持正常的风量不变。

b. 在带负载情况下直接启动时,能在60s内完成从正转到反转过程。

c. 电机绝缘电阻大于100MΩ。

d. 轴承润滑良好,无明显的滚珠磨损及松动,轴承中至少1/3的间隙填有洁净的润滑油脂,轴与轴承间配合紧密。

e. 电机轴承正常工作温度不应大于70℃,瞬时最高温度不应大于95℃。温升不应超过55℃。

f. 叶轮牢固,无破损、变形,且安装角均与标定角度一致,检查叶片根部无损伤,紧固螺母无松动。

g. 叶片校正时,应按设备技术文件的规定校正各叶片的角度,其允许偏差为±2℃。

h. 在额定转速下达到额定风量、风压。

② 维修工器具及材料。

工器具:万用表、钳表、兆欧表、风速仪、油枪、三爪拉马、紫铜棒、手动葫芦、水平尺,

一般个人维修工具。

材料:润滑油、除锈润滑剂、砂纸。

6) 冷却塔。

① 维修技术标准。

a. 地脚螺栓与内支架螺栓紧固,无松脱、腐蚀,支架金属表面应涂有防锈漆。

b. 风扇皮带无磨损,用手按压,松紧适度(一般以用拇指能压入10mm为适宜)。
c. 风扇皮带轮与电机皮带轮平行对齐。
d. 布水槽无积垢,淋水孔无堵塞。
e. 水塔配电箱清洁,接线紧固。
f. 水塔电机、叶轮等部件紧固,叶片角度正确,叶轮表面清洁,无破损、变形,叶片平衡。
g. 电机及其接线防水保护良好(电机接线端密封线管无渗漏),对地电阻均大于100MΩ。
h. 风扇主轴与轴承润滑良好,轴承座的内油腔应充满干净的润滑油脂。
i. 水塔浮球无松动、破损,阀体开闭正常。
j. 检修门开关灵活、正常,水塔外壳清洁,无破损
k. 填料层清洁、均匀、无破损,底盘无积垢、漏水、变形、水位正常。
② 主要工器具及材料。

万用表、钳表、兆欧表、油枪、三爪拉马、增压泵、声级计、紫铜棒、油漆刷、手动葫芦,一般个人维修工具。

材料:润滑油脂、环氧树脂、麻丝、玻璃胶、防锈漆、油漆、除锈润滑剂、砂纸、浮球等。

7) 各类风阀。
① 组合风阀、风量调节阀、防火阀。
a. 开闭灵活,人工能较易转动,阀体转动件有合格的润滑油,运行时电机不过载。没有异常的转动摩擦声及振动。
b. 手操器指示与阀体的开度、方向及状态都一致。
c. 执行器转动部件结构紧固,无滑牙、滑丝现象,线路板表面清洁无尘。
d. 阀体固定牢靠,无松动、关闭严密,漏风量在标准范围内,四周封堵严密。
e. 防火阀在排烟模式下,两端压差300Pa的情况下,允许漏风量小于等于800m^3(h·m^2)。
f. 防火阀在系统压力为工作压力的1.5倍的情况下自动开关,漏风量符合设计标准。
g. 执行器整体绝缘电阻大于等于1MΩ。
② 工器具及材料。

工器具:手操器、万用表、兆欧表、油枪、风速仪、油漆刷。
材料:润:滑油脂、防锈漆、油漆、除锈润滑剂。

2.5 环控系统故障分析与处理

1. 故障处理原则
(1) 对发生故障的设备进行及时的判断分析,及时排除故障,先行运行。
(2) 对重要故障的设备进行测试、诊断,进而修复或暂时修复。
(3) 详细记录故障现象及修复过程,以备在其他修程开展时做出进一步的处理与修复。
(4) 保证故障设备能恢复使用功能,如无法达到,至少确保设备恢复运营所必须具备的功能。

(5) 及时向有关人员通报对故障的测试、诊断及处理过程。

2. 故障抢修组织和故障分析

(1) 故障报告

1) 任何人都有报告故障的权利。

2) 环控设备巡视操作人员及工班维修人员有报告故障、事故的权利,并有在各自的职责范围内处理故障,避免或控制事故,有降低事故破坏程度的责任和义务。

3) 维修调度是维修部门唯一的故障报告中心,部门业务范围内的任何故障、事故报告,必须第一时间直接向维修调度报告。

4) 故障报告及处理程序流程图:如图2-5所示。

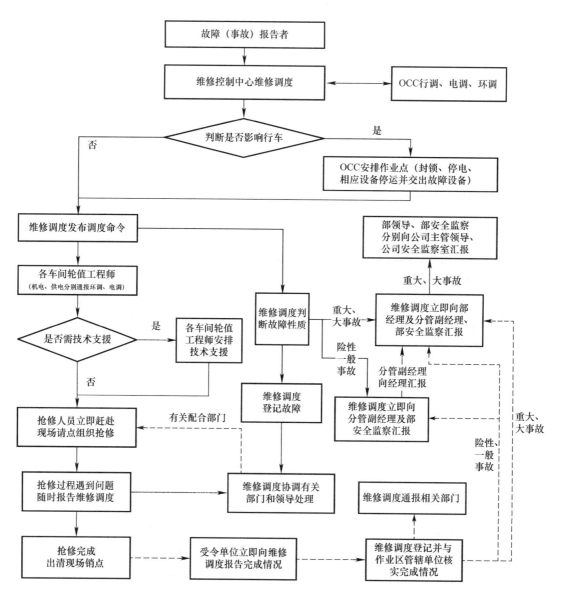

图2-5 故障(事故)报告及处理程序流程图

(2) 抢修

1) 事故抢修坚持"先通后复"的原则,即在保证列车运营安全的前提条件下,省略部分复杂的修理过程,尽快(暂时)恢复运营,在运营结束后,再对未完全修复的功能或部分进行补修处理。

2) 各生产部门轮值工程师是维修部门属下唯一故障处理指挥中心,维修调度的任何抢修指令,均须由轮值工程师第一时间派人处理。

3) 维修调度保留越过轮值工程师直接调派抢修队伍的权力。

4) 任何单位或个人接到轮值工程师或维修调度的抢修命令后,必须立即奔赴现场组织抢修,不得以任何借口逃避或拖延。

5) 抢修过程不可免除必要的请、销点手续,以及各类安全防护措施。

6) 故障抢修过程中不需办理"进场作业令",由维修调度口头通知控制中心(OCC)或车厂调度中心备案。

(3) 补修

1) 在抢修过程中不能及时修复的,由部门轮值工程师提出,经维修调度确认后,允许在规定的时间内进行补修。

2) 补修作业视维修调度的协调安排,能够纳入下月维修作业计划的,必须纳入;不能纳入的,由生产技术室按临时作业的规定进行操作。

3) 计划性补修作业程序同计划性维修作业程序,不得简化任何步骤。

(4) 典型故障的分析与处理

1) 冷水机组典型故障原因及排除方法如表2-25。

WCFX机组常见故障原因及排除方法 表2-25

故障	产生原因	解除方法
(1) 机组没供电压	(1) 控制电流掉电; (2) 断路器打开; (3) 欠电压打开; (4) 水流开关触点不闭合; (5) 故障停机后没有复位; (6) 用户控制点没合上; (7) 机组不需要制冷; (8) 处于时间表停用时间内	(1) 机组没供电电压或主线路保险丝断; (2) 检查115V变压器主供电电压和保险; (3) 断路器跳闸要检查压缩机有没有合开关,可直接合闸开机; (4) 查供电系统(相不平行衡、相序、缺相和保险丝); (5) 启动水泵检查流量开关; (6) 查报警原因,排除故障后复位开机; (7) 合上用户控制点; (8) 蒸发器出水温度在死区范围内; (9) 检查控制点时间表是否停用时间
(2) 压缩机过载	电流过高	检查压缩机线圈对地电阻、检查电压和启动电流、运行电流、控制排气压力
(3) 油温过高	(1) 电机线圈故障; (2) 电机冷却不够; (3) 保险断开; (4) 机械故障	(1) 查电机线圈; (2) 检查回油和二次补气; (3) 检查线路、更换保险; (4) 检查压缩机
(4) 吸气压力低	(1) 蒸发器供液量不足; (2) 蒸发器水流量不足; (3) 制冷剂不足; (4) 水侧结垢	(1) 加大供液量; (2) 检查容器压降、检查供水系统(水泵过滤器等); (3) 给机组捡漏、加储冷工质过冷度、调整供液量; (4) 在满负荷时,测蒸发器传热温差值比刚清洗时大于1.1℃时要清洁管束

续表

故障	产生原因	解除方法
(5) 排气压力过高	(1) 水流量不足; (2) 水侧结垢; (3) 冷却塔脏堵; (4) 布水器不转; (5) 冷却塔风机故障; (6) 维修后加氟过多或有不凝性气体	(1) 检查水系统（包括水泵、管道、过滤器等）; (2) 在满负荷时测冷凝器传热温差值比要求大1.1℃时,要清洁管束; (3) 冷却塔回水过滤器; (4) 检查布水器; (5) 检查冷却塔风机; (6) 在机组满负荷运行时,检查机组过冷度和给机组排空到放出气体为凉气（可多次排空）
(6) 压缩机低油位	(1) 供液过小; (2) 供液过大; (3) 二次补气回液; (4) 机时吸排气压差过低报警多次; (5) 排气压力过低、压差过小、回液不畅	(1) 调整机组供液、保证吸气过热度和回油畅通、调整经济器压差,开机时要使排气压力迅速上升、保证压差建立,控制好排气压力和蒸发器液位; (2) 排气压力高、低可控制冷却塔风机开停、旁通冷却水量减少、旁通冷却塔冷热水混合等
(7) 结冰报警	(1) 运行设置点过低; (2) 加载速度不正确; (3) 水温传感器不正确	(1) 检查冷水出水温度设置; (2) 检查加载速度,把速度控制在一个合理的范围内; (3) 校准水温传感器
(8) 机组卸载不稳定	(1) 卸载机构调整不当; (2) 卸载设定速度不合适; (3) 卸载接线错误	(1) 更新调整卸载机构; (2) 把卸载速度设定合理; (3) 检查接线、排除故障
(9) 传感器故障	传感器显示值超出范围	检查传感器,坏的更换
(10) 压缩机不运行	(1) 电机过载; (2) 起动后电流小于20A; (3) 没合上空气开关	(1) 检查电机、排除故障后复位开机; (2) 检查机组启动电流和显示电流并检查控制接线,校准电流值; (3) 合上空气开关
(11) 压缩机不能关机	(1) 光偶故障; (2) 信号时间故障	(1) 检查机组停机和数字量显示; (2) 检查信号时间,数字I/O板
(12) 压缩机嗡嗡声但不能正常运转	(1) 缺相; (2) 起动器故障	(1) 检查组线; (2) 检查触点
(13) 起动器反复动作,有时出现电机高温报警	(1) 一般为供电问题; (2) 欠电压故障造成	(1) 检查供电电压; (2) 校准欠电压继电器保护值;

2) 组合空调机典型故障及其处理方法如表2-26。

组合空调机常见故障及其处理方法 表2-26

故障	产生原因	解决办法
(1) 轴承箱振动剧烈	(1) 机壳或进风口与叶轮摩擦; (2) 基础的刚度不够或不牢固; (3) 叶轮铆钉松动或轮盘变形; (4) 叶轮轴承与轴松动; (5) 机壳与支架、轴承与支架、轴承箱盖与座等连接螺栓松动; (6) 风机进出气管道的安装不良,产生振动; (7) 转子不平衡; (8) 风机皮带轮与电机皮带轮不在一中心线上	(1) 调整叶轮与机壳或进风口间隙; (2) 增强基础刚度或使连接部位连接牢固; (3) 重新铆接或对轮盘整形; (4) 查明松动原因,视情况更换键、轴或轮盘; (5) 拧紧松动螺栓; (6) 按照规范对管道的安装进行调整; (7) 修正转子使其达到动/静平衡要求; (8) 调整电机位置,使风机带轮与电机带轮在同一平行中心线和径向平面上

续表

故障	产生原因	解决办法
(2)轴承温升过高	(1)轴承箱振动剧烈； (2)润滑油脂质量不良、变质或填充过多和含有灰尘、黏砂、污垢等杂质； (3)轴承盖座连接螺栓之紧力过大或过小； (4)轴与滚动轴承安装歪斜，前后两轴承不同心； (5)滚动轴承损坏	(1)查明轴承箱振动原因，并消除减振； (2)清除不良油脂或除去多余油脂和清除杂质并重新加油，确保轴承箱内有适量的优质油脂； (3)调整连接螺栓紧力，使之达到松紧合适的程度； (4)重新安装，确保前后两轴承同心； (5)更换新轴承
(3)电动机电流过大和温升过高	(1)流量超过规定值或管道漏气； (2)电动机输入电压过低或电源单相断电； (3)受轴承箱振动剧烈的影响； (4)受并联风机工作情况恶化或发生故障的影响	(1)调节流量在规定范围内或消除管道漏风； (2)确保电压稳定或消除电气故障； (3)查明轴承箱振动原因并消除轴承箱的振动； (4)查明原因并消除对本风机影响
(4)皮带滑下	两皮带轮位置彼此不在一中心线上，使皮带从小皮带轮上滑下	调整皮带轮的相对位置，使两皮带轮在一中心线上
(5)皮带跳动	两皮带轮距离较近或皮带过长	调整两皮带轮之间的距离到合理值，并使皮带的松紧度以压下到一个皮带的厚度为合适
(6)空调柜风机段积水	(1)排水口堵塞； (2)接水盘漏水； (3)风机段负压过大	(1)清理排水口杂物及控制好水封水位； (2)修补或更换接水盘； (3)清洗尘网过滤袋或表冷器、调节风柜的进出风阀工况、保证风速，加防漂水盘盖等

注：以上列举的只是一些较为通用的故障现象与处理方法，对于某些特定的设备，可能还有一些特有的故障项目与分析、处理方法，故在维修中应根据实际情况，参考具体设备的使用与维修说明书，对其加以修订完善。

(5)设备故障维修后的恢复

1）故障处理完毕后，必须对设备的运行状况进行检查，包括运行质量及性能指标都符合要求，无异常出现才算维修完毕。

2）处理完毕后，要对现场进行清理、恢复，保证环控设备就地、环控和车控功能正常实现。

3）办理故障维修的销点手续，并做好故障处理记录。

4）现场作业人员无法处理的故障，应通知专业工程师到现场进行处理，对一时无法处理的故障则报维调，并做好现场设备的保护措施，尽快安排维修。

第3章 给水排水系统运行与维修

3.1 给水排水系统的组成及功能

城市轨道交通给水排水系统分别由给水系统和排水系统两部分组成。其中给水系统包括生活给水系统、生产给水系统和水消防给水系统，其功能是满足生产、生活和消防用水对水量、水质和水压的要求；排水系统则包括污水系统、废水系统和雨水系统，其功能是保证车站和车辆段排水畅通，为轨道交通安全运营提供服务。

1. 给水系统的组成及功能

(1) 车站给水系统的组成及功能

车站给水系统采用城市自来水作为供水水源，在车站两端的风亭处，分别用两条进水管将城市自来水引进车站，管径为 $DN150\sim DN200$，与城市自来水的接管点处水压要求不低于 0.2MPa（对于远郊线路，市政仅提供一路进水，车站需要设置消防水池和消防水泵进行加压供水，以实现规范要求的两路消防供水）。两条引入管互为备用，进站前设置水表、闸阀、止回阀、过滤器等附件，进水管水表前设置消火栓，水表后设置消防接合器。生活和生产给水在站内一般采用枝状管网，消防给水在站内采用环状管网（如图 3-1）。

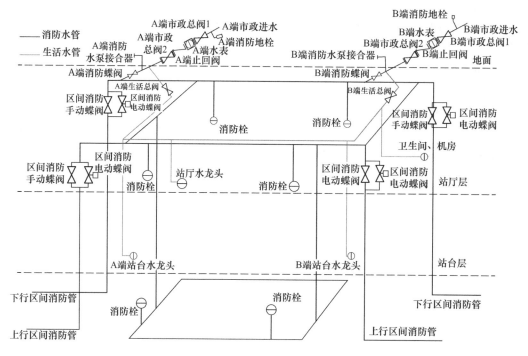

图 3-1　车站给水系统图

1) 车站生活（生产）给水系统的组成及功能

生产、生活给水系统由水源（城市自来水）、水池、水泵、水塔（水箱）、气压罐、管道及附件等组成。其功能是满足车站生产、生活用水对水量、水质和水压的要求。

2) 车站消防给水系统的组成及功能

消防给水系统由水源（城市自来水）、消防地栓、水泵接合器、消防水泵、稳压泵、消防水池、消防水箱、管道及附件、消火栓、水流指示器等组成。其功能是满足车站消防用水对水量、水质和水压的要求。

a. 消防地栓

为消防车提供水源，根据环境条件，可分为地上式、地下式和墙壁式。

b. 水泵接合器

水泵接合器是供消防车向建筑物或构筑物内部消防给水管网输送消防用水的预留接口。若室内消防给水系统发生故障，或者因为某些原因导致供水压力或者流量不足，此时消防车可从室外水源抽水，并通过水泵接合器将消防用水输送给室内消防管网系统。其既可以用于补充消防用水量，也可以用于在火灾发生时提高消防给水管网的整体压力。

c. 消防水泵

消防水泵是指专用消防水泵或达到现行国家标准《消防泵》GB 6245 的普通清水泵。高架车站、长距离区间、车辆段等地面建筑物消防用水，都需要消防泵进行加压，以满足灭火时对压力和流量的要求。

d. 稳压泵

稳压泵在消防水箱设置高度不能满足系统最不利点灭火设备所需的水压要求时设置。

e. 消防水池

消防水池指人工建造的供固定或移动消防水泵吸水的储水设施。

（2）车辆段给水系统的组成及功能

车辆段供水水源为城市自来水，两条管径为 DN200 进水管分别接在城市自来水管网的不同干管上，互为备用以保证供水安全。根据设计工艺不同，可采用水泵—水塔联合供水方式和变频变量恒压供水方式等工艺。前一种是城市自来水进入水池后，经水泵提升至水塔（水箱），由水塔向车辆段内的室外给水管网供水，室内各用水点从室外环状管网引入。后一种是城市自来水进入水池后，由变频变量恒压给水设备直接送至车辆段室外给水管网，室内各用水点从室外环状管网引入。为保证供水安全，无论采用哪种给水工艺，室外给水管网采用环状。

1) 车辆段生活、生产给水系统的组成及功能

生活、生产给水系统主要由水源、蓄水池、水泵、水塔、管道、阀门、气压罐及水龙头等设备或构筑物组成，一般采用枝状管网。其功能是满足车辆段生产、生活用水对水量、水质、和水压的要求。主要工艺流程如图 3-2、图 3-3。

图 3-2　车辆段给水系统工艺流程（水泵—水塔联合供水）

图 3-3 车辆段给水系统工艺流程（变频恒压供水）

2) 车辆段消防给水系统的组成及功能

消防给水系统主要由水源、蓄水池、消防水箱、水泵、管道及附件、气压罐、消火栓等设备或构筑物组成，一般采用环状管网。车辆段水消防系统的功能是当车辆段内发生火灾时，提供满足消防要求的水量、水压。车辆段消防给水系统包括消火栓给水系统及自动喷淋系统等，消火栓给水系统由消火栓、消防管道及附件、消防水池、水箱、增压设备和水源等组成，当车辆段内发生火灾时，提供满足室内消火栓要求的水量、水压；自动喷淋系统由增压设备、消防管道及附件、洒水喷头、供水管网、控制信号阀等部分组成。在火灾危险性较大、燃烧较快、无人看管或防火要求较高的建筑物中，装设自动喷淋系统，其作用是当火灾发生时，能自动喷水扑灭火灾。

消防喷淋系统是一种消防灭火装置，是应用十分广泛的一种固定消防设施，它具有价格低廉、灭火效率高等特点。根据功能不同可以分为人工控制和自动控制两种形式。系统安装报警装置，可以在火灾发生时自动发出警报，自动控制的消防喷淋系统可以自动喷淋并且和其他消防设施联动工作，因此能有效控制、扑灭初期火灾。

2. 排水系统的组成及功能

(1) 车站排水系统的组成及功能

1) 污水排放系统的组成及功能

目前地铁较为常见的污水收集排放系统共有 3 种：

a. 一般车站污水排放系统如图 3-4 所示，主要由集水井、潜水泵、管道及附件、化粪池、压力井、排水检查井等组成。用排水管道将车站内的厕所、盥洗室、茶水间冲洗水等生活污水汇集到集水池，经潜水泵提升到压力井消能、地面化粪池简单处理后，排入城市污水管网。压力井是排水进入市政排水管网前的消能设施，其构造要求进、出水管道不得在同一高程上且侧壁有防冲洗的措施，车站化粪池采用国标 4 号化粪池。

图 3-4 车站污水排放系统

b. 真空排水系统是利用真空管道内、外压力差产生的高速气流输送污水的一种系统，将废水、污水利用现场的提升器收集之后抽到真空工作站。由于利用空气作为输送污水的动力载体，可以不受建筑建构的限制进行排水。一般真空排水系统如图 3-5 所示，由真空工作站、提升器、真空排污管、真空动力管和透气管构成。提升器分为地漏、废水和污水提升器三种。各排放点污水或废水通过重力流流入提升器，提升器液位达到设定值时，系统开启真空界面阀，在外界大气压作用下，将提升器中的水快速抽到真空泵站。真空泵站用于维持真空系统的真空度和将污水排到站外。当系统真空度达到设定下限时，真空泵启动抽真空，当真空度达到设定的上限时停止抽真空。真空泵站集水罐液位达到设定高液位时，排污泵将水抽到站外。

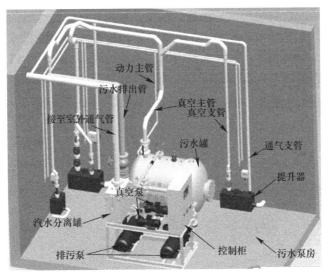

图 3-5 真空排水系统

c. 一体化密闭提升装置分为固液分离型和固液混合型两大类。固液分离型在污水流入水箱前将杂物过滤储存，杂物不进入水箱，水泵抽水时动力水直接将杂物排至地面化粪池。主要由不锈钢贮水箱、排水泵、透气管、液位传感器、止回阀、杂物分离器。如图 3-6，当贮水箱内的污水达到设定高度时，控制器根据液位传感器反馈信号控制系统启动污水泵 11 强行排出污水。水流会将杂物分离器 8 内暂存的杂物一同经过止回阀 6 排出，在水压作用下，止回橡胶球 9 浮起来将其中一个进水口关闭，污水不会回流到卫生间。此时另一个进水口继续承接新的来水，不会影响用厕所使用。当贮存污水降至低液位时，水泵停止工作，止回橡胶球 9 落下来，进水口打开重新接纳来水，止回阀 6 关闭阻止排水管路污水回流。当贮水箱内污水再次达到设定高度时，控制器控制另一台污水泵启动。两台水泵交替启动，重复上述工作过程。

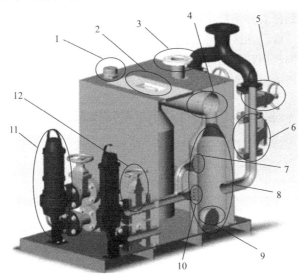

图 3-6 固液分离式密闭提升系统

1—液位传感器；2—检修孔；3—透气管；4—进水管；5、12—检修闸阀；6—止回阀；
7、10—进水过滤网；8—杂物分离器；9—止回橡胶球；11—污水泵固液混合型系统的杂物和污水一起流入水箱，采用抗堵塞能力强的水泵，常见的有凸轮泵、旋流泵等将污水和杂物一起抽走。主要有不锈钢贮水箱凸轮排水泵、透气管、液位传感器、止回阀、检修闸阀等。当贮水箱内的污水达到设定高度时，PLC根据液位传感器反馈信号控制系统启动污水泵3强行排出污水。当贮水箱内污水再次达到设定高度时，控制器控制另一台污水泵7启动。两台水泵交替启动，重复上述工作过程（图3-7）。

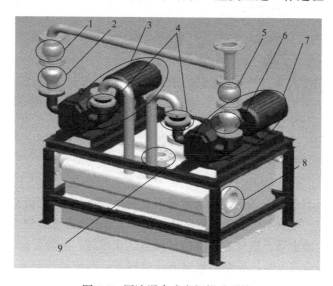

图 3-7 固液混合式密闭提升系统

1、5—检修球阀；2、6—止回阀；3、7—污水泵；4—橡胶软接头；8—进水口；9—透气管

2）废水排放系统的组成及功能

车站废水排放系统如图3-8所示，主要由集水井、潜水泵、管道及附件、压力井、排水检查井等组成。用排水管道或排水沟将车站内的生产、消防废水、结构渗漏水汇集到集水池，经潜水泵提升到压力井消能后排入城市污水管网。区间隧道一般设置独立的排水系统，其区间废水泵房一般设在区间隧道的最低处，明挖隧道的废水泵房设在隧道外侧或联络通道内，盾构隧道则利用联络通道作为废水泵房。压力井内进、出水管道要求与污水系统一样。雨水系统的组成和功能基本上和废水系统相同。

图 3-8 车站废水排放系统

（2）车辆段排水系统的组成及功能

车辆段排水系统包含车辆段污水排放系统、废水排放系统和雨水排放系统。采用分流制的排水方式。

1）污水系统的组成及功能

车辆段的污水包括厕所冲洗水及生活污水，经化粪池简单处理后，排入车辆段内污水处理站的调节沉淀池，经潜水泵提升至污水处理一体化设备经过厌氧、好氧、缺氧和消毒处理达标后，排入附近河涌或市政管网。主要由调节沉淀池、污水处理一体化设备、潜污泵、二氧化氯发生器、鼓风机、流量计等设备和构筑物组成，处理工艺流程如图3-9。根据处理后污水排入水体不同采用不同标准,地铁内部每月进行排放口采样检测,每季度送第三方检测单位进行检测,检测内容包括 pH 值、SS(固体悬浮物浓度)、COD(化学需氧量)、总磷。

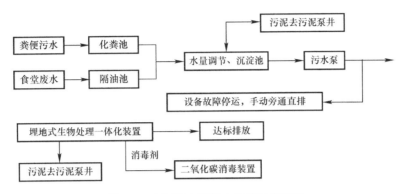

图 3-9 车辆段生活污水处理工艺流程

2)废水系统的组成及功能

车辆段的废水包含淋浴废水;餐厅、食堂、汽车维修及洗车等含油污水。淋浴废水排入毛发聚集井;餐厅、食堂、汽车维修及洗车等含油污水就近排入隔油池或油水分离设备,经简单处理后统一排入沉淀池,经潜水泵提升至气浮处理装置处理达标后排入附近河涌或市政管网。主要由调节沉淀池、气浮装置、潜污泵、二氧化氯发生器、空压机、压力过滤罐、加药装置、溶气泵、过滤泵、流量计等设备和构筑物组成,处理工艺流程如图 3-10 和图 3-11。

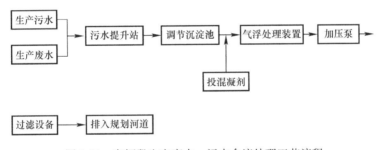

图 3-10 车辆段生产废水、污水合流处理工艺流程

3)雨水系统的组成及功能:

雨水系统由室外排水明沟(或埋地雨水沟)、PVC 排水管、排水检查井等组成。雨水不作处理,汇集后直接排入附近河涌或市政管网。

4)中水回用系统的组成及功能

中水回用系统就是把生活污水或工业废水经过深度技术处理,去除各种杂质,去除污染水体的有毒、有害物质及某些重金属离子,进而消毒灭菌,其水体无色、无味、水质清澈透明,作为杂用水的供水系统,用于浇洒绿地、洒扫卫生、冲洗路、站、台、库,景观用水,消防补给水,水冷却循环补充水、冲车用水等。主要由中水水池、水泵、消毒装置、管道等组成。

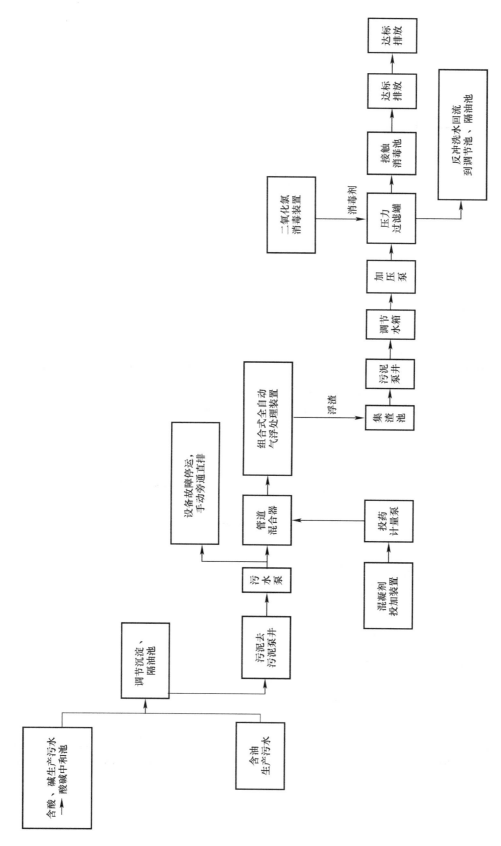

图 3-11 车辆段生产废水合流处理工艺流程

3.2 给水排水系统的操作运行

1. 变频给水设备操作运行

（1）启动

1）应在机泵连接前检查电动机的旋转方位是否正确，泵的转动是否灵活。

2）关闭吐出管路上的闸阀。

3）向泵内灌满引水。（自灌式不用）

4）接通电源，当泵达到正常转速后，再逐渐打开吐出管路的上闸阀，并调节到所需的工况。在吐出路上的闸阀关闭的情况下，泵连续工作时间不能超过3min。

（2）运转

1）在启动及运行过程中，切忌无水运行。必须注意观察各仪表读数、轴承升温、机械密封的泄漏情况及泵的振动和噪声等是否正常，如发现异常的情况，应及时处理。

2）轴承温度不得高于80℃，并不得比周围温度高40℃。

3）机械密封处的泄漏量应是很微量的（≤5mL/h）。

4）轴承油位应保持在正常位置上。

运转中间断使用水泵，必须定期逐台点动起泵，定期逐台运转。

（3）停止

1）逐渐关闭吐出管路的闸阀，切断电源。

2）如环境温度低于0℃应将泵内水放出，以免冻裂泵体。

3）如长期停止使用，应将泵拆卸清洗上油，包装保管。

2. 水消防设备操作运行

消防水管上的阀门保持常开。工作人员发现火灾时，应采取如下措施：

（1）应及时按下消火栓箱的手动报警器或通过箱体上的报警电话消防控制室报警。

（2）打开消火栓门，取出消防水带和水枪。

（3）甩开水带，将水带一头卡入消火栓接口，另一头接好水枪。

（4）一人持水枪靠近着火区域，一人打开消火栓阀门。

（5）紧握水枪，将水枪对着着火部位出水灭火。

（6）火灾扑灭后，关闭消火栓阀门，取下水枪、水带，在冲净、晾干后将器材放回原位，并在转盘的摇臂，箱锁，阀门等处涂上2号钙基脂，以便再次使用。

3. 喷淋系统的操作运行

自喷淋系统有三种工作状态：手动、停止、自动。

（1）手动状态下，可任意启停任意一台自喷淋主泵，手动状态主要用于设备的调试及维护后的设备测试；

（2）停止状态，控制柜不接受任何输入（但紧急启动按钮除外），主要用于设备的检测及维护；

（3）自动状态，接受消防控制中心的火警信号以及联动盘的直启信号，如果是模块箱来的火警信号。当火警解除时，必须按下控制柜面板上的消防解除按钮，方可停止；如果是联动盘的直启信号，则可远程启停主泵；设备的低频巡检功能只有在自动状态下才能激活。

4. 潜水泵操作运行

车站泵房集水池内一般设 2 台潜污泵，一用一备轮换运行，必要时可同时运行。集水池一般设有超高、高、中、低、超低 2～5 个液位控制器，根据水位高、低自动控制排水泵的启停，可通过 EMCS 系统监视及远程控制启动。当水位达到超低水位时，两台泵均停止工作；当水位达到低水位时，开启第一台泵；当水位达到中水位时，两台同时开启；液位控制器失灵引起高水位报警，EMCS 系统会发出报警信号，调度立即通知维修人员到现场处理。其控制分为手动和自动两种控制方式。

（1）手动操作

1）确认水泵控制箱已送电。如无电，检查控制箱内的二次回路保险丝是否烧坏或电源切换箱内电源开关是否合上。

2）确认出水管上的阀门全部打开后，将水泵控制箱面板上的"手动"与"自动"转换开关打到"手动"位，按相应的启停按钮一一启动或停止水泵。

3）通过控制箱面板上的电流表（如有）和出水管上的压力表（如有）分别检查运行电流和出水压力是否正常（运行电流一般为水泵额定功率的 2 倍左右）。控制面板上无电流表的用钳表测量。如电流和压力偏低，说明水泵叶轮或止回阀被堵塞，需吊起水泵或拆开止回阀进行清理；如电流过大，说明泵轴被垃圾等异物卡死，亦需吊起水泵进行清理。

4）操作完毕后，需将水泵控制箱面板上的"手动"与"自动"转换开关打到"自动"位，同时再次确认空气开关是否合上。

（2）自动操作

1）确认水泵控制箱已送电。如无电，检查控制箱内的二次回路保险丝是否烧坏或电源切换箱内电源开关是否合上。

2）确认出水管上的阀门全部打开后，将水泵控制箱面板上的"手动"与"自动"转换开关打到"自动"位，通过液位控制浮球或用短接线在端子排上一一进行启停模拟。

5. 真空排水系统操作运行

真空排水系统一般有真空机组、真空管路、真空提升器 3 部分组成，真空机组由真空泵组、污水泵组、控制柜、真空罐和相应配件组成。

（1）手动操作

1）确认水泵控制箱已送电。如无电，检查控制箱、电源切换箱内电源开关是否合上。

2）确认真空管路密闭下手动启动真空泵。

3）手动打开对应位置的真空提升器，真空隔膜打开，污水被负压吸入真空管路。

4）操作完毕后，需将水泵控制箱面板上的"手动"与"自动"转换开关打到"自动"位。

（2）自动操作

1）确认水泵控制箱已送电。如无电，检查控制箱、电源切换箱内电源开关是否合上。

2）确认出水管上的阀门全部打开后，将水泵控制箱面板上的"手动"与"自动"转换开关打到"自动"位。

6. 密闭式污水提升装置操作运行

（1）手动操作

1）确认水泵控制箱已送电。如无电，检查控制箱、电源切换箱内电源开关是否合上。

2）确认出水管上的阀门全部打开后，将水泵控制箱面板上的"手动"与"自动"转换开关打到"手动"位,按相应的启停按钮——启动或停止水泵。

3) 操作完毕后,需将水泵控制箱面板上的"手动"与"自动"转换开关打到"自动"位。

(2) 自动操作

1) 确认水泵控制箱已送电。如无电,检查控制箱、电源切换箱内电源开关是否合上。

2) 确认出水管上的阀门全部打开后,将水泵控制箱面板上的"手动"与"自动"转换开关打到"自动"位,通过液位控制装置控制水泵的自动启动与停止。

7. 生活污水设备的操作运行

(1) 培菌(手动)

1) 将各构筑物充满废水。

2) 启动风机,将菌种(活性污泥)倒入第一格好氧池。

3) 连续闷曝三天,第四天开始少量进水,以后循序加大,直至满负荷运行。

4) 至此,培菌成功。

(2) 启动风机前准备工作

1) 检查风机各部是否正常。

2) 注入润滑油至规定油标线。

3) 打开蝶阀(平时两台风机的蝶阀均保持常开状态),按下启动按钮。

4) 调节弹簧,确保风机风压符合规定要求。

(3) 运行

当所有准备工作完成后,即可进入正常运行状态。系统的运行可手动,亦可自动,一般情况下选择自动。

手动运行:

1) 检查风机、水泵等设备,确保正常。

2) 合上总电源和控制电源开关。

3) 将"自动-手动"转换开关置于手动挡。

4) 根据所需选择要启动的设备按钮,停机时按下相应的停止按钮。

自动运行:

① 自动运行操作很简单。在确定各设备都完好无误的情况下,将"自动-手动"转换开关打至"自动"挡,此时,系统将按既定程序自动投入运行,无须人工干预。

② 若遇紧急情况,则按"急停"按钮,使之停止。

8. 生产污水处理设备的操作运行

(1) 开车前应检查设备各部件是否完好,电器及转动部件是否正常,如发现问题应立即维修,修好后方能使用。

(2) 配好混凝剂,置于投药槽内。

(3) 启动空压机,将压缩空气输入溶气罐。

(4) 待溶气罐压力达到 $2\sim3kgf/cm^2$ 时启动高压水泵,缓慢打开闸阀,将水压入溶气罐,进行溶气。

(5) 待溶气罐液位到达液位计1/3时,打开释放阀门,将溶汽水输入气浮池(使用前最好将气浮池注满清水)。

(6) 调节高压水泵的阀门,保持溶气罐压力不要超过 $4kgf/cm^2$。

(7) 启动污水泵，将废水送入气浮池处理；同时根据污水水质情况，调节合适的抽药量。

(8) 调节气浮池的水位调节阀，使气浮池水位保持在排渣口便于排渣。

(9) 当浮渣积聚到 10~20mm 时，开动刮渣机，将泥渣刮到污泥槽内。

(10) 停止运行时，刮净所有污泥，然后先关投药阀、污水泵，然后关闭高压水泵、空压机及溶汽水出水阀。

3.3 给水排水系统设备的维修

1. 维修管理的任务

遵照国家标准，结合企业实际情况，通过对城市轨道交通给水排水系统设备的维修、保养、改造和管理，确保系统的正常运行。

2. 维修管理的有关规程及制度

(1) 维修管理的组织及有关人员的职责

给水排水技术和维修人员应按照公司每年的年度工作和检修计划，对设备进行检查、保养和预防性维修，负责故障设备的修复处理。如遇突发性事件时，服从生产调度的命令，在抢险总指挥的指挥下进行抢修。

1) 技术管理人员岗位职责

① 接受上级的领导，负责本专业技术和技术管理工作。

② 负责制定、组织、实施、检查本专业工作目标和生产计划及其完成情况。

③ 负责本专业维修文本、规章、制度等编制、修订、完善工作。

④ 负责本专业技术资料、图纸等收集、整理、核对、修改、完善工作。

⑤ 负责解决本专业生产中技术难题，为维修人员提供技术支援，协调专业接口关系。

⑥ 负责检查本专业安全生产情况。

⑦ 负责对本专业维修人员和其他相关人员进行技术和技术管理的培训。

⑧ 组织实施技术改造、国产化技改立项、委外项目立项等工作。

⑨ 密切关注本专业新技术、新设备、新材料的应用与发展趋势。

2) 工班长工作岗位职责

① 接受上级的领导，服从专业工程师的工作安排。

② 负责协助协调不同专业、工班之间工作。

③ 执行下达的检修计划，负责安排本工班员工工作。

④ 负责本工班班组工器具、维修材料及元器件领用、借用和保管。

⑤ 负责向上级提供本工班检修、故障处理等生产报表。

⑥ 负责向分部、专业汇报本班组工作情况，收集和向上反映本工班员工意见和建议。

⑦ 为本工班安全生产责任人，负责本工班生产安全和员工人身安全。

⑧ 负责组织本工班员工学习和参加各项活动。

⑨ 负责本工班员工工作考评，带教本工班新员工熟悉本职岗位工作。

3) 给水排水维修人员岗位职责

① 接受工班长的领导和工作安排。

② 做好本专业所辖设备维护、保养、巡视工作，填写相关报表、记录。

③ 领用、保管个人工器具。
④ 按要求做好安全生产工作。
⑤ 钻研业务，接受培训。
⑥ 参加公司、本专业、本工班组织的学习和活动。
⑦ 向上级、本专业、本工班组提出、反映本人合理化建议和意见。
⑧ 参与员工工作考评。

(2) 维修管理的有关规程及制度

为方便和规范设备维修及管理，维修人员对排水系统设备、设施进行检修管理时做到有章可循，各主要设备需指定相关的检修周期与工作内容。结合成本控制、人员技能、维修能力以及专业设备对行车及客运的影响程度等因素，将给水排水的维修策略分为Ⅰ类、Ⅱ类、Ⅲ类。

Ⅰ类：计划性维修策略。

Ⅱ类：状态修维修策略。此类设备采取定期检测及维护保养，加深小修，评估后采取大修或专项修策略。

Ⅲ类：故障修维修策略。此类设备采取故障修、评估后专项修策略。

给水排水及消防设备维修周期与工作内容可参考如表 3-1 所示。

给水排水及消防设备维修周期与工作内容　　表 3-1

设备（数量）	修程	设备或部件	检修工作内容	周期	备注
排水系统					
潜污泵	月检	潜污泵	检查水泵运转声音是否正常	每月	
		阀门	止回阀、反冲管、应急管上的阀门关闭是否严密		
			出水管的手动蝶阀、闸阀是否处于开启状态		
		潜污泵及泵房	设备及周围环境的巡视，视情况进行清洁		
		浮球	检查浮球是否正常		
		排水管道	检查排水管道有无堵塞并疏通管道		
		压力排水管	管道是否有漏水		
		控制箱	控制箱显示是否正常		
			检查水泵电控箱手/自动开关是否自动状态		
	季检		同月检全部内容	3个月	
		潜污泵	测量水泵的绝缘电阻和运行电流是否正常，如发现异常进一步检查（包括绕组、端子、轴承等）及其接线		
		耦合器	水泵与耦合器是否吻合		
		阀门	检查阀门开关是否灵活		
		浮球	测试浮球是否正常		
		导轨	导轨是否正常		
		压力排水管	管道是否有异常振动		
			检查管道及支架连接螺栓		
	年检		同季检全部内容	每年	
		阀门	对阀门进行保养		
		压力排水管	对锈蚀管道及附件进行除锈保养		

续表

设备（数量）	修程	设备或部件	检修工作内容	周期	备注
潜污泵	年检	钢丝绳	检查钢丝绳情况，对不符合要求的进行更换	每年	
		潜污泵	检查水泵叶轮、轴承、泵轴、机械密封、O形密封、水泵电机、蜗壳情况，视情况进行维修更换	3年	
			检查并视情况更换润滑油		
			检查并视情况进行表面防锈处理		
真空排水系统	月检	真空泵、排污泵	真空泵、排污泵运转声音是否正常	每月	
		压力表、传感器	压力表显示及压力传感器是否正常		
		控制箱	控制箱显示及操作是否正常		
		单向阀、闸阀、止回阀	单向阀、闸阀、止回阀是否正常		
		收集器及隔膜阀、电磁阀	收集器及隔膜阀、电磁阀是否正常		
		压力排水管	管道外观是否正常、无漏水		
		真空管道、排气管	管道外观是否正常、无泄漏		
		气水分离器和储水罐	气水分离器和储水罐水位是否正常		
	半年检		同月检全部内容	半年	
		泵体	检查真空泵、排污泵泵体状态		
		底座	真空泵、排污泵底座的不锈钢螺丝是否松动，视情况进行紧固		
		气水分离器和储水罐	检查气水分离器和储水罐清洁情况，视情况进行清洗		
		控制箱	检查控制箱内各元器件及电箱接线是否正常		
		泵组电机	检查真空泵、排污泵运行电流与电机绝缘，如发现异常进一步检查电机（包括绕组、端子、轴承等）及其接线		
	年检		同半年检全部内容	每年	
		整机	系统功能测试		
		设备外观	设备外观视情况除锈、油漆		
水消防系统					
消防水系统	日检	压力表	压力表显示是否正常	每日	
		控制箱	控制箱显示是否正常		
		机组	机组是否渗漏		
		水泵	水泵及周围环境的清洁	每周	
	月检		同日检全部内容	每月	
		水池、水箱	消防水池、水箱是否正常		
		消防泵	手动启动消防运转		
		气压罐	气压罐是否正常		
		减压阀	对减压阀进行放水试验，检测其前后压差		
		控制阀门	检查各个控制阀门处锁链或铅封是否正常		
	季检		同月检全部内容	3个月	
		控制阀	进水管上的控制阀门是否正常		
		水泵底座	水泵底座的螺丝是否松动		
		水泵	水泵绝缘电阻、运行电流是否正常，如发现异常进一步检查（包括绕组、端子、轴承等）及其接线		
			水泵运行是否正常		

续表

设备（数量）	修程	设备或部件	检修工作内容	周期	备注
消防水系统	季检	系统设备	进行放水试验，测试系统是否正常	3个月	
	年检		同季检全部内容	每年	
		压力表	压力表是否过期		
		设备外观	设备外观除锈、油漆		
		水泵	检查水泵润滑油，加油或更换		
	大修	水泵	测试、调校、维修、更换水泵轴承	10年	
			测试、调校、维修、更换机械密封		
			测试、调校、维修、更换电机		
			测试、调校、维修、更换叶轮、蜗壳及泵轴		
		水箱（池）	测试、维修、更换水箱（池）		
		气压罐	测试、调校、维修、更换气压罐		
喷淋水系统	日检	压力表	压力表显示是否正常	每日	
		控制箱	控制箱显示是否正常		
		机组	机组是否渗漏		
		报警阀	报警阀外观是否正常		
		水源控制阀	水源控制阀是否正常		
		水泵	水泵及周围环境的清洁	每周	
	月检		同日检全部内容	每月	
		消防泵	手动启动消防泵运转		
		控制阀门	检查各个控制阀门处锁链或铅封是否正常		
		水池、水箱	消防水池、水箱是否正常		
		气压罐	气压罐是否正常		
		水流指示器	水流指示器的测试		
		喷头	喷头是否正常		
	季检		同月检全部内容	3个月	
		水泵底座	水泵底座的螺丝是否松动		
		螺丝	更换已锈蚀的螺丝		
		水泵	水泵绝缘电阻、运行电流是否正常，如发现异常进一步检查（包括绕组、端子、轴承等）及其接线		
			水泵运行是否正常		
		报警阀	报警阀的测试和保养		
		系统设备	进行放水试验，检查系统是否正常		
	年检		同季检全部内容	每年	
		压力表	压力表是否过期		
		设备外观	设备外观除锈、油漆		
		水泵	检查水泵润滑油，并视情况加油或更换		
	大修	水泵	测试、调校、维修、更换水泵轴承	10年	
			测试、调校、维修、更换机械密封		
			测试、调校、维修、更换电机		
			测试、调校、维修、更换叶轮、蜗壳及泵轴		
		报警阀、水流指示器	测试、调校、维修、更换报警阀、水流指示器		
		水箱（池）	测试、维修、更换水箱（池）		
		气压罐	测试、调校、维修、更换气压罐		

续表

设备（数量）	修程	设备或部件	检修工作内容	周期	备注
消火栓（器材）箱、灭火器材箱	日检	消火栓（器材）箱、灭火器材箱	检查封条是否完好，日期是否过期（如封条损坏或过期则开箱检查保证箱内设备完整、到位后重新贴上封条）	每日	
			检查箱体外观是否完好		
			检查箱体是否清洁		
		消防栓箱	检查箱体有无漏水现象		
	月检	消火栓（器材）箱	同日检全部内容	每月	
			检查有无漏水		
			检查消防自救卷盘、水带、水枪等附件是否齐全和清洁；各附件有无老化、锈蚀或损坏，对存在问题的相关部件进行维修处理		
		灭火器材箱	灭火器有无过期、压力是否在正常范围内		
		箱门	箱门开关是否灵活，门锁是否正常		
		箱体	对有锈蚀和油漆脱落的部位进行除锈、油漆		
	年检	消火栓（器材）箱、灭火器材箱	同月检全部内容	每年	
		管道	对整体锈蚀破损严重的管道进行更换		
		箱体	对严重锈蚀、损坏或变形的箱体进行更换		
		枪头、栓头、卷盘	对严重锈蚀、损坏或变形的枪头、栓头、卷盘进行更换		
		水带	对严重老化，出现穿孔、开裂的水带进行更换		
		消火栓	车站消火栓测试		
消防地栓、接合器	日检	消防地栓、接合器	外观是否完整、有无漏水现象	每日	
			表面是否有锈蚀、油漆剥落		
		阀门	接合器及消防地栓后阀门检查		
		接头	检查接合器及消防地栓接头是否完好		
	年检	消防地栓、接合器	同日检全部内容	每年	若地栓属于自来水公司则需报修，由自来水公司更换
		消防地栓	消防地栓放水及压力测试		
			消防地栓损坏、无法维修时进行更换		
		消防接合器	消防接合器损坏无法修复时进行更换		
消防管道及附件	日检	管道	检查是否泄漏	每日	
			检查周围环境，视情况进行清洁		
		水阀	检查阀门是否完好，无漏水		
			检查阀门周围环境，视情况进行清洁		
		支吊架	支吊架是否牢固，表面是否生锈		
			检查支吊架周围环境，视情况进行清洁		
		卡箍	柔性卡箍是否稳固，无漏水		

续表

设备（数量）	修程	设备或部件	检修工作内容	周期	备注
消防管道及附件	日检	卡箍	检查卡箍周围环境，视情况进行清洁	每日	
		橡胶软接	检查橡胶软接是否有变形，是否有漏水		
			检查橡胶软接周围环境，视情况进行清洁		
		水表	检查水表是否完好，表面是否破损，水表是否有倒行或漏水现象		
			检查水表周围环境，视情况进行清洁		
		金属软管	检查金属软管是否有漏水		
			检查金属软管周围环境，视情况进行清洁		
		波纹管伸缩节	检查波纹管伸缩节是否有漏水		
			检查波纹管伸缩节周围环境，视情况进行清洁		
	年检	管道	同日检内容	每年	
			外表防锈处理		
		水阀	同日检内容		
			外表防锈处理		
			检查阀门开关是否灵活		
			检查电动蝶阀的电机对地绝缘电阻		
		支吊架	同日检内容		
			对有锈蚀和油漆脱落的部位进行除锈、油漆		
			U形码胶圈是否变形、松脱		
		卡箍	同日检内容		
			对有锈蚀和油漆脱落的部位进行除锈、油漆		
		橡胶软接	同日检内容		
		水表	同日检内容		
			对有锈蚀和油漆脱落的部位进行除锈、油漆		
		金属软管	同日检内容		
			对有锈蚀和油漆脱落的部位进行除锈、油漆		
		波纹管伸缩节	同日检内容		
			对有锈蚀和油漆脱落的部位进行除锈、油漆		
生活给水系统					
生活给水设备	月检	泵组	泵运转声音是否正常	每月	
			设备及周围环境的巡视，视情况进行清洁		
			固定水泵底座螺栓是否松动、锈蚀		
			水泵减振器是否损坏		
		压力表	压力表显示是否正常		
		浮球	浮球动作是否灵敏		
	年检	泵组	同月检内容	每年	
			检测泵组绝缘电阻		
			测量泵组运行电流		
			压力传感器调校		
			设备防锈处理		
			检查水泵润滑油，并视情况加油或更换		
		压力表	同月检内容		
		浮球	同月检内容		

77

续表

设备（数量）	修程	设备或部件	检修工作内容	周期	备注
污水处理系统					
车辆段污水处理系统	日检	机组	检查污水处理系统的水位、浮球是否正常	每日	
		控制箱	检查控制箱显示是否正常		
		机组	检查水泵、鼓风机、空气压缩机、气浮主体等设备运行是否正常		
		机组	检查阀门、管道、水箱是否有泄漏现象		
		药剂	检查药剂是否足量		
		机组	对运行数据进行记录		
	年检		同日检内容	每年	
		机组	测量设备的运行电流、绝缘电阻，如发现异常进一步检查（包括绕组、端子、轴承等）及其接线		
		鼓风机、空气压缩机	对鼓风机、空气压缩机进风口滤网进行除尘、皮带是否正常，更换润滑油		
		机组	检查设备是否有泄漏现象，紧固连接		
		阀门	检查阀门开关是否灵活，进行润滑保养		
		机组	对机组进行除锈补漆		
		机组	检查水泵、减速机等的润滑油，更换不符合的润滑油或加油		
		系统	检查渣泥情况，视情况进行清理		
车站污水处理设备	日检	机组	日常巡视、日常操作	每日	
		控制箱	控制箱显示及操作是否正常		
		管道阀件	检查闸阀、止回阀		
	年检		同日检内容	每年	
		底座	底座的不锈钢螺丝是否松动，视情况进行紧固		
		电机	水泵、鼓风机、曝气机运行电流与电机绝缘，如发现异常进一步检查电机（包括绕组、端子、轴承等）及其接线		
		管道	检查并视情况更换排气管道、排污管道		
		管道附件	检查并视情况更换管道法兰、止回阀		
		设备外表	设备外观视情况除锈、油漆		
		填料	检查填料是否完好，是否漏水，如有必要，更换填料		
管道及附件					
排水压力井、检修井、化粪池	日检	沙井盖	压力井、检查井、阀门井等各类沙井盖板是否完整无破损	每日至少一次	
		盖板	盖板是否完整、无破损		
		标识牌	标识牌是否正常		
		化粪池、压力井	化粪池、压力井是否溢出现象		
		化粪池、压力井	化粪池、压力井是否覆盖		
	年检		同日检内容	每年	
		化粪池、压力井	检查化粪池及压力井是否堵塞，视情况进行清理		
			检查防护网及螺栓，视情况进行更换		
			对防护网进行整体更换	10年	

续表

设备（数量）	修程	设备或部件	检修工作内容	周期	备注
管道及附件	日检	管道	检查是否泄漏	每日	包括主供水管及生活给水管
			检查周围环境，视情况进行清洁		
		水阀	检查阀门是否完好，无漏水，开关是否灵活		
			检查阀门周围环境，视情况进行清洁		
		支吊架	支吊架是否牢固，表面是否生锈		
			检查支吊架周围环境，视情况进行清洁		
		卡箍	柔性卡箍是否稳固，无漏水		
			检查卡箍周围环境，视情况进行清洁		
		橡胶软接	检查橡胶软接是否有变形，是否漏水		
			检查橡胶软接周围环境，视情况进行清洁		
		水表	检查水表是否完好，表面是否破损，水表是否有倒行或漏水现象		
			检查水表周围环境，视情况进行清洁		
		冲洗栓	检查是否泄漏		
			检查周围环境，视情况进行清洁		
		金属软管	检查金属软管是否有漏水		
			检查金属软管周围环境，视情况进行清洁		
		波纹管伸缩节	检查波纹管伸缩节是否有漏水		
			检查波纹管伸缩节周围环境，视情况进行清洁		
	年检	管道	同月检内容	每年	
			外表防锈处理		
		水阀	同月检内容		
			外表防锈处理		
			检查电动蝶阀的电机对地绝缘电阻		
		支吊架	同月检内容		
			外表防锈处理		
		卡箍	同月检内容		
			外表防锈处理		
		橡胶软接	同月检内容		
		水表	同月检内容		
			外表防锈处理		
	年检	冲洗栓	同月检内容		
			外表防锈处理		
		金属软管	同日检内容		
			外表防锈处理		
		波纹管伸缩节	同日检内容		
			外表防锈处理		

3. 给水排水系统主要设备的维修工艺
（1）潜水泵的维修装配与拆卸工艺
1）潜水泵的装配工艺
① 将下轴承盖套在转子总成下轴承挡上部轴颈上。

② 将下轴承压入转子。

③ 分别在下轴承下端装好轴承挡圈，轴用弹性挡圈挡住轴承。

④ 将装有下轴承的转子部件压入。

⑤ 将孔用弹性挡圈装在下轴承上端轴承座卡槽内。

⑥ 将下轴承盖用螺钉与轴承座装配，紧固。

⑦ 将泄漏检测器插在橡胶圈内，再插轴承座内。

⑧ 将上机械密封推入轴承座内，并用轴用弹性挡圈卡住。

⑨ 机械密封座止口上套入〇形密封圈，将机械密封座与轴承座通过止口装配起来。

⑩ 将下机械密封装入机械密封座内。

⑪ 将〇形密封圈套入机械密封座内。

⑫ 将蜗壳与机械密封座通过止口装配起来。

⑬ 用螺钉将轴承座、机械密封座及蜗壳紧固。

⑭ 叶轮装在轴上，用键固定。

2) 潜水泵的拆卸工艺

潜水泵的拆卸与装配顺序相反，不再赘述。

3) 潜水泵维修注意事项

① 定期（每季）检查电机相间和相对地之间的绝缘电阻，其值不得低于 2MΩ，否则应拆机维修，同时应检查水泵接地是否牢固可靠。

② 水泵每次安装时，都要检查电机的转向是否正确。正确的方向是：从泵的吸入口往上看，叶轮逆时针方向旋转。如果旋转方向不正确，可以调换三相中的任意两相的位置。

③ 水泵运转前，检查电源电压值。该电压不允许超出额定值的±10%。

④ 每年检查一次变压器油，如油呈乳化状态或有水沉淀出来，应及时更换 10～30 号机械油和机械密封。对于在恶劣条件下使用的水泵，更应经常地维修。

⑤ 在正常条件下，水泵工作一年后，应进行一次全面维修，更换已磨损的易损件并检查紧固件的状态。

⑥ 对装有耐磨环的泵，叶轮与耐磨环的磨损间隙在直径方向的最大值超过 2mm 时应更换耐磨环。

⑦ 为防止水泵在使用多次时内部积有杂质，可用清洁的水来清洗水泵，尤其是下密封处，以免结块、堵塞。电泵长期不用时，应将电泵从水中提出，不要长期浸泡在水中，以减少电机受潮的机会，从而增加水泵的使用寿命。需注意的是，水泵每次提出来时，最好用清水冲洗一次。

⑧ 不要随便拆卸水泵零件，需拆卸时不要猛敲猛打、野蛮操作，以免损坏密封件。没有熟练技术的工人不要随便拆卸电泵，以免造成电泵泄漏，损坏电机。

⑨ 运行中应经常检查各种仪表安全可靠性和正确性，如电流表指示是否正常，是否超过铭牌规定的额定值。

⑩ 水泵应在规定的范围内使用，流量不可超过额定流量太多，以免超载，可以通过关闭出口闸阀来调节。闸阀关小，流量也就变小，相应的电流、功率也就减小。

⑪ 固定水泵底座的不锈钢螺丝应牢固，无锈蚀现象。

⑫ 潜水泵与泵座接口应吻合密封。

⑬ 接地应牢固，接地线为黄绿线，比其他线长 50mm。

⑭ 潜水泵润滑油为 0～40 号机械油。

⑮ 潜水泵控制箱内应清洁，线头应紧固无松动，主交流接触器触点光滑，无明显的打花现象，各辅助触点动作正常。

（2）管道的维修工艺

轨道交通行业常用管道有镀锌钢管、PE 管、钢塑复合管、铸铁管、UPVC 等。管道的维修包括给水管道和排水管道及附件的维修。给水管道的损坏主要是因为腐蚀引起的。腐蚀表现方式有生锈、坑蚀、结瘤、开裂或脆化等。排水管道及附件需要维修主要是由于水管堵塞，往往是由于使用卫生器具不当引起的。对此类管道的维修主要采用预防为主的方式。如油漆、疏通、设置检查口、检查井和清扫口等。对于损坏严重，不能修复的管道和附件，只能采取更换的维修方式，并按要求进行试验和消毒（仅仅对给水管道而言）。为使管道和附件更换时安装合理，需遵循管道及附件的安装规范和通则。在这里主要介绍柔性卡箍的安装工艺和给水管道的消毒工艺。

1）柔性卡箍安装工艺

① 钢管切割

将钢管按照所需长度放在切割机上，断面应垂直轴线。切口有毛刺，用钢刷打磨。钢管切割不允许气割。

② 开槽

将钢管架在滚槽机上，用水平仪调整钢管水平位置，钢管端面与滚槽机挡板垂直固定后，开动电机，将压滚挤压钢管，压出所需要的槽。用游标卡尺测量槽的深度和宽度。

③ 密封面的要求

钢管端头密封面要求平滑，不允许凸凹，不允许有翻边和毛刺。端口钢管不圆应校圆，钢管焊缝要打磨平滑。

④ 密封圈的安装

清除密封面上杂物后涂上肥皂水，检查密封圈是否有损伤，再将密封圈向外翻成槽并浸入肥皂水。先将密封圈套在钢管端头，另一个钢管伸进密封圈，密封圈翻转，并将两管之间缝隙调整到所需宽度。然后在密封圈外表面刷肥皂水。

⑤ 卡箍安装

将卡箍内腔密封槽涂肥皂水，将两卡箍扣在密封圈上并使卡箍两侧卡进槽中。交替上紧两条螺栓。注意上螺栓不能咬胶圈。

⑥ 试压

管道安装完毕后进行系统试压。试压前应全面检查安装件、固定支架是否牢固。采用分层、分段、分面进行。试压时会使螺栓拉长，两卡箍分开，卸压后应第二次拧紧螺栓。

2）给水管道的冲洗消毒

① 冲洗前，拆除管道中安装的水表，加短管代替，把需冲洗的管道与其他正常供水干管或支管断开。

② 冲洗时，用高水流冲洗管道，在管道末端选择放水点排水，直至水中无杂质。

③ 配制好消毒液，随向管内充水一起加入管中；浸泡 24h 后，放清水清洗；并连续

测管内水的含氯量和细菌含量直到合格。新安装的给水管道冲洗消毒时，漂白粉量及用水量可参照表 3-2。

每 100m 管漂白粉量及用水量 表 3-2

管径（mm）	用水量（m³）	漂白粉量（kg）	管径（mm）	用水量（m³）	漂白粉量（kg）
15~50	0.8~5	0.09	100	8	0.14
75	6	0.11	150	14	0.14
200	22	0.38	400	75	1.30
250	32	0.55	450	93	1.61
300	42	0.93	500	116	2.02
350	56	0.97	600	168	2.90

（3）给水排水专业工具及备件

为提高设备维修效率，及时排除故障，保证各系统正常运行，给水排水专业维修人员及工班需要各种工具（所需工具见表3-3），并配备一定数量的易损件作为备品备件，具体数量根据设备数量和故障发生情况而定，一般按10％计。常用备品备件见表3-4。

给水排水专业所需工具 表 3-3

序号	物资名称及型号规格	单位
1	加长球型内六角扳手：9件套，1.5~10mm	套
2	内六角扳手组：12件	套
3	电镀金刚石什锦锉：3×140mm，10件套	套
4	木柄电工锤：0.5kg	把
5	八角锤：1.8kg，带柄	把
6	手提式薄钢板工具箱：428mm×177mm×189mm	个
7	钢锯架：300mm，（钢管制，固定式）	把
8	夹头镊子：125mm，03101	把
9	吹风机（热风枪）：GHG630DCE，2000W	把
10	扭力扳手：40~340N·m	把
11	交直流两用钳型表	块
12	手枪式把手红外线温度计：ST20	把
13	角磨机：GWS 6~100	个
14	手电钻：FD10VA10mm（钢材：10cm，木材：18cm，输入功率：285W，无负载旋转数：FD10SA2：300转/min；FD10VA0-2：300转/min。夹头能力：10cm）	把
15	充电式电动起子电钻：钻能力：软钢：10cm（3/8英寸）；木材：10cm（3/8英寸）；木螺钉（直径×长）：4.5×20cm（3/16×3/4英寸）电压：7.2V无负载旋转数：600转/min	套
16	冲击钻：GSB 20-2（RE）701W（钻削直径：混凝土：20mm，钢：13mm，木材：40mm）	把
17	超强力卧式吸尘器：RS718D	台
18	兆欧表：ZC25B-3，500V	块
19	全抛光双梅花扳手：公制8~27mm，11件	套
20	双头扳手组：6~32mm、13件	套
21	压线钳：0.7~6mm²，带绝缘	把
22	万用剥线钳：0~5~6.0mm，165mm	把

续表

序号	物资名称及型号规格	单位
23	电工安全带	条
24	高亮度固态强光防爆头灯：BRW5130B	套
25	微型螺钉旋具组套：7件	套
26	平口螺旋压紧式接地线：XJ-10A型，6～10kV，户内母排，三相，合相式，1m×3根+3.5m，棒长0.3m×3根，线径25mm²，铝排型平口接电夹，接地夹1个	套
27	挡圈钳：125mm 4件套	套
28	三爪拉马：300mm	个
29	防震橡皮锤：65mm	把
30	管子割刀：25～80mm	把
31	管子割刀：3～25mm	把
32	电焊钳，300A	把
33	活动扳手：450mm	把
34	钢扁錾250mm	把
35	链条管子扳手：900mm	把
36	手拉葫芦：3t×15m	个
37	黄油枪：压杆式HS87-4Q，400mL	把
38	压力油壶：BAETA 017510005	个
39	注油器：SKF-727200-200MPa	把
40	管道清理机：GQ-75	套
41	砂轮机：ϕ150mm	台
42	6.3mm系列套筒工具：公制38件	套
43	滑轮：1.0t单轮开口吊钩型	个
44	机械密封装配工具：0.75～37kW	套
45	电动套丝机：TQ-100A 0.75kW	台
46	轴承装配工具：TMFT 33系列	套
47	液压弯管器：ϕ15～ϕ75mm	台
48	组合套丝工具：M12～M3，WURTH	套
49	型材切割机：牧田2414NBϕ350	台
50	冲击钻：GSB 20-2（RE）701W博世牌（钻削直径：混凝土：20mm，钢：13mm，木材：40mm）	把
51	冲击钻头：9支装，2607018368，BOSCH	套
52	电焊机：380V/220V，5～6.5kW	台
53	分离式液压铡管机：100mm，150mm，200mm	台
54	分离式液压起顶机：3.0t	个
55	砂轮机：ϕ150mm	台
56	手提砂轮机：G10SF（日立）	台
57	机械式钳表：杭州东信仪器仪表公司MG27A	块
58	手枪式把手红外线温度计：ST20（雷泰公司）	把
59	红外线测漏仪：HLC-3100	台
60	接地电阻测试仪：PC22	块
61	非接触式手持数字转速表：DT2234A	块

续表

序号	物资名称及型号规格	单位
62	丝攻、板牙组套：BETA 446/C110	套
63	链钳：星光 CW-300	把
64	接触式转速仪：DT2234A LUTRON	台
65	微型螺钉旋具组套：7件，SATA09314	套
66	双头扳手组：6～32mm，13件，SATA09029	套
67	全抛光两用扳手：8～22mm，11件，SATA09022	套
68	电镀金刚石什锦锉：3×140mm，10件	套
69	6.3mm系列套筒工具：公制38件，SATA09002	套
70	液压滚槽机：TWG-2型	台
71	氧气瓶：带气	瓶
72	乙炔瓶：带气	瓶
73	射吸式焊炬：H01-12	把
74	射吸式焊炬：H01-20	把
75	氧气瓶车	台
76	对焊机	台
77	兆欧表：ZC25B-3，500V	块
78	钻床	台
79	标准机加工台	个
80	电动螺丝批：BOSCH GSR 6-40 TE	把
81	公制加长内六角扳手 12～22mm，5件	套
82	活动扳手：250mm，SATA47204	个
83	2.5磅手锤	个
84	管子钳：1200mm	把

常用备品备件   表3-4

序号	配件名称	单位
1	上轴承	只
2	下轴承	只
3	动力电缆	m
4	控制电缆	m
5	叶轮（不锈钢）	只
6	叶轮固定键	只
7	定子总成	只
8	转子总成	只
9	机械密封	只
10	○形密封圈	只
11	泄漏报警电极	只
12	橡胶圈	只
13	动力电缆密封圈	只
14	动力电缆护套	只
15	控制电缆密封圈	只
16	控制电缆护套	只

续表

序号	配件名称	单位
17	导向挂件	个
18	消火栓口	个
19	过滤柱	个
20	止回阀	个
21	液位控制器	个
22	柔性卡箍	个
23	金属软管	个

3.4 给水排水系统事故（故障）分析与处理

1. 事故（故障）处理原则

给水排水系统是车站及车辆段机电设备的一部分，其事故（故障）原则要求遵循城市轨道交通制定的相关规定及要求，具体而言，即"先通后复"，尽可能减少事故（故障）对正常运营的影响。

2. 典型事故（故障）的分析与处理

（1）区间消防水管爆裂的分析与处理

1）抢修工器具、备品、备件（详见表3-5）。

抢险所带工具、装备　　　　表3-5

序号	物资名称	型号规格	数量	单位	备注
1	消防水带	25m/条	12	条	区间泵不能抽水时使用
2	220V手提潜水泵	220V	4	台	区间泵不能抽水时使用
3	220V电源拖架	220V	4	个	
4	活动扳手	200mm	3	把	
5	套筒扳手	32件套（12.5mm系列）	1	套	12.5mm系列
6	镀锌水管	DN150	2	条	6m/条
7	柔性卡箍	DN150	6	个	
8	割机	日立	1	台	
9	割片	25.4×255	8	片	
10	信号灯		2	个	车站提供
11	对讲机		1	对	车站提供
12	滚槽机		1	台	

2）处理流程

① 在收到调度报区间消防管爆管抢险命令，接报人立即通知相关人员准备工器具及材料赶往指定地点并现场情况告诉专业工程师及工班长。专业工程师、工班长、相关人员立即执行应急抢险程序，确保行车安全不受到影响。

② 接报人应电话通知环调，要求协助车站办理请点手续。并准备相关的对讲机、信号灯、荧光衣等应急物品。

③ 到达指定地点时候，按要求报环调并在车站进行书面请点登记。

④ 立即执行应急措施，确保区间消防管爆管故障报警解除，避免影响行车安全。
⑤ 区间消防管爆管故障解除后，详细检查设备，确保各个设备都能正常运行。
⑥ 按要求将故障原因及处理结果报调度。
⑦ 检查设备无误后与调度在监控系统上核对设备状态。
⑧ 应急处理结束。
3）抢修人员分工及安全注意事项。
① 抢修安全注意事项：严格遵守维修安全规则，做好并检查安全防范措施，防止发生工伤事故。一组（6人）：负责拆、装水管及检查、关闭区间爆裂水管附近两端蝶阀；二组（4人）：负责运送水管。
② 事故处理现场：经抢修负责人确定爆管长度后，命令一组人员用活动扳手，在两端将柔性卡箍拆下，然后将二组运送的镀锌钢管割好并对好位，经抢险负责人确认无误后，再装上柔性卡箍并试漏、试压。所有抢修工作结束后，出清线路。向车站控制室、控制中心汇报修复情况和线路出清情况，车站和控制中心解除线路封锁，运营车辆恢复运行，抢修结束。
③ 总结分析事故发生原因，出具事故报告。
(2) 水淹区间隧道的分析与处理
1）水淹区间隧道抢险工器具、备品、备件详见表3-6。

抢险所带工具、装备　　　　　表3-6

序号	物资名称	型号规格	数量	单位	备注
1	内六角扳手	公制2.5~12mm，10件套	1	套	
2	手动葫芦	3t，5m	2	个	
3	荧光衣	大号，中号	6	件	各3件
4	钳工锤	1.0kg	1	把	
5	数字电流钳表	0~1000A	1	块	
6	钢丝绳	ϕ12mm	20	m	
7	钢丝绳接头	ϕ12mm	6	个	
8	信号灯		2	个	车站提供
9	试电笔	0~500V	2	支	
10	兆欧表	500V	1	个	
11	对讲机		1	对	车站提供

2）处理程序：
① 在收到环调报区间水泵报高水位及水淹道床命令，接报人立即通知相关人员准备工器具及材料赶往指定地点并将接报情况告诉专业工程师及抢险负责人。专业工程师、抢险负责人、相关人员立即执行应急抢险程序，确保行车安全不受到影响。
② 到达指定地点时候，按要求报环调并在车站进行书面请点登记。
③ 请点完毕后准备好相应的材料及工器具到达登程候车点。
④ 根据行调及环调的安排按要求登程。到达指定泵房后，立即报环调。
⑤ 按环调要求做好相应的防护措施。
⑥ 立即检查设备及水位情况，并将检查结果报告给环调。

⑦ 立即执行应急措施，确保高水位报警消失，避免影响行车安全。
⑧ 高水位报警及水淹道床故障消失后，详细检查设备，确保各个设备都能正常运行。
⑨ 将故障原因结果报环调。
⑩ 检查设备无误后与调度在监控系统上核对设备状态。
⑪ 核对无误后，联系环调要求出清。
⑫ 按照环调要求执行出清处理程序。
⑬ 材料，工器具，人员都按要求全部出清后报环调，并销点。

给水排水系统发生故障往往会影响到城市轨道交通正常的运营，其中绝大多数又主要是因为水泵发生故障引起，因此熟知水泵故障发生原因，对快速处理水泵故障有着重要意义。表 3-7 列出了水泵的故障现象、故障原因及处理方法。

水泵故障分析与处理　　表 3-7

序号	故障现象	故障原因	处理方法
1	水泵流量不足或不出水	泵反转	关掉总电源，调换任意二相电源线
2		阀门未打开或打开角度不够	检查并打开阀门
3		管道、叶轮堵塞	清理管道或叶轮的堵塞物
4		出水管泄漏	找出泄漏并校正
5		耐磨环磨损	更换
6		耦合挂件断裂	更换
7	水泵运行不正常、噪声振动异常	叶轮或转子不平衡	校平衡
8		轴承磨损	更换
9		转轴弯曲	送厂家校正或更换
10	绝缘电阻偏低	电缆线电源接线端渗漏	拧紧电缆接线喇叭
11		电缆线破损	更换
12		机械密封损坏	更换
13		O 形密封圈失效	更换
14	电流过大	管道、叶轮被堵	清理管道或叶轮的堵塞物
15	水泵无法停止或自动启动	浮球失灵	更换浮球
16		浮球上浮子卡在工作位置	松开，如需要，可以改变位置
17	泵启动和停止太频繁或长时间运行	浮球开关定的时间太短	重新调整浮球开关，延长运行时间
18		止回阀故障	检查止回阀，并维修

(3) 火灾模式下消防泵无法启泵故障应急处理

1) 消防泵无法启泵抢险工器具、备品、备件详见表 3-8。

2) 处理程序：

① 在收到调度报火灾模式下消防泵无法启泵故障应急处理故障命令，接报人立即通知相关人员准备工器具及材料赶往指定地点并现场情况告诉专业工程师及工班长。专业工程师、工班长、相关人员立即执行应急抢险程序，确保行车安全不受到影响。

② 接报人应电话通知环调，要求车站协助办理请点手续。并准备相关的对讲机、信号灯、荧光衣等应急物品。

③ 立即执行应急措施（消防泵无法启泵故障），确保消防泵正常启动，避免影响火灾救援。

④ 消防泵无法启泵故障解除后，详细检查设备，确保各个设备都能正常运行。
⑤ 按要求将详细检查的原因及处理结果报调度。
⑥ 检查设备无误后报调度，并与调度在监控系统上核对设备状态。
⑦ 应急处理结束。

抢险所带工具、装备　　　　　　　　表 3-8

序号	物资名称	型号规格	数量	单位	备注
1	数字电流钳表	0～1000A	1	块	
2	试电笔	0～500V	2	支	
3	兆欧表	500V	1	个	
4	螺丝刀	十字、一字	2	套	
5	对讲机	—	1	对	
6	电工胶布	—	若干	卷	

第4章 低压配电及照明系统运行与维修

4.1 低压配电及照明系统的组成及功能

1. 低压配电及照明系统的组成及功能

低压配电及照明系统可分为照明和低压配电两个子系统。

（1）照明系统

1）系统组成

车站照明系统采用 380V 三相五线制、220V 单相三线制方式供电。系统范围为车站降压所变压器后的照明设备、设施及线路。大致包括站台、站厅公共区的一般照明、节电照明（包括站名牌标示照明）、事故照明（包括疏散诱导指示照明）、广告照明和设备及管理用房的一般照明、事故照明；出入口的疏散诱导指示照明、一般照明与事故照明；电缆廊道的一般照明及区间隧道的一般照明、事故照明。

根据各场所照明负荷的重要性，照明负荷可分为三个等级：事故照明、疏散诱导指示照明为一级负荷；节电照明、一般照明及各类指示牌为二级负荷；广告照明为三级负荷。

原则上在车站站台、站厅的两端各设置一间照明配电室，室内集中安装各类照明配电控制箱。在车站站台、站厅的两端各设置一间事故照明装置室，室内安装一套事故照明装置。一般照明、节电照明、设备及管理用房照明的电源，分别由降压所的低压柜两段母线上各馈出一路电源，与照明配电室的两个配电箱连接，以交叉供电方式，向站台、站厅、设备及管理用房照明灯具供电。事故照明电源是由低压所的低压柜两段母线上各馈出一路电源，经事故照明装置配出。站台、站厅及人行通道的疏散诱导指示照明由事故照明装置配出单独回路供电。广告照明及其他各类照明（区间隧道一般照明除外）也均由照明配电室配电箱配出。

事故照明及疏散诱导指示照明，正常时采用 380V/220V 交流电源直接供电，电源由降压所的低压配电柜两段母线上各馈出一路 380V/220V 交流电源至事故照明装置互备切换后配出。事故照明装置带有蓄电池，当两路进线交流电源均失压后，装置电源切换柜自动切换为由蓄电池经装置逆变为 380V/220V 交流后向外供电，当进线恢复供电后，又自动切换为交流市电直接向外供电。

2）控制位置及控制方法

车站照明系统可分为三级控制：

① 就地级控制。

各设备及管理用房进门处设有就地开关箱或盒，可控制相应设备及管理用房的一般照明以及个别线路的应急照明。

② 照明配电室集中控制。

照明配电室内设有相应照明场所的照明配电箱，可在照明配电室内通过柜面上的转换开关和按钮，实现对站台、站厅公共区的一般照明、节电照明、广告照明的手动/自动控制转换和控制（手动控制——指通过照明控制柜上按钮或照明配电室照明配电箱上按钮开/关控制；自动控制——指通过综合监控系统 ISCS 实现控制）。正常情况下，配电箱所有开关均应全部合上，以便通过就地级控制和站控室集中控制相应场所照明。

有些线路，车站照明配电室增设有智能照明控制盘（含 PC 工作台），可通过控制协议将每只灯具的负载和每个可调光电子镇流器的工作状态信号反馈回智能照明控制系统，实现对整个照明系统照度的控制和监视。

③ 综合监控系统集中控制（站控室集中控制）。

在综合监控系统 ISCS（设在站控室、OCC 的工作站）上可监控站台、站厅公共区一般照明、节电照明、广告照明的工作状态（手动/停/自动）。

此外，根据需要事故照明也可在事故照明装置室主机柜上进行控制。

（2）低压配电系统

1) 系统组成

车站低压配电系统采用 380V 三相五线制、220V 单相三线制方式供电。它为站台、站厅和设备及管理用房的环控、排水、消防、电梯、自动扶梯、自动售检票及通信、信号、AFC 设备、站控室等系统设备供配电和实现由车站环控室内供配电设备的电控控制。

根据用电设备的不同用途和重要性，车站用电负荷分为三级：① 一级负荷：包括通信系统、信号系统、火灾报警系统、气体灭火系统、综合监控系统、Bas 系统、屏蔽门、消防泵、废水泵、雨水泵、防淹门、站控室、AFC 系统、民用通信电源、扶梯、自动售检票设备、事故风机及其风阀等；② 二级负荷：包括非事故类风机及风阀、污水泵、集水泵、电梯、轮椅牵引机、维修电源及冷水机组油加热器等；③ 三级负荷：包括冷水机组、冷水泵、冷却水泵、冷却塔风机、电开水器、清扫电源、资源类设备等。

系统所供配电设备可分为由车站降压所直接供配电的设备和由环控电控室供配电的设备。

对降压所直接供配电的一级负荷设备（如通信系统、信号系统、AFC 系统、站控室、废水泵等），系统由降压所低压柜两段母线各馈出一路电源至设备附近的电源切换箱，经电源切换箱实现双电源末端切换后再馈出给设备，两路电源正常时一路工作，一路备用，并可互作备用。

对降压所直接供配电的二级负荷设备（如工作人员电梯、污水泵、集水泵等），系统由降压所低压柜其中一段母线馈出一路电源至设备附近的电源配电箱后再馈出给设备，当该段母线失压后，母线分段断路器（母联断路器）自动合闸，可由另一段母线继续供电。

对降压所直接供配电的三级负荷设备（如环控三类负荷：活塞式冷水机组、离心式冷水机组、空调机、空调新风机等），系统由降压所低压柜其中一段母线馈出一路电源至设备附近的电源配电箱后再馈出给设备，当降压所低压柜任一段母线失压或故障时，均联跳中断所有三级负荷设备供电。

对环控电控室直接供配电的环控一、二类负荷设备（如区间隧道风机、送排风机、回排风机、防火阀、风阀等），系统采用单母线断路器分段接线形式供电，并设有电源自动切换装置，通过母联断路器（连接两段母线）的备用电源自动投切装置，实现两路电源互备供电。

对环控电控室供配电（直接或间接）的环控三类负荷设备（如电动蝶阀、冷却水泵等），系统采用单母线接线形式供电，当该母线失压或故障时，中断供电；当电网只有一路电源供电时，也联跳中断供电。

2）控制位置及控制方式

① 对通信系统、信号系统、AFC系统、站控室、废水泵、电梯、自动扶梯等由降所直接供配电的各系统设备，低压配电系统提供电源至各设备附近的配电箱或电源切换箱，工作人员可在降压所或设备附近的配电箱或电源切换箱上对各设备作电源通断或切换操作控制。

② 对冷水机组相关设备及部分空调机、新风机、排风机、隧道风机等由环控电控室直接供配电的设备，低压配电系统提供电源至各设备附近的电源箱或就地控制箱，工作人员可在环控电控室或设备附近的电源箱或就地控制箱上对该设备作电源通断或切换操作控制。

③ 对环控电控室直接控制的环控设备（如空调机、风机等），采用三级控制方式，即就地控制（设备附近）、环控电控室控制（通过智能低压系统或Bas系统控制）及站控室、OCC控制（通过综合监控系统控制）。

④ 自动扶梯正常时由现场控制，事故状态下可在站控室内按动应急停机按钮停止所有自动扶梯运行。

2. 低压配电及照明系统主要设备配置及功能

系统主要设备配置及功能如下：

(1) 环控电控柜（含智能低压系统）

安装于车站环控电控室内，提供环控电控室直接供配电设备所需的电源，依靠智能低压系统，通过可编程控制器（PLC）的相关逻辑程序实现环控设备的电气控制及远程点控、程序操作控制。环控电控柜主要由开关柜、控制柜、网关柜、继电器/模块控制柜等四大部分组成。开关柜：由2个进线柜、1个母联柜组成，通过逻辑判断及相关连锁实现两路进线电源自投自切及互联功能，保障供电可靠性。控制柜：控制风机、空调等的启停，并通过马达保护器将相关信息上传至网关，实现数据的监测及回路的保护功能；继电器/模块控制柜：控制风阀的开关，通过plc采集状态量，实现数据的监控功能；网关柜（含工控机）：通过采集各马达保护器及plc相关数据，实现对环控设备的集中控制。

(2) 环控设备就地控制箱

安装于车站各环控设备附近，用于维修调试各环控设备时的就地控制操作。

(3) 防淹门控制柜

安装于过江隧道两端防淹门控制室及车站站控室，用于防淹门的操作控制。

(4) 雨水泵控制柜

安装于地下隧道入口处雨水泵控制室内，用于地下隧道入口处雨水泵运行控制。

(5) 废水泵、污水泵、集水泵控制箱

安装于车站废水泵、污水泵、集水泵用电设备附近，用于废水泵、污水泵、集水泵运行控制。

(6) 区间隧道维修电源箱

安装于正线区间隧道内，约100m设1台，提供隧道内设备维修作业时所需的电源。

(7) 电源配电箱、电源切换箱

安装于车站各动力用电设备（如自动扶梯、水泵、信号设备、通号设备、自动售检票设备）附近，提供设备所需电源。

(8) 防火阀（DC24V）电源配电箱

安装于车站防火阀相对集中处附近，将 AC220V 整流为 DC24V 电源，提供给防火阀关闭电磁阀动作所需电源。

(9) 灯具（白炽灯、荧光灯、LED 灯，包括灯架）

照明电光源，安装于车站各照明场所，用于车站各照明场所照明、疏散指示。

(10) 灯塔

安装于车辆段内，用于车辆段内空旷区域照明。

(11) 一般照明控制就地开关（翘板开关）盒

安装于各设备及管理用房门口处，用于各设备及管理用房一般照明就地控制。

(12) 照明配电箱、智能照明控制盘

安装于各车站照明配电室或部分设备房，用于集中控制相应场所的一般照明、节电照明及广告照明，实现照明配电室和站控室集中控制开关及照度调节操作。

(13) 事故照明电源装置

安装于车站站台蓄电池室，实现蓄电池充电和事故照明电源市电/逆变切换，为车站提供事故状态下的应急照明电源。

事故照明电源装置包括主机柜、蓄电池柜和馈线柜；主机柜主要由逆变部分、充电部分及运行状态监控部分组成，蓄电池柜由蓄电池及蓄电池监控装置组成，馈线柜负责为负荷提供馈出电源。

3. 低压配电及照明系统重要关键设备构成

(1) 环控电控柜（含智能低压系统）系统架构图及组成部件

1) 系统架构图（图 4-1）

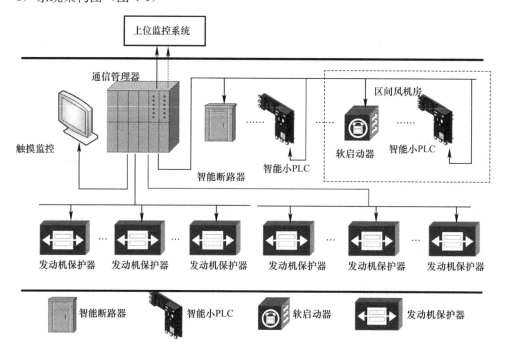

图 4-1 环控电控柜系统架构图

2）关键组成部件

① 通信管理器：安装于网关柜内，属于智能低压系统的核心部件，通过通信线与电机保护控制模块、软启动、变频器连接，实现远程对风机、风阀的控制，并通过逻辑程序实现风机、风阀之间的电气联锁功能。

② 马达保护器：环控电控柜抽屉中的关键智能模块，可自动采集风机、空调等设备的电机一次侧电流，完成过载保护、电流不平衡保护、相故障保护、接地故障保护、堵转保护、电机热保护等，将电机运行状态、运行电参数、运行时间以及控制状态等参数送通信管理器。

③ 智能小PLC：安装于继电器柜/风阀模块柜内，实现单体风阀、组合风阀、电动蝶阀等的控制及控制转换，实现设备运行状态显示和故障显示，将设备运行状态、故障信息、控制状态等参数送通信管理器。

④ 变频器/软启动器：电动机容量大于或等于75kW的电机采用软启动方式，具备常规的电机保护功能，如过载保护、电流不平衡保护、相故障保护、接地故障保护、堵转保护、电机热保护等，并实现电机运行状态显示和故障显示，实现与通信管理器的通讯。

⑤ 智能断路器：包括两进线一母联，以单母线分段形式实现进线电源的三合二功能，并且可以向通信管理器传送断路器的位置状态、运行状态和储能装置状态、保护动作、参数设定值、电流值、电压、频率、功率因素、有功电度、无功电度等信息。

（2）事故照明电源装置系统架构图及组成部件

1）系统架构图（图4-2）

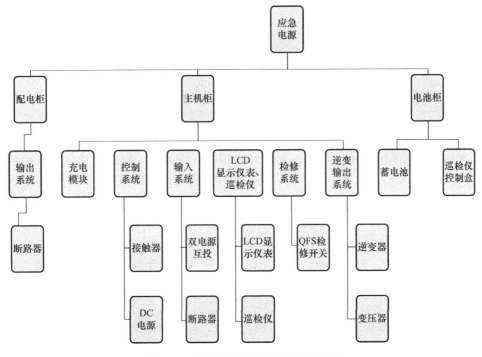

图4-2 事故照明电源装置系统架构图

2）关键组成部件

① 输入系统：正常情况下，事故照明装置使用两回路市电供电，通过双电源切换装

置,实现市电电源的互为备用功能。

② 旁路检修系统:在市电正常,系统异常情况下,可通过对相关检修开关的分合闸实现系统的旁路检修功能。

③ 逆变输出系统:在两路市电异常情况下,可自动切换至逆变回路供电,依靠蓄电池的续航能力保证应急照明的持续输出。

④ 智能监视单元:带有可显示单元,可显示事故照明电源装置各部分(交流电源自动切换装置、整流/充电机、蓄电池组、逆变器、馈线单元等)运行参数、运行状态、故障信息;

⑤ 馈线单元:馈线单元集中布置在馈电柜内,每路馈出均配有自动空气断路器和信号指示灯。馈电回路设置馈电分路检测装置,检测馈出回路的运行和故障状态。

4.2 低压配电及照明系统的运行管理

1. 运行管理的任务和内容
(1) 运行管理的任务

通过对车站和车辆段低压配电及照明系统各设备的正确操作和管理,保障设备处于安全受控状态,使设备达到优质、高效的运行工况,实现系统的设计功能,为车站正常运营提供必要的基础条件。

(2) 运行管理的内容

1) 故障应急处理:设备发生故障时,为不造成更大范围影响,由车站工作人员依照"先通后复"原则及有关规则暂作技术处理,并按手续报专业维修人员处理的工作。

2) 日常维修作业:设备日常运行期间发生故障时,专业维修人员接报之后进行的抢修工作。

3) 巡视作业:通过观察设备(有代表性的)运行状态,与标准常态比较,及早发现异常运行状态,及时将故障解决于发生的初期,尽量避免故障后维修的工作。

4) 计划维修作业:维修作业是一种主动的预防性维修,作业内容较巡视深入,是根据低压配电及照明系统设备的构成、运行和使用特点等因素,周期性地纠正系统各设备(部件)运行后可能积累的误差、磨损,或零部件使用寿命后的更换,调整设备达到良好的运行状态。

5) 设备运行记录:定期记录低压配电及照明系统运行数据,用于必要的运行历史追溯、故障分析。

6) 备品备件采购:根据设备运行使用的损耗需求,结合备品备件仓储数量、零部件的使用寿命,计划定期补充采购。

2. 运行管理组织及有关人员的职责

低压配电及照明系统是车站机电设备的一部分,其日常操作、管理由车站工作人员负责,其设备维修由专业维修工班负责。技术人员负责制定各种作业计划,为专业维修工班提供生产、技术支持。专业维修工班执行各种计划作业、故障抢修、临时任务,并必要地反馈各种作业情况。

专业维修工班的维修作业工作分为日常巡视工作、计划性维修保养和非计划性(即故障应急处理）维修工作。每项工作都必须遵守各类设备的维修手册和操作使用手册要求。

3. 运行管理的有关规程和制度

（1）日常巡视工作流程

技术人员根据维修手册和操作使用手册要求，给专业维修工班制定相应的巡视制度，其中应明确巡视目的、组织、巡视方式、巡视内容、巡视周期、巡视记录要求等。专业维修工班按日常巡视工作流程定期巡视所辖各主要设备，发现问题及时处理，做好记录并报告相关部门。

日常巡视工作流程见图 4-3。

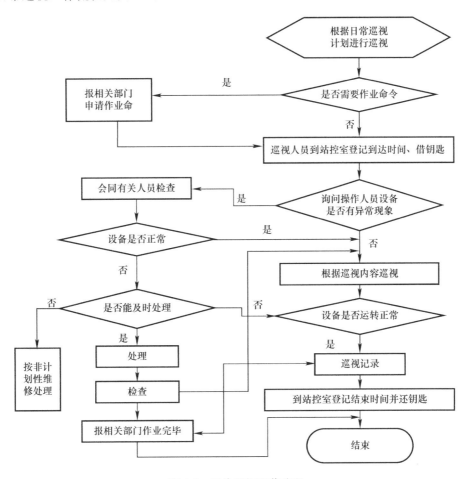

图 4-3 日常巡视工作流程

（2）计划性维修工作流程

技术人员根据维修手册和操作使用手册编制设备维修计划。专业维修工班根据已审批的维修计划及相关部门核发的作业令开展维修工作，作业完毕后做好记录并报告相关部门。

计划性维修工作流程见图 4-4。

（3）非计划性（即故障应急处理）维修工作流程

专业维修工班根据相关部门调度的报告或通知，处理各类低压电器设备的一般故障，并负责填写"故障报告登记表"。故障处理完毕回报相关部门。

非计划性(即故障应急处理)工作流程见图 4-5

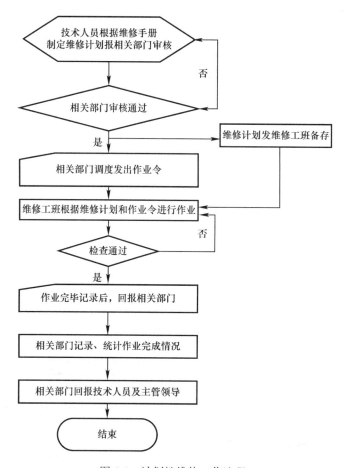

图 4-4 计划性维修工作流程

(4) 环控电控室设备维修安全制度

1) 维修人员应定期维护、维修环控电控设备。

2) 维修人员维护、维修设备时,必须按安全操作规程和设备使用说明书的要求进行操作。

3) 维修环控电控柜进线柜断路器下桩母线设备时,应停止该段母线供电,并在其两端正确挂接保护接地线,悬挂维修警示牌。

4) 维修人员停电维护、维修环控电控室开关柜所控设备时,应将相应开关柜抽屉抽出在锁定位置,用挂锁将操作手柄锁定,并悬挂维修警示牌。

5) 维修人员停电维护、维修环控电控室继电器柜所控设备时,应将相应控制回路保险管拔出,并悬挂维修警示牌。

6) 维修人员维护、维修设备后,恢复设备原始供电状态,摘除悬挂维修警示牌,并填写设备维护、维修记录。

(5) 环控电控室设备管理制度

1) 环控电控室禁止无关人员擅自进入。

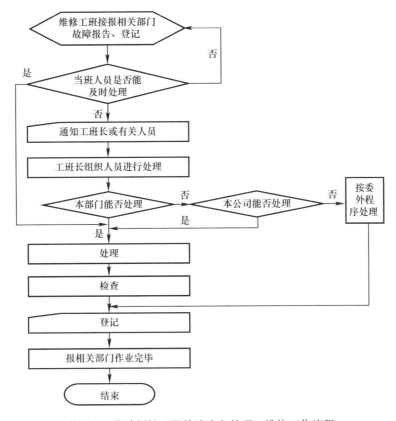

图 4-5 非计划性（即故障应急处理）维修工作流程

2）环控电控室开关柜、继电器柜只容许经过培训的车站值班人员按调度命令进行操作和专业维修人员进行维修操作。

3）操作及维修人员均应持有上岗证，并应按设备操作手册指示及设备面板标示进行操作、维修。

4）操作人员操作设备，应填写设备运行记录表；对故障设备，应及时报请维修人员维修。

4．应备的记录、技术资料和工具

（1）应备的记录

1）设备台账：记录设备的主要器部件规格、厂商、数量、安装分布地点等。

2）备品备件台账：记录备品备件的消耗、补充、经办者、日期等。

3）设备履历：记录设备的型号规格、主要配置器部件的型号规格、生产厂商、生产日期、安装地点、目前性能现状、大中修的内容记录（包括主要配置器部件更换、调整、替换、技改、作业者及作业日期等）。

4）日常巡视记录。

5）日常故障（事故）处理记录：记录故障（事故）的发生现象、报警信息、处理过程、时间及地址。

（2）主要技术资料

1）低压配电及照明设备操作手册

2）计划维修手册及部件更换指引手册

3）各种低压电器用户手册

4）电气原理图、电气竣工图

（3）工器具

1）常用电工工具

电磁式万用表、数字式万用表、数字式绝缘电阻表、接地电阻仪、电流钳表、剪线钳、剥线钳、压线钳、平口钳、尖嘴钳、电工刀、手电筒、电工锤、尖嘴镊子、平口镊子、电工铁剪、电烙铁、电工标号笔、微型螺丝刀、各种螺丝批等。

2）常用钳工工具

梅花扳手组合、活动扳手、套筒扳手、内六角扳手、三角刮刀、平锉刀、半圆锉刀、什锦锉刀、砂纸、扭力扳手、八角锤、钢丝钳、钢锯等。

3）专用工具

红外线测温仪、小型汽油发电机、碘钨灯、安全行灯、应急灯等。

4.3 低压配电及照明系统的巡视与运行

1. 巡视的一般要求

（1）巡视目的

巡视就是要及时发现系统设备运行异常现象，并在安全、不影响正常运营情况下及时进行维修，以确保系统正常运营。

（2）巡视方式

巡视以"望、闻、问、切、嗅"为主要手段，必要时使用仪器进行检查。

1）望：以眼观察各类照明灯具工作是否正常、指示灯指示是否正常、电流表和电压表指示是否正常、转换开关及空气开关位置是否正确、接触器和继电器及开关触点是否有电弧灼痕、水位及水位指示是否正常等。

2）闻：以耳聆听接触器和继电器线圈及灯具镇流器交流声是否正常、接触器和继电器吸合声是否正常、各类电机及相关机械工作声音是否正常等。

3）问：询问车站值班人员及其他工作人员是否存在设备故障及故障现象等。

4）切：以手转动各开关和按动各按钮检查其功能是否正常、触摸蓄电池侧表面检查其温升是否正常、触摸各开关及电缆和电线绝缘表面检查其温升是否正常、触摸各电机外表面检查其温升是否正常等。

5）嗅：以鼻嗅吸检查是否有电气烧焦臭味、机械摩擦产生异味等。

（3）注意事项

1）为确保维修人员安全，每组巡视人员应不少于2人。在区间隧道巡视时，应按有关规定办理工作票。

2）为确保运营安全，巡视中如需改变有关设备工作状态时，巡视人员应报知相关部门及相关人员。

3）巡视人员应按要求填写相应巡视记录。

2. 巡视内容

巡视内容见表4-1。

低压配电及照明系统巡视内容　　　　　　　　表 4-1

序号	设备	巡视内容	检查标准	备注
1	环控电控柜Ⅰ、Ⅱ类负荷进线柜	(1) 进线电源电压表。 (2) 进线电源指示灯。 (3) 进线电源断路器合闸、分闸指示灯。 (4) 进线电源自动/手动投切转换开关	(1) 进线电源电压表指示～380V。 (2) 进线电源指示灯点亮。 (3) 进线电源断路器合闸指示灯点亮（对无母联开关柜，只有1个Ⅰ、Ⅱ负荷进线电源断路器合闸指示灯点亮）。 (4) 进线电源自动/手动投切转换开关置自动位置	故障处理： (1) 电压表无指示和电源、合闸指示灯均不亮，报相关部门送电或处理。 (2) 进线电源自动/手动投切转换开关置手动位置，则转置自动位置。 应急处理： 当进线电源断路器自投/自复功能出现故障时，值班人员应对设备进行应急处理，以及时恢复供电。 (1) 检查进线电源电压表是否有电压～380V电压指示，进线电源指示灯是否点亮。 (2) 如电压表无指示和电源指示灯均不亮，报相关部门送电。 (3) 如电压表有指示或电源指示灯点亮，而合闸指示灯和Ⅰ、Ⅱ类负荷开关抽屉指示灯均不亮，值班人员须按压进线柜上进线断路器电动合闸按钮（进线柜上有合闸指示）操作进线断路器，恢复供电（此时合闸指示灯或部分Ⅰ、Ⅱ类负荷开关抽屉指示灯应点亮）。 (4) 如上述操作不能恢复供电，则上报相关部门通知维修人员
2	环控电控柜Ⅰ、Ⅱ类负荷母联柜	(1) 母联断路器合闸、分闸指示灯。 (2) 母联断路器自动/手动投切转换开关	(1) 母联断路器分闸指示灯点亮。 (2) 母联断路器自动/手动投切转换开关置自动位置	故障处理： (1) 检查Ⅰ、Ⅱ类负荷进线柜，如Ⅰ、Ⅱ类负荷进线柜不正常，报相关部门送电或处理。 (2) 如母联断路器自动/手动投切转换开关置手动位置，则转置自动位置
3	环控电控柜Ⅲ类负荷进线柜	Ⅲ类负荷任一电控抽屉指示灯	Ⅲ类负荷任一电控抽屉合闸、分闸、运行、停止之一指示灯点亮	故障处理： 报相关部门送电（所有指示灯均不亮）
4	环控电控柜各电控抽屉	(1) 电控抽屉合闸、分闸、运行、停止指示灯。 (2) 抽屉开关操作手柄。 (3) 环控/Bas转换开关	(1) 电控抽屉合闸、分闸、运行、停止指示灯之一点亮。 (2) 抽屉开关操作手柄置合闸位置。 (3) 环控/Bas转换开关置 Bas 位置（Bas系统可正常运作情况下）	故障处理： (1) 如抽屉开关操作手柄置非合闸位置，则试重合开关。其他报相关部门。 (2) 环控/Bas转换开关置站控位置（Bas系统可正常运作情况下）
5	继电器柜/风阀模块柜	(1) 柜上各风阀开、关指示灯。 (2) 各风阀控制回路抽屉开关操作手柄。 (3) 环控/Bas转换开关	(1) 风阀开或关指示灯之一点亮。 (2) 环控/Bas转换开关置 Bas 位置（Bas系统可正常运作情况下）	故障处理： (1) 试开/关风阀，如仍不正常，则报车间轮值。 (2) 环控/Bas转换开关置 Bas 位置（Bas系统可正常运作情况下）

续表

序号	设备	巡视内容	检查标准	备注
6	环控就地箱	(1) 运行、停止指示灯。 (2) 就地/远程转换开关	(1) 运行或停止指示灯之一点亮。 (2) 就地/远程转换开关置远程位置	故障处理： (1) 检查环控电控室相应电控抽屉是否正常，如不正常则报相关部门。 (2) 如就地/远程转换开关就地位置，则检查设备现场是否有人维修作业，否则就地/远程转换开关转置远程位置
7	24V 防火阀配电箱	配电箱上直流电压表	直流电压表指示 24V 以上直流电压	故障处理： 检查环控电控室防火阀电源抽屉是否正常，试重合开关或开机，如仍不正常则报相关部门
8	电源切换箱	(1) 两个进线电源指示灯。 (2) 两个电源投入指示灯。 (3) 两个投入/撤出切换开关	(1) 两个进线电源指示灯点亮。 (2) 两个电源投入指示灯之一点亮。 (3) 两个投入/撤出切换开关置投入位置	故障处理： (1) 任一进线电源指示灯不亮，报相关部门送电。 (2) 两个电源投入指示灯均不亮，报相关部门处理。 (3) 如投入/撤出切换开关处于非投入位置，则转至投入位置
9	排水泵控制箱	(1) 电源指示灯。 (2) 运行指示灯。 (3) 故障（过载）指示灯。 (4) 超水位指示灯。 (5) 自动/停/手动切换开关。 (6) 手动开泵试验：置自动/停/手动切换开关于手动，看运行指示灯是否点亮，听水泵运转声音是否正常。 (7) 查看水位	(1) 电源指示灯点亮。 (2) 手动开泵，运行指示灯点亮，水泵运转声音正常。 (3) 水位正常	故障处理： (1) 低水位不停泵，则置自动/停/手动切换开关于停位置手动停泵，报相关部门。 (2) 高水位不起泵，报相关部门。 (3) 超高水位不起泵，则置自动/停/手动切换开关于手动位置手动起泵，报相关部门，并现场等待维修人员。 (4) 手动不能起泵，报相关部门。 (5) 如自动/停/手动切换开关置于非自动位置，则转置自动位置。 (6) 其他报相关部门
10	车站维修电源箱	箱门是否关闭（手动检查）	箱门关闭	故障处理： (1) 如箱门打开，则关闭并锁牢箱门。 (2) 如箱门损坏，则临时应急关闭箱门，报相关部门
11	车站照明（包括事故照明）	(1) 灯具能否点亮。 (2) 灯具安装是否紧固	(1) 灯具能点亮。 (2) 灯具紧固	故障处理： (1) 如整排（或数量较多）灯具不能点亮，则检查照明配电室相应照明回路开关是否跳闸，如开关跳闸，试重合开关，否则报相关部门。 (2) 灯具不能点亮，则更换灯泡/灯管，如仍不能点亮，则报相关部门。 (3) 灯具松脱，临时处理，报相关部门
12	疏散诱导指示牌	(1) 指示牌外观。 (2) 指示牌等待、充电指示灯	(1) 指示牌外观无破损、牌面发亮光。 (2) 指示牌等待/充电指示灯点亮。 (3) 按压试验按钮，牌面亮光闪动	故障处理： 报相关部门

续表

序号	设备	巡视内容	检查标准	备注
13	区间照明（包括事故照明、里程标志照明）	(1) 灯具能否点亮。 (2) 灯具安装是否脱落、是否破损	(1) 灯具能点亮。 (2) 灯具无脱落、无破损	故障处理： (1) 如整排（或数量较多）灯具不能点亮，则检查相应照明回路开关是否跳闸，如开关跳闸，试重合开关，否则报相关部门。 (2) 灯具脱落、破损，临时处理，报相关部门
14	区间维修电源箱	箱门是否关闭（手动检查）	箱门关闭	故障处理： (1) 如箱门打开，则关闭并锁牢箱门。 (2) 如箱门损坏，则临时应急关闭箱门，报相关部门
15	事故照明蓄电池装置	(1) 事故照明监控面板是否有显示，是否存故障报警 (2) 各指示灯指示是否正确。 (3) 监控模块面板的液晶显示屏显示的电压、电流是否正常 (4) 检查蓄电池状态 (5) 检查接线端子紧固情况	(1) 监控面板显示正常，不存故障报警。 (2) 各指示灯指示正常点亮。 (3) 监控模块面板的液晶显示屏显示的电压、电流无异常。 (4) 表面温度无过高，无污损，排气孔无渗液，接线端子无有白色盐霜；单体电池电压及均浮充电压在正常使用范围。 (5) 各接线端子无发热烧损、烧黑、放电痕迹，无异常气味	故障处理： (1) 查看故障类型并尝试复位，复位无效报相关部门。 (2) 更换指示灯，更换后仍不亮报相关部门。 (3) 其他，报相关部门

3. 系统设备的运行

系统设备运行应根据系统所供配电设备和系统所控制设备的工艺要求进行，具体由车站工作人员根据相关调度命令及现场设备实际情况进行控制或通过自控系统进行控制。系统设备的具体操作使用见设备的维修手册和操作使用手册及相关系统的操作使用手册。

4.4 低压配电及照明系统的维护维修

1. 维护维修的任务和原则

计划维修作业是一种主动的预防性维修，是根据低压配电及照明系统的构成、运行和使用特点等因素，周期性地纠正系统各设备（部件）运行后可能累积的误差、磨损，或零部件达到使用寿命后的更换，调整设备达到良好的运行状态。由于低压配电及照明系统使用场合的特殊性，维修作业的内容存在时间、空间等因素的限制，必须服从调度的统一安排，必须遵章办理一切必要的作业手续，必须确保运营安全，包括行车安全，乘客安全和工作人员安全。需要在轨行区内进行的维修作业和可能侵入轨道的维修作业，必须在收车后进行。

考虑到低压配电及照明系统运行可靠性较高，直接影响行车的设备数量较少，委外维修手段成了低压配电及照明系统的主流趋势。

2. 维护维修的组织及有关人员的职责

维修作业的计划由专业技术人员制定，由专业维修工班人员或委外维修相关人员执行。执行过程包括办理作业手续、记录作业过程、解决、反馈作业过程中的异常问题等。

3. 低压配电及照明专业维修策略设备重要性分类及维护维修策略

各城市地铁都在积极持续研究维修策略，以降低设备全生命周期运行维护成本。基于可靠性理论的维修策略分析，根据设备的重要性及影响大小，低压配电及照明专业设备大致可分为A、B两类，即：A类：直接影响行车及消防安全的系统设备；B类：不直接影响行车但影响客运服务质量的系统设备。对应的维护维修策略也分为Ⅰ类、Ⅱ类，即：Ⅰ类：计划性（定期）维修策略。主要通过中大修或专项修，定期更换影响行车的关键部件。Ⅱ类：状态修维修策略。主要采取定期检测及维护保养，加深小修，视设备运行状况启动评估，再根据评估结果开展专项修。

此外，随着科学技术的不断发展与进步，城市轨道交通设备的维护维修正朝着网络化、自动化、数字化、综合化和智能化的方向发展。车站低压配电及照明专业设备将来的维修模式将基于大数据的、互联网的、人工智能的发展方向，其维护维修策略亦将精细化、科学化，顺应国家互联网＋战略模式，推进行业创新，实现科学运维

低压配电及照明系统设备重要性分类及维修策略内容，见表4-2。

低压配电及照明系统设备重要性分类及维修策略表　　　　表4-2

设备分类	设备名称	类别	维修策略	备注
低压配电及照明	低压环控电控柜	B	Ⅱ类	日巡视＋年检＋专项修
	给排水水泵控制箱（柜）（包括雨水泵、给排水泵）	B	Ⅱ类	日巡视/月巡视＋月检/季检＋年检＋专项修
	低压电源切换箱及配电箱	B	Ⅱ类	月巡视＋月检/季检＋年检＋专项修
	事故照明蓄电池成套装置	A	Ⅰ类	日巡视＋季检＋年检＋中修＋专项修
	车站照明设备（包括公共区、设备区走廊照明、疏散指示灯及车站导向灯箱、灯柱）	B	Ⅱ类	专项修
	隧道照明及配电箱（包括疏散指示灯、区间维修电源箱）	B	Ⅱ类	月巡视＋年检＋专项修
	防淹门	A	Ⅰ类	周/月巡视＋季检＋年检＋中修＋专项修
	冷水机组启动柜	B	Ⅱ类	日巡视＋季检＋年检＋专项修
	车辆段高杆灯（灯塔）	B	Ⅱ类	季检＋年检＋专项修
	24V防火阀电源箱（一号线）	A	Ⅰ类	日巡视＋季检＋年检＋专项修
	电动卷闸门、伸缩门	B	Ⅱ类	季检＋年检＋专项修
	车站及轨行区广告灯箱、车站商铺供电设施、自助设备供电设施	B	Ⅱ类	季检＋年检
	防火卷帘门	A	Ⅰ类	日巡视＋季检＋年检＋中修＋专项修
	消防水泵控制箱（柜）	A	Ⅰ类	日巡视＋月检＋季检＋年检＋中修＋专项修
	商铺非用电设施	B	Ⅱ类	双周检＋年检＋专项修

4. 维护维修的有关规程

低压配电及照明系统主要设备维修周期与工作内容，见表 4-3。

低压配电及照明系统主要设备维修周期与工作内容　　　　表 4-3

序号	设备	修程	设备或部件	检修工作内容	周期
1	低压环控电控柜	日巡视	设备环境	（1）地板清洁，室内温度记录	每日
			指示灯、转换开关	（2）检查柜体各转换开关位置是否正确，各指示灯指示是否正确，是否有故障报警，设备标牌是否完好	
			柜面测量表计	（3）各测量表是否正常显示	
			开关	（4）检查投运开关是否正常，无跳闸现象	
			接线端子排	（5）检查各接线端子是否有烧损、烧黑、放电痕迹。有无异常气味	
			运行声音	（6）检查元器件运行声音是否异常	
			智能低压设备（如有）	（7）检查智能低压系统网关、模块是否工作正常	
			UPS（如有）	（8）检查 UPS 面板上指示灯是否正常	
			进线、母联开关	（9）检查进线主开关、母联开关保护单元是否有预报警。储能显示是否正常	
			集束母线	（10）检查安装支架是否松脱、母线是否受潮	
		年检	抽屉柜	（1）检查抽屉抽出、推入情况，是否顺畅，抽屉接插件是否有灼烧痕迹	每年
				（2）柜内卫生清洁	
				（3）抽屉式开关柜抽屉滑动触点涂抹导电膏	
			操作手柄、转换开关	（4）检查操作手柄、转换开关，操作灵活、无卡滞	
			接触器、继电器	（5）检查柜内接触器、继电器接线端子状态，是否有灼烧痕迹	
			一次、二次回路	（6）紧固主开关及抽屉开关的一次、二次回路接线端子（包含就地控制箱）	
			智能低压（如有）	（7）检查智能低压系统可编程控制器各个模块安装情况，是否有松动，外观是否正常	
				（8）检查智能低压控制柜内的各接线端子是否有松动及烧灼的痕迹	
				（9）测试智能低压与 Bas 通信是否正常	
				（10）如有程序改动，对 PLC 程序进行工程备份	
				（11）检查触摸屏的触摸控制是否正常、检查触摸屏电脑系统软件及工程软件是否运行正常	
			系统测试	（12）对联动风机系统进行功能测试	
				（13）对 UPS 进行掉电切换测试	
			柜体	（14）柜面、柜顶卫生清洁，除尘。一次接插件检查	
			母排	（15）柜内低压母排清洁，拧紧低压母排上的联接螺丝并划线	
			进线、母联开关	（16）检查进线柜、母联柜的双电源切换功能	
				（17）框架断路器保护校验	
			进线电缆、集束母线	（18）绝缘检测，并用测温仪检查温升有无异常	

续表

序号	设备	修程	设备或部件	检修工作内容	周期
1	低压环控电控柜	年检	进线电缆、集束母线	(19) 集束母线外观清洁，检查是否受潮、连接头是否稳固	每年
			UPS（如有）	(20) 测试每只蓄电池端电压并记录。对蓄电池组进行带负载放电测试，放电时间不小于30min	
				(21) 将UPS主机拆解，对其内部板件进行逐个吹扫、清洁，清洁完毕后，各板件及元件表面无积尘	
		专项修		以质量评定结果，或对单个设备进行解体拆解分析结果；或根据设备故障原因分析结果；或根据设备主要零部件寿命等条件确定是否专项修	
2	给排水水泵控制箱（柜）（包括雨水泵给排水泵）	日巡视/月巡视	转换开关	(1) 检查各转换开关位置是否正确	每日/每月（ISCS监控水泵为月巡视，无ISCS监控为日巡视，不包含区间水泵控制箱）
			指示灯	(2) 检查各指示灯指示是否正确	
			接触器、继电器	(3) 接触器、继电器线圈交流声是否异常。有无异常气味	
			PLC（如有）	(4) 检查PLC状态是否正常	
			箱门	(5) 检查箱门是否可靠锁紧	
		月检/季检	元器件	(1) 指示灯、开关、按钮等元器件标示是否齐全完好，安装是否稳固	每月/每季（在区间的水泵控制箱为月检，其他水泵控制箱为季检）
			控制功能	(2) 控制箱功能测试，实现水位控制（人工短接水位控制浮球开关检查或提升静压式液位浮球）	
			箱体	(3) 箱体内、外清洁	
			箱门	(4) 检查箱门是否可靠锁紧	
			接线端子	(5) 对端子进行紧固处理	
		年检	进线电缆	(1) 绝缘检查	每年（第1点只在区间执行）
			箱体	(2) 箱体补漆	
		专项修		以质量评定结果，或对单个设备进行解体拆解分析结果；或根据设备故障原因分析结果；或根据设备主要零部件寿命等条件确定是否专项修	
3	低压电源切换箱及配电箱	月巡视	指示灯	(1) 检查柜体各指示灯指示是否正确，是否有故障报警	每月（针对除区间外的配电箱/切换箱）
			开关	(2) 检查投运开关是否正常，无跳闸现象	
			接线端子	(3) 检查各接线端子是否有烧损、烧黑、放电痕迹。有无异常气味	
			运行声音	(4) 检查元器件运行声音是否异常	
			转换开关	(5) 各转换开关位置是否正确	
			箱门	(6) 检查箱门是否可靠锁紧	
		月检/季检	开关标识	(1) 检查各开关标示是否齐全完好	每月/每季（在区间的配电箱/电源切换箱为月检，其他为季检）
			元器件	(2) 检查元器件安装是否稳固	
			切换功能	(3) 检查切换功能	
			接线端子	(4) 视情况将主备回路同时停电，进行端子紧固和元器件检查	
			输入输出电压	(5) 用万用表检测输入、输出电压是否正常	
		年检	箱体	(1) 箱体内外清洁除尘	每年
			端子紧固	(2) 端子螺丝紧固	

续表

序号	设备	修程	设备或部件	检修工作内容	周期
3	低压电源切换箱及配电箱	年检	进线电缆	(3) 对通信、信号、屏蔽门、防淹门、主控、气体、AFC的低压电源切换箱/电源箱设备的进线电缆进行绝缘检测并记录	每年
		专项修		以质量评定结果，或对单个设备进行解体拆解分析结果；或根据设备故障原因分析结果；或根据设备主要零部件寿命等条件确定是否专项修	
4	事故照明蓄电池成套装置	日巡视	设备环境	(1) 房间卫生清洁，室内温度记录	每日
			指示灯	(2) 检查柜体各指示灯指示是否正确，是否有故障报警	
			开关	(3) 检查投运开关是否正常，无跳闸现象	
			接线端子排	(4) 检查各接线端子是否有烧损、烧黑、放电痕迹。有无异常气味	
			运行声音	(5) 检查元器件运行声音是否异常	
			逆变器（如有）	(6) 检查是否正常运行	
				(7) 检查风机是否正常运行	
			显示屏	(8) 检查是否正常显示，记录运行数据	
				(9) 检查是否可正常操作	
			充电机	(10) 检查是否正常工作，记录充电电流、电压	
			蓄电池	(11) 检查蓄电池是否鼓胀、漏液、爆裂	
		季检	柜体	(1) 柜面、柜内、柜顶卫生清洁、除尘	每季
			元器件	(2) 柜内、柜体上元器件是否破损、有灼伤痕迹，安装松动	
			接线端子	(3) 对主、控回路所有接线端子进行紧固	
			双电源切换装置	(4) 事故照明蓄电池装置两路交流输入电源切换功能试验	
			蓄电池	(5) 测试每只蓄电池端电压并记录。对蓄电池组进行带负载放电测试。放电时间满足设计标准	
		年检	进线电缆	(1) 用测温仪检查进线电缆温升并进行绝缘检查	每年
			蓄电池	(2) 对蓄电池进行年度容量校对性放电，更换容量低于额定容量80%、漏液严重、开裂的蓄电池	
			电子板件（如有）	(3) 对EPS主机内部板件进行逐个吹扫、清洁，清洁完毕后，各板件及元件表面无积尘	
			功能测试	(4) 进行两路电源切换、逆变投入测试，切换次数不低于3次	
		中修	主要元器件或部件	对事故照明蓄电池成套装置频发故障的主要元器件或部件进行维修	每6~8年（评估后确定具体维修内容）
		专项修		以质量评定结果，或对单个设备进行解体拆解分析结果；或根据设备故障原因分析结果；或根据设备主要零部件寿命等条件确定是否专项修	

续表

序号	设备	修程	设备或部件	检修工作内容	周期
5	车站照明设备（包括公共区、设备区走廊照明、疏散指示灯及车站导向灯箱、灯柱）	专项修		以质量评定结果，或对单个设备进行解体拆解分析结果；或根据设备故障原因分析结果；或根据设备主要零部件寿命等条件确定是否专项修	
6	隧道照明及配电箱（包括疏散指示灯、区间维修电源箱）	月检	结构漏水	（1）检查设备是否受结构漏水影响，并做好临时处理措施	每月
			灯具	（2）检查灯具是否能正常工作、是否安装稳固。维修损坏灯具、加固	
			疏散指示牌	（3）测试疏散指示牌是否能正常工作、安装稳固，维修损坏指示牌、加固	
			电缆、电线、管线、支架	（4）检查区间电缆、电线、管线、电缆支架是否松脱，加固	
			区间维修电源箱	（5）区间维修箱卫生清洁	
				（6）检查箱体，是否安装稳固，是否存在裂痕	
				（7）检查输入、输出是否正常，维修故障元器件	
				（8）检查区间箱门锁闭状态	
		年检	过轨线管	加固过轨线管	每年
		专项修		以质量评定结果，或对单个设备进行解体拆解分析结果；或根据设备故障原因分析结果；或根据设备主要零部件寿命等条件确定是否专项修	
7	防淹门	周巡视/月巡视	指示灯	（1）检查控制柜各指示灯指示是否正确	每周/每月（区间）：车站范围内的防淹门为周巡视，位于区间的防淹门为月巡视
			运行声音	（2）检查元器件运行声音是否异常	
			转换开关	（3）检查各转换开关所处位置是否正常	
			开关	（4）检查投运开关是否正常，无跳闸现象	
			PLC	（5）检查PLC状态点是否正确	
			液压站（如有）	（6）检查油缸、电磁阀、油路等器件是否漏油	
			状态	（7）需查看EMCS界面门体、水位等状态信息是否正常	
			门体	（8）检查门体是否在全开锁定安全位置，检查磁敏开关/行程开关状态	
		季检	柜体	（1）控制柜体内、外卫生清洁	每季
			元器件	（2）元器件安装是否完好、牢固，无损坏现象	
			转换开关	（3）测试控制柜内转换开关转动是否灵活	
			标示	（4）检查控制柜指示灯、开关、按钮等元器件标示是否齐全完好	

续表

序号	设备	修程	设备或部件	检修工作内容	周期
7	防淹门	季检	接线端子	（5）对控制柜主、控回路等各接线端子、接线进行加固	每季
			控制开关	（6）检查各行程开关、限位开关、磁敏开关等是否动作可靠	
			绝缘件	（7）检查门槛密封胶、P型胶及其固定螺丝是否正常，是否有污痕，必须保证固定螺丝与钢轨之间的绝缘良好，P型胶金属压垫片是否与钢轨间隔10mm以上	
			液压站（如有）	（8）油缸油位是否正常。电磁阀、油路等器件是否可靠	
			钢丝绳	（9）检查传动系统钢丝绳是否锈蚀、松股、断股，传动系统钢丝绳及传动轮加注润滑油（脂）	
			水位监测传感器	（10）检查水位检测传感器是否可靠，一、二水位报警模拟试验（人为模拟水位变化）	
			PLC、UPS电源模块、蓄电池（如有）	（11）检查PLC状态；UPS电源模块工作是否正常；UPS市电掉电测试，蓄电池外观是否完好，端电压是否正常并记录，自动旁路切换是否正常	
		年检	控制功能	（1）检查能否实现设计控制功能（含接口信号、IBP盘及监控系统接口、保护功能、自动复归功能、机械应急操作功能检查）	每年
			进线电缆	（2）对控制柜进线电缆进行绝缘检查，并用测温仪检查温升有无异常	
			功能试验	（3）对防淹门进行模拟关、开门试验	
			钢丝绳	（4）检查传动系统钢丝绳端头紧固程度，并进行加固	
			液压站（如有）	（5）电机绝缘测试，视情况添加液压油	
			锁定装置	（6）检查锁定装置是否正常，启闭机运行检查	
			UPS（如有）	（7）对蓄电池进行年度容量校对性放电，更换容量低于额定容量80%、漏液严重、开裂的蓄电池	
				（8）对UPS主机拆解，对其内部板件进行逐个吹扫、清洁，清洁完毕后，各板件及元件表面无积尘	
		中修	门体	（1）对门体进行检查、除锈、油漆，对活动部件进行润滑	每14～16年（评估后确定具体维修内容）
			主要元器件	（2）维修主要元器件（含接触器、继电器、UPS、蓄电池、PLC、锁定装置）。对容量低于额定容量80%、漏液严重、开裂、变形的蓄电池进行更换	
			液压站（如有）	（3）维修液压站	
			动力装置	（4）维修启闭机（含钢丝绳）等动力装置	
		专项修		以质量评定结果，或对单个设备进行解体拆解分析结果；或根据设备故障原因分析结果；或根据设备主要零部件寿命等条件确定是否专项修	
8	冷水机组启动柜	日巡视	指示灯、转换开关	（1）检查各指示灯指示是否正确。各转换开关所处位置是否正确	每日空调季节日巡视，非空调季节取消日巡视（大小系统联通每日开机的需日巡视）
			柜面测量表计	（2）检查各测量表计是否正常显示	
			触摸屏	（3）检查触摸屏是否正常显示、可操作	
			运行声音	（4）检查元器件运行声音是否异常	

续表

序号	设备	修程	设备或部件	检修工作内容	周期
8	冷水机组启动柜	日巡视	接线端子	(5) 检查各接线端子是否有烧损、烧黑、放电痕迹，有无异常气味	每日空调季节日巡视，非空调季节取消日巡视（大小系统联通每日开机的需日巡视）
		季检	元器件	(1) 检查各元器件安装是否紧固	每季
			接线端子	(2) 对主、控回路所有接线端子进行紧固	
		年检	柜体	(1) 柜体内外清洁、除尘	每年
			进线电缆	(2) 对启动柜进线电缆进行绝缘检查，并用测温仪检查温升有无异常	
			接触器	(3) 接线端子测温	
				(4) 检查吸合是否同步、缺相	
			功能测试	(5) 开关机测试	
		专项修		以质量评定结果，或对单个设备进行解体拆解分析结果；或根据设备故障原因分析结果；或根据设备主要零部件寿命等条件确定是否专项修	
9	车辆段高杆灯(灯塔)	季检	箱体	(1) 控制箱（柜）体内、外清洁、箱体生锈除锈处理	每季
			控制功能	(2) 检查能否实现升降功能、限位功能	
			元器件	(3) 标示是否齐全完好	
				(4) 元器件是否完好无损，安装是否稳固	
			接线端子	(5) 对螺栓、接线端子紧固	
			灯具	(6) 灯具（包括支架）是否松动、锈蚀，维修故障灯具	
		年检	升降架	(1) 灯具安装升降架限位控制是否起作用	每年
				(2) 灯具安装升降架滑轮、钢索上润滑油脂	
				(3) 灯具安装升降架钢索是否锈蚀、断丝	
				(4) 灯具安装升降架（包括安装部件、控制箱）涂防锈油漆	
			防雷设施	(5) 检查防雷设施是否断裂、锈蚀，变形弯曲，固定安装是否牢固，连接焊缝是否牢固	
				(6) 检查防雷设施引电性能、接地性能是否良好，并及时记录、处理或报修	
			塔体	(7) 塔体涂防锈油漆	
		专项修		以质量评定结果，或对单个设备进行解体拆解分析结果；或根据设备故障原因分析结果；或根据设备主要零部件寿命等条件确定是否专项修	
10	24V防火阀电源箱	日巡视	指示灯	(1) 各指示灯指示是否正确	每日
			电压表、电流表	(2) 各电压表、电流表指示是否正常	
			整流器	(3) 整流器是否存在异响	
			变压器	(4) 变压器是否存在异响	
		季检	箱体	(1) 箱体、箱体上元器件是否破损、安装松动	每季
				(2) 设备有无积尘，设备区内是否干净整洁、没有杂物	
			电源	(3) 检查输出电源正常	
			标识	(4) 各开关标示是否齐全完好	
		年检	端子	(1) 螺栓、接线端子紧固	每年

续表

序号	设备	修程	设备或部件	检修工作内容	周期
10	24V防火阀电源箱	年检	元器件	(2)维修损坏或已达不到功能要求的元器件	每年
			箱体	(3)箱体补漆	
		专项修		以质量评定结果，或对单个设备进行解体拆解分析结果；或根据设备故障原因分析结果；或根据设备主要零部件寿命等条件确定是否专项修	
11	电动卷闸门、伸缩门	季检	电动卷闸门	(1)检查电动卷闸门门体连接条是否松脱、脱焊	每季
				(2)检查电动卷闸门电动机运转情况、是否有烧损、异响	
				(3)检查电动卷闸门传动装置，保持润滑良好	
				(4)检查电动卷闸门导轨是否严重变形	
				(5)检查控制盒内按钮开关是否正常，控制盒锁头是否正常	
				(6)电动卷闸门手动、电动开启、关闭测试，检查限位功能	
				(7)检测控制线路及电源线路的绝缘值	
			伸缩门	(1)检查伸缩门排是否松脱、脱焊	
				(2)检查伸缩门轨道是否正常	
				(3)伸缩门开启关闭电动测试	
		年检	电动卷闸门、伸缩门	(1)添加润滑油	每年
				(2)对锈蚀位置进行除锈、油漆或喷漆	
				(3)维修磨损部件	
		专项修		以质量评定结果，或对单个设备进行解体拆解分析结果；或根据设备故障原因分析结果；或根据设备主要零部件寿命等条件确定是否专项修	
12	车站及轨行区广告灯箱、车站商铺供电设施、自助设备供电设施	季检	商铺供电设施	(1)检查商铺内电气用电设备是否正常，无乱接乱拉违规用电情况	每季
			广告灯箱	(2)检查广告灯箱供电线路、配电插座是否松脱	
				(3)检查广告灯箱框架结构、锁具是否牢固	
				(4)检查广告灯箱时间控制器功能是否正常	
				(5)检查广告灯箱支架是否生锈、脱焊、变形	
				(6)维修插座、时控等元器件	
		年检	螺栓	(1)轨行区广告灯箱支架螺栓紧固	每年
			线路	(2)轨行区广告灯箱供电线路、线槽除锈刷漆	
13	防火卷帘门	日巡视	门体	(1)检查门体是否处于正常开启状态	每日
			导轨	(2)检查导轨是否变形	
			控制盒	(3)检查控制盒是否正常锁闭	
		季检	防火卷帘门	(1)检查门体连接条是否松脱、脱焊	每季
				(2)检查电动机运转情况、是否有烧损、异响	
				(3)检查传动装置，保持润滑良好	
				(4)检查导轨是否严重变形	

续表

序号	设备	修程	设备或部件	检修工作内容	周期
13	防火卷帘门	季检	防火卷帘门	(5) 检查控制盒内按钮开关是否正常,控制盒锁头是否正常	每季
				(6) 手动、电动开启、关闭测试,检查限位功能、声光报警功能	
				(7) 检测控制线路及电源线路的绝缘值	
		年检		(1) 添加润滑油	每年
				(2) 对锈蚀位置进行除锈、油漆或喷漆	
				(3) 维修磨损部件	
		中修	主要元器件或部件	对防火卷帘门频发故障的主要元器件或部件进行维修	每8~10年(评估后确定具体维修内容)
		专项修		以质量评定结果,或对单个设备进行解体拆解分析结果;或根据设备故障原因分析结果;或根据设备主要零部件寿命等条件确定是否专项修	
14	消防水泵控制箱(柜)	日巡视	转换开关	(1) 检查各转换开关位置是否正确	每日
			指示灯	(2) 检查各指示灯指示是否正确	
			接触器、继电器	(3) 接触器、继电器线圈交流声是否异常,有无异常气味	
			PLC(如有)	(4) 检查PLC状态是否正常	
			箱门	(5) 检查箱门是否可靠锁紧	
		月检	元器件	(1) 指示灯、开关、按钮等元器件标示是否齐全完好,安装是否稳固	每月
			接线端子	(2) 对端子进行紧固处理	
		季检	控制功能	(1) 控制箱功能测试	每季
			箱(柜)体	(2) 箱(柜)体内、外清洁	
		年检	进线电缆	(1) 绝缘检查	每年
			箱(柜)体	(2) 箱(柜)体补漆	
		中修	主要元器件或部件	对消防水泵控制箱(柜)内频发故障的主要元器件或部件进行维修	每6~8年(评估后确定具体维修内容)
		专项修		以质量评定结果,或对单个设备进行解体拆解分析结果;或根据设备故障原因分析结果;或根据设备主要零部件寿命等条件确定是否专项修	
15	商铺非用电设施	双周检	卷闸	(1) 检查商铺卷闸门滑槽、外观有无变形	双周
			天花	(2) 检查天花与骨架是否廉洁紧密,表面是否平整	
			墙体	(3) 检查商铺墙、隔断和顶棚镶嵌玻璃的骨架,是否与结构连接牢固;玻璃是否排列均匀整齐,表面是否平整	
			地板	(4) 地板是否坚实、平整	
		年检	卷闸	(1) 手动开启、关闭卷闸门是否顺畅	每年
				(2) 检查卷闸门弹簧卡片是否变形	
			天花	(3) 检查天花龙骨是否松动,视情况紧固	
			墙体	(4) 检查玻璃墙体是否松脱,玻璃是否存在裂痕,视情况紧固或维修	

续表

序号	设备	修程	设备或部件	检修工作内容	周期
15	商铺非用电设施	年检	地板	(5)检查地板是否坚实、平整、洁净,有无空鼓、松动、脱荡和裂缝、缺棱、掉角、污染等缺陷	每年
		专项修		以质量评定结果,或对单个设备进行解体拆解分析结果;或根据设备故障原因分析结果;或根据设备主要零部件寿命等条件确定是否专项修	

5. 各种设备的维修

低压配电及照明系统设备种类繁多,但大部分都是通过各种断路器、开关、接触器、继电器、电动机、指示灯、保险管(丝)、线路等部件的组合来实现某种通用或专用功能。下面列出几种典型的电气设备部件的(故障)维修、检查步骤及要点供参考。

(1) 空气开关(或断路器)跳闸

1) 核查负载设备是否故障,量测负载设备及线路绝缘情况;

2) 核查开关额定电流值与实际负载电流值,如不匹配则更换开关或调整负载;

3) 核查开关整定值(长延时倍数与动作时间、短延时倍数与动作时间、瞬动倍数与动作时间)与实际负载类型(冲击型、平稳型等)和电流值及上下级开关,如不匹配则调整整定值;

4) 检查开关本体,如局部受损则更换受损配件,否则整体更换;

5) 如上述核查无异常,可试重合开关。

(2) 接触器故障

1) 核查接触器线圈,如烧损则更换线圈;

2) 核查接触器铁芯,如生锈卡死则先作打磨、除锈、润滑处理,处理后如仍吸合不良或噪声过大则更换铁芯;

3) 检查接触器主回路触头,轻度碳化可作打磨处理,如严重烧蚀变形则更换主回路触头;

4) 检查接触器本体,如局部受损则更换局部配件或整体更换。

(3) 继电器故障

1) 核查继电器线圈,如烧损则更换线圈;

2) 核查继电器铁芯,如生锈卡死则先作打磨、除锈、润滑处理,处理后如仍吸合不良或噪声过大则更换铁芯;

3) 检查继电器主回路触头,如轻度碳化则作打磨处理,如严重烧蚀变形则更换主回路触头;

4) 检查继电器本体,局部受损则更换局部配件或整体更换。

(4) 线路短路

使用电缆故障测试仪查核短路点或沿电缆敷设路径查找异常点。如线路较长,可将电缆分段查找。绝缘处理后即可恢复。如异常点无法确认,可重新分段或整条敷设新电缆替换。

(5) 线路断路

使用电缆故障测试仪查核断路点或沿电缆敷设路径查找异常点。如线路较长,可将电缆分段查找异常点。重新驳接处理后即可恢复。如异常点无法确认,可重新分段或整条敷设新电缆替换。

(6) 接线端子松动

检查线路接线端子。可用手轻轻拉扯、目测及使用仪器(如红外线测温仪等)、工器具(如塞尺)进行检查。如松动发热、碳化,可表面处理后紧固。

(7) 智能低压通信故障

1) 使用网线专用检测工具检测网线是否存在断路,进行更换。

2) 检查网线端口是否松动,紧固或更换处理。

3) 检查智能低压显示各风机风阀状态是否异常,对 PLC 断电重启。

4) 若以上都无法处理,可通过程序查看通信线是否有数据输出,若输出正常则转告 Bas 专业检查设备。

6. 维修检查记录及维修作业任务书

表 4-4 24V 防火阀电源箱质量检查标准表及表 4-5 某部某车间作业任务单是设备维修质量检查标准及作业任务书的范例,读者可根据具体设备的维修需要及表 4-3《低压配电及照明系统主要设备维修周期与工作内容》要求进行修改。

24V 防火阀电源箱质量检查标准表 表 4-4

设备名称	24V 防火阀电源箱	型号与规格	
制造单位		同类设备数量	
管理单位		被检设备编号	
序号	质量指标项目	合格参数指标及检测方法	检测结果及检测值
1	检查指示灯、开关、按钮等元器件标识(包括线码、电缆标牌)状况	指示灯、开关、按钮等元器件标识(包括线码、电缆标牌、回路标识)齐全完好且正确	
2	检查箱体、箱体上及箱内元器件外表面及安装;检查线路敷设状况	箱体、箱体上及箱内元器件无破损,安装紧固手摇无松动;箱体、元器件及安装螺丝螺母无锈迹;线路敷设美观、整齐、绑扎牢固	
3	检查箱体、箱内、外(元器件)清洁状况	箱体、箱内、外(元器件)清洁无尘土,手指或白布抹擦无明显脏污	
4	检查箱内变压器、断路器、整流管及滤波电容状况	变压器无异响;变压器、断路器及整流管无过热现象(手触绝缘外壳不超 50℃);滤波电容无鼓胀、无漏液	
5	检查主、控回路接线紧固状况	与元器件接点无变色过热痕迹,主、控回路接线牢固,手摇、拉扯无松动松脱	
6	检查断路器保护整定值与线路额定容量匹配性	断路器过载保护整定值≤0.8×线路额定容量	
7	检查各分路配送电状况	电压表量测检查,各分路可配送出≥DC24V 电压电源	
8	检查各指示灯指示状况	各指示灯可点亮,指示状态与实际设备运行状态相对应;红灯——运行;绿灯——停止	
9	检查电压表、电流表指示状况	DC24V≤电压表指示≤DC32V,电流表指示=0A(无防火阀动作时)	

续表

班组长检查意见		签名：	日期： 年 月 日
技术室抽检意见		签名：	日期： 年 月 日
部门专检意见		签名：	日期： 年 月 日

某部某车间作业任务单

表 4-5

任务书编号	＿＿车间[200]字第（ ）＿号	作业名称	24V防火阀电源箱＿＿＿＿检	作业编号	
作业地点		作业班组	＿＿＿＿＿＿工班	责任人	
修程		作业时间 起	＿＿＿年＿＿月＿＿日 ：		
维修周期		止	＿＿＿年＿＿月＿＿日 ：		
作业安全措施	（1）禁止未经设备操作人员许可操作、维修设备； （2）禁止超越作业令许可范围作业； （3）当作业有可能触及带电体时，应停电（将低压所或环控电控柜相应回路抽屉抽出并锁定在隔离位置，挂维修警示牌）并经验电检查后作业； （4）禁止单人带电作业； （5）维修中及维修未完成设备，应悬挂"设备维修，禁止操作"警示牌				

主要作业工器具			主要作业单台 材料			作业单台 消耗工时（小时）			
名称	单位	数量	名称	单位	数量	人员资质	人员数量	消耗工时	合计工时
机电维修工个人工器具	套	1	（各型）红/绿/黄色指示灯；（各型）保险管；（各型）控制按钮	只	若干	高级电工			
机电维修工班班组工器具	套	1	控制导线 ZRRV-1.5	m	若干	中级电工			
电动吸尘器	台	1	油漆扫	把	1	初级电工			
手提电动高压风筒	台	1	干净抹布	kg	若干	其他人员			
热继电器整定仪（大功率可调变压器及隔离变压器或大电流发生器）	台	1	标签纸	张	若干				
"无桩"接地电阻测试器	台	1	线码套管	m	若干				

续表

主要作业工器具			主要作业单台 材料			作业单台 消耗工时（小时）			
名称	单位	数量	名称	单位	数量	人员资质	人员数量	消耗工时	合计工时
箱匙	把	1	电缆标牌	个	若干				
			尼龙扎带	条	若干				
			气喷式电气清洗剂	瓶	1				
			金相砂布	瓶	1				
			手喷漆（灰色）	支	1	合计			
			跨接导线（断路器性能检测使用）各型	m	若干				

序号	作业项目	安排项目（√）	作业工时（分钟）	作业标准
1	箱体内外清洁		8	箱体内外清洁无尘土、脏污
2	检查箱体、箱体上元器件是否破损、安装松动，安装紧固		3	箱体、箱体上元器件无破损，安装紧固手摇无松动
3	检查指示灯、开关、按钮、电缆（导线）等元器件标识是否齐全完好，修补完善标识		2	指示灯、开关、按钮、电缆（导线）等元器件标识齐全完好且正确
4	手触箱内变压器、断路器绝缘外表，检查变压器、断路器是否过热		2	变压器、断路器无过热现象（≤不超50℃）
5	检查箱内变压器是否有异响		1	箱内变压器无异响
6	检查元器件、触点、接点是否有变色过热痕迹，检查滤波电容是否有鼓胀、漏液，主、控回路接线紧固		10	元器件、触点、接点无变色过热痕迹，滤波电容无鼓胀、漏液；主、控回路接线紧固，手摇、拉扯无松动松脱
7	检查各分路是否可配送出≥DC24V电压电源（1个月）		2	各分路可配送出≥DC24V电压电源
8	断路器保护整定值与线路额定容量匹配性检查		3	断路器过载保护整定值≤0.8×线路额定容量
9	线路绑扎、整理		8	线路绑扎牢固、敷设整齐美观
10	箱内保护元器件保护值整定及标定（12个月）（暂不进行）		80	整定值、标定值符合设计控制、产品说明要求；断路器性能满足被保护线路要求，断路器过载保护整定值≤0.8×线路额定容量；实际值≤整定值，断路器不动作，实际值≤1.2×整定值，断路器15min内动作
11	箱体金属结构接地电阻检测（12个月）		3	箱体金属结构接地电阻≤4Ω
12	箱体、安装螺丝螺母除锈、补漆（12个月）		8	箱体、安装螺丝螺母无锈迹
13				巡视、维修记录登记齐全、故障设备有记录、故障设备有挂故障标志牌

编制：___月___日；　审核：___月___日；　签发：___月___日

4.5 低压配电及照明系统故障（事故）分析与处理

1. 故障（事故）处理原则

低压配电及照明系统是车站机电设备的一部分，其故障（事故）处理须遵循"先通后复"的原则。故障（事故）发生时，须尽快修复或采取临时措施，尽可能减少故障（事故）对地铁正常运营的影响。任何作业均必须确保运营安全，包括行车安全、乘客安全和工作人员安全；需要在轨行区内进行的抢修作业和可能侵入轨行区的抢修作业，必须在停运后进行。

2. 故障（事故）处理程序

见图 4-6 及图 4-7。

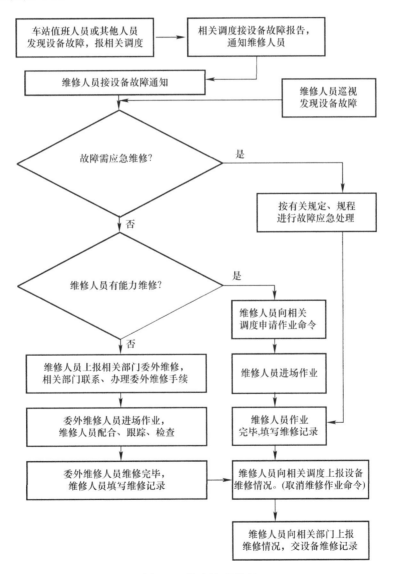

图 4-6 故障处理程序

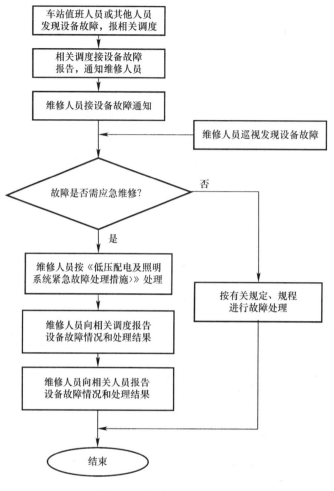

图 4-7 紧急故障处理程序

3. 紧急故障（事故）及处理方法

（1）局部应急照明

1）使用应急灯；

2）使用活动线架或橡套电缆就近接取电源，使用手提行灯或荧光灯管或碘钨灯照明；

3）使用汽油发电机发电，使用手提行灯或荧光灯管或碘钨灯照明；或将汽油发电机输出电源馈送至需局部应急照明场所原照明开关箱进线开关下桩。

（2）局部应急排水

1）使用活动线架或橡套电缆就近接取电源，使用给水排水专业单相水泵或三相水泵进行排水；

2）使用给水排水专业柴油水泵进行排水；

3）使用汽油发电机发电，使用给水排水专业单相水泵进行排水。

（3）隧道口雨水泵控制柜故障应急处理

当雨水泵控制柜出现故障且需作应急排水处理时，可将雨水泵电机电源线直接接于控制柜进线空气开关下桩（注意相序及电机转向）作排水应急处理。此时需人工监视雨水泵运行和水位情况。

(4) 车站环控电控室双回路电源进线自投/自复故障

正常情况下，环控电控室电控柜（一、二类负荷）由双回路进线电源同时供电（两个进线断路器同时闭合，母联断路器分断）。当其中一回路进线电源失电时，此失电回路电源进线断路器自动分断，母联断路器自动闭合，环控电控柜由另一回路进线电源供电。当失电回路进线电源恢复供电时，母联断路器自动分断，原失电回路进线电源断路器自动闭合，环控电控柜自动恢复双回路进线电源供电。

当出现下列情况时，应手动操作两回路电源进线断路器及母联断路器，确保系统处于正常供电状态。

1) 当其中一回路进线电源失电，失电回路电源进线断路器不能自动分断，母联断路器不能自动闭合时，应手动将失电回路电源进线断路器分断，将母联断路器闭合，确保环控电控柜（一、二类负荷）由另一回路电源供电，并查找故障原因。

2) 当失电回路进线电源恢复供电，母联断路器不能自动分断，原失电回路进线电源断路器不能自动闭合时，应手动将母联断路器分断，将原失电回路进线电源断路器闭合，恢复环控电控室双回路进线电源供电，并查找故障原因。

4. 典型故障（事故）的分析与处理

(1) 空气开关（或断路器）跳闸

1) 查核开关本体是否受损；

2) 查核负载设备是否故障，量测负载设备及线路绝缘；

3) 查对开关额定电流值与开关实际负载电流值，如不匹配则更换开关或调整负载；

4) 查对开关整定值（长延时倍数与动作时间、短延时倍数与动作时间、瞬动倍数与动作时间）与开关实际负载电流值及上下级开关，如不匹配则调整整定值；

5) 如核查无任何异常，可试重合开关。

(2) 线路短路：

1) 使用电缆故障测试仪查找短路点，绝缘处理后予以恢复；

2) 沿电缆敷设路径查找异常点，绝缘处理后予以恢复；

3) 如线路较长，可将电缆分段查找异常点，绝缘处理后予以恢复；

4) 当异常点无法确认时，重新分段或整条敷设电缆予以替换。

(3) 线路断路：

1) 使用电缆故障测试仪查找开路点，重新驳接处理后予以恢复；

2) 沿电缆敷设路径查找异常点，重新驳接处理后予以恢复；

3) 如线路较长，可将电缆分段查找异常点，重新驳接处理后予以恢复；

4) 当异常点无法确认时，重新分段或整条敷设电缆予以替换。

(4) 控制系统失灵、显示故障：

1) 查核失灵、故障现象；

2) 根据控制原理查核控制系统失灵、故障原因，处理后予以恢复。

第5章 站台门系统运行与维修

5.1 站台门系统的组成与功能

1. 站台门系统功能描述

站台门系统（昔称屏蔽门系统）是安装于城市轨道交通沿线车站站台边缘，用以提高运营安全系数、改善乘客候车环境、节约运营成本的一套机电一体化的机电设备系统。站台门系统作为站台公共区与轨行区列车之间的可控通道，其功能是：列车进站停靠时配合列车车门打开或关闭滑动门，为乘客提供上下列车的通道。站台门系统的使用，隔开了站台侧公共区空间与轨道侧空间，避免了人员跌落轨道的安全隐患以及驾驶员驾车进站时的心理恐慌问题；隔离了列车运行时所产生的噪声、活塞风，保障了站内乘客良好的候车环境，并避免了因活塞风所造成的站内空调冷量的损失，节省了运营成本，同时还可减少设备容量及数量、减少土建工程量等投资建设成本，减少运营站台岗管控成本，产生了良好的社会、经济效益。

站台门系统控制模式：设置有系统级、站台级、人工操作（或称手动操作）三种正常控制模式。系统级控制即是执行信号系统命令并反馈信号系统执行情况的控制模式（也称自动控制模式）；站台级控制即是执行站台PSL操作盘发出命令的控制模式；手动操作即是站台工作人员在站台侧用专用钥匙解锁或由乘客在轨道侧推动解锁装置打开滑动门。此外，站台门系统设置有火灾控制模式，即在相应的火灾模式下，车站值班人员在车站控制室操作消防联动盘操作站台门紧急控制开关，配合打开滑动门，疏散乘客和配合环控系统排烟。上述模式的控制优先权从高到低依次为人工操作（或称手动操作）模式、火灾控制模式、站台级控制模式、系统级控制模式。

通常系统还在每个滑动门单元设置维修模式，方便检修时作维修测试，维修完毕通过LCB切换到正常的控制模式。

站台门系统具有障碍物检测功能，即滑动门关闭时检测到障碍物，会后退作短暂停止以释放夹到的障碍物，然后再关闭，从而避免夹伤乘客。

站台门系统与车站机电设备监控系统（EMCS）之间或主控系统（MCS）之间设有通信接口，用于传送站台门系统运行状态、故障诊断信息至车站控制室以及控制中心，便于车站控制室人员、控制中心人员、维修人员监视站台门状态。

在站台门控制室或站台监控亭（如有）设有站台门系统监控器（称PSA、MMS），车站工作人员、站台门维修人员可在此监控站台门系统运行状态，查看/下载站台门系统运行历史记录，修改、上载站台门系统控制程序、参数等。

站台门系统在站台设还有应急门、端门。应急门一般当作固定门使用，在列车进站无法停靠在允许的误差范围位置时，必有一道列车门对准应急门，此时若需要由应急门紧急疏散时，可由乘客在轨道侧列车上打开相对应的列车门后推动应急门的解锁装置或由站台工作人员在站台侧用专用钥匙打开应急门进行紧急疏散。应急门使用后必须确保关闭与锁紧。端门是车站工作人员通道，可在轨道侧推动端门的推杆锁的解锁装置打开或由站台工作人员在站台侧用专用钥匙打开。

2. 系统术语

相关术语及名词宿写：

（1）PSD－PLATFORM SCREEN DOOR，即站台门，由屏封及门组、控制及驱动系统组成，将站台与轨道间隔开，使站台成为封闭式，当列车进站停稳后开列车门时，开滑动门上下客，列车关车门时关滑动门。站台门有全高门（高度不应小于2m）、半高门（高度不应小于1.2m）常见外观形式，以全高门应用较多。如图 5-1 全高门形式站台门，图 5-2 半高门形式站台门。

图 5-1　全高门形式站台门

图 5-2　半高门形式站台门

（2）EED－EMERGENCY EXIT DOOR，即应急门，列出进站不能准确停靠时的紧急疏散通道。

（3）PED－PLATFORM END DOOR，即端门，车站工作人员由站台侧两端进入轨区侧的通道。

（4）ASD－AUTOMATIC SLIDE DOOR，即滑动门，是正常运行时乘客上下车的通道。

（5）PEDC－PLATFORM EDGE DOOR CONTROL，即站台门主控制器。

（6）PSL－PSD LOCAL CONTROL PANEL，站台操作盘，用于实现站台级控制。

（7）PSA－REMOTE WARNING PANEL，站台门监视器，用于监视站台门状态及诊断站台门故障状态。

（8）ATC－AUTOMATIC TRAVERL CONTROL，自动驾驶控制系统。

（9）EMCS－MECHANICAL & ELECTRICAL CONTROL SYSYEM，机电设备监控系统。

（10）MCS－MAIN CONTROL SYSTEM，主控系统。

（11）DCU－DOOR CONTROL UNIT，门控制单元，安装于门机内，控制门单元运动，并反馈控制状态给 PEDC。

（12）CAN－CONTROL AREA NETWORK，控制器局域网，一种支持分布式控制和实时控制的串行通信网络。

（13）SMT－PSD SYSTEM MAINTAIN TOOL，系统诊断软件工具。

(14) MMS—MAIN MONITER SYSTEM，主监视系统。

(15) LCB—LOCAL CONTROL BOX，就地控制盒。

3. 系统组成简介

站台门系统是机电一体化设备，集成了现代微型计算机控制、伺服电机驱动、网络技术、UPS电源技术、钢化玻璃技术、精密机械技术。其构成大致由门体、门机、系统控制及电源以及辅助安全设施等组成。

(1) 门体结构

1) 支撑结构（全高门）：包括（上、下底部）支承部件、门梁、立柱、顶部伸缩装置等构件，能承受站台门的垂直载荷、隧道通风系统产生的风压、列车运行时形成的正负水平风压荷载、乘客挤压荷载等。

2) 门槛：包括固定门门槛和滑动门门槛。固定门门槛承受固定门的垂直荷载，滑动门门槛承受乘客荷载。门槛结构中有滑动导槽，配合滑动门滑动。

3) 滑动门：是正常运行时乘客上下列车的通道，有系统级、站台级、手动操作三种控制模式。由钢化玻璃、门框、门吊挂连接板、门导滑板、门胶条、（左滑动门）手动解锁装置等组成，门吊挂连接板设有滑动碳刷架，使金属门框接轨地。

4) 固定门：由钢化玻璃、门框等构成，门框插挂于立柱的方孔内，门框与立柱之间设有橡胶减振垫。

5) 应急门：由钢化玻璃、门框、闭门器、推杆锁等装置等组成。设有相应检测开关检测门关闭、锁闭状态并传递给控制系统。

6) 端门：由钢化玻璃、门框、闭门器、推杆锁等装置等组成。设有相应检测开关检测门关闭、锁闭状态并传递给控制系统。

7) 顶箱：包括铝合金型材（用于安装门机部件）、门楣、前后盖板、电缆线槽、密封胶等。

8) 固定侧盒（半高门）：半高门形式的站台门设置用于安装电机和传动机构、DCU、门锁、LCB等部件的空间结构。

(2) 门机构成

1) DCU：门控单元。通常为电子式类型，随着微机技术、微电子技术、电子功率器件技术的发展，现代的门控单元采用微机控制电子式门控单元，配置有模式转换开关接口、手动测试接口、门头闸锁接口、（可能有两路冗余）现场总线接口、关键信号硬线接口、配套电机电缆接口等。它具备自诊断功能，能与维护计算机连接，可进行测试、组态编程维护，从而实现了信息化、智能化及集成网络控制。

2) 电动机与减速箱组件：采用直流无刷伺服电动机、直流伺服电机等微特电机，带有霍尔传感器或光电编码器，或由DCU使用矢量技术，实现闭环控制及位置控制。由DCU采用脉宽调制（PWM）驱动。减速箱减速用于减速及提高输出驱动力矩。

3) 传动机构：是电动机与减速箱组件输出轴至门扇的传动机构，一般是皮带/齿轮式、螺杆式：

① 皮带/齿轮式：齿型橡胶皮带、滑轨及惰轮；门机内机械传动部件，实现牵引门扇运动；非对称门设有变速齿轮组为窄型门扇提供相应的比例速度，以实现宽窄两门扇动作同步。

② 螺杆式：电动机与减速箱组件的输出轴经联轴器与丝杆联接，丝杆的螺距体现传动链上的变比，丝母与被驱动门扇刚性联接。

4) 门锁紧装置：门锁机构是门机的一个安全装置，当DCU控制滑动门关闭时，滑动门的锁定销进入门锁锁定机构，防止非正常打开滑动门，此时DCU接收到门锁定位置检测开关反馈回来的锁定信息。常见的机械形式有锁槽式门锁机构、凸轮式门锁机构、锁叉式等门锁机构。包括闭锁检测开关、手动解锁检测开关、解锁电磁铁、销槽或凸轮或锁叉、门锁支架等。

电动开门时需电磁解锁释放锁定销；人工开门时通过滑动门解锁装置触发门锁紧装置机构释放锁定销。

5) 端门、应急门检测开关：用于检测应急门开关状态，输入至DCU，以及构成门单元的关闭与锁紧信号。

6) 金属电缆槽：包括通信线路线槽、控制线路线槽、电源供电线路线槽，位于顶箱之上。

（3）控制系统

1) PEDC（Platform Edge Door Control Unit），站台门主控制器，实现系统内部信息的收发、采集、汇总和分析，并实现与系统内部PSL、PSA（或MMS）、DCU各单元之间、与系统外部EMCS系统或主控系统MCC、信号系统之间的信息传输。

2) PSL（PSD LOCAL CONTROL PANEL），站台操作盘，用于实现站台级，实现控制滑动门开关操作控制；另外也集成了互锁解除操作控制功能，在关闭锁紧信号没有形成的情况下，经车站人员确认安全后用以向信号系统发送互锁解除信息，通过解除与信号系统的互锁来使列车正常发车/进站。

3) 火灾模式控制回路，在车控室综合备份盘（IBP盘）设置开关门操作界面，采用硬线控制回路实现在站台火灾时，在车站控制室IBP盘上用按钮能发出开门命令给滑动门单元。

4) PSA站台门监视器，或MMS主监视系统，经通信总线与PEDC连接，用于监视站台门状态、诊断站台门故障状态、运行记录下载、软件重载等。

5) 控制回路：包括PSL ENABLE继电器、火灾模式控制回路、控制变压器．

6) 控制总线：通常使用CAN总线、LonWorks网络、RS485通信线等。

（4）电源

1) 驱动电源UPS：为门机提供门头电源，当外电中断供电时，能为断电后的站台门提供一定开关门次数的控制的驱动能量，为车站人员提供应急处理的时间。

2) 控制电源UPS：为系统控制线路提供电源，当外电中断供电时，能为站台门控制回路提供不少于30min的后续能量，为车站人员提供应急处理的时间。

随着UPS技术发展，UPS的冗余功能、集成小型化、电池自诊断功能等是发展趋势。

3) 系统配电柜（PDP柜）：包括系统总开关、主隔离变压器、门单元分路负荷开关、各控制回路工作电源开关、接地保护等。

4) 站台门与接轨线：上下安装支架设有绝缘套，使站台门金属构件（包括门槛、立柱、门机铝箱、盖板、门楣、滑轨、门扇框架等）与车站地绝缘。站台门金属门体构件通过地线与轨道连接，使站台门金属构件与列车车体等电位。

为了减少端门周边设施对站台门绝缘效果的影响，通常设计端门侧门体与滑动门侧门体、周边设施为各自绝缘隔离。

5）站台绝缘地板：沿站台门在站台侧及站台门端门轨侧设有一定宽度的绝缘地板。

（5）辅助安全设施：

通常在站台门尾端设置有供司机瞭望的参照光源、滑动门门槛踏板下方设置有安全警示光源。随着运营安全需求提高，目前有轨道交通单位尝试（在站台门与列车之间间隙）设置光电检测开关、图像识别系统作为辅助手段。

5.2 站台门系统的运行管理

1. 运行管理的任务和内容

（1）站台门系统运行管理的任务：

保证设备处于安全受控状态，实现系统的各项功能，为车站正常运营保障设备基础条件。

（2）站台门系统运行管理的内容：

1）运营前巡视检查：系统启动后，每日投入运营使用前的巡视，确保设备初始状态正常。

2）故障应急处理：指设备发生故障时，由车站工作人员依照行车规则、设备管理规则作应急技术处理，并按程序报维修人员处理。

3）日常维修作业：指设备日常运行期间发生故障时，专业维修人员接报之后进行的抢修工作。

4）巡视作业：是通过观察设备（有代表性的）运行状态，与标准常态比较，及早发现异常运行状态，及时将故障解决于发生的初期，尽量避免故障后维修。

5）计划维修作业：维修作业是一种主动的预防性维修，作业内容较巡视深入，是根据站台门的构成、运行和使用特点等因素，周期性地纠正系统各设备（部件）运行后可能累积的误差、磨损，或零部件使用达寿命后的更换或发现部件质量问题，使设备整系统达到良好的运行状态。

6）设备运行管理：定期下载、存储站台门系统运行数据，用于必要的运行历史追溯、故障分析。

7）备品备件采购：根据设备运行使用的损耗需求，结合备品备件仓储数量、零部件的使用寿命，计划定期补充采购。

2. 管理组织及有关人员的职责

站台门系统管理涉及站务操作使用人员、设备维修人员、技术支持及管理人员。

设备维修设有专业维修工班。维修工班负责日常巡视、执行各种计划作业、故障抢修、应急处理、临时任务，并必要地反馈各种作业情况。

站务人员负责日常使用操作，包括系统运营巡视、门单元投用及停止、应急处理。

技术人员负责制定各种作业计划，为维修工班提供维修技术支持，为使用提供技术支持。

3. 运行、使用、维护管理的有关注意事项

（1）站台门使用注意事项

1）如需打开滑动门使之处于开门状态，必须隔离该门单元并加强监控，以免影响安全行车；

2）应急门在应急需要的情况打开使用，在正常运营条件下必须关闭并锁紧，确保轨行区正常的行车条件，严禁使用异物阻挡应急门关闭；

3）在正常运营条件下必须关闭并锁紧端门，严禁使用异物阻挡端门关闭，打开时必须加强监控守护；

4）保持滑动门门槛上无异物，严禁乘客倚靠在滑动门体；

5）严禁靠放任何物品在门体上；

6）清洁站台门门体、站台地板、隧道清洗作业时，需防止底座绝缘套受到潮湿；

7）防止结构漏水对门机、结缘基座构件影响；

8）站台门绝缘地板范围内禁止钻孔安装其他设备设施，以免破坏其绝缘功能；

9）打开端门或应急门时，需避免活塞风引起的气流影响；

10）为防止在站台边缘装卸重物时使门槛变形，勿使站台门门槛承受超过设计载荷。

（2）站台门主监视系统（MMS 或 PSA 电脑）使用规定

1）主监视系统电脑是站台门系统重要设备，除监控亭值班工作人员、保养维修人员以外，其他人员未经许可不得进行操作；

2）禁止在主监视系统电脑装载、启动其他无关软件；

3）禁止擅自删除、改变系统的任何配置文件、参数及属性；

（3）维修保养作业注意事项

1）在系统级控制模式运营时，如需要对故障门单元维修作业，须在隔离或测试模式下进行，以免影响列车进出车站；

2）系统断电重起或重装时，要确认运行设时钟；

3）避免快速人工开关滑动门可能产生馈电；

4）日常检修作业前应做好施工手续流程办理、工清场清、功能恢复自查。

4. 应备的记录、技术资料

（1）应备记录

1）设备台账：记录设备的主要器部件（规格、厂商）数量、安装分布地点等。

2）备品备件台账：记录备品备件的消耗、补充、经办者、日期等。

3）设备履历：记录设备的型号规格、主要配置器部件的型号规格、生产厂商、生产日期、安装地点、目前性能现状、大中修的内容记录（包括主要配置器部件更换、调整、替换、改造、作业者及作业日期等）

4）日常巡视记录（见第三节巡视）。

5）日常故障（事故）处理记录：记录故障（事故）的发生现象、报警信息、处理过程、时间及地址。

（2）主要技术资料

1）系统技术规格书；

2）操作手册；

3）计划维修手册及部件更换指引手册；

4）电气原理图、机械安装图等。

5.3 站台门系统设备的巡视与运行

1. 巡视的一般要求及巡视内容

巡视是通过观察设备运行状态，与标准常态进行比较，以及早发现异常，及时将故障解决于发生的初期，尽量避免故障后维修。根据设备的运行特点，需要做如下的巡检。

（1）车站运作巡视

1）运营前巡视检查：每日开站运营前对站台门进入正常运行状态确认，采用站台就地操作盘（PSL）进行操控站台门确认 PSL 及操作可用，确认系统报警信息（包括门单元、EMCS 或 MCS、PSA/MMS 信息）、门的关闭锁紧状态。

2）运营期间巡视：车站运营期间日常直观状态的实时监视、状态确认及故障报修：

① 在运营时段监控站台区站台门门单元开关状态，防止夹人夹物动车；对侵入轨行区异物及时出清；对出现故障及时报修。

② 监控站台门应急门、端门、司机门的钥匙及日常使用操作、状态。

③ 故障应急处理：指设备发生故障时，由站台岗工作人员依照行车规则作应急技术处理，并按程序报维修人员处理。

3）收车后巡视：门体清洁、门槛及滑轨清洁、确认后盖板密封完好。注意收车后相关保洁作业后，需要恢复站台门为正常工作状态。

（2）运行时设备巡视

巡视项目与结构见表 5-1。

巡视项目与结果　　　　　　　　　　　　　　　表 5-1

部件	巡视项目内容与结果	备注
驱动 UPS	进线电压＿＿＿＿＿＿V	
	输出电压＿＿＿＿V	
	功率因数＿＿＿＿	
	运行状态：□并联在线式；□静态旁路；□电池供电	
	蓄电池外观检查（温度、声音、外形、漏液、安全阀、气孔结霜、接线）是否正常：□是；□否	
	电池组串联电压＿＿＿＿V	
控制 UPS	进线电压＿＿＿＿V	
	输出电压＿＿＿＿V	
	运行状态指示：□节能方式；□在线方式；□电池电源运行	
	指示灯测试是否正常：□是；□否	
	环境温度有否超 40℃ 报警：□是；□否	
	UPS/电池/主机有否过载：□是；□否	
PEDC 控制柜	双 CPU 工作状态是否正常：□是；□否	每侧站台配有一 PEDC
	LED 指示灯测试结果是否正常：□是；□否	
	（至少一个开关门周期）运行状态指示是否正常：□是；□否	
	电缆电线布置、插接状况是否整齐牢固：□是；□否	

续表

部件	巡视项目内容与结果	备注
PSL	LED指示灯测试结果是否正常：□是；□否	每侧站台配有一PSL
	外部电缆插接状况是否牢固：□是；□否	
PSA或MMS	LED指示灯测试结果是否正常：□是；□否	
	显示是否正常：□是；□否	
	有否：□SIG；□EMCS；□UPS报警	
系统配电柜	电压表值_____V；电流表值_____A	
	变压器外观检查（温度、声音、外形、接线）是否正常：□是；□否	
	电缆电线布置、插接状况是否整齐牢固：□是；□否	
	接地是否牢固（目测）：□是；□否	
端门	闭门器是否有足够大的力使门自动关闭：□是；□否	每侧站台具有4扇端门
	手动解锁装置是否灵活：□是；□否	
巡视时间： 年 月 日 时 分		巡视人员：

2. 系统设备的运行

（1）系统启动与关闭

1）启动步骤：

① 先后合闸为驱动UPS供电、为控制UPS供电；

② 先后按照驱动UPS电源开机指引启动驱动UPS工作、按照控制UPS电源开机指引启动控制UPS工作；

③ 在系统配电柜顺序闭合门单元供电、系统控制器供电开关，进入待机状态；启动PSA的SMT；

④ 确认在列车未进站时，所有门单元关闭并锁紧（必要时应试验PSL开关门操作）；

2）停机步骤：

① 确认所有门单元关闭并锁紧；操作PSA退出SMT和操作系统；

② 在系统配电柜顺序分断系统控制器供电、门单元供电开关；

③ 先后按照UPS电源停机指引，停止控制UPS、驱动UPS工作；

④ 先后断开控制UPS供电、驱动UPS供电。

（2）站台门正常运行时采用系统级控制

当需要站台级控制操作时，须遵守PSL操作方法。该方法操作程序为：

1）将操作钥匙插入PSL OPERATION ENABLE钥匙开关锁孔内（原始位置为OFF）；

2）开门时，顺时针转动钥匙打至DOOR OPEN位置并停留（不能拔下钥匙），此时滑动门开始打开，PSL上DOOR OPEN指示灯亮；滑动门完全打开后，PSL上DOOR OPEN指示灯灭，门头灯长亮，此时完成一次PSL开门操作；

3）关门时，按前面操作，逆时针转动钥匙打至DOOR CLOSE位置并停留（不能拔下钥匙），此时滑动门开始关闭，PSL上DOOR CLOSE指示灯亮，门头灯闪亮；滑动门完全关闭后，PSL上DOOR CLOSE指示灯和门头灯灭，同时ASD/EED INDICATOR指示灯亮，此时完成一次 PSL 关门操作；

4）关门操作完成后，继续逆时针转动钥匙打至 OFF 位置后，拔下钥匙，退出 PSL 操作。

（3）滑动门人工操作开门

1）适用范围：当控制系统电源不能供电，或个别站台门单元发生故障，或其他紧急需要时，由站台人员或乘客对站台门进行的操作。

2）操作细述：

① 站台工作人员在站台侧滑动门上，用菱形三角钥匙逆时针旋转操作滑动门人工解锁机构解开闸锁锁栓，并推开门扇；或乘客在轨道侧压住滑动门绿色锁把，并推开门扇打开站台门。

② 执行此操作时 PSA、PSC 上的"ASD/EED 手动操作"状态指示灯点亮，并在 PSA 的液晶显示器上反映出手动操作的具体位置及操作状态信息显示。手动操作打开滑动门后，如门单元正常且 DCU 能正常工作，则在 15s 后自动关闭滑动门。

③ 手动操作打开滑动门后，如有需要保持滑动门的打开状态，应断开该门单元的供电、隔离，并加强监控，防止人员跌入轨道。

（4）滑动门人工操作关门

1）适用范围：

当站台门单元发生故障时，由站台人员对站台门进行的操作。

2）操作细述：

① 打开门单元前盖板，关闭该门单元的就地供电负荷开关。

② 小心慢速推动门扇至全关闭位置。

③ 由于关闭了门头电源，在 PSA 上将有该门单元的报警显示。

（5）关于门单元门头模式开关的说明

1）每个门单元有三种工作方式，即正常模式、隔离模式和测试模式，通过操作门头模式开关选择其中一种工作方式；

2）当门单元无故障，处于正常运营工作状态时，选择正常模式；

3）当门单元出现故障，无法正常工作时，选择隔离模式；

4）测试模式由维修保养人员使用，在这种模式下，需要有门机内的测试（TEST）开关配合使用。

（6）关于站台门关门障碍物检测功能的说明

站台门在关门过程中，遇有障碍物（如乘客或其他）阻挡关门时，如门控器检测到关门的阻力大于设定值，则门控器进入关门障碍物处理功能，即滑动门立即停止关闭，并反向打开 50cm，解脱被夹的障碍物，稍作停留后，低速继续关门至原来检测到障碍物的位置，如障碍物已不存在则以正常速度完成关门。如障碍物继续存在，则上述过程重复四次后，一直打开该滑动门（并报警）。

（7）站台门火灾模式使用及其注意事项

1）火灾模式的使用：站台门火灾模式操作开关为钥匙开关，安装于各站车站控制室内的消防联动盘上，每侧站台分别设置一操作开关，需要打开某一侧的站台门时，采用专用钥匙插入对应的开关匙孔，顺时针方向拧转钥匙即可打开站台门，打开后如把钥匙逆时钟拧回（或取下钥匙），站台门将不会自动关闭。

2）站台门火灾模式使用注意事项：

① 站台门火灾模式仅适应于火灾模式启动时使用，请参照相应的环控火灾模式执行；

② 正常运营时，勿将专用的操作钥匙插入操作开关的匙孔，以免引起误操作，特别要避免在运营期间误操作而开门；

③ 站台门火灾模式控制不设置关门功能，如需要关闭站台门，可采用站台级控制操作PSL关门。

5.4 站台门系统设备的维修

1. 维修管理的任务和原则

维修作业是一种主动的预防性维修，作业内容较巡视深入，是根据站台门的构成、运行和使用特点等因素，周期性地纠正系统各设备（部件）运行后可能累积的误差、磨损，或零部件使用寿命后的更换，调整设备达到良好的运行状态。由于站台门系统使用场合的特殊性，维修作业的内容存在时间、空间等因素的限制，必须服从调度的统一安排，必须遵章办理一切必要的作业手续，必须确保运营安全，包括行车安全、乘客安全和工作人员安全、设备安全，需要在轨行区内进行的维修作业和可能侵入轨道的维修作业，必须在收车后进行。

由于预防维修强调严格按计划按规定的时间安排维修，往往出现设备劣化尚未达到该修理的程度或超过该维修程度的情况，也就是维修过剩或维修不足的问题，维修过剩会增加运营成本，影响效益，带来人力、物力的浪费。而维修不足则增大了故障停机和故障维修，同样会影响企业效益。随着现代化设备的规模化、复杂化，传统的计划修模式已不适应未来维修管理工作发展的需求，设备维修模式由以前计划修为主逐步转为以可靠性为目的的状态修发展。

状态修是一种是以可靠性理论、状态监测、故障诊断为基础，根据设备的实际技术状态检测结果全面评估后确定维修时机和范围，这种维修模式的特点是维修周期、程序和范围都不固定，要依照实际情况而灵活决定，把维修工作的重心从维修和保养转到检测评估上，即有必要时才进行维修，克服了定期维修带来的不必要的维修成本和设备性能的下降，避免了维修的盲目性。状态修中状态的劣化是由被监测的设备状态参数的变化反映出来而进行的一种可靠性维修，通过对设备的各种运行参数进行监控，及时发现某些参数的变化趋势，确定合理的维修方式和维修时机，通过设备性能参数、故障数据统计、专家评估、定量化建模等手段在保证安全性和完好性的前提下方可实施。

2. 维修管理的组织及有关人员的职责

维修作业的计划由专业技术人员制定，由专业工班人员执行。执行过程包括作业手续办理、作业过程必要的记录、作业过程发现的异常问题反馈及其解决等。

3. 维修管理的有关规程

站台门的主要维修项目见表5-2站台门系统检修周期与工作内容。

站台门系统检修周期与工作内容　　　　　　　　　　　　　　　　　表 5-2

序号	设备	检修工作内容	周期
1	门体	检查门体玻璃、门槛、盖板、饰板、胶条毛刷外观。清洁滑动门的地槛	每日巡视
		检查站台门开、关门情况	
		检查门头指示灯	
		检查灯带照明	
		检查绝缘地板清洁，外观完整情况	
	电源	检查控制电源柜的电压与电流是否正常	
		检查驱动 UPS。内容包括：进线电压、输出电压、功率因数、运行状态，电池组串联电压、电池温升、外观，风扇散热运行情况	
		检查控制 UPS。内容包括：进线电压、输出电压、运行状态、指示灯测试、环境温度、UPS/电池/主机有否过载，电池组串联电压、电池温升、外观，风扇散热运行情况	
	控制系统	检查 PSC 柜工作指示灯状态、机柜散热、插接状况	
		查看监视系统（PSA、MMS、SWS）报警信息	
	机房	检查机房的温度、湿度。检查机房有无漏水	
2	门体	检查前盖板、盖板锁	半月
	门机	清洁门机导轨	
		检查并紧固门头接线端子	
	控制系统	清洁控制电源柜，检查电压、电流表的换相开关是否灵活，隔离变压器温升是否正常	
		检查控制柜内变压器、继电器等电气元件的温升和噪声	
		清洁及检查各柜体、电缆槽架外表面	
		PSL 指示灯测试及操作开关是否灵活可靠	
		检查监视系统及其时钟信息	
	电源	检查配电柜供电单元电源参数，并检查各组件外观、温升、连接及固定情况	
		清洁电源柜、驱动 UPS 柜及控制 UPS 柜	
3	门体	检查滑动门、应急门、端门的手动解锁装置是否灵活、操作可靠	每月
		检查门体玻璃、密封胶、密封毛刷安装紧固	
	门机	检查减速箱安装、密封状况	
		检查门锁电磁阀	
		检查滑动门锁紧装置及其检测开关	
		检查 DCU 接线端口、模式开关	
		检查门机电源模块、门头控制变压器等供电部件	
		检查门头指示灯	
		检查障碍物检测功能	
		清洁门头所有辅助器件	
	控制系统	控制柜的指示灯测试	
		检查中央接口盘（PSC）柜内安全继电器、时间继电器、固态继电器、控制变压器	
		检查 PSC 柜内布线、器件安装	
		拷贝监视系统的故障记录、事件记录存档备份备查	
	PSL 控制盘	对控制盘内外进行清洁	
		检查各部件安装紧固、老化、试灯等状态	

续表

序号	设备	检修工作内容	周期
3	PSL控制盘	检查各电线、电缆、半导体元件的连接状态	每月
		检查各钥匙开关、按钮的状态	
		测试PSL功能是否正常（适用于使用联动功能之后）	
	IBP开关	对控制盘内外进行清洁	
		检查各部件安装紧固、老化、试灯等状态	
		检查各电线、电缆、半导体元件的连接状态	
		检查各钥匙开关、按钮的状态。	
		测试IBP功能是否正常	
	电源	控制电源柜柜内检查	
		检查站台门与低压配电系统的接口	
		测量蓄电池总电压	
	机房	对机房的清洁	
4	门机	检查皮带张力及连接状况，或螺杆连接传动	每季
		检查门滚轮有无磨损，转动是否灵活	
		检查惰轮、皮带轮转动状况	
		检查电线、电缆、接地线、网线的完好及固定情况	
		检查传动螺杆使用及润滑情况	
	控制系统	检查PEDC各通道能否使用（如使用冗余通道）	
		检查PEDC各接线端口的连接	
		检查机房到门机缆线、线槽，并对其清洁、紧固、防锈	
		PSC与信号系统（SIG）接口记录、功能确认检查	
		PSC与EMCS或MCS通信功能检查	
		检查并紧固PSL、IBP内部接线	
	电源	对控制UPS、驱动UPS的蓄电池进行充放电。并记录放电前后蓄电池的电压	
		检查UPS控制柜接线端口连接	
		清洁蓄电池、UPS柜体；UPS内部器件清洁、紧固；散热风扇、滤网检查	
		检查控制UPS、驱动UPS蓄电池的温度、声音、变形、漏液、鼓胀、安全阀开启、接线端及气孔有无盐霜	
		检查蓄电池充电器状态	
		检查UPS和蓄电池电缆电线安装情况	
		检查电源配电箱	
5	门体	滑动门的运行指标的抽查	半年
		检查接轨地线有无松动	
		检查滑动门导靴、地槛间隙	
		检查门头后盖板螺丝及密封	
		检查限位挡块、螺杆、螺母、轴承、联轴器状态	
		检查滑动门与吊挂件是否牢固连接，必要时调整滑动门的对中、垂直及水平位置	
6	门机	检查碳刷磨损及变形程度	一年
		检查电机齿轮箱位置	
		检测DCU的性能	
	门体	门槛、门体紧固暗含着检查	
		检查上、下支撑机构的状况	

129

续表

序号	设备	检修工作内容	周期
6	门体	检查门扇玻璃、支架和胶条是否变形	一年
		检查及清洁下支架	
		检查门槛等电位电缆有无松动	
		检查门槛支撑件上下绝缘件状态，必要时更换	
		用500VDC电压对站台门进行绝缘测试，绝缘电阻大于等于0.5MΩ	
	蓄电池	进行蓄电池容量检查	
	轨顶和轨侧线槽	检查轨顶、轨侧线槽安装、固定、锈蚀情况	

4. 系统内设备的典型维修

(1) 检查整个门头器部件安装

检查步骤：

在站台侧，解开盖板锁，打开门头盖板并支撑好，完成门头检查后关闭和锁好盖板。确定门头的类型，参照图5-3门头简图，按如下顺序进行。

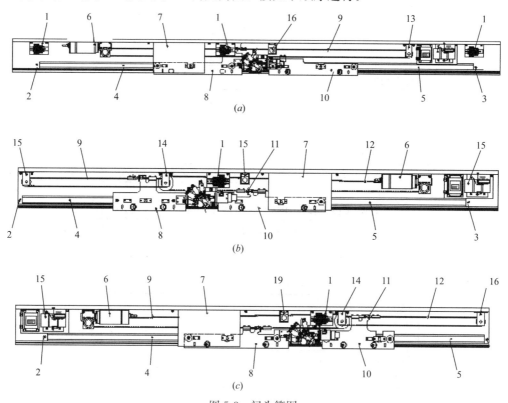

图5-3 门头简图

(a) 对称门头；(b) 左不对称门头；(c) 右不对称门头

1—接线端子块；2、3—行程挡块；4、5—导轨；6—电机齿轮箱组件；7—DCU；8、10—门挂板；9、12—驱动皮带；11—皮带夹；13—惰轮；14—双惰轮；15—供电单元；16—测试开关

1) 检查电线和电缆是否有老化和损坏迹象，遇到接地导线时，确保它连接牢固。

2) 检查接线端子块1是否紧固安装，检查端子块出线连接和绝缘，检查端子块是否固定在卡轨上。

3）检查门挂板行程挡块 2 和 3，是否牢固和安全。

4）检查 J 型导轨 4 和 5 的安装是否牢固和安全。

5）检查电机齿轮箱组件 6 与门头结构之间的连接是否安全。

6）检查 DCU7 是否牢固安装于门头构件上，DCU 的连接头是否安全牢固。

7）检查闸锁电磁铁安全牢固，检查电磁铁连线及绝缘。

8）对于对称门头，检查右扇是否安全牢固与门挂板 13 连接，检查门挂板 8 是否牢固联接到驱动皮带 10。

9）对于非对称门头，检查右扇是否安全牢固与门挂板 13 连接，而门挂板通过套筒螺母和皮带夹 14 是否牢固联接到驱动皮带 15。

10）打开滑动门检查 J 型导轨 4 和 5 安全牢固安装于门头；关闭滑动门，当门扇运动时，检查门挂板在 J 型轨中平稳移动。用软棉布擦掉 J 型轨的灰尘和碳粉。

11）检查惰轮 16 是否良好安装于门头上。

12）于非对称门头，检查双惰轮 17 是否良好安装于门头上。

13）检查门头就地供电单元 18 是否安全牢固安装，检查就地供电单元连线及其绝缘。

14）检查测试开关 19 是否安全牢固安装，检查测试开关连线及其绝缘。

15）对于所发现的任何缺陷均应进行整改。

16）确保门头盖板关闭和锁好，确保所有门关闭锁紧。

（2）检查门闸锁装置

安全提示：本操作程序需要进入站台门的轨道侧，须要采取相应的措施确保列车不进入此站台。

检查步骤如下：（参照图 5-4 门闸锁装置）

1）将门头模式钥匙开关转至"隔离"位置。

2）在站台侧将门匙插入左门扇的匙孔解锁并尝试打开滑动门，应能把门打开。关门并检查门扇应在"关闭于锁紧"位置。

3）进入轨道侧并使用紧急释放把手尝试开门，应能把门打开。

4）如不能开锁，打开和支撑起门头盖板。

5）在站台侧将门匙插入左门扇的匙孔逆时针转动来操作紧急释放机构。确认左门扇的顶杆 2 正在向上推动着（闸锁）下挡板 1 来解锁。

6）假如紧急释放机构没有正确动作，更换门扇。

7）假如紧急释放机构有正确动作，检查门扇的顶杆 2 是否正在升高到足够的高度来解锁。假如没有正确动作，更换门扇。

8）假如紧急释放机构正确动作，但依然不能解锁，则更换闸锁。

9）放下门头盖板支撑杆，关闭和锁好门头盖板。

10）将门头模式钥匙开关转到自动位置。

11）查询 PEDC 的故障记录，确认"关闭与锁紧"指示，确保门处于"关闭与锁紧"位置。

（3）检测驱动皮带，检查和调节张力

1）对称门头的驱动皮带检测和调节可参考图 5-5 对称门头驱动皮带调整。具体操作为：

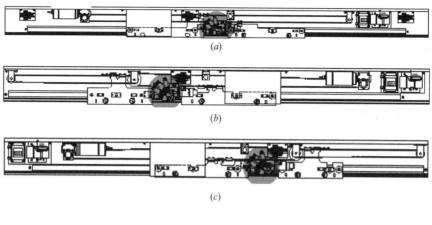

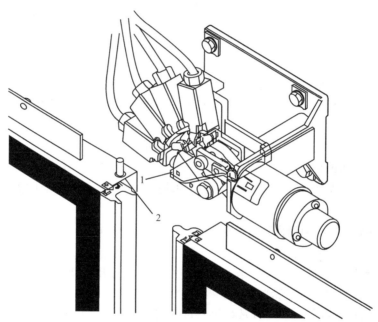

图 5-4 门闸锁装置

(a) 对称门头；(b) 左不对称门头；(c) 右不对称门头

1—下挡板；2—顶杆

① 断开门单元的供电电源，防止门扇意外运动。

② 解开盖板锁，打开门头盖板并支撑好。

③ 清除驱动皮带1上的灰尘和其他污物。

④ 手动打开/关闭门扇以便仔细检查整条驱动皮带。带齿应清晰有形，不应有任何老化迹象。

⑤ 检查皮带皮带夹2、3和4牢固夹紧，而螺丝5位置正确并收紧。

⑥ 把门扇打开，将一个2kg重的砝码挂于皮带上侧中间。皮带挠度（DEFLECT）应在25～40mm之间。

⑦ 按要求调节张力。松开螺母6、7、8和转动套筒螺母9来收紧和放松皮带。当张力正确时，收紧锁母6逼紧套筒螺母9锁紧，及收紧门挂板上的锁母7和8逼紧门挂板。

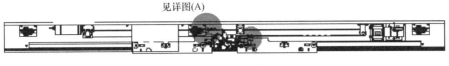

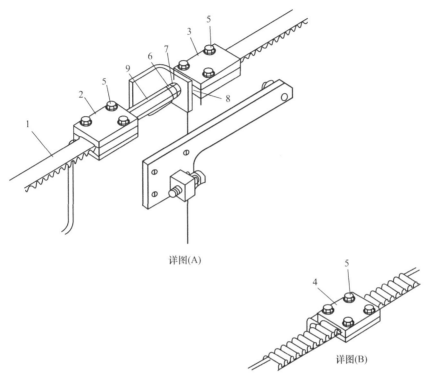

图 5-5 对称门头驱动皮带调整
1—驱动皮带；2、3、4—皮带皮带夹；5—螺丝；6、7、8—螺母；9—套筒螺母

⑧ 假如不能通过调节套筒螺母9来获得正确的张力，则必须更换皮带。

⑨ 从门头上取下所有的工器具和材料。

⑩ 放下门头盖板支撑杆，关闭和拴好盖板。

⑪ 确保门处于关闭和锁紧位置。

⑫ 恢复门单元为正常的操作状态。

2) 非对称门头驱动皮带的检测和调节分 LH 和 RH 两种，对于这两种门头的皮带检测指引是一样的，分别参考图 5-6 左不对称门头驱动皮带调整、图 5-7 右不对称门头驱动皮带调整来确定其器件位置。具体操作为：

① 断开门单元的供电电源，防止门扇意外运动。

② 解开盖板锁，打开门头盖板并支撑好。

③ 清除驱动皮带1和2上的灰尘和其他污物。

④ 手动打开/关闭门扇以便仔细检查整条 LH 驱动皮带1。带齿应清晰有形，不应有任何老化迹象。

⑤ 检查皮带皮带夹3、4牢固夹紧，而螺丝5位置正确并收紧。

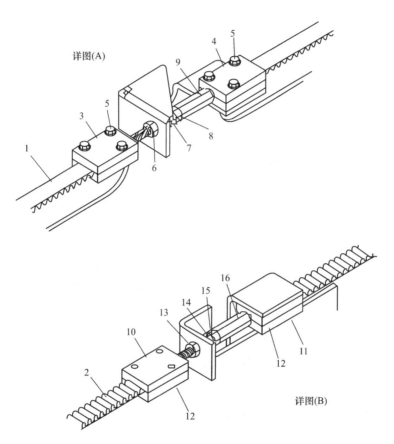

图 5-6 左不对称门头驱动皮带调整

1、2—驱动皮带；3、4、10、11、12—皮带夹；5—螺丝；6、7、8—螺母；9、16—套筒螺母；13、14、15—螺母

⑥ 把门扇打开，将一个 2kg 重的砝码挂于皮带上侧中间。皮带挠度（DEFLECT）应在 25～40mm 之间。

⑦ 按要求调节张力。松开螺母 6、7、8 和转动套筒螺母 9 来收紧和放松皮带。当张力正确时，收紧锁母 6 逼紧套筒螺母 9 锁紧，及收紧门挂板上的锁母 7 和 8 逼紧门挂板。

⑧ 假如不能通过调节套筒螺母 9 来获得正确的张力，则必须更换皮带。

⑨ 手动打开/关闭门扇以便仔细检查整条 RH 驱动皮带 2。带齿应清晰有形，不应有任何老化迹象。

⑩ 检查皮带皮带夹 10 和 11 牢固夹紧，而螺丝（12）位置正确并收紧。

⑪ 把门扇打开，将一个 2kg 重的砝码挂于皮带上侧中间。皮带挠度（DEFLECT）应在 25～40mm 之间。

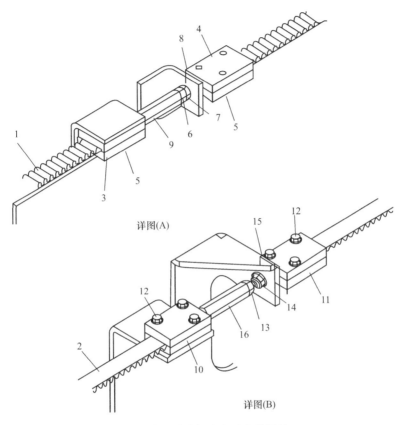

图 5-7 右不对称门头驱动皮带调整

1、2—驱动皮带；3、4、5、10、11—皮带夹；6、13、15—螺母；7、14—锁紧螺母；
8—支架；9、16—套筒螺母；12—螺丝

⑫ 按要求调节张力。松开螺母 13、14、15 和转动套筒螺母 15 来收紧和放松皮带。当张力正确时，收紧锁螺母 13 逼紧套筒螺母 16 锁紧，及收紧门挂板上的锁紧螺母 14 和 15 逼紧门挂板。

⑬ 假如不能通过调节套筒螺母来获得正确的张力，则必须更换皮带。

⑭ 从门头上取下所有的工器具和材料。

⑮ 放下门头盖板支撑杆，关闭和拴好盖板。

⑯ 确保门处于关闭和锁紧位置。

⑰ 恢复门单元为正常的操作状态。

（4）检查门挂板碳刷组件

检查步骤为：

1）对每个门执行以下程序：

2）断开门单元的供电电源，防止门扇意外运动。

3）解开盖板锁，打开门头盖板并支撑好。

4）手动打开滑动门，使门挂板露出。

5）标识各个门挂板和碳刷支架，见图5-8门挂板碳刷装置。

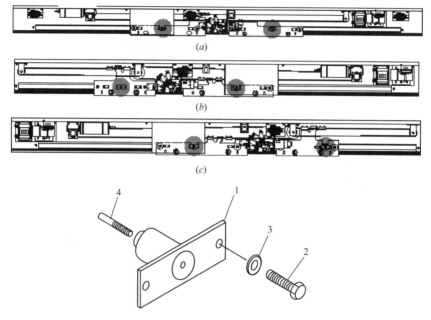

图5-8 门挂板碳刷装置

(a) 对称门头；(b) 左不对称门头；(c) 右不对称门头

1—碳刷架；2—M5 螺丝；3—弹簧垫圈；4—碳刷

6）仔细地拆除两颗 M5 螺丝 2 和弹簧垫圈 3。将支架和碳刷 4 整个取出来。

7）从刷架拆出碳刷，并检查是否有碎片、裂痕、烧结和其他损坏现象。

8）检查碳刷有足够的长度维持到下一次计划保养。新碳刷的长度不少于 18mm。

9）检查弹簧是否牢固地连接到碳刷上并保持弹力。

10）如果需要，则更换上新的碳刷。仍然建议每五年更换碳刷一次，而不管它的状况如何。

11）使用一支软刷子和一个真空吸尘器来清除碳刷架及其周围的碳粉积物。

12）将碳刷 4 插入碳刷架 1。

13）把碳刷支架放回门挂板上，确保碳刷与 J 型导轨接触，并用两颗 M5 螺丝 2 和弹簧垫圈 3 固定。

14）从门头上取下所有的工器具和材料。

15）放下门头盖板支撑杆，关闭和拴好盖板。

16）确保门处于关闭和锁紧位置。

17）恢复门单元为正常的操作状态。

（5）检查电机齿轮箱组件

参照图5-9 电机齿轮箱组件安装和图5-10 对称门头（a）与非对称门头（b）皮带连接进行如下的操作。

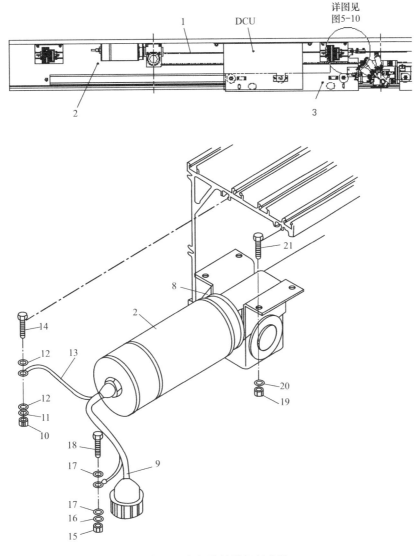

图 5-9 电机齿轮箱组件安装

1) 在拆卸电机齿轮箱组件时：
① 断开门单元的供电电源，防止门扇意外运动。
② 解开盖板锁，打开门头盖板并支撑好。
③ 标记电机齿轮箱组件的安装位置。当换上新的电机齿轮箱组件时按此标记定位安装。
④ 顺着驱动皮带 1 从电机齿轮箱 2 到它所在门挂板 3 的连接端。需要注意的是，对称门头和非对称门头的皮带拆除和更换的程序是相同的，但因门头的结构有些不同，在按步骤进行前必须先看清图解。
⑤ 参照图 5-8，松开锁母 4 和拧开套筒螺母 5，在门挂板上取下锁母 6 和螺丝 7，松开驱动皮带。
⑥ 参照图 5-7，从驱动轮 8 折下驱动皮带 1。
⑦ 断开电机连接到 DCU 的电缆。做好 DCU 插接口的临时绝缘保护。

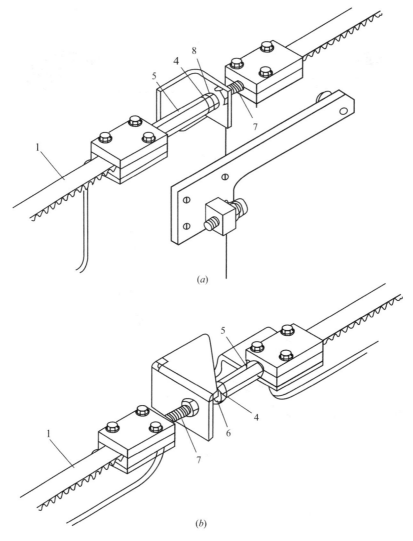

图 5-10 对称门头 (a) 与非对称门头 (b) 皮带连接
(a) 对称门头详图；(b) 非对称门头祥图详图

图5-9、图5-10中，1—驱动皮带；2—电机齿轮箱；3—门挂扳；4、6—锁母；5—套筒螺母；7、21—螺丝；8—驱动轮；9、13—电机接地带；10、15、19—螺母；11、12、16、17、20—垫圈；14、18—接地螺丝

⑧ 拆除螺母10、垫圈11和12，松开电机接地带13。松开螺母15、垫圈16和17，松开另一接地端。

⑨ 支撑起电机齿轮箱组件，拆除螺母19和垫圈20。螺丝21留在门头结构里。

⑩ 放下电机齿轮箱组件。

2）在更换电机齿轮箱组件时：

① 取出新包装的电机齿轮箱组件，去掉任何插销和保护盖子。

② 在螺丝21上定位电机齿轮箱组件，放在对准原标记的位置，用螺母19和垫圈20固定好位置，暂不需收紧。

③ 参照图5-7，相对于门中心线测量并确认电机齿轮箱组件在正确的位置：从门中心

线到两固定螺丝的中心线距离应为 1372mm。

④ 当上述电机齿轮箱组件位置对准时，收紧螺母 19。

⑤ 在接地螺丝 14 上放置一个垫圈 12，然后连接接地带 13 到接地螺丝 14，用垫圈 12 及 11 和螺母 10 固定。

⑥ 撤除 DCU 的临时绝缘保护，连接电机电缆到 DCU。

⑦ 在接地螺丝 18 上放置一块垫圈 17，然后连接接地带 13 到接地螺丝 18，用垫圈 17 及 16 和螺母 15 固定。

⑧ 将驱动带绕定在齿轮箱的齿轮并拉紧，参考图 5-8，将螺丝 7 拧入门挂板并旋上锁母 4 和 6。连接螺丝 7 和套筒螺母 5 并收紧。

⑨ 调节皮带张力。放置 2kg 重的砝码在皮带中间，然后收紧/松开套筒螺母直至皮带的挠度在 25～40mm 之间，然后收紧锁母 4。

⑩ 从门头上取下所有的工器具和材料。

⑪ 放下门头盖板支撑杆，关闭和拴好盖板。

⑫ 确保门处于关闭和锁紧位置。

⑬ 恢复门单元为正常的操作状态。

(6) 检查应急门/端门（EED/PED）锁紧装置和闭门器性能

做此项检查时，需注意在检查过程中应避免活塞风的影响。为了安全，检查应急门必须在收车后进行，并须采用菱形头三角匙开应急门/端门。

1) 当门关闭时，确认锁杆有足够的长度插入锁孔。

2) 用菱形头三角匙解锁，解锁机构应操作灵活。门扇拉开时锁杆不应拖地。

3) 拉开门扇拔下三角匙后，确认锁杆的提升保持机构能把锁杆提起并保持。

4) 门扇打开后，确认门楣的推锁挡块稳固完好。确认闭门器联杆连接稳固完好。

5) 门扇打开后松手，门扇关闭，确认闭门器有足够的力将门扇关闭，并由推锁挡块推动锁杆的提升保持机构释放锁杆插入锁孔。

6) 确认门扇锁紧和 PSA 门扇指示正常。

(7) 检查门体对地绝缘

因此项检查在轨侧进行，故须在收车后进行并确保进入轨区作业的安全。

1) 停止整个系统供电：停止 UPS 对系统供电、断开 PDP 柜所有负荷开关。

2) 松开所有与 PEDC 连接的插接电缆。松开所有与 DCU 连接的插接电缆。

3) 松开门体与轨道的接地线，并确保该地线悬空。

4) 用绝缘表（500V 挡）测量门体对地绝缘，如整侧门体绝缘值达不到设计要求，需要将整侧门体的接地连线分段断开，逐段分别测量门体对地绝缘。

5) 清除可能导致绝缘下降的因素，如绝缘套附件的金属异物、积尘、潮湿等，若绝缘套老化则予以更换。

6) 清除可能导致绝缘下降的外部因素，如门槛与绝缘地板间的粉尘、潮湿、绝缘胶效果下降；门体与灯带、搪瓷钢板接近或接触等。

7) 检查完毕，必须恢复门体与轨道的连接；恢复 PEDC、DCU 的电缆连接。

8) 恢复系统供电，按系统启动程序操作。

（8）螺杆传动机构保养及故障处理

螺杆的设计寿命通常为 20 年，由于门单元的门头箱是半封闭空间，灰尘较容易进入，日常保养需要特别注意螺杆润滑情况，一般是季检时就需要更换润滑油脂，若润滑得当，正常使用在十年内故障率较低。建议使用相关的螺杆专用油脂如 SKF 轴承油 Lgep2/5 等。螺杆传动的结构见图 5-11 螺杆传动结构示意图。

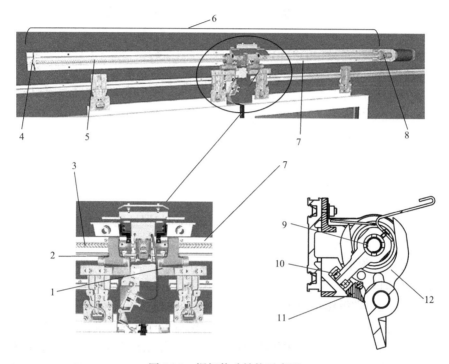

图 5-11　螺杆传动结构示意图

1—右门扇叉；2—左门扇叉；3—螺丝；4—端头轴承支撑；5—装配驱动；6—驱动系统；7—固定横梁；8—轴承（电机侧）；9—半环；10—锁定滚轮；11—缓冲器；12—扇叉

1）螺杆传动故障现象和处理方法：

① 运行噪音噪声是否超过 70dB；

② 传动过程中螺杆出现抖动；

③ 螺杆卷边或表面涂层磨损，更换螺杆。

2）螺杆传动故障处理方法

① 检查轴承是否缺油或磨损，如有更换或注润滑脂；

② 检查螺杆是否变形或弯曲，更换变形或弯曲的螺杆；

③ 更换卷边或表面涂层磨损螺杆；

5.5　站台门系统事故（故障）分析与处理

1. 事故（故障）处理原则

事故（故障）发生时，依照行车规则，按先通车后维修，确保安全运营的原则，站台工作人员首先需要做好应急措施。其中包括现场安全防护措施、障碍物清除、隔离影响进/发车的门单元，以及设备的其他应急操作。应急措施不能解决的事故（故障）报维修人员维修/抢修，任何作业必须确保运营安全，包括行车安全、乘客安全和工作人员安全，需要在轨行区内进行的抢修作业和可能侵入轨道的抢修作业，必须在停运后进行。

（1）车门与站台门未实现联动时的故障处理，见表5-3～表5-6。

单个/多对站台门不能开门故障处理程序　　　　　　　　　　　　　表5-3

故障现象	处理程序	责任人
单个或多对门不能开门	（1）接到站台门故障通知后，尽快到达故障点。 （2）发现两对（四节车厢的为1对）及以下站台门不能正常开启后立即通知司机、报告行车值班员："站台某号站台门不能开启"，并引导乘客从其他开启的站台门下车。确认乘客上下完毕及站台安全后向司机显示"好了"信号。待列车离开站台后，张贴"此门故障，暂停使用"告示，加强监控。 （3）发现三对（四节车厢的为2对）及以上站台门不能开启，报告行车值班员和司机，必要时立即前往故障的站台门单元处采用开门钥匙人工操作开启站台门（操作一道门所需时间约为10s），以保证每节车厢对应的站台门必须有两对及以上站台门开启，并引导乘客从其他开启的站台门下车。 确认乘客上下完毕及站台安全后向司机显示"好了"信号。待列车离开站台后，采取人工方式关闭故障门单元，（如为相邻的站台门则不能连续关闭两对，并根据站台客流情况，保证每节车厢对应的站台门必须有两对门以上在开启状态，通过断电操作或通过将LCB模式开关打至隔离位可使开启的故障门保持常开状态），并张贴"此门故障，暂停使用"告示，加强监控。 （4）故障站台门抢修时负责安全监控，在下趟列车到达前1min，通知维修人员停止抢修；抢修完毕后向行车值班员报告。 （5）故障站台门单元恢复正常后，拆除站台门故障告示	站务人员
	（1）发现两对（四节车厢的为1对）及以下站台门不能正常开启时，马上进行客室广播"本站有站台故障，请乘客从其他开启的站台门下车"。同时通知车站，报告行调。 （2）发现三对（四节车厢的为2对）及以上站台门不能正常开启时，使用客室广播通知乘客手动操作打开故障的站台门或利用正常开启的站台门下车。同时通知车站，报告行调。 （3）乘客上下完毕后关站台门、车门，司机凭车站"好了"信号动车。 （4）动车前注意确认车门与站台门之间的空隙安全	司机
	（1）报告行调："某站某站台某对站台门不能开启"，并通知后方站转告司机。 （2）立即通知站务人员前往协助处理故障站台门。发现三对（四节车厢的为2对）及以上站台门不能开启时，还要通知值班站长、厅巡等前往协助处理故障站台门，协助站台站务人员做好乘客引导工作。 （3）通知环调，环调通知检修人员处理，如不能处理好，通知值班主任助理组织抢修。 （4）维修人员到达现场后，根据车站的客流情况，安排维修人员进行抢修。 （5）接到抢修完毕的通知后，向行调、值班主任助理汇报，并通知后方站本站站台门恢复正常。 （6）在维修过程中需开关整侧站台门时需报行调，得到行调同意后，维持好站台秩序方可操作	行车值班员
	通知全线司机"某站某站台某对站台门不能开启"，进入该车站加强瞭望，注意安全	行调

单个/多对站台门不能关门故障处理程序　　　　　　　　　　　　　表5-4

故障现象	处理程序	责任人
单个或多个门不能关门	（1）接到站台门故障通知后，尽快到达故障点。 （2）发现两对（四节车厢的为1对）及以下站台门不能正常关闭，报告司机和行车值班员，确认是否有阻碍物，如能及时清除则手动关闭站台门。确认乘客上下完毕、所有车门关闭、站台安全后，向司机显示"好了"信号。 （3）发现三对（四节车厢的为2对）及以上站台门不能正常关闭，报告司机和行车值班员，广播通知站台乘客离开故障站台门，乘客上下完毕，确认所有车门关闭、站台安全后，向司机显示"好了"信号。	站务人员

续表

故障现象	处理程序	责任人
单个或多个门不能关门	(4) 待列车离开站台后，采取人工方式关闭故障门单元（如为相邻的站台门则不能连续关闭两对，并根据站台客流情况，保证每节车厢对应的站台门必须有两对门及以上在开启状态），并张贴"此门故障，暂停使用"告示，加强站台监控。 (5) 故障站台门抢修时负责安全监控，在下趟列车到达前 1min，通知维修人员停止抢修；抢修完毕后向行车值班员报告。 (6) 故障站台门单元恢复正常后，拆除站台门故障告示	站务人员
	(1) 发现单个或多对站台门不能关闭时，立即通知车站派员前往协助，并报告行调。 (2) 与站台站务人员加强联系，确认乘客上下完毕后关站台门、车门，确认站台站务人员的"好了"动车，列车出站后报行调。 (3) 动车前注意确认车门与站台门之间的空隙安全	司机
	(1) 立即通知站务人员前往协助处理故障站台门，加强对站台的监控及广播引导乘客候车。 (2) 报告行调："某站某站台某对站台门不能关闭"，并通知后方站转告司机。 (3) 通知环调，环调通知检修人员处理，如不能处理好，通知值班主任助理组织抢修。 (4) 维修人员到达现场后，根据车站的客流情况，安排维修人员进行抢修，并通知站台岗。 (5) 接到抢修完毕的通知后，向行调、值班主任助理汇报，并通知后方站本站站台门恢复正常。 (6) 在维修过程中需开关整侧站台门时需报行调，得到行调同意后，维持好站台秩序方可操作	行车值班员
	通知全线司机"某站某站台某对站台门不能关闭"，进入该车站加强瞭望，注意安全	行调

某侧站台所有站台门不能开门故障处理程序　　表 5-5

故障现象	处理程序	责任人
所有站台门不能开门	(1) 接到站台门故障通知后，尽快到达故障点。 (2) 发现或接到所有站台门故障的通知，立即通知车控室。接到车控室"手动开启站台门"的指令后，立即在站台侧手动开启站台门（操作一道门所需时间约为 10s）。 (3) 在站台侧利用钥匙人工开启站台门，保证每节车厢对应的站台门有两对或两对以上常开，并做好站台安全监控，引导乘客上下列车。 (4) 确认乘客上下完毕、所有车门关闭、站台安全后向司机显示"好了"信号。 (5) 待列车离开站台后，采取人工方式关闭故障门单元（如为相邻的站台门则不能连续关闭两对，并根据站台客流情况，保证每节车厢对应的站台门必须有两对门及以上在开启状态，通过断电操作或通过将 LCB 模式开关打至隔离位可使开启的故障门保持常开状态），并张贴"此门故障，暂停使用"告示，加强监控。 (6) 故障站台门抢修时负责安全防护，在下趟列车到达前 1min，通知维修人员停止抢修；抢修完毕后向行车值班员报告。 (7) 故障站台门单元恢复正常后，撤除站台门故障告示	站务人员
	(1) 发现所有站台门不能开启，立即通知车站"某方向站台所有站台门不能开启"要求协助处理，并报行调。 (2) 广播通知乘客："因站台门故障，请需要下车的乘客按站台门上的指示操作开门把手，自行推开站台门下车"，报告行调。 (3) 乘客上下完毕，司机凭车站"好了"信号动车。 (4) 动车前注意确认站台门间的缝隙安全后	司机
	(1) 接到司机故障通知后，报告行调："某站某站台所有站台门不能开启"，经行调同意在 IBP 盘上操作尝试开站台门。 (2) 若站台门仍不能开启，则通知值班站长、厅巡、客运值班员前往站台协助处理故障站台门，加强对站台的监控及广播引导乘客候车。 (3) 通知环调，环调通知检修人员处理，如不能处理好，通知值班主任助理组织抢修。 (4) 维修人员到达现场后，根据车站的客流情况，安排维修人员进行抢修，并通知站台岗。 (5) 接到站台岗抢修完毕的通知后，向行调汇报。 (6) 在维修过程中需开关整侧站台门时需报行调，得到行调同意后，维持好站台秩序方可操作	行车值班员
	通知全线司机"某站某站台所有站台门不能开启"，进入该车站加强瞭望，注意安全	行调

某侧站台所有站台门不能关门故障处理程序　　　　　　　表5-6

故障现象	处理程序	责任人
所有站台门不能关门	(1) 接到站台门故障通知后，尽快到达故障点。 (2) 列车客室门关闭时，广播通知站台乘客离开站台门，防止乘客抢上抢下；客室门关闭，确认站台安全后，向司机显示"好了"信号，并密切注意站台乘客的动态，确保乘客安全。 (3) 客车离开站台后，加强对站台的监控，防止在没有客车停站时乘客进入开启的站台门而掉下轨行区。严禁乘客越出黄色安全线。 (4) 报告行车值班员。 (5) 故障站台门抢修时负责安全监控，在下趟列车到达前1min，通知维修人员停止抢修；抢修完毕后向行车值班员报告	站务人员
	(1) 发现所有站台门不能关闭，立即通知车站"某站台所有站台门不能关闭"要求协助处理，并报告行调。 (2) 发车时，司机报告行调并得到同意后凭车站"好了"信号动车。 (3) 动车前注意确认车门与站台门之间的空隙安全	司机
	(1) 接到司机故障通知后，报告行调："某站某站台所有站台门不能关闭"。 (2) 通知值班站长、厅巡、客运值班员前往站台协助处理故障站台门，加强对站台的监控及广播引导乘客候车。 (3) 通知环调，环调通知检修人员处理。如不能处理好，通知值班主任助理组织抢修。 (4) 当维修人员到达现场后，根据车站的客流情况安排维修人员进行抢修，并通知站台站务人员进行安全监护。 (5) 故障期间，安排人员加强对站台的控制。 (6) 接到站台岗抢修完毕的通知后，向行调汇报	行车值班员
	(1) 通知司机注意掌握好关门动车时机。 (2) 通知全线司机"某站某站台所有站台门不能关闭"，进入该车站加强瞭望，注意安全	行调

（2）发生站台门与车门联动功能故障时处理以及判断原则：

1）列车到站（停车标允许范围内）停稳后，发生站台门与车门联动功能故障，司机或站务人员必须按照运营运作要求开关门顺序开关站台门、列车门，若列车停车后，车门已自动打开，司机应迅速通过PSL盘打开站台门；在PSL上手动操作站台门打开或关闭，将情况报告行调。

2）若列车运行到前方站停稳后，仍发生站台门与车门联动功能故障，可视为车辆原因引起故障，行调通知车站派站务人员添乘该列车，负责操作站台门的开关操作，协助司机瞭望进路，监督客车司机按规定速度运行。

3）若后续列车到达该站时同样发生站台门与车门联动功能故障，则视为车站原因联动故障，由车站站务人员负责本车站站台门的开关操作，包括在PSL上打"站台门站台门互锁解除"开关或办理故障侧线路的"维修模式"，保障列车能够以正常模式进出站。

4）如故障处理过程中需保持站台门常开可能会对乘客造成危险，车站应做好防护。行调可根据站台客流量、站台秩序及车站控制能力要求司机降低列车进出站速度，具体速度由现场提出。

（3）门玻璃破裂或破碎故障的故障处理：

1）如果列车准备进站，站务人员则可按压站台紧急制动按钮，并报告行调。

2）站务人员应使将故障门处于旁路状态并保持常开，同时指派站务人员在故障站台站岗监护，以防止乘客或物品掉入轨道。

3）列车准备出站时站岗人员应确认站台安全后显示"好了"信号指示司机动车。

4）若门玻璃破裂，站务人员应立即报行调，并及时在破裂玻璃表面粘贴透明胶纸，防止门玻璃突然爆裂。

5）若门玻璃已破碎并下掉，站务人员应在 10min 内将破碎玻璃清理完毕，防止玻璃碎片掉入轨行区。如果碎玻璃掉进轨道，如影响列车运行时候，需及时提报行调，并及时进行清理。

6）站务人员尽快贴上警示标志，在故障门前用设置好围栏，恢复正常运营（行调根据站台门的破损情况，必要时要求司机降低列车进出站速度，具体速度值由现场提出）。

7）车站站务人员应保护好现场，协助维修部门进行维修和事后查看录像。

8）故障站台门修复后，在不影响列车正常进出站的前提下，由维修人员对故障门单元作一次开关门试验，必要时对相应侧的站台门进行一次开关门试验。局部故障恢复后注意观察、检查整体功能情况。

2. 事故（故障）分析和事故（故障）检查要点

（1）系统级故障检查要点（表 5-7）

系统级故障检查要点 表 5-7

监控主机故障		更换监控主机
监控主机正常		根据监控主机故障信息找到故障点
电源系统故障	主电源无输入	检查输入线路及开关
	驱动电源系统故障	检查驱动电源模块、分开关及输入输出线路
	控制电源系统故障	检查控制电源模块、分开关及输入输出线路
联动故障	与信号系统不能联动	检查与信号系统接线，检查供电电源是否正常，检查控制柜输出继电器是否正常，控制柜输出线路是否正常
	PSL 不能控制	检查供电电源是否正常，检查控制柜输出继电器是否正常，控制柜输出线路是否正常
	IBP 盘不能控制	检查供电电源是否正常，检查控制柜输出继电器是否正常，控制柜输出线路是否正常
PEDC 故障		更换 PEDC

（2）站台级控制故障检查要点（表 5-8）

站台级故障检查要点 表 5-8

监控主机正常		根据监控主机故障信息找到故障点
PSL 控制器故障	模式转换开关故障	更换模式开关或修复线路
	开关门控制故障	更换开关或修复线路
	电源故障	检查供电电源开关及线路

（3）门单元故障检查要点（表 5-9）

门单元故障检查要点　　　　　　　　　　　　　　　　表 5-9

监控主机正常		根据监控主机故障信息找到故障点
门控制故障	电源故障	检查供电电源开关及线路
	DCU 故障	检查 DCU 及连接线路
	电机故障	检查电机及连接线路
安全回路故障		检查单个门接线及安全开关
		检查门体行程是否到位
		检查锁紧弹簧等机械装置是否有异常
门体故障		检查悬挂装置是否正常
		检查门体导靴及门导轨

（4）人工检查门单元操作步骤（Manual Checking of Doorway Operation）（表 5-10）。

人工检查门单元操作步骤　　　　　　　　　表 5-10

操作	步骤
确认门单元关闭与锁紧	1
断开对应门单元的供电回路	2
检查 DCU 所有的连接电缆、门头所有接线端子	3
用隔离钥匙隔离该门单元	4
检查闸锁检测开关的状态，紧急手动释放检测开关、门关闭极限行程开关	5
确认门扇的人工紧急释放机构与门闸锁的距离约为 4~5cm	6
用操作钥匙人工解开闸锁锁栓，轻轻推开门扇	7
确认闸锁锁栓被解开	8
在闸锁锁栓被解开时，目测闸锁检测开关的状态是否已经转换	9
目测人工紧急释放机构已经复位，检测开关状态已经转换	10
解开 DCU 与电机联接电缆，小心低速推动门扇至完全打开位置	11
确认门扇能自如无粘连阻滞、无异响地滑动至全开的位置	12
小心低速推动门扇至全关闭位置	13
确认门扇关闭与锁紧	14
确认门检测极限开关转换回初始状态；恢复 DCU 与电机联接电缆	15
在控制柜柜合上对应单元的供电回路	16
检查门头方式开关仍然处于隔离方式	17
把门头测试开关打到"人工开门"位置	18
确保门扇在（由 DCU 控制）电机驱动下无异响、无阻滞地滑动打开；<u>同时注意检查门状态指示</u>	19
把门头测试开关打到"人工关门"位置	20
确保门扇在（由 DCU 控制）电机驱动下无异响、无阻滞地滑动关闭；<u>同时注意检查门状态指示</u>	21
确保门扇能自然地关闭与锁紧	22

3. 典型事故（故障）的分析与处理

（1）典型事故（故障）的分析与处理：门头 DLLS（门关闭与锁紧开关）故障

1）设某站下行侧站台 16 号门单元的 DLLS1 开关在滑动门打开后损坏不动作，当列车司机作关门操作时，信号系统如常向 PEDC 发出正确的关门命令，而 PEDC 产生关门信号（即 "ENABLE"=1；"OPEN"=0）。

2）执行结果：滑动门实际已关闭，但 16 号门门头灯闪亮；PSA 上 16 号门报警；

PSL上ASD/EED指示灯熄灭，列车司机不能发车时。

3）站务工作人员在确认滑动门实际已关闭后，站台已处于安全状态，如门头灯闪亮及PSA上16号门报警，应使用门头方式钥匙隔离该门单元，并向司机发"好了"信号，以便发车。同时报请维修人员处理。

4）维修人员接到故障抢修通知后，携工器具至现场。借助PSA诊断软件，进入16号门单元的二级画面——门单元诊断画面，将可观察到门单元关闭后的诊断结果——PSA将显示DLLS1、DLLS2故障。

5）根据PSA提示，观察是否闸锁的凸轮机构不能准确动作到位，或DLLS开关安装位置不准确引起故障报警，如判断是闸锁凸轮机构故障，应（参考更换操作指引）更换门闸锁；如判断是DLLS开关安装位置不准确，应调整开关的安装位置，使其能够在门关闭时进入动作状态（凸轮压DLLS的摆轮，使DLLS动作）；

6）如经上述检查，确认并非闸锁机构引起故障，也非DLLS安装精度引起故障，而DLLS外观动作状态正确时，则可判断为两种可能的故障原因：①DLLS1或DLLS2开关内部障碍；②DLLS1或DLLS2开关外部连线有松脱。此时应断开门头电源，参照电气原理图，检查DLLS1、DLLS2的触点动作是否正确、灵活，如DLLS损坏，需要（参考更换操作指引）更换DLLS开关；检查并紧固其连线，使其良好联接。

7）处理完毕后，在测试模式下，测试数次开关门动作，然后投入正常运行。

8）故障处理过程应做好安全防护工作；办好必要的作业管理手续。

（2）在一列站台门出现有规律的门单元故障，例如：有奇数（或奇数）门单元不能正常开关门，而偶数（或奇数）单元则正常；所有对应车厢的某一门单元不能正常开关门的故障。

分析：通常同时有规律地出现这些门单元故障，需要注意其公共的因素。例如：整侧门头来之PEDC的使能（ENABLE）信号有奇偶之分；奇偶使能（ENABLE）信号的控制回路分别由奇、偶ENABLE变压器供电；在系统配电柜内有五个分路开关，每个分路开关为对应六节车厢的某一个门单元供电；因此当某一路公共因素的产生、传输过程出现故障时，将会出现故障分布上的规律性，这时能够分析相关公共因素，有助于找到故障点，从而帮助解决故障。

第 6 章 电梯系统运行与维修

6.1 电梯系统的组成及功能

电梯系统由垂直电梯、自动扶梯及楼梯升降机组成,是城市轨道交通系统的一个重要的组成部分,它每天担负着运送大量客流的任务,其对车站客运组织、提高乘客出行舒适度起到了至关重要的作用。

城市轨道交通系统配置电梯、自动扶梯及楼梯升降机的基本原则为:车站出入口、站台至站厅应设上、下行自动扶梯,在设置双向自动扶梯困难且提升高度不大于 10m 时,可仅设上行自动扶梯。每座车站应至少有一个出入口设上、下行自动扶梯;站台至站厅应至少设一处上、下行自动扶梯。车站内设置垂直电梯、楼梯升降机以满足残疾人及行动不便者等人员需要。

1. 垂直电梯

包含车站内的液压电梯及无机房电梯。

(1) 液压电梯

它靠液压传动,采用柱塞侧置式方式,其油缸柱塞设置在轿厢侧面,借助曳引绳通过滑轮组与轿厢连接,利用电动泵驱动液体流动,由柱塞使轿厢升降。全过程通过先进的电控和液控集成技术可靠、准确地实现。其液压传动系统主要由以下几部分组成。

1) 液压泵站 (图 6-1)

主要由螺杆泵、潜油电机、电液比例阀组成,同时设有液压油冷却装置。由于油的吸音及油箱铁板的隔音作用,故机房噪声可控制在 75dB 以下。

2) 阀组 (图 6-2)

阀组是液压系统中的控制元件,它们对电梯的起动、运行、减速、停止及紧急情况起着控制作用。

图 6-1 液压泵站

图 6-2 阀体

① 单向阀

单向阀是只允许液体单向流动及反向截止的阀门。它的作用是，当油压下降到最低工作压力时，能够把载有额定负荷的电梯在任一位置加以制停并保持静止。

② 溢流阀

维持额定工作压力的阀门。安装在泵站和单向阀之间的管路上，其作用是当压力超过一定值时使油回流到油缸内，可防止上行运动时系统压力过高。

③ 节流阀

限制液体流量的阀门。作用是防止轿厢超速。

④ 安全阀

当系统压力超过最高额定工作压力时，令其泄荷以防止系统超压破坏的阀门。该阀应满足：当液压系统出现较大的泄漏、轿厢速度达到了额定速度再加上 0.3m/s 时，安全阀必须能够将超速的轿厢制停并保持静止状态。

⑤ 截流阀

可令油路断路的阀门。

⑥ 手动下降阀和手动泵

当电源出现故障时，按压手动下降阀可放油，将电梯下降到最近的一个层站，帮助乘客逃生。手动阀门操纵轿厢的速度不得超过 0.3m/s。手动泵连接在单向阀与截流阀之间的管路上，利用它，可使轿厢缓慢上升。

3) 管路

管路是液压系统必不可少的附件，管路可以采用刚性的或柔性的。

4) 油温过热保护

油流速度与油黏度直接有关，而黏度又受温度影响。为了控制油温，液压系统中装设有一套检温和控温的装置。当液体温度超过预定值时，这套装置将泵站制动直到温度正常为止（图 6-3）。

(2) 无机房电梯

传统的有机房电梯由轿厢、对重、井道设备、机房设备、底坑设备、控制系统、通信系统等组成。随着技术的进步，曳引机和电器元件的小型化，无机房电梯技术也越来越成熟，并广泛应用于城市轨道交通。

无机房电梯是相对于有机房电梯而言的，也就是说，省去了机房，将原机房内的控制屏、曳引机、限速器等移往井道等处，或用其他技术取代。如图 6-4 所示。

1) 无机房电梯的特点

无机房电梯的特点就是没有机房，为建筑商降低成本，另外无机房电梯一般采用变频控制技术和永磁同步电机技术，故节能、环保、不占用除井道以外的空间。

2) 当前无机房电梯的主要方案

① 上置式：即将永磁同步曳引机放置在井道顶部，曳引比 2∶1，绕法较繁杂。

② 下置式：即将永磁同步曳引机放置在井道底部，曳引比 2∶1，绕法较繁杂。

③ 轿顶驱动式：将曳引机置于轿顶。

④ 对重驱动式：将曳引机置于对重。

图 6-3　油温过热保护装置　　　　图 6-4　无机房电梯

3) 无机房电梯的构造
① 曳引机（图 6-5）
曳引机是电梯的主要升降机构，安装在井道的顶部。曳引机分为有齿轮和无齿轮曳引机两种。

a. 有齿轮曳引机。由蜗轮杆减速箱、绳轮、制动器和电动机等组成。轿厢靠曳引钢丝绳吊挂。额定载重量和对重装置的总重量作用于曳引轮轮槽内，在电动机的拖动下实现轿厢升降运行。有齿轮曳引机常用于梯速为 1m/s 以下的电梯。

b. 无齿轮曳引机。该曳引机没有蜗轮副减速器，曳引机上的绳轮直接被电动机拖动，在曳引绳连接轿厢和对重装置后就实现轿厢的运行。

c. 曳引轮。又称绳轮，轮的直径在 $\phi 350 \sim \phi 600$mm 之间；轮的绳槽数（有 2 槽、4 槽、5 槽、6 槽、12 槽等）是根据电梯的速度来制定的。其主要特点是通过曳引绳和绳槽之间的摩擦力带动轿厢的升降。

d. 曳引减速器。对于低速或快速电梯，轿厢的额定速度为 0.5～1.75m/s，但常用的交流或直流电动机的同步转速为 1000r/min，这种电动机属于中高速小扭矩范围，不能适应电梯的低速大扭矩的要求。故必须通过减速器降低转速增大扭矩，才能适应电梯的运行需要。

② 控制柜
控制柜有各种继电器和接触器，通过各种控制线和控制电缆，与轿厢上各控制器件连接。当按动轿厢或层站操纵盘上的按钮时，控制柜上相应的继电器就吸合或断开，操纵电梯启动—运转，停车—制动，正、反转，快、慢速，以达到预定的自动控制性能和安全保护性能的要求。

控制柜设置的位置，因不同的布置设计而异，有的设置在电梯井道首层层门侧面；有的设置在顶层井道壁上；有的将控制柜分成几部分分散设置在井道顶层不同位置和顶层层门侧面，称之为分散型控制柜，如图 6-6 所示。

图 6-5 曳引机　　　　　　　　图 6-6 控制柜

③ 导向轮

用于调整曳引钢丝绳在曳引轮上的包角和轿厢与对重的相对位置而设置的滑轮。这种滑轮常用球墨铸铁加工制造。

④ 轿厢

轿厢是电梯中装载乘客或货物的金属结构件，它借助轿厢架立柱上下四个导靴沿着导轨作垂直升降运动，完成载客或载货的任务。

⑤ 轿门

每个轿厢一般至少有一个装有轿门的出入口。在每层层站的井道上则有相应的装有层门的出入口。在装有动力机械开关门的电梯上，开门机总是直接拖动轿厢门，即轿厢是主动门。而对井道门（即层门）来说，则是由轿门上的开门刀在轿厢到达层楼时插入层门门锁上的开锁滚轮间隙，实现开锁断电，并使轿门与层门同时打开或关上的。一般电梯上只有一个轿门，但也有一些电梯根据设计需要是贯通开门或左右侧两边开门的。每层井道上的层（厅）门应与轿门相应和同步设置。

⑥ 轿厢操纵箱

轿厢内轿门附近应设有轿厢操纵箱，包括有主操纵盘、副操纵盘，轿内指层器等。主操纵盘上装有轿厢行驶开关、停层开关、关门开关等供驾驶电梯正常工作用的操纵开关，以及供特殊情况下使用的应急开关、电源开关。对于轿外操纵的电梯，操纵箱一般装在每层层楼的层门旁的井道墙上。

⑦ 电动开关门机

电动开关门机也称自动门机或开门机，是自动开关门的机械装置，装在轿厢顶部轿门附近。这种电动开关门机由开关门电动机通过减速装置（齿轮传动或胶带传动）去带动一曲柄摇杆机构或链条传动去带动门的开或关。对于一般电梯来说，是由电动开关门机直接带动轿门的开或关。而层门，则是到站后通过轿门上的开门刀插入该层门门电锁上的一对滚轮间隙，使门电锁断电，将层门一起带动着开门或关门。

⑧ 平层感应器

在采用电气平层时，常用于簧管式平层感应器，装在轿厢顶部适当位置。当电梯运行进入平层区域时，由井道内固定在导轨背面的平层感应钢板（也称为遮磁板）插入固定在轿厢架上的感应器而发出信号，使电梯自动平层。

⑨ 导轨

导轨是为电梯轿厢和对重提供导向的构件。

⑩ 控制电缆

轿厢内所有电气开关、照明、信号的控制线要与机房、层站连接，且均需通过控制电缆，一般在井道中间位置由接线盒引出接头，通过控制电缆从轿厢底部接入轿厢，也可从机房控制柜直接引入井道。

⑪ 补偿装置

电梯行程30m以上时，由于曳引轮两侧是挂轿厢和对重的钢丝绳的长度有变化，所以需要在轿厢底部与对重底部之间装设补偿装置，来平衡因曳引钢丝绳在曳引轮两侧长度分布变化而带来载荷的过大变化。

⑫ 对重

对重的作用是以其重量去平衡轿厢和轿厢侧所悬挂的重量，以减小曳引机功率和改善曳引性能。对重装置由对重架、对重块、对重导靴、对重定位铁块等组成。对于2∶1绕法的电梯还要设置反绳轮（对重轮）。

⑬ 开关

a. 减速开关。装在限位开关前面，上端站减速开关在上端站限位开关下方，下端站减速开关在下端站限位开关上方。当轿厢运行到上端站或下端站进入减速位置时，轿厢上的撞弓应先碰到减速开关，该开关动作切断快车继电器使轿厢减速，防止越位。这种装置也属于用机械碰撞转换为电梯减速，所以也称为机械强迫减速装置。

b. 限位开关。限位开关的作用是控制电梯轿厢运行时不允许超过上下端站一定的位置，如果轿厢越位碰到限位开关，就会切断电梯控制回路，使电梯停止运行。限位开关装在井道上部和底坑中，开关上装有橡胶滚轮，轿厢上装有撞弓，轿厢在正常行程范围内其撞弓不会碰到限位开关，只有发生故障或超载、打滑时才会碰到该限位开关而切断控制回路。

c. 极限开关。当电梯轿厢运行到达井道的上、下端站极限工作位置时，由于端站限位开关失效而使轿厢超过极限工作行程50～200mm时，极限开关就应动作，切断电梯的主电源而停住轿厢。

⑭ 层站

a. 层门（厅门）。层门包括层门框和层门地坎。在井道每个层楼停站处都设有层门。层门上应装置门电锁开关和门锁装置。当层门关上后，门电锁开关接通，电梯才能启动。层门打开时，门电锁电路断开，电梯就不能启动。门电锁的作用是只有在轿厢停在某层停站处，这一层的层门才能打开，否则就打不开门。

b. 层楼显示器。装在层门上面或侧面，向层站的乘客指示轿厢所在层站。

⑮ 安全钳

安全钳是一种不使轿厢下坠的紧急而有效的安全装置。它的作用原理是在轿厢或对重向下运行发生断绳、打滑、失控而出现超速向下的情况时，由限速器动作轧住限速器钢丝绳，从而拉动安全钳拉杆，使安全钳楔块（滚柱或钳头）上升或水平移动，同时使曳引电动机和制动器断电，使轿厢减速，并被安全钳轧住在导轨上。

⑯ 限速器

限速器应在轿厢向下运行速度超过115%v（v为额定速度）时动作。限速绳拉手向上移位将安全钳开关断开，于是主回路被切断，曳引机停止运转。装有安全钳的对重也应配置对重限速器，其动作速度应高于轿厢限速器的动作速度，但不得超过10%。

图6-7 缓冲器

⑰ 缓冲器（图6-7）

缓冲器是位于行程端部用来吸收轿厢或对重动能的一种缓冲安全装置，它包括液压和弹簧两种。缓冲器应设置在轿厢和对重的行程底部的极限位置。

⑱ 电气安全装置

为了确保电梯的安全运行，使乘坐电梯的乘客有充分的安全保障和舒适的感觉，避免某些意外事故的发生，电梯上除设置具有各种功能的机械安全装置外，还必须根据不同用途和级别的电梯的不同要求，设置各种电气安全装置。

a. 电梯必须具备的电气安全装置

（a）超速保护装置；

（b）供电系统断相、错相保护装置；

（c）超越上、下极限工作位置时的保护装置；

（d）层门锁与轿门电气联锁装置；

（e）停电或电气系统发生故障时，应有慢速移动轿厢的措施；

（f）在机房中，每台电梯均应装设一个能切断该电梯总电源的主开关。该开关应具有切断电梯正常使用情况下最大电源的能力；

（g）对电器设备的一切金属外壳，必须采取保护接地或接零的装置。零线与接地线应分开；

（h）轿顶应设有红色标志的非自动复位开关；

（i）轿顶必须设检修开关。

b. 一般电梯的常用电气安全保护装置

（a）过载及短路安全保护

a）对直流发电机组的交流电动机和交流电梯的曳引电动机的过载，采用手动复位的热继电器保护。

b）对交流电梯的曳引电动机的短路用熔断器保护。

c）对直流曳引电动机的短路用瞬时动作过电流继电器保护。过载时用反时限动作或延时动作继电器保护。

（b）相序及断相安全保护：用机电式或半导体式相序继电器保护。

（c）直流电动机的弱磁安全保护：采用弱磁继电器保护。

（d）层门、轿门的闭锁安全保护：采用电气触头机械联锁保护，层门不闭锁时电梯不能运行。

（e）端站减速安全保护：行程开关切断高速，或接入端站强迫减速装置进行保护。

(f) 端站限位安全保护：行程开关切断方向接触器或方向继电器。

(g) 越程安全保护：联锁装置或行程开关切断总电源进行保护。

(h) 超速及断绳保护：测速装置或限速器检测超速带动联锁开关，安全钳卡夹导轨进行保护。

(i) 补偿装置的张紧或断带安全保护：用张紧装置带动联锁开关进行安全保护。

(j) 急停安全保护：在轿厢内及轿顶装设急停按钮。

(k) 超载安全保护：采用压磁式或杠杆式称重装置。

(l) 轿顶及底坑检修时的安全保护：轿顶及底坑检修时的联锁保护装置。

(m) 事故逆转保护：检测给定信号与速度信号的差值，发生故障时，继电器动作切断控制电源。

(n) 轿厢自动防夹安全保护：门安全触板带动联锁开关，光电式传感器带动开门机，防止轿厢门夹人或物。

2. 自动扶梯

自动扶梯是带有循环运动梯路向上或向下倾斜输送乘客的固定电力驱动设备。按驱动装置位置可分为：端部驱动自动扶梯与中间驱动自动扶梯。

端部驱动自动扶梯因安装、维护及成本等方面存在优势，故目前应用普遍，主要品牌有：日立、迅达、塞纳、蒂森等。三菱自动扶梯原采用中间驱动方式，但目前也逐渐采用端部驱动方式。

端部驱动自动扶梯的驱动装置位于自动扶梯的头部，并以链条为牵引构件。它由一系列的梯级与两根牵引链条连接在一起，运行在按一定线路布置的导轨上。牵引链条绕过上牵引链轮、下张紧装置并通过上、下分支的若干直线、曲线区段构成闭合环路。该环路的上分支中的各个梯级应严格保持水平，以供乘客站立。上牵引链轮通过减速器等与电动机相连以获得动力。扶梯两边装有与梯级同步运行的扶手装置，以供乘客手扶之用。为了保证自动扶梯乘客绝对安全，要求装设多种安全装置。

中间驱动自动扶梯的驱动装置位于扶梯中部，并以齿条为牵引构件的自动扶梯。一台自动扶梯可以装多组驱动装置，也称多级驱动组合式自动扶梯。运行时，电动机通过减速器将动力传递给两侧的构成闭合环路的传动链条，每侧的传动链条之间铰接一系列的滚子，滚子与牵引齿条的牙齿啮合，驱使自动扶梯运行。

如图 6-8 所示，自动扶梯主要由桁架、梯级、裙板、扶栏、驱动链、梯级链、减速机、电动机、主驱动轴、梯级链张紧装置、导轨、扶手带驱动装置、扶手带、梳齿板、控制系统、安全装置等组成。其中安全装置又包括以下部分。

(1) 驱动链断链开关

驱动链过度伸长和破断时，能使扶梯停止。

(2) 梯级下陷开关

梯级任何一部分下陷，能使扶梯停止。

(3) 梯级运行开关

两梯级之间卡入异物，梯级滚轮运行迹象异常时，能使扶梯停止。

(4) 梯级链张紧装置

在梯级链过度伸长或不正常收紧时或破断时使扶梯停止。

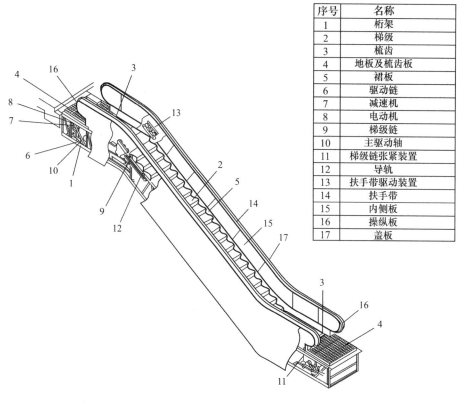

图 6-8 自动扶梯

（5）梳齿板开关

应在水平和垂直两个方向对扶梯进行保护。

（6）裙板开关

当有异物卡入梯级与裙板之间，使裙板受异常压力时，扶梯停止。

（7）扶手带断带开关

在扶手带破断时使扶梯停止运行。

（8）超速开关

扶梯超速至 1.15 倍额定速度时，工作制动器动作；超速至 1.3 倍时，附加制动器动作。

（9）扶手带入口开关

对扶手带入口部施加压力，能令该开关动作，扶梯停止。

（10）主、副制动器开关

制动器未完全释放或调整不当，扶梯不能启动。

（11）断相错相保护装置

主电源发生断相错相时，扶梯停止运行。

（12）扶手带速度监控装置

扶手带与梯级的速度差超出 0～＋2％并持续 10s 时，向 EMCS 系统发出信号，这种速度超出－5％～＋5％并持续 10s 时，应使扶梯停止。

(13) 地板安全开关

当扶梯地板被非正常打开时，扶梯停止运行。

(14) 防逆转装置

在扶梯速度意外降低至额定速度的 20% 时，工作制动器动作；扶梯出现逆方向运行时，在速度为 0 前，附加制动器动作，使扶梯停止。

(15) 梯级缺失开关

当扶梯缺少梯级，以正常速度运行时开关动作，扶梯停止运行；当以检修速度运行时，屏蔽该功能。

3. 楼梯升降机

如图 6-9 所示，楼梯升降机属于电梯的一个分支。安装在车站站台到站厅和地面到站厅步行楼梯一侧，提供给坐轮椅的乘客上下楼梯使用。楼梯升降机能沿着楼梯连续作上升、水平和 90°转角运行，运行倾角不大于 35°。车站出入口的楼梯升降机是室外型，能在全天候条件下工作。车站内楼梯升降机是室内型，按室内条件设计。该机能适应地铁每年工作 365 天，每天工作 20h 的工作要求。它主要由以下几部分组成。

图 6-9　某楼梯升降机

(1) 轮椅平台

由钢铁构件制成，其结构有足够的强度和刚度。平台包括钢板、安全护栏、活动板、安全挡板等。由于采用自动平台，故可通过操作外召唤盒的上或下按钮来控制平台收放。在升降机到达端点位置后，只要持续按住上或下按钮，底板便会自动向上折放，护栏会向下折放。在平台折叠或者张开过程中，如果遇到故障，也可以通过手动方式完成。

(2) 驱动机

驱动机采用直流电机或交流电机，传动方式为驱动电机经蜗轮减速机传给链轮，通过链条、链轮带动上、下轴上的齿轮传动。驱动机应有制动器、安全钳和限速器。制动器应是断电抱闸，通电松闸，制动弹簧是压缩弹簧。

(3) 导轨

导轨固定在楼梯表面。导轨和支撑件采用钢铁制作，表面热镀锌后涂有富锌防锈漆和耐磨面漆共两层，能保证 15 年内不生锈。导轨的单个部件不需要润滑。

(4) 控制柜

控制柜放置在楼梯升降机的内部。包括电机、蓄电池、主电源开关、上行继电器、下行继电器、中间继电器、时间继电器、电机辅助继电器等。对出入口的楼梯升降机控制柜能适应露天的工作条件，外壳等级不小于 IP55。

(5) 充电装置

该装置将交流电整流成直流电后给蓄电池充电。其指示灯功能如下：

绿色指示灯：若充电装置电源供给正常，该灯始终亮。

黄色指示灯：当楼梯升降机正确驶入充电装置，蓄电池开始充电时，该灯快速闪烁；

当电池充满电后，该灯慢速闪烁。

而滑线供电方式采用 220V 市电直接供电，无充电装置。

（6）低电源蜂鸣器

该声音信号用作电池需要充电时的提醒。当蓄电池电压低于 22.5V 时，升降机运行时会发出蜂鸣信号。此时应立即将升降机驶向充电点，并尽可能向下方向行驶，让升降机充电几个小时。充电是自动进行的，当充电适当后，蜂鸣器会停止鸣叫。

（7）安全装置

主要包括：限速器开关、侧板开关、底板开关、护栏开关、限位开关、极限开关、抱闸装置、旁通开关。

6.2 电梯系统的运行管理

1. 运行管理的任务和内容

（1）运行管理的任务

保证设备处于正常运行状态，实现系统的设计功能。同时为车站迅速输送乘客、维持良好秩序提供有力保证。

（2）运行管理的内容

1）应急处理：指设备发生困人或客伤等事故时，由车站人员按应急方案处理，并按规定通知维修人员。

2）故障报告：观察设备的运行状态，若发现异常（如异常响声、停梯等），及时将故障情况报告环调，再由环调组织专业人员维修。

3）设备监管：对设备的正确使用进行监管，防止乘客违规使用。

4）运行操作：每天对设备的启动和停止运行进行操作。

2. 运行管理组织及有关人员的职责

系统日常运行管理由各车站工作人员根据车站运作需要，对系统设备进行开、关和控制运行方向的操作，并对设备进行监管及故障报告。当车站出现紧急情况或发生火灾时由控制中心统一指挥，车站工作人员按照救灾模式控制设备的运行。

3. 运行管理的有关规程和制度

由于系统设备属于特种设备，安全性要求很高，因此制定了严格的操作规程及管理制度，以保障乘客的安全。

（1）自动扶梯操作规程和管理制度

1）操作规程

当开始运转或停止自动扶梯时，需按下列顺序进行操作。（注：自动扶梯在上下端各装有一个操作盘，任一操作盘都可以操作。）

① 开始运转之前

a. 检查扶梯踏板、扶手带、梳齿板、裙板保护胶条（或毛刷），除去夹在里面的碎纸、小石子、口香糖等。

b. 请确认自动扶梯周围的安全设施（三角警示牌、防止进入的栅栏等）有无破损等异状。

② 开始运转时

a. 把钥匙插入报警开关鸣响警笛，发出信号告诉附近的人们将运转。

b. 确认自动扶梯周围或扶梯踏板上没人时，把钥匙插入启动开关后（或旋转旋钮开关），向想要使用的运行方向（上或下）旋转，自动扶梯则开始工作。放开手则钥匙（旋钮开关）回到中立位置，把钥匙拔出来。

c. 启动后须确认扶梯踏板和扶手带是否正常工作。如万一有异常声响或振动时，要立即按动紧急停止按钮，停住自动扶梯。

d. 确认正常运转之后，再试运转 5～10min 左右。

e. 在试运转中按动紧急停止按钮，确认工作情况。

③ 停止运转时

a. 在停止自动扶梯之前，需确认有无发生异常声音或振动。如有问题则使自动扶梯停止。

b. 用通知自动扶梯停止的报警开关鸣响警笛。

c. 停止之前，不要让人进入自动扶梯的乘梯口。

d. 在确认自动扶梯附近或扶梯踏板上无人后再把钥匙插入停止开关进行操作，自动扶梯则停止。

e. 一天的运行结束后，要认真检查扶梯梯级、扶手带、梳齿板是否完好。

f. 为防止乘客将停用中的自动扶梯当楼梯使用，应采取措施，用栅栏等挡住乘梯口，设置停用牌。

注意事项：

> a. 要使用自动扶梯紧急停止按钮，需事先通知乘客。在紧急状态下不得不进行操作时，应大声通知乘客"紧急停止，请抓住扶手带"后，再进行操作。如莽撞从事则有可能使乘客跌倒的危险。
>
> b. 如在扶梯踏板上有乘客时而启动，则乘客有跌倒、受伤的危险，故在有乘客时绝对不能启动自动扶梯。
>
> c. 在扶梯踏板上有人时，除发生紧急情况外绝对不能停止。
>
> d. 在自动扶梯的运行中，要把钥匙拔出。

④ 转换运行方向时

a. 利用通知停止的警报开关鸣响警笛。

b. 在确认扶梯踏板上无人后再用停止开关停止运行。

c. 待完全停止后，再重新用启动开关向希望的方向运行。

注意事项：

> 如乘梯口有运行方向指示时，一旦转换运行方向，运行方向指示也要相反。

⑤ 紧急停止时

a. 如万一在自动扶梯上发生跌倒的紧急情况，则用力按压乘梯口的紧急停止按钮。

b. 在重新开动扶梯之前，要确认造成紧急情况的原因，并予以排除。检查机器，如有异常及不明原因时禁止开梯。及时通知维修人员进行维修。

注意事项：

> 发生紧急情况而要紧急停止时，应在停止之前通知乘客，以防止乘客跌倒受伤。

⑥ 钥匙的管理

> a. 操作时要用自动扶梯专用的钥匙。
> b. 将钥匙装在钥匙箱内严格保管，除有关人员之外不得借出。

2) 日常管理制度

① 使用制度

a. 禁止把行李或小推车放到梯级上。

b. 禁止用扶梯运载货物。

c. 严禁将尖锐物放到梯级上（例如雨伞尖端等）。

d. 严禁坐在梯级上或赤脚乘坐扶梯。

e. 严禁沿下行的扶梯反方向往上跑，或上行的反方向往下跑。

f. 严禁站在扶梯外盖板上或骑在扶手带上。

g. 禁止在扶梯乘降处玩耍。

h. 严禁将身体伸出扶手带外。

i. 严禁让小孩及老人单独乘坐扶梯。

j. 站在梯级中心位置，避免站在梯级侧边或前端位置。

k. 清扫扶梯时，严禁让水渗入自动扶梯机房内。

l. 除非出现紧急情况，禁止按急停按钮。

② 管理要求

为了确保正确地使用扶梯，必须指派监控人员监督扶梯的使用情况。其职责如下：

a. 检查扶梯的防护装置及警示牌。

b. 监督乘客正确使用扶梯设备。

c. 确保只有维修人员及监控人员才能拥有和使用扶梯启动钥匙。

③ 日常检查项目

> 注意
> 只有将自动扶梯停止后才可以进行检查。

a. 急停按钮：按下按钮，扶梯停止。

b. 梯级：检查是否卡有异物，螺丝是否松动，梳齿及梯级面板是否有断裂或损伤。

c. 乘客舒适感：搭乘时，感觉扶梯顺畅、平稳。

d. 扶手带：检查扶手带是否有异常膨胀或者老化、是否附有口香糖、有无污垢，如有则清理。

e. 内盖板：检查螺丝是否松动，接合处是否平滑。

f. 防护装置和三角警示牌是否安装牢固。

g. 启动及停止开关：检查钥匙插入后能否转动顺畅。

h. 裙板和竖板：确认裙板和竖板表面有无异物。

(2) 垂直电梯的操作规程和管理制度

1) 操作规程

当开始运行或停止垂直电梯时，请按下列顺序进行操作（垂直电梯在各楼层均装有一个操作盘，任一操作盘都可以对垂直电梯进行操作）。

① 开始运行之前

a. 将钥匙插入运行开关，旋转至开的位置，电梯门打开。

b. 进入轿厢时，确认轿厢必须停在该层井道内。

c. 检查操纵盘上的开关、按钮（包括电源开关、维修开关、急停按钮、安全触板开关）是否正常工作。方向运行指示灯、厅外召唤指示灯和命令执行是否正确。

② 开始运行时

a. 先将垂直电梯空载运行数次。

b. 检查垂直电梯是否有异响或异味等不正常的情况。

c. 做好上述工作后，垂直电梯方可投入使用。

③ 停止运行时

a. 停止运行时应将垂直电梯轿厢返回最底层。

b. 在轿厢外将钥匙插入开关，旋转至关的位置，30s后液压梯门自动关闭。

注意事项：

a. 垂直电梯严禁运载易燃易爆及超长物件。 b. 严禁使用杂物代替手操作开关。 c. 老、幼、病、残乘客乘坐垂直电梯需有人陪同。 d. 轿厢内严禁吸烟。

④ 发生紧急故障时

a. 当垂直电梯运行发生紧急故障时，操作人员应安慰乘客不要惊慌。此时，垂直电梯可能会以维修速度运行至就近层，并自动开门放人。

b. 当垂直电梯不能运行时，操作人员可以尝试使用维修速度将垂直电梯驶回最底层。

c. 当操作人员无法操纵垂直电梯时，请等待维修人员救护。

注意事项：

在垂直电梯无法运行时，严禁强行打开厅门和轿厢门。

2）日常管理制度

① 管理要求

为了确保正确的使用垂直电梯，必须指派监控人员监督垂直电梯的使用情况，其职责如下：

a. 检查垂直电梯的防护装置及警示牌。

b. 监督乘客正确使用垂直电梯设备。

c. 确保只有维修人员及监控人员才能拥有和使用垂直电梯启动钥匙。

② 检查项目

注意
只有将垂直电梯停止运行后才可以进行检查。

a. 急停按钮：轿厢内按下按钮，显示屏应显示"停止"字样。

b. 轿厢门和厅门：检查门导轨是否卡有异物，运行是否顺畅，轿厢门和厅门面板是否有变形或损伤。

c. 乘客舒适感：搭乘时，感觉顺畅平稳及宁静。

d. 安全触板和光幕：检查安全触板和光幕是否有异常，是否附有污垢，如有则清理。

e. 轿厢内盖板：检查螺丝是否松动，接合处是否平滑。

f. 防护装置和指示标志是否安装牢固清晰。

g. 启动及停止开关：检查钥匙插入后能否转动顺畅。

h. 显示面板：确认显示面板显示正常，楼层上下指示清晰。

（3）楼梯升降机的操作规程和管理制度

1）操作规程

当开始运转或停止楼梯升降机时，需按下列顺序进行操作。（注：楼梯升降机在上下端各装有一个召唤立柱，任一召唤立柱都可以操作。）

① 开始运转之前

请确认楼梯升降机前进路线周围的环境是否有障碍物。

② 开始运转时

a. 松开操纵盒急停按钮，将升降机钥匙插在上方或下方的召唤立柱上，转到"I"的位置，压下并按住外召唤盒向上或向下按钮。待楼梯升降机护栏打开后，将外召唤立柱上的钥匙转到"0"位置拔出，照顾乘客安全进入平台。

b. 确认楼梯升降机周围和前进路线没有障碍物时，操作人员将升降机锁匙插在升降机平台上的锁匙开关里转到"I"位置，行走在升降机平台旁边，按住平台控制盒上的按钮进行上下运行控制，密切留意升降机周围情况。此时护栏应为水平位置、侧护板立起。

c. 直至升降机平台到达目的地平台停止运行后，护栏升起、侧护板放下，停止按控制盒上的按钮，照顾乘客从平台上出来。

d. 放好控制盒，将平台上的钥匙转到"0"位置拔出。

e. 将升降机钥匙插在上方或下方的召唤立柱上，转到"I"的位置，压下并按住外召唤盒向上或向下按钮折叠升降机底板平台。

③ 停止运转时

a. 待平台折叠收起后，确认升降机驶入充电位置，可检查平台背面的充电触头与导轨上的铜片接触。

b. 将外召唤盒上的钥匙转到"0"位置并拔出，按下升降机平台上的急停按钮。

注意事项：

a. 如果在楼梯升降机导轨、平台边等有障碍物，切勿使用。
b. 切勿超过额定载荷使用。
c. 升降机在运行时要注意导轨周围的情况。
d. 升降机一次只允许运载一位乘客。
e. 乘客坐好后以及轮椅轮子固定好后方能开始使用。
f. 切勿让乘客身体或轮椅突出平台。
g. 升降机运行时，在平台上避免不必要的移动。
h. 升降机运行时，切勿将手放置在护栏上或者平台外。
i. 如使用时环境照明不好，切勿使用升降机。

j. 不论在站内还是在站外（出入口），升降机都严禁浸泡。

k. 清洁时，只需用湿布擦干净，不能用水喷。

l. 火灾时请勿使用楼梯升降机。

④ 紧急停止时

a. 如万一在楼梯升降机上发生紧急情况，则用力按压操纵盒上的紧急停止按钮。

b. 在重新开动升降机之前，要确认造成紧急情况的原因，并予以排除。检查机器，如有异常及不明原因时禁止开梯。及时通知维修人员进行维修。

注意事项：

发生紧急情况而要紧急停止时，应在停止之前通知乘客，以防止乘客跌倒受伤。

⑤ 钥匙的管理

a. 操作时要用楼梯升降机专用的钥匙。

b. 将钥匙装在钥匙箱内严格保管，除有关人员之外不得借出。

2）日常管理制度

① 使用制度

a. 禁止把行李或小推车放到升降机平台上。

b. 禁止用楼梯升降机运载货物。

c. 严禁将尖锐物放到升降机平台上（例如雨伞尖端等）。

d. 禁止在升降机平台周边玩耍。

e. 严禁将身体伸出升降机护栏外。

f. 严禁让小孩及老人单独乘坐升降机。

g. 除非出现紧急情况，禁止按急停按钮。

② 管理要求

为了确保正确地使用楼梯升降机，操纵时必须指派人员专门操纵楼梯升降机。其职责如下：

a. 检查楼梯升降机的防护装置及警示牌。

b. 正确操纵楼梯升降机协助乘客进出车站。

c. 确保只有维修人员及车站人员才能拥有和使用楼梯升降机启动钥匙。

③ 日常检查项目

注意
只是将楼梯升降机停止后才可以进行检查。

a. 急停按钮：按下按钮，楼梯升降机停止。

b. 安全开关：检查各安全开关功能是否正常。

c. 乘客舒适感：搭乘时，感觉楼梯升降机顺畅、平稳。

d. 内盖板：检查螺丝是否松动，接合处是否平滑。

e. 防护装置和警示牌是否安装牢固。

f. 启动及停止开关：检查钥匙插入后能否转动顺畅。

g. 测量蓄电池电压是否正常。

6.3 电梯系统设备的巡视与运行

1. 巡视的一般要求

巡视以及时发现系统设备运行异常为目的，并在安全和不影响正常运营的情况下及时组织对设备进行修复，确保设备正常运行。

（1）巡视组织

每天安排维修人员对设备进行巡视。并在设备巡视记录表 6-1～表 6-3 中记录设备的相应运行情况。

设备巡视记录表　　　　　　　　　　表 6-1

站名：_____　巡检人员：_____

检查时间：_____年_____月_____日_____时_____分

自动扶梯

梯号 项目	1	2	3	4	5	6	7	8	9	10	11	12
总体卫生情况												
三角牌、防滑球、安全标识及证件												
螺丝牢固情况												
梯级运行情况（平稳无明显振动）												
毛刷是否完好												
面板接驳口及装饰板												
运行异响												
扶手带运行情况（是否与梯级同步）												
梳齿板是否完好												
梯级面板梳齿是否完好												
开关控制位置												

垂直电梯　　　　　　　　　　表 6-2

梯号 项目	1	2	3	4
机房门锁（若有）				
轿厢整洁度				
轿厢照明				
轿厢风扇				
运行指示灯				
地槛情况				
门与门套间隙				
层门自动关闭装置				
关门撞击声				
平层准确度				
光幕开关（安全触板）				
乘搭运行感觉				
运行异响				
对讲机功能				
安全标识、证件是否齐全、有效				

楼梯升降机 表 6-3

项目 \ 梯号	1	2	3	4
检查整体外观情况。导轨间接口应平滑，导轨、立柱表面无损伤、划痕				
检查操作开关、按钮完好、控制状况				
检查对讲机功能。对讲机是否有水渗入，通话质量应良好，无杂声				
检查充电装置。位置是否合适，平台停靠时应能充电				
随机检查各安全开关，能否可靠制动				
检查导向轮与导轨间的间隙，间隙值0~2mm				
平台边缘安全碰板动作灵活且开关工作可靠				
检查驱动轮与导轨接触面间隙				
升降平台运行及停止时各部件无异声				

（2）巡视方式

巡视以"望、闻、问、摸、嗅"为主要手段，必要时使用专用仪器或设备进行检查。

1）望—用眼睛观察设备运行是否正常工作。如梯级、扶手带、扶梯盖板、梳齿有无损坏，螺丝、装饰条有无松脱，锁匙开关、急停按钮是否在正常位置。

2）闻—用耳听设备运行声音有无异常。如梯级与裙板的碰撞声、扶手带与装饰板的摩擦声、电机及相关机械工作时发出的声音是否正常，接触器和继电器的吸合是否正常。

3）问：询问站务人员及其他工作人员关于设备的运行情况，是否有故障现象。

4）摸：用手转动开关或按动按钮，检查该功能是否正常。触摸电机表面温升是否正常，检查各开关的电线是否松动。

5）嗅：用鼻嗅，以便检查是否有电器烧焦的气味。

2. 巡视内容

（1）自动扶梯日常巡视内容

1）检查扶梯的卫生情况。

2）检查上下盖板是否有明显损伤、松动，盖板之间的间隙是否过大。

3）检查梳齿板是否完整，其螺丝是否松动。

4）检查梯级运行是否有异常噪声、有无碰撞梳齿板，与裙板是否有摩擦。

5）检查傍板、面板及裙内板的连接驳口是否平滑，其螺丝是否松动。

6）检查毛刷是否完整、松动，其驳口是否平滑。

7）检查扶手带是否损伤，其表面温度是否过高，扶手带的运行速度是否异常、有无不正常的声响和振动。

8) 检查操纵板的紧急停止按钮是否正常、其指示是否清楚。
9) 巡视三角牌、防滑球、安全标识及使用登记证、安全检验合格证（含外盒）。

(2) 垂直电梯日常巡视内容

1) 厅门和轿门的开、关是否平稳及有无异常声音。
2) 安全门触板开关是否操作正常。
3) 电梯的起、停及运行是否异常。
4) 乘客使用的紧急装置（对讲机、紧急灯、警铃等）有否损坏。
5) 平层时，轿厢与地面是否平齐。
6) 各按钮动作是否正确及有效。
7) 各电气设备有无损坏。
8) 运行时是否有异常声音。
9) 运行时速度是否异常、平稳。
10) 检查机房各器件、门窗是否完好，保持机房以及各种设施的清洁。
11) 巡视安全标识、证件是否齐全、有效。

(3) 楼梯升降机日常巡视内容

1) 检查整体外观情况。导轨间接口应平滑，导轨、立柱表面无损伤、划痕。
2) 检查操作开关、按钮完好及控制状况。
3) 检查电池，电池是否固定好，确认电池极性连接正确
4) 检查对讲机。对讲机是否有水渗入，通话质量应良好，无杂声。
5) 检查工作平台，其水平度应≤±10‰。
6) 检查机房控制柜内的绝缘电阻≥0.25MΩ。
7) 检查主、控回路接线紧固状况。
8) 检查充电装置。位置是否合适，平台停靠时应能充电。
9) 检查各安全开关，能否可靠制动。
10) 检查手轮。应坚固，并可操作手动慢车。
11) 检查导向轮与导轨间的间隙，间隙值为0～2mm。
12) 检查减速箱，标准值应≤3mm。
13) 检查驱动轮与导轨接触面间隙。最小距离为12mm。
14) 检查蓄电池电压符合设计要求最低值。

6.4 电梯系统设备的维修

1. 维修管理的任务和原则

由于电梯与自动扶梯系统设备的特殊性，其维修质量的好坏不仅与乘客的搭乘舒适度、设备的使用寿命有关，而且关系到乘客的安全。因此需周期性地对设备进行维修和保养，使设备处于良好的运行状态。

维修作业分为故障急修和定期维修两种。进行作业时，必须办理好相关的作业手续，并现场做好安全防护。当设备发生故障停止运行，需立即组织专业人员对设备进行急修，

使设备尽快恢复正常。为避免影响城市轨道交通乘客服务质量，定期维修作业通常安排在凌晨0：00～4：00非运营时间进行。

电扶梯设备：指各车站、控制中心及车辆段内的自动扶梯、垂直电梯和楼梯升降机设备。

根据设备安装位置，扶梯设备分为重点扶梯和普通扶梯，具体划分标准如下：

重点扶梯：所有站提升高度不小于12m的扶梯及换乘站站厅至站台、换乘通道、换乘出入口的扶梯。

普通扶梯：重点扶梯以外的扶梯。

根据设备的重要性及影响大小，将电扶梯设备列为A类设备，采用Ⅰ类维修策略。重点扶梯通过检修规程细化、内容深化和加密保养周期等方式加强维护保养（表6-4）。

电扶梯设备维修 表6-4

系统分类	设备名称	类别	维修策略	维修规则	备注
电扶梯	直梯	A	Ⅰ类	巡检＋半月检＋季检＋半年检＋年检＋专项修	
	普通扶梯	A	Ⅰ类	巡检＋半月检＋季检＋半年检＋年检＋专项修	
	重点扶梯	A	Ⅰ类	巡检＋半月检＋季检＋半年检＋年检＋专项修	重点扶梯通过检修规程细化、内容深化和加密保养周期等方式加强维护保养。
	楼梯升降机	B	Ⅱ类	月检＋季检＋专项修	

2. 维修管理的组织及有关人员的职责

维修管理工作部门宜设专业工程师，专业工程师根据设备的构成、运行情况制定具体作业计划及维修保养工艺，内容包括：半月检、季检、半年检、年检。计划由专业维修人员执行，执行过程包括作业手续办理、作业过程必要的记录（垂直电梯、扶梯、楼梯升降机的保养记录见表6-5至表6-8）、异常问题反馈及其解决办法。

垂直电梯保养记录表 表6-5

保养日期_____年_____月_____日至_____年_____月_____日

车站名称或地址_____档案编号_____

修程	序号	维保项目（内容）	维保基本要求	备注
半月检	1	机房、滑轮间环境	清洁，门窗完好、照明正常	
	2	手动紧急操作装置	齐全，存放在指定位置，摆放整齐	
	3	驱动主机	运行时正常，无异常振动或异响	
	4	制动器各销轴部位	润滑，动作灵活	
	5	制动器间隙	打开时制动衬与制动轮不应发生摩擦	
	6	编码器	清洁，安装牢固	
	7	限速器各销轴部位	润滑，动作灵活；电气开关正常	
	8	层门和轿门旁路装置	工作正常	
	9	紧急电动运行	工作正常	
	10	轿顶	清洁，防护栏安全可靠	
	11	轿顶检修开关、停止装置	工作正常	

续表

修程	序号	维保项目（内容）	维保基本要求	备注
半月检	12	导靴上油杯	吸油毛毡齐全，油量适宜，油杯无泄漏	
	13	对重/平衡重块及其压板	对重块无松动，压板紧固	
	14	井道照明	齐全、正常	
	15	轿厢照明、风扇、应急照明	工作正常	
	16	轿厢检修开关、停止装置	工作正常	
	17	轿内报警装置、对讲系统	工作正常	
	18	轿内显示、指令按钮、IC卡系统	齐全、有效	
	19	轿门防撞击保护装置（安全触板，光幕、光电等）	功能有效	
	20	轿门门锁电气触点	清洁，触点接触良好，接线可靠	
	21	轿门运行	开启和关闭工作正常	
	22	轿厢平层精度	符合标准值	
	23	层站召唤、层楼显示	齐全、有效	
	24	层门地坎	清洁	
	25	层门自动关门装置	正常	
	26	层门门锁自动复位	用层门钥匙打开手动开锁装置释放后，层门门锁能自动复位	
	27	层门门锁电气触点	清洁，触点接触良好，接线可靠	
	28	层门锁紧元件啮合长度	不小于7mm	
	29	底坑环境	清洁，无渗水、积水，照明正常	
	30	底坑停止装置	工作正常	
季检	1	减速机润滑情况	油量适宜，除螺杆伸出端外均无渗漏	
	2	制动衬	清洁，磨损量不超过制造单位要求；	
	3	位置脉冲发生器	工作正常。	
	4	选层器动静触点	清洁，无烧蚀	
	5	曳引轮槽、悬挂装置	清洁，钢丝绳无严重油腻，张力均匀，符合制造单位要求。	
	6	限速器轮槽、限速器钢丝绳	清洁，无严重油腻	
	7	靴衬、滚轮	清洁，磨损量不超过制造单位要求	
	8	验证轿门关闭的电气安全装置	工作正常	
	9	层门、轿门系统中传动钢丝绳、链条、传动带	按照制造单位要求进行清洁、调整	
	10	层门门导靴	磨损量不超过制造单位要求	
	11	消防开关	工作正常，功能有效	
	12	耗能缓冲器	电气安全装置功能有效，油量适宜，柱塞无锈蚀	
	13	限速器张紧轮和电气安全装置	工作正常	
半年检	1	电动机与减速机联轴器螺栓	无松动	
	2	曳引轮、导向轮轴承部	无异常声，无振动，润滑良好	
	3	曳引轮槽	磨损量不超过制造单位要求	
	4	制动器动作状态监测装置	工作正常、制动器动作可靠	
	5	控制柜内各接线端子	各接线紧固，整齐，线号齐全清晰	

续表

修程	序号	维保项目（内容）	维保基本要求	备注
半年检	6	控制柜各仪表	显示正常	
	7	井道、对重、轿顶各反绳轮轴承部	无异常声、无振动，润滑良好	
	8	悬挂装置、补偿绳	磨损量、断丝数不超过要求	
	9	绳头组合	螺母无松动	
	10	限速器钢丝绳	磨损量、断丝数不超过要求	
	11	层门、轿门门扇	门扇各相关间隙符合标准值	
	12	轿门开门限制装置	工作正常	
	13	对重缓冲距离	符合标准值	
	14	补偿链（绳）与轿厢，对重接合处	固定、无松动	
	15	上、下极限开关	工作正常	
年检	1	减速机润滑油	按照制造单位要求适时更换，保证油质符合要求	
	2	控制柜接触器，继电器触点	接触良好	
	3	制动器铁芯（柱塞）	进行清洁、润滑、检查，磨损量不超过制造单位要求	
	4	制动器制动弹簧压缩量	符合制造单位要求，保持有足够的制动力	
	5	导电回路绝缘性能测试	符合标准	
	6	限速器、安全钳联动试验（每2年进行一次限速器动作速度校验）	工作正常	
	7	上行超速保护装置动作试验	工作正常	
	8	轿厢意外移动保护装置动作试验	工作正常	
	9	轿顶、轿厢架轿门及其附件安装螺栓	紧固	
	10	轿厢和对重/平衡重的导轨支架	固定、无松动	
	11	轿厢和对重/平衡重的导轨	清洁，压板牢固	
	12	随行电缆	无损伤	
	13	层门装置和地槛	无影响正常使用的变形，各安装螺栓紧固	
	14	轿厢称重装置	准确有效	
	15	安全钳钳座	固定、无松动	
	16	轿底各安装螺栓	紧固	
	17	缓冲器	固定、无松动	

保养内容及结果：

保养人员（签名）：

组长（签名）：

质检员（签名）：

技术员（签名）：

工程主管审核（签名）：

注：	（1）保养项目上所列为半月检、季检内容，半年检、年检项目在保养内容上作记录
	（2）保养项目栏内良好打√，检查及调整后良好打○，不良好并要求协助维修的打×，无此项打／
	（3）保养内容、结果栏由保养人员填写检查、调整的部位及尺寸，更换零件的记录

液压电梯保养记录表

表 6-6

保养日期_____年_____月_____日至_____年_____月_____日

车站名称或地址_____档案编号_____

修程	序号	维保项目（内容）	维保基本要求	备注
半月检	1	机房环境	清洁，室温符合要求，照明正常	
	2	机房内手动紧急操作装置	齐全，在指定位置	
	3	油箱	油量、油温正常，无杂质、无漏油现象	
	4	电动机	运行时无异常振动和异常声	
	5	层门和轿门旁路装置	工作正常	
	6	阀、泵、消声器、油管、表、接口等部件	无漏油现象	
	7	编码器	清洁，安装牢固	
	8	轿顶	清洁，防护栏安全可靠	
	9	轿顶检修开关、急停开关	工作正常	
	10	导靴上油杯	吸油毛毡齐全，油量适宜，油杯无泄漏	
	11	井道照明	齐全，正常	
	12	限速器各销轴部位	润滑，转动灵活，电气开关正常	
	13	轿厢照明、风扇、应急照明	工作正常	
	14	轿厢检修开关、急停开关	工作正常	
	15	轿内报警装置、对讲系统	正常	
	16	轿内显示、指令按钮	齐全，有效	
	17	轿门防撞击保护装置（安全触板、光幕、光电等）	功能有效	
	18	轿门门锁触点	清洁，触点接触良好，接线可靠	
	19	轿门运行	开启和关闭工作正常	
	20	轿厢平层精度	符合标准	
	21	层站召唤、层楼显示	齐全，有效	
	22	层门地坎	清洁	
	23	层门自动关门装置	正常	
	24	层门门锁自动复位	用层门钥匙打开手动开锁装置释放后，层门门锁能自动复位	
	25	层门门锁电气触点	清洁，触点接触良好，接线可靠	
	26	层门锁紧元件啮合长度	不小于7mm	
	27	底坑	清洁，无渗水、积水，照明正常	
	28	底坑停止装置	工作正常	
	29	液压柱塞	无漏油，运行顺畅，柱塞表面光滑	
	30	井道内液压油管、接口	无漏油	
季检	1	安全溢流阀（在油泵与单向阀之间）	其工作压力不得高于满负荷压力的170%	
	2	手动下降阀	通过下降阀动作，轿厢能下降；系统压力小于该阀最小操作压力时，手动操作应无效	
	3	手动泵	通过手动泵动作，轿厢被提升；相连接的溢流阀工作压力不得高于满负荷压力的2.3倍	
	4	油温监控装置	功能可靠	
	5	限速器轮槽、限速器钢丝绳	清洁，无严重油腻	

续表

修程	序号	维保项目（内容）	维保基本要求	备注
季检	6	验证轿门关闭的电气安全装置	工作正常	
	7	轿厢侧靴衬、滚轮	磨损量不超过制造单位要求	
	8	柱塞侧靴衬	清洁，磨损量不超过设计要求	
	9	层门、轿门系统中导轨、传动钢丝绳、链条、胶带	按设计要求进行清洁、调整	
	10	层门门导靴	磨损量不超过制造单位要求	
	11	消防开关	工作正常，功能有效	
	12	耗能缓冲器	电气安全装置功能有效，油量适宜，柱塞无锈蚀	
	13	限速器张紧轮装置和电气安全装置	工作正常	
半年检	1	控制柜内各接线端子	各接线紧固，整齐，线号齐全清晰	
	2	控制柜	各仪表显示正确	
	3	导向轮	轴承部无异常声	
	4	悬挂钢丝绳	磨损量、断丝数未超过要求	
	5	悬挂钢丝绳绳头组合	螺母无松动	
	6	限速器钢丝绳	磨损量、断丝数未超过制造单位要求	
	7	柱塞限位装置	符合要求	
	8	上下极限开关	工作正常	
	9	柱塞、消声器放气操作	符合要求	
半年检	1	控制柜接触器，继电器触点	接触良好	
	2	动力装置各安装螺栓	紧固	
	3	导电回路绝缘性能测试	符合标准	
	4	限速器安全钳联动试验	工作正常	
	5	随行电缆	无损伤	
	6	层门装置和地槛	无影响正常使用的变形，各安装螺栓紧固	
	7	轿顶、轿厢架、轿门及其附录安装螺栓	紧固	
	8	轿厢称重装置	准确有效	
	9	安全钳钳座	固定、无松动	
	10	轿厢及油缸导轨支架	牢固	
	11	轿厢及油缸导	清洁，压板牢固	
	12	轿底各安装螺栓	紧固	
	13	缓冲器	固定，无松动	
	14	轿厢沉降试验	符合标准	

保养内容及结果：

保养人员（签名）：

组长（签名）：

质检员（签名）：

技术员（签名）：

工程主管审核（签名）：

注：	（1）保养项目上所列为半月检、季检内容，半年检、年检项目在保养内容上做记录
	（2）保养项目栏内良好打√，检查及调整后良好打○，不良好并要求协助维修的打×，无此项打/
	（3）保养内容、结果栏由保养人员填写检查、调整的部位及尺寸，更换零件的记录

自动扶梯保养记录表 表 6-7

保养日期_____年_____月_____日至_____年_____月_____日

车站名称或地址_____档案编号_____

修程	序号	维保项目（内容）	维保基本要求	备注
半月检	1	电器部件	清洁，接线有效	
	2	故障显示板	信号功能正常	
	3	杂物和垃圾	清扫，清洁	
	4	设备运行状况	正常，没有异响和抖动	
	5	主驱动链	运转正常，电气安全保护装置动作有效	
	6	制动器机械装置	清洁，动作正常	
	7	制动器状态检测开关	工作正常	
	8	制动触点	工作正常	
	9	减速机润滑油	油量适宜，无渗油	
	10	电机通风口	清洁	
	11	检修控制装置	工作正常	
	12	自动润滑油罐油位	油位正常，润滑系统工作正常	
	13	梳齿板开关	工作正常	
	14	梳齿板照明	照明正常	
	15	梳齿板梳齿与踏板面齿槽、导向胶带	梳齿板完好无损，梳齿板梳齿与踏板面齿槽、导向胶带啮合正常	
	16	梯级或者踏板下陷开关	工作正常	
	17	梯级或者踏板缺失检测装置	工作正常	
	18	超速或者非操纵逆转监测装置	工作正常	
	19	检修盖板和楼层板	防倾覆装置固定牢固，电气装置动作有效	
	20	梯级链张紧开关	位置正确，动作正常	
	21	梯身上部三角挡板	有效，无破损	
	22	梯级滚轮和梯级导轨	工作正常	
	23	梯级、踏板与围裙板	任一侧水平间隙符合标准	
	24	运行方向显示	工作正常	
	25	扶手带入口处保护开关	动作灵活可靠，清除入口处垃圾	
	26	扶手带	表面无毛刺，无机械损伤，出入口处居中，运行无摩擦	
	27	扶手带运行	速度正常	
	28	扶手护壁板	牢固可靠	
	29	上下出入口处的照明	工作正常	
	30	上下出入口和扶梯之间保护栏杆	牢固可靠	
	31	出入口安全警示标志	齐全，醒目	
	32	分离机房、各驱动和转向站	清洁，无杂物	
	33	自动运行功能	工作正常	
	34	紧急停止开关	工作正常	
季检	1	扶手带的运行速度	相对于梯级、踏板或者胶带的速度允差为0～+2%	
	2	梯级链张紧装置	工作正常	
	3	梯级轴衬	润滑有效	
	4	梯级链润滑	运行工况正常	
	5	防灌水保护装置	动作可靠（雨季到来之前必须完成）	

续表

修程	序号	维保项目（内容）	维保基本要求	备注
半年检	1	制动衬厚度	不小于制造单位要求	
	2	主驱动链	清理表面油污，润滑	
	3	主驱动链链条滑块	清洁，厚度符合制造单位要求	
	4	空载向下运行制动距离	符合标准	
	5	制动器机械装置	润滑，工作有效	
	6	附加制动器	清洁和润滑，功能可靠	
	7	减速机润滑油	更换，符合制造单位的要求	
	8	调整梳齿板梳齿与踏板面齿槽啮合深度和间隙	符合标准值	
	9	扶手带张紧度张紧弹簧负荷长度	符合制造单位要求	
	10	扶手带速度监控器系统	工作正常	
	11	梯级踏板加热装置	功能正常，温度感应器接线牢固（冬季到来之前必须完成）	
年检	1	主接触器	工作可靠	
	2	主机速度检测功能	功能可靠，清洁感应面，感应间隙符合制造单位要求	
	3	电缆	无破损，固定牢固	
	4	扶手带托轮、滑轮群、防静电轮	清洁，无损伤，托轮转动平滑	
	5	扶手带内侧凸缘处	无损伤，清洁扶手导轨滑动面	
	6	扶手带断带保护开关	功能正常	
	7	扶手带导向块和导向轮	清洁，工作正常	
	8	在进入梳齿板处的梯级与导轮的轴向窜动量	符合制造单位要求	
	9	内外盖板连接	紧密牢固，连接处的凸台、缝隙符合标准	
	10	围裙板安全开关	测试有效	
	11	围裙板对接处	紧密平滑	
	12	电气安全装置	动作可靠	
	13	设备运行状况	正常，梯级运行平稳，无异常抖动，无异响	

保养内容及结果：

保养人员（签名）：

组长（签名）：

质检员（签名）：

技术员（签名）：

工程主管审核（签名）：

注：	(1) 保养项目上所列为半月检、季检内容，半年检、年检项目在保养内容上做记录
	(2) 保养项目栏内良好打√，检查及调整后良好打○，不良好并要求协助维修的打×，无此项打／
	(3) 保养内容、结果栏由保养人员填写检查、调整的部位及尺寸，更换零件的记录

171

楼梯升降机保养记录表　　　　　　表 6-8

保养日期　　　　年　　　　月　　　　日至　　　　年　　　　月　　　　日

车站名称或地址　　　　　　　　　　　　　　　　档案编号　　　　　　　　

修程	序号	维保项目（内容）	维保基本要求	备注
月检	1	整机	测试运行上下一圈运行正常，没有异响和异常抖动。	
	2	限速器	限速器开关动作正常；紧固销无松动磨损，安装牢固	
	3	驱动传动装置	齿面无缺损，润滑油	
	4	制动器	制动有效	
	5	充电装置	工作正常，充电铜电刷接触良好	
	6	信号接收器	工作正常	
	7	牵引轮	运行平稳，无跳动、无异响	
	8	导轨	导轨安装正常，表面清洁、光滑，无异物	
	9	充电装置	工作正常，清洁	
	10	电源柜、控制柜	紧固	
	11	安全开关	功能有效	
	12	对讲装置	线路紧固，工作正常	
	13	充电装置	工作正常	
季检	1	蓄电池	电池连接线紧固，电池/电池组电压符合要求	
	2	手动解锁装置	可靠有效	
	3	应急救援装置	功能有效	
	4	紧急控制器	功能有效	
	5	立柱	立柱安装牢固无移位，安装螺丝无缺损	
	6	线槽及接线盒	线槽电线整齐，无破损	

保养内容及结果：

保养人员（签名）：
组长（签名）：
质检员（签名）：
技术员（签名）：
工程主管审核（签名）：

注	(1) 保养项目上所列为月检、季检内容保养内容上做记录
	(2) 保养项目栏内良好打√，检查及调整后良好打○，不良好并要求协助维修的打×，无此项打／
	(3) 保养内容、结果栏由保养人员填写检查、调整的部位及尺寸，更换零件的记录

有关人员的职责如下所述：

（1）系统专业工程师主要职责

1）参与编制月度、年度生产计划、资金计划、材料及备品备件计划及消耗，并落实计划的实施。

2）实施具体工作目标及计划，并检查工班的完成情况。
3）编制、修订、完善标准及规章制度。
4）收集、核对、整理技术及设备运行管理资料、图纸等。
5）实施技术改造、国产化技改立项、委外项目立项等工作。
6）整理分析相关运营数据。
7）协调内部、外部技术工作，对工班在运行维护与维修中遇到的问题进行技术支援。
8）负责编制维修保养计划及检查维修保养情况。

（2）工班长主要职责

负责安排工班日常工作，组织工班维修人员维修保养车站自动扶梯、电梯及处理突发故障。其主要职责有：

1）接受上级的领导和专业工程师的业务指导，主持本班组的工作。
2）按计划组织工班人员对车站电、扶梯系统设备进行定期的维护维修，确保系统正常运行。
3）根据上级下达的工作计划，编制维修工作计划，并负责组织实施，接受各项考核。
4）牢固树立安全第一的思想，严格执行各项规章制度，确保人身和设备的安全。接受各级定时和不定时的安全检查。
5）制定班组管理制度，并负责实施。
6）负责工班的工器具使用、保养和班前维修的管理，及时提出工器具的补充和报废计划。
7）负责管理班组备用材料，按程序领用和储备备品备件，负责填写备品备件使用报表，并上报专业工程师。
8）负责收集和上报各种作业单。
9）做好班组的修旧利废组织工作，降低各种维修开支。
10）负责本班组的维修记录，用工记录，原材料消耗，能源消耗工作量的记录和统计工作。
11）审核班组人员的工作表现和工作能力，编制有关的培训计划批准后，负责实施。
12）积极提出合理化建议，配合做好车站设备监控系统维修管理工作。

（3）维修工主要职责

负责执行工班的工作安排，按计划维修保养电、扶梯及对设备进行日常巡视。

1）在工班长领导下，负责对车站电、扶梯系统进行日常巡视、检查、维护、维修和抢修工作。
2）熟悉所管辖范围内设备和系统运行情况，并能根据技术标准、工作程序完成操作任务和工班长交给的生产任务。
3）熟悉掌握车站电、扶梯设备的维护、保养方法和维修工艺，并能熟练进行分管项目的操作。
4）正确使用、维护工器具和测试仪表、仪器。
5）严格执行各项规章制度和电气安全、技术规程，确保设备及人身安全。
6）认真做好设备运行及维护、抢修工作的各项原始记录工作，认真填写各种工作作业令。

7）积极主动参加各种培训，不断提高技术能力。

8）搞好工作场所的文明生产和设备的清洁卫生。

3．部件的维修

（1）更换减速箱齿轮油

1）拆卸主机；

2）放空齿轮箱旧油；

3）用清洁油清洗油箱；

4）先注入少量新齿轮油重复清洗；

5）最后注入新齿轮油达到标准油位线；

6）组装主机；

7）开机试运行。

（2）更换主机联轴器

1）拆卸主机总成；

2）取出联轴器；

3）清理、清洁内腔；

4）放置新的联轴器；

5）安装主机总成；

6）安装、定位扶梯主机；

7）整机运行调整。

（3）更换自动扶梯主驱动链

1）拆下主机上端盖及主驱链防护盖；

2）手动盘车将主驱动链接头处在上端，并保持松弛的状态；

3）拆除链条接头，将新链条一端与解开的旧链条接头一端联接；

4）用盘车的方法，将旧的链条从下端盘出来，并利用旧链条将新的链条带入梯级链主驱动轮；

5）继续盘车，直到新链条就位；

6）拆除旧链条接头一端，并将这一端与新链条的另一端联接；

7）调整链条张紧度；

8）安装主机上端盖；

9）整机通电试运行。

（4）更换自动扶梯扶手带

1）拆除扶梯上所有裙板和盖板；

2）拆除扶手带入口总成；

3）松开扶手带驱动装置；

4）将扶手带从扶梯上剥离开来；

5）安装新的扶手带；

6）调整扶手带驱动装置；

7）安装扶手带入口总成；

8）通电以检修的方式试运行，并进行必要的调整；

9）安装扶梯所有裙板和盖板；
10）整机试运行。

（5）更换自动扶梯梯级链

1）拆除大链张紧保护装置、张紧架和梯级。
2）清理清洁大链导轨，检查磨损程度以及与压板的距离；
3）拆除链条接头，将新链条一端与解开的旧链条接头一端联接；
4）继续检修运行扶梯，直到新链条就位；
5）拆除旧链条接头一端，并将这一端与新链条的另一端联接；
6）调整链条张紧度；
7）润滑新的大链；
8）重新安装被拆下的其他部件；
9）检查梯级与裙板之间的距离（单边在4mm，双边不大于7mm）；
10）整机运行调整。

（6）更换自动扶梯梯级后轮

1）用检修走车的方法，拆下梯级；
2）用卡簧钳及拉码将梯级轮拆除；
3）安装新的梯级轮；
4）重复上述1~3的步骤，将扶梯的梯级轮全部进行更换；
5）通电试运行扶梯，确认扶梯运行正常。

（7）更换垂直电梯钢丝绳

1）电梯停在顶层，施工人员进入底坑测量当前缓冲距离，然后用长2.3m的铁管将对重撑起，切断机房动力电源。检查补偿链距地面高度并做相应调整。用手动葫芦将轿厢吊起，并提升到相应高度，提拉安全钳，使安全钳楔块动作，然后稍微松下起吊葫芦，使轿厢重力主要由安全钳承受；

2）将电梯放到底坑，先把对重侧绳头卸下，机房人员将钢丝绳拉到机房。然后将轿顶侧绳头松开，由机房施工人员把曳引轮到轿顶的一段钢丝绳拉到机房，卸下锥套，按照制造单位钢丝绳绳头的制作工艺要求，将绳头浇注完毕；

3）将浇注完毕的绳头先放回轿顶，穿好拉杆及二次保护，然后把另一端由对重侧洞口放下，直到底坑。将放到底坑的一端与对重拉杆相平做好标记，把做好标记的一端拉到次下层厅门外，根据现场情况，截掉多余的绳子，将此端锥套做好后放回底坑，并与对重侧拉杆连接；

4）提起轿厢，恢复安全钳，将轿厢慢慢放下，放下时注意拉杆处是否入槽，称重装置是否复位；

5）轿厢放到位后，以相反的顺序撤掉工装，电梯送电；
6）慢车试运行，按工艺要求调整钢丝绳和补偿链张力。

（8）更换垂直电梯曳引轮

1）电梯停在顶层，然后将对重用长2.3m的铁管撑起，切断机房动力电源。用手动葫芦将轿厢吊起，并提升到相应高度，提拉安全钳，使安全钳楔块动作，然后稍微松下起吊葫芦，使轿厢重力主要由安全钳承受。做好标记后拆掉曳引轮上的钢丝绳；

2）用套筒扳手卸下箱体盖；

3）将葫芦挂在机房顶的吊钩上；

4）用吊装带或尼龙绳绑好曳引轮；

5）松开紧固曳引轮的 4 个螺栓；

6）起吊曳引轮，注意起吊时保持平衡，并用棉布将蜗轮副保护好；

7）曳引轮放到地面，卸下紧固螺丝，用顶丝将曳引轮顶出；

8）新曳引轮用喷灯加热到 85℃ 左右后，按蜗轮上原孔的位置调正；

9）待曳引轮冷却后，按蜗轮上原孔的位置进行扩孔；

10）装上曳引轮紧固螺丝，按相反顺序恢复原位，按要求调整蜗轮副接触点；

11）调整曳引轮的垂直及平行度；

12）装上箱体盖，并把钢丝绳放回原位；

13）提起轿厢，恢复安全前，将轿厢慢慢放下，放下时注意拉杆处是否入槽，称重装置是复位；

14）慢车试运行，检查有无异响及其他异常情况。

4. 维修管理应备的记录、技术资料

按照国家质量监督局有关要求为系统的每台设备建立档案。设备档案内容包括：安装资料、产品合格证书、调试记录、检验合格证书、工程合同及设备履历表等。在设备履历表 6-9 至表 6-16 上详细注明设备名称、设备编号、使用单位、型号规格、制造厂名、制造日期、出厂编号、外形尺寸、重量、购入日期、使用日期、设备价值、总功率和修理复杂系数（包括机械和电气的复杂系数），并建立设备技术鉴定评定情况、技术资料登记、设备动态、设备事故记录、设备大修、中修、小修记录等，同时保存每一台系统设备的安装与维修保养记录和每年年检报告书。

设备履历表　　　　　　　　　　　表 6-9

设备概况：	
设备名称	
设备编号（ID）	
管理部门	
规格型号	
制造厂家	
制造日期	
出厂编号	
外形尺寸（mm）	
总重（t）	
购入日期	
使用日期	
设备原值（元）	
总功率（kW）	
修理复杂系数	机械		电气	
其他				

设备履历表　　　　　　　　　　　　　表 6-10

设备技术资料：

序号	资料名称	份数	每份页数	资料来源	资料袋编号	备注

设备外形图或照片：

设备履历表　　　　　　　　　　　　　表 6-11

附属设备及随机工具、备件纪录：

序号	名称	型号规格	制造工厂	单位	数量	复杂系数		备注
						机械	电气	

设备履历表　　　　　　　　　　　　　表 6-12

设备技术鉴定评定情况：

序号	日期	等级	升级或降级主要原因

设备履历表　　　　　　　　　　　　　表 6-13

设备检查评定情况：

序号	日期	评定结果	附件

设备履历表　　　　　　　　　　　　　表 6-14

设备动态（迁移、封存、报废）：

序号	动态类别	日期	部门	动态原因	令号	备注

设备履历表　　　　　　　　　　　　　表 6-15

事故记录：

序号	发生日期	事故类别	停修小时	待修小时	修复价值（元）	事故原因及后果	备注

设备履历表　　　　　　　　　　　　　表 6-16

设备维修（大修、中修、小修）记录：

序号	年月	维修主要内容	修程	修理费用（元）	承修单位

5. 电梯智能维修

通过采集电梯的运行数据，监控电梯运行状态，实时发送故障报警信息，以大数据实现电梯状态诊断预警和故障告警功能，指导维修人员快速维修，以确保设备的可靠性、维护保养的高效性、乘客搭乘的安全性。

同时，当电梯出现故障时，远程监控系统自动派单给相关维保人员，并对故障发生时间和故障解除时间进行监控，以确保维护人员在故障发生第一时间来进行设备的修复。通过对电梯运行状况和故障信息数据进行分析，制定电梯维护保养项目清单。

目前主流电梯厂家基本都已实现远程监视功能，电梯智能维修为共同的努力方向。其智能维修应用各具特色：

（1）奥的斯—"鹰"智能电梯维保系统（OES）

奥的斯早在多年前便与微软合作，根据中国电梯维保领域实际需要，开发了"鹰"系统，中国联通提供了网络平台支持和配套手机终端。该系统对全中国的每一部奥的斯自保养电梯系统进行维保跟踪，监控每一台电梯的维保项目是否得到了完成。如果需要，客户与质监局也都可以实时查看维保的结果。"鹰"系统已在北京、上海、深圳、无锡、常州等城市投入使用，并将覆盖全国 40 多个城市的 200 多个服务网点。

（2）日立电梯—"ELECOULD"云服务体系

日立电梯服务支援系统（遥监系统），为了保障在用电梯的安全运行，实现电梯 24h 不间断的系统监视，自动捕捉异常情况，快速处理电梯故障问题。电梯运行数据通过遥监系统采集回来后，通过 ELECLOUD 移动终端信息平台，对海量电梯数据进行收集、分析、处理。在未来两到三年，电梯可自动生成个性化维修保养及升级改造计划，实现电梯预防性保养的同时，还能根据乘客实际情况实现电梯程序的自我学习、优化和升级。

（3）蒂森电梯—Azure 云

蒂森电梯从 2014 年开始与 Azure 云合作，建立远程监控平台，系统目前仅获取传感器数据，而轿内视频由于涉及客户隐私，目前没有获取。管理人员可通过操作页面来筛选、组合和进一步分析故障数据。远程监控功能目前仅作为选配功能，用于监督高速梯困人情况和救援工作，以及输出电梯的年度运行报告。急修人员配有平板电脑，电梯出现故障或困人时，作为判断故障具体情况的工具。

（4）广日电梯远程监控系统

广日电梯远程监控系统利用无线网络将电梯运行状态、故障信息等数据实时传输至监控中心。可通过网页或手机 APP 查看电梯状态；可存储历史数据并生成故障报表统计分析；可自动发送故障信息至维保人员；可进行困梯远程安抚；全天候保障电梯安全运行。自 2008 年开始投入远程监控产品研发，目前已经是第三代遥监产品，研发、工程、质管、信息中心等多部门协同合作，从智能救援、智能安装、智能调试、智能保养、智能维改五个维度进行功能开发与应用。

（5）自动扶梯状态监测与健康诊断系统—自动扶梯 PHM 系统

已某城市地铁开发建设的自动扶梯故障预测与健康管理系统为例，简称扶梯 PHM 系统，该系统监测和诊断的扶梯关键部件包括电机、减速器、主驱动、张紧架、扶手带、梯级链、刹车装置等，这些装置对扶梯的正常运行至关重要。扶梯 PHM 系统通过智能感知技术，采集扶梯关键部件的状态数据和日常运行数据，建立扶梯的大数据系统，再结合人工智能技术，在车站云平台部署扶梯的虚拟算法模型，虚拟算法模型与实体扶梯实行一一对应，从而有效诊断扶梯的未来运行趋势，可以精准地预测出扶梯部件的故障苗头，再通过网络系统将预警信息传送至车站设备监测中心、BAS综合监控系统、工作站、移动APP端等，使维保人员和管理人员第一时间掌握扶梯的关键信息，为扶梯的维修保养提供决策依据，将原来的故障抢修变革为科学的预测性维修。一方面大大减少了扶梯的突发性故障，延长了使用寿命，提高了扶梯的安全可靠性，另一方面节约了扶梯的维修费用，为企业带来经济效益。

此外，扶梯PHM系统具备实时监测，历史数据查询、统计报表分析、故障信息查询追溯等功能要求，能够对扶梯的能耗，效率，载荷，工作时间进行深度挖潜，从而探索出扶梯的瓶颈与缺陷，为扶梯的研发与设计指明方向。

6.5 电梯系统设备事故（故障）分析与处理

1. 事故（故障）处理原则

在运营期间对故障的处理要求"先修复后分析"。当维修人员接到故障报告后应在30min内赶到现场并开始进行处理。当维修人员自身无法处理故障而需要技术人员处理时，技术人员接到通知后应在1h内赶到现场协助处理。故障处理完毕后，维修人员回报维修调度消除故障号并填写故障处理记录表6-17。重大设备故障由技术人员进行分析并提供故障处理分析报告，以避免今后出现同类故障，同时制定故障处理工艺。故障分析报告存入资料档案。

故障处理记录表　　　　　　　　　　　　表6-17

年____月____日____　　　　故障地点：_____
故障处理责任人：_____　　设备操作员：_____

故障设备名称			故障设备编号		
故障内容					
处理工段		接报人		接报时间	
处理人					
故障处理时间	____日____时____分至____日____时____分				
故障原因分析					
维修材料消耗情况	序号	名称	型号及规格	单位	数量
工时消耗情况					

2. 抢修组织流程

（1）车站系统设备故障发生后，由维修调度判断是否为重大故障，是否需要立即进行抢修；

（2）若为系统设备一般故障，在故障接报后，由工班长根据实际情况及当日的排班情况，派遣维修人员进行故障维修。若维修人员不能解决，工班长或技术人员必须到场协助解决；

（3）若为重大故障，维修调度通知上级生产调度进行抢修组织，生产调度接报后组织电、扶梯系统就近维修人员第一时间赶赴事故现场。同时通知维修工班长、专业工程师参加抢修。

（4）首先到场的专业维修人员应向控制中心维修调度申请进行抢险作业。

（5）原则上系统专业工程师或工班长为现场抢修负责人，抢修人员人必须服从现场总指挥的命令，不得各自为政。

（6）抢险作业完成后，由现场抢修负责人报告抢修情况，同时向维修调度报告抢修结束。

3. 典型故障的分析与处理

（1）自动扶梯蛇形运行，相邻两梯级踏面防滑条不在同一直线。

原因分析：

1）梯级链张紧力左右不一致；

2）检查主机轴承温度，若过高，可能轴承损坏。

处理方法：

① 按调整工艺要求，收紧或放松张力弹簧，使两边梯级链张力一致。

② 更换主轴轴承，步骤如下：

a. 断开驱动链、梯级链及扶手带驱动链；

b. 拆除附加制动器装置；

c. 确认吊装主轴轴承的空间，若不够，需要先将主机座吊装出来，再更换主轴轴承。

（2）楼梯升降机不能启动。

原因分析：

1）检查钥匙开关是否处于"I"位置，其他钥匙开关在"O"位拔出；

2）急停开关是否动作；

3）主开关是否处于"I"位置；

4）电源供给是否正常；

5）检查操作控制器是否损坏；

处理方法：

① 正确操作钥匙；

② 旋转或恢复急停开关；

③ 打开主电源开关；

④ 合上熔断保险和保护开关；

⑤ 更换或修理。

（3）液压梯无法向上运行。

原因分析：

1）油泵不运行；

2) 接触器未吸合或上行线圈未接、接错；
3) 安全开关动作；
4) 方向阀污染或堵塞；
5) 导向安全阀污染；
6) 导向控制过滤器污染或堵塞。

处理方法：
① 检查控制器和接线；
② 检查接线和电子板 ELRV；
③ 检查安全回路并恢复；
④ 清洗方向阀；
⑤ 清洗安全阀；
⑥ 清洗过滤器。

（4）电梯在行驶中突然停止。

原因分析：
1) 停电；
2) 电流过大，空气开关跳闸；
3) 安全回路开关动作；
4) 门刀撞门锁滚轮、门锁断开；
5) 平层感应器干簧管触点烧死，表现为一换速就停车；
6) 接触器或继电器本身发生故障；

处理方法：
① 送电；
② 查找原因，更换保险丝或重新合上空气开关；
③ 检查安全回路并恢复；
④ 调整门锁滚轮与门刀的间隙；
⑤ 更换干簧管；
⑥ 更换接触器或继电器。

（5）自动扶梯梯级严重变形、损坏。

原因分析：
1) 梯级卡异物；
2) 梯级被人为损坏；
3) 梯级链轮损坏；
4) 梯级轮损坏；
5) 梯级链左右伸长不均匀；

处理方法：
① 检查损坏梯级情况。若梯级未脱离运行轨道，清理损坏件后可执行程序第②条；若梯级已脱离运行轨道，且严重损坏，需视情况拆除部分挤压梯级的毛刷及毛刷底座、饰条等部件，并清理损坏梯级面，为将梯级重回轨道扫清障碍。

② 检查梯级是否平衡。若梯级左右平衡，可执行程序第③条；若梯级左右不平衡，

则进一步检查其他梯级，以及梯级链的情况，出现梯级链左右不平衡时，需使用钢丝绳，牵引拉伸偏移侧的梯级链，然后使用手动盘车，令梯级链进入驱动大齿轮的正确啮合位置，回复平衡状态。

③ 检查梯级间隙是否满足检修运行条件。若间隙满足要求，可执行程序第④条；若间隙不满足要求，则继续使用手动盘车，令间隙进一步增大。

④ 使用检修盒进行点动检修运行，运行方向与原运行方向相反。点动运行时需注意损坏梯级情况，若出现异常立即停止，避免造成二次损坏。

⑤ 运行到下部轨道缺口，更换损坏梯级，并检查梯级前轮，后轮情况。

⑥ 更换完毕，运行一周检查整梯情况，视现场状态做相应调整。

⑦ 重新恢复设备使用，收集设备故障资料，进行事件分析，并将该次故障归档到该自动扶梯的特种设备资料盒中。

（6）电梯平层准确度差的原因有哪些，并简述其处理方法。

原因分析：

1）轿厢过载；

2）制动器制动力过大或过小；

3）制动器闸瓦磨损严重；

4）平层感应器与隔磁板相对位置发生变化。

处理方法：

① 严禁超载。

② 调整制动器。

③ 更换制动器闸瓦。

④ 调整两者的相对位置。

第7章 综合监控系统（含设备监控系统）运行与维修

7.1 综合监控系统的组成及功能

1. 系统概述

综合监控系统（ISCS）是一个高度集成的综合自动化监控系统，其目的主要是利用统一的监控层硬件平台和软件平台，实现对各被控对象的集中监控和管理功能，同时实现对列车运行情况和客流统计数据的关联监视功能，并对综合监控系统设备和被控设备故障进行统一的集中告警管理，最终实现相关各被控对象之间的信息共享和协调联动功能。通过综合监控系统统一的用户界面，运营管理人员能够更加方便、更加有效地监控管理集成系统的相关机电系统。

典型的综合监控系统由中央级综合监控系统、车站级综合监控系统、车辆段综合监控系统和其他辅助功能子系统（例如培训管理系统、集中告警系统、软件测试平台和网管系统等）等多个部分组成（图7-1）。

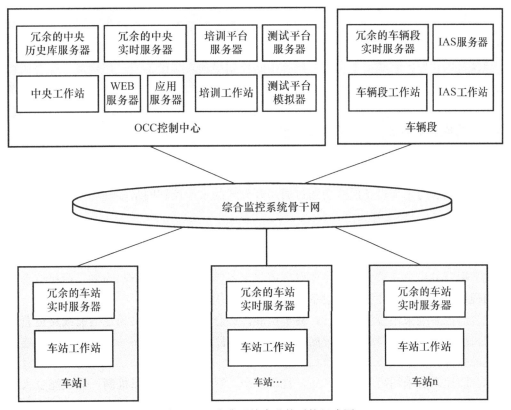

图7-1 一个典型综合监控系统组成图

ISCS 通过集成或互联不同的子系统，实现信息互通、资源共享。系统集成是指综合监控系统与各子系统之间存在紧密的耦合关系，子系统的数据处理、监控功能、人机界面均通过 ISCS 完成，正常情况下集成的相关系统依赖 ISCS 实现正常操作功能。系统互联是指综合监控系统与各子系统是采用松耦合的结构，子系统是与 ISCS 有数据交换但其数据处理相对独立，综合监控系统与互联子系统交换必要的信息，实现联动等功能。ISCS 主要集成的系统、或互联的系统见图 7-2 所示。

ISCS集成的系统：
- 变电所综合自动化系统(PSCADA)
- 环境与设备监控系统(BAS)
- 火灾自动报警系统(FAS)
- 站台门(PSD)
- 车辆段安防系统(AF)
- 集中UPS(UPS)

ISCS互联的系统：
- 信号系统(SIG)
- 自动售检票系统(AFC)
- 门禁系统(ACS)
- 广播系统(PA)
- 闭路电视系统(CCTV)
- 乘客信息显示系统(PIDS)
- 车载信息系统(TIS)
- 通信集中告警系统(TEL/ALARM)
- 时钟系统(CLK)
- 能源管理系统
- 供电安全管理功能

图 7-2 ISCS 系统集成的系统、互联的系统

2. 综合监控系统的组成及主要功能

综合监控系统能实时反映各监控对象的工作状态，综合监控系统具备对监控对象的进行模式控制、程序控制、时间表控制和点动控制等控制功能，实现操作员对现场设备的自动化控制。

地铁自动化监控系统由上位监控层、中间控制层和末端设备层三层构成。综合监控系统属于上位监控层，是由中央级、车站级综合监控系统的交换机、服务器、工作站和前置处理器（FEP）等设备组成。中间控制层由相关接入系统（例如 BAS、FAS、PSCADA、PSD 等）构成。末端设备层由现场设备组成（图 7-3）。

控制中心与车站上位监控层的计算机设备通过工业级骨干传输网络连接。上位监控层与中间控制层设备主要通过符合国际或行业标准的通用开放式的智能通信接口形式进行连接。中间控制层与末端设备层主要通过通用开放式的工业控制网络、现场总线和硬线等接口形式进行连接。

地铁自动化监控系统的安全联锁控制功能主要在中间控制层实现。控制层设备具备相对独立的工作能力，即控制层设备脱离中央或车站信息管理层时，仍能独立运行，满足紧急情况下运营的应急需求。本章主要以环境与设备监控系统（BAS）为例，衔接综合监控系统与现场机电设备、环境监控设备，说明三层结构的运维情况。

综合监控系统采用模块化设计，易于扩展。综合监控系统不仅满足当前线路运营管理的需求，还考虑线路扩展的需求，同时还为其他线路的接入和更高一级管理系统的连接预留一定的条件。

综合监控系统采用高可靠的产品，具备冗余、容错等系统保障机制，保证能全天候不间断地运行。

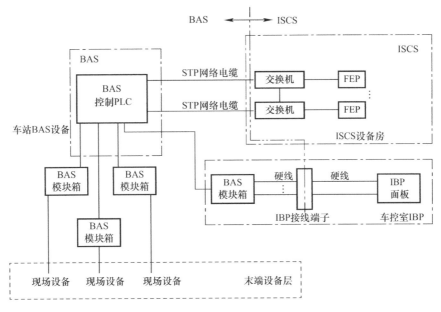

图 7-3 三层结构自动化监控系统的组成

(1) 系统主要功能

1) 上位监控层——ISCS

上位监控层功能主要有：通过中间控制层对现场设备进行监控，实现中央级、车站级监控功能；综合监控系统设计上针对操作员和管理人员的系统功能。

综合监控系统向相关操作员、系统管理员开放特定权限，实现系统管理和设备监控功能。其中，设备监控功能主要通过人机界面实现（图 7-4）。

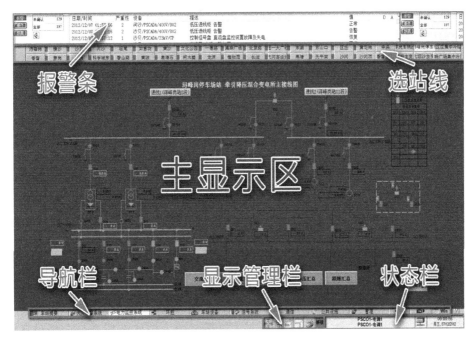

图 7-4 综合监控系统人机界面布局示意图

① 通过中间控制层对现场设备进行监控主要应用如下：

a. 变电所自动化（PSCADA）

ISCS 通过网络把各变电所 PSCADA 系统集成起来，完成对全线各类电力设备的中央级监控功能和车站控制室的监控功能。对主变电站 110kV 和变电所 33kV 交流高中压系统、1500V 直流供电系统、0.4kV 交流系统、接触网系统等进行实时监控。

b. 环境与设备监控系统（BAS）

ISCS 通过网络把各站点的 BAS 集成起来，完成对全线机电设备的中央监控功能和车控室监控功能。通过各站点 BAS 对通风空调系统、水系统、给水排水系统、低压配电和照明系统、电扶梯等设备的运行状态监视和控制管理。

监视车站站厅、站台和管理设备用房的温度和湿度等环境参数。对通风空调系统设备进行时间表控制、模式控制和点动控制的功能。

c. 火灾自动报警（FAS）

ISCS 通过网络把各站点 FAS 集成起来，完成 FAS 中央级监控功能和车站级监控功能。对全线车站、车辆段（含控制中心）、主变电站、区间电缆井和电缆夹层等区域的火灾报警以及对气体灭火系统、防火阀、消防水泵等设备进行监控。

d. 站台门（PSD）

ISCS 通过网络把各站点 PSD 集成起来，负责监视站台门状态，并实现与站台门相关的联动功能。

e. 车辆段安防（AF）

车辆段 ISCS 实现车辆段 AF 系统的集成，实现车辆段安防系统中周界报警系统、视频监视系统、广播系统的联动功能。

f. 集中 UPS（UPS）

各站设置集中 UPS 系统，综合监控系统实现对各站集中 UPS 系统设备（含蓄电池）状态及各输出回路状态和报警的监控。

g. 信号系统（SIG）

ISCS 在控制中心 ISCS 实现与 SIG 的信息互通功能，并实现与相关系统联动功能。

综合监控系统接收信号系统的传来的列车实时位置信息，实现自动广播、车站信息显示、阻塞联动等功能。综合监控系统发送牵引供电状态信息给信号系统。

h. 自动售检票系统（AFC）

监视 AFC 系统提供的客流信息和 AFC 主要设备故障信息，可提醒调度员注意车站的运营组织。

i. 门禁系统（ACS）

在车站 ISCS 通过网络与 ACS 系统互联，实现对门禁设备状态的监视，可远程操作控制开门。可实现门禁授权管理和刷卡人员信息管理。

j. 广播系统（PA）

在控制中心实现全线广播设备运行状态、广播区的占用状态监视，广播设备故障报警，可以通过站选、区域及全线等进行广播控制。

在车站实现本站内的广播设备运行状态、广播区的占用状态监视，广播设备故障报警，可以通过选区进行广播控制。

利用相关信息（如 SIG、FAS）进行自动广播播放，正常、阻塞、火灾等各种工况下广播的联动控制。

k. 闭路电视系统（CCTV）

在控制中心实现全线 CCTV 设备运行状态监视，CCTV 设备故障报警，可以通过单站、区域及全线等进行 CCTV 控制，画面组合控制，CCTV 画面显示。

在车站实现本站 CCTV 设备运行状态监视，CCTV 设备故障报警，可以进行画面组合控制，CCTV 画面显示。

正常、阻塞、火灾等工况的 CCTV 切换的联动控制。

接入视频分析系统，通过人员实时密度、视频质量、视频行为分析，辅助进行车站运营管理。

l. 车载信息系统（TIS）

综合监控系统接受和存储 TIS 上传的在线车辆状态信息，并在综合监控系统用户界面显示。同时，主控系统将车载显示信息下传给 TIS 进行显示。

m. 乘客信息显示系统（PIDS）

综合监控系统在中央与 PIDS 实现互联。综合监控系统负责将时钟信息、ATS 信息和与运营相关的车站和车载显示所需的文本信息提供给 PIDS 系统，同时将 PIDS 系统车载视频画面显示在 ISCS 工作站上。

n. 通信集中告警系统（TEL/ALARM）

接收通信各子系统维护管理终端输出的故障报警信息，将通信系统上传的故障信息进行汇集和存储，并显示在综合监控系统的相关维护工作站的人机界面上。

o. 时钟系统（CLK）

在控制中心，ISCS 与 CLK 互联，实现全线设备系统的对时功能，并根据集成系统的需要将此时钟信息发送给相关集成系统。

p. 能源管理系统

控制中心中央级综合监控系统实现全线能耗显示、统计、各站点/专业对比分析，并引用能源管理系统的能耗指标分析结果。

站级能源管理系统进行数据采集、统计、存储，并在车站级综合监控系统实现能耗显示。

q. 供电安全管理功能

在控制中心中央级综合监控系统实现供电操作安全校验、供电安全管理现场设备运行情况监视。

r. 其他

随着科技的发展，加入或集成其他一些功能、应用，使综合监控系统更好地为运营服务。例如集成信号 ATS，集成能源管理系统，视频分析与预警，对接大数据应用，监视界面云共享等。

② 面向操作员和管理人员的系统功能主要有：

a. 控制权限与控制方式

中央级综合监控与车站级综合监控可以通过权限切换移交设备的控制权。

控制方式主要包括有单点遥控、模式控制（包括时间表编辑与下发）、PSCADA 远程组控（可实现多站并控或顺控）。

b. 设备标签和手动超驰

ISCS 软件允许操作员给设备挂标签设定设备为"允许工作"模式，在维护人员进行现场维护前，他必须获取系统的"允许工作证"。

ISCS 软件可对模拟量、脉冲量和开关量点进行手动超驰，模拟呈现设备不同的运作状态。超驰点的超驰状态一旦解除，该点将恢复数据刷新。图像界面提供一个一览表显示当前所有手动超驰点。

c. 场景联动功能

ISCS 提供不同场景下的手动、半自动或全自动联动功能，如隧道阻塞、车站火灾、列车到站广播、扶梯急停监控、开关站、设备故障等。

d. 决策支持系统功能

决策支持系统主要用于在事故或紧急事件情况下，为操作员提供指导和帮助。通过预先输入的处理流程和逻辑，自动发出操作建议，帮助操作员作出正确的决策。同时避免操作员在事故或紧急情况下因为心理紧张而慌乱，导致错误操作等情况出现。

ISCS 应用软件应能提供决策支持功能编辑选项，提供给修改、新增、删除的功能。操作人员根据工作规程调整进行决策支持系统修改。

e. 紧急后备功能

在紧急情况下，车站值班人员可通过设置在车站控制室的紧急后备盘（IBP）实现必要的车站紧急后备控制功能。图 7-5 为某站 IBP 布置图，IBP 盘宜包括以下后备控制功能：

图 7-5　某站 IBP 布置图

（a）信号系统的紧急停车、扣车和放行控制；

（b）环控通风排烟系统的紧急控制（模式控制）和消防联动控制；

（c）自动售检票系统的闸机解锁控制；

（d）门禁门锁的解锁控制；

（e）站台门系统的开门控制；

（f）防淹门系统的关门控制；

（g）自动扶梯停机控制；

（h）区间水泵紧急控制；

（i）时钟显示功能。

f. 其他面向操作员的通用功能

其他面向操作员的通用功能主要包括以下内容：

（a）统一的图形人机界面。

（b）集中统一的用户注册和操作权限管理功能。

（c）具备报警功能和报警机制，可实现报警信息进行分类、筛选、重组等功能。

（d）历史数据记录进行处理、分析、统计和查询功能。

（e）报表管理、生成和打印功能。

(f) 趋势记录和趋势图生成。
(g) 在线帮助功能。
(h) 时间同步功能。
(i) 大屏幕统一显示行车、CCTV、AFC客流、供电系统、环控等信息。
(j) 系统接口报文存储功能。

图7-6为用户权限管理。

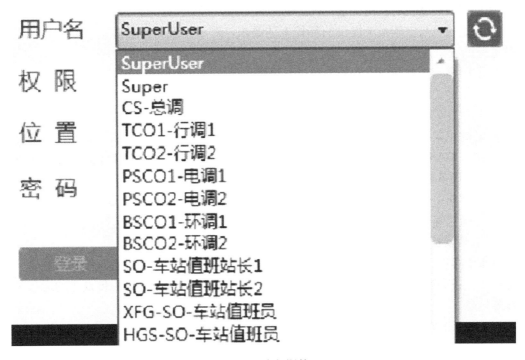

图7-6 用户权限管理

g. 系统管理功能

系统管理功能主要面向ISCS系统的管理人员、维护人员开放使用，主要功能包括：
(a) 站名修改；
(b) 不改变类表的增删点；
(c) 联动场景编辑；
(d) 网络管理功能；
(e) 软件仿真测试；
(f) 用户和密码管理。

2）中间控制层——BAS

车站、区间以及冷站的站级BAS系统主要监控的设备包括隧道通风系统设备、车站通风空调大系统、通风空调小系统、空调水系统设备、给水排水设备、自动扶梯、电梯、乘客导向系统、照明系统、事故电源、区间给排水等设备的运行状态和系统参数以及车站公共区和设备房环境温湿度的参数等。

BAS系统面向操作员的监控界面集成在ISCS中，中央级BAS功能由中央级ISCS实现，车站级BAS功能由车站级ISCS实现。

BAS系统可通过车站维修工作站或模拟屏设备提供相应的BAS人机界面，监控本站及所辖区间隧道的环控、给水排水、自动扶梯、照明、车站事故照明电源等设备的运行状态，具体实现以下功能：

① 监视、控制车站及其所辖隧道区间的通风空调设备及低压设备的运行。
② 监视车站及其所辖隧道区间自动扶梯、给水排水设备的运行状态。
③ 按照节能优化的控制要求，确定本车站环控设备最佳的运行模式，并执行。
④ 根据通风与空调系统提供的环控工艺要求，对车站及其所辖隧道区间的通风空调设备进行正常和灾害模式控制。
⑤ 实时显示车站机电设备的故障以及采样点的上、下限报警。
⑥ 显示并记录车站及所辖隧道区间测点温、湿度。
⑦ 显示并记录车站机电设备的操作状况和累积运行时间。
⑧ 实时记录操作信息、产生报警信息。
⑨ 接收FAS系统车站级报警信息并触发机电设备监控系统的灾害模式，发布灾害指令控制环控设备按灾害模式运行。
⑩ 及时向中央级传送报警及检测数据并执行中央级下达的控制命令。
⑪ 可通过综合后备盘（IBP）上所设的紧急按钮实现灾害模式的运行。

3) 末端设备层（现场设备）

分布于车站、区间、车辆段各区域，主要包括环控设备、电气设备、给排水设备、配送电设备、各类探测器、摄像头等。接受中间控制层的控制指令，并回传设备的运行状态及故障信息。

（2）系统主要设备

1) 中央级ISCS

中央级综合监控系统包括冗余的实时服务器、冗余的历史服务器、外部磁盘阵列、磁带库、中央前端处理器（FEP）、各种调度员工作站（如电调、环调、行调、值班调度和值班主任助理）、网管服务器、网管工作站、软件测试平台服务器、事件打印机、报表打印机、彩色图形打印机、冗余的带路由功能的网络交换机、大屏幕系统（OPS）、不间断电源（UPS）等。

中央级综合监控系统配置的网络交换机，实现中央级所有网络资源的互联。网络交换机直接连接到综合监控系统的骨干通信网络（MBN）。

实时服务器主要功能是完成实时数据的采集与处理，从中央向分布在各站点的被监控对象和被集成系统发送模式、程控、点控等控制命令。

历史服务器主要功能是完成历史数据的存储、记录和管理等功能。

调度员通过调度员工作站，控制和监视各被监控对象、被集成系统。中央级的命令，通过网络发送到各被监控对象及各被集成系统。

中央FEP主要负责综合监控系统在中央与各接入系统的数据通信的接口功能。

2) 车站级ISCS

车站级综合监控系统包括冗余的车站级服务器、外部磁盘阵列、值班站长工作站、事件打印机、报表打印机、冗余的带路由功能的网络交换机、车站前端处理器（FEP）、综合后备盘（IBP）和 UPS 等。

车辆段综合监控系统（DISCS）车站综合监控系统（SISCS）一样，都属于第二层，只是配置有所不同。

车站级综合监控系统配置的冗余的带路由功能的网络交换机，实现车站级所有网络资源的互联。网络交换机直接连接到综合监控系统的骨干通信网络（MBN）。

服务器主要功能是完成实时数据的采集与处理，向分布在车站内的被监控对象和被集成系统发送模式、程控、点控等控制命令。

车站 FEP 主要负责综合监控系统在车站与各接入系统的数据通信的接口功能。

车站工作站控制和监视本站（车辆段）管辖范围内的各被监控对象、被集成系统。车站级（车辆段）的命令通过网络发送到各被监控对象及各被集成系统。

3）BAS 系统

车站级 BAS 主要由站级网络设备、维修工作站、现场设备组成。

车站 BAS 冗余控制器通过网络通信模块与综合监控系统交换机连接，实现与综合监控系统的数据交换，在车站的 BAS 系统和综合监控系统内部的数据流在逻辑和物理上分开设置。BAS 在车控室预留通信接口，可与临时设置的移动维修工作站连接，实现对全站环境与设备的监控。

车站 BAS 给系统维护人员配置维修工作站，连接到车站的 BAS 冗余控制器。通过维修工作站实现：对车站被监控设备的运行状态和环境参数进行动态显示、远程操作控制、参数修改、故障报警及生成历史数据报表等功能；对车站 BAS 设备进行监视、管理、调试和维护的功能。维修工作站对车站设备的状态监视及控制指令传输主要通过车站 BAS 系统 PLC 控制器上传或下达。在车站维修工作站上还可以监视该车站 BAS 向综合监控系统发送数据的情况及本车站 BAS 系统设备的工作状态。

现场设备包括控制器（冗余 PLC）、现场远程 I/O 模块、车站控制网络、各类通信接口、各类变送器、调节阀等。变送器和调节阀安装在监测现场和有关的管道设备上；远程 I/O 控制柜/箱根据车站布置适当集中设置在车控室、照明配电室、环控机房等位置。

另外，在车控室内设有由综合监控系统统一设置的综合后备盘（IBP），作为隧道通风系统、车站大系统、小系统在火灾模式，或列车阻塞模式下设备运行应急控制，或扶梯运行状态显示及急停控制。此类应急操作通过 IBP 盘内远程 I/O 模块由 BAS 实现功能，图 7-7 为 BAS 系统部分设备外形。

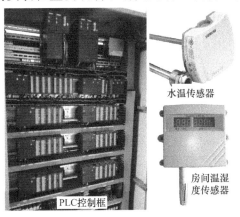

图 7-7 BAS 系统部分设备外形

(3) 主要集成监控内容

列举主要集成到综合监控系统的监控点如表 7-1 所示：

综合监控系统的监控点　　　　　　　　表 7-1

系统	系统设备	监控点
空调通风系统	空调机组	启停控制；风机启停状态显示；过载报警；过滤网状态显示及报警；就地/遥控转换开关位置；环控/自控转换开关位置；送、混、回风温度、湿度测量；空调机冷水流量调节；变风量控制（为变速风机时）；电加热器控制（需供暖时）；电加热器状态显示（需供暖时）
	隧道风机	启停控制；正反转控制；风机启停状态显示；过载报警；就地/遥控转换开关位置；环控/自控转换开关位置
	送、排风机	启停控制；风机启停状态显示；过载报警；新、排风温度、湿度测量；就地/遥控转换开关；环控/自控转换开关位置
	调节风阀、联动风阀、防火阀	启停控制；风阀开启显示；风阀关闭显示；过载报警（运营要求时）；就地/遥控转换开关位置；环控/自控转换开关位置
	基本控制工艺	环控工艺模式判断；消防排烟模式联动；顺序启停；风路联锁保护；故障停机；大功率设备延时启停；主备设备运行时间平衡；运行时间、故障停机、启停、故障次数等统计；车站公共区和重要设备房温度调节
冷水系统	冷水机组	冷水机组启停控制；冷水机组就地/遥控指示；冷水机组运行状态显示；过载报警；冷水进出口温度、压力检测；冷却水进出口温度、压力检测；冷水出水温度再设定（根据控制需要）
	冷水回路设备	冷冻泵启停控制（由 BAS 控制时）；冷冻泵状态显示；冷冻泵过载报警；冷水系统水路电动阀开启、关断控制；冷水系统水路电动阀开启、关断状态显示；冷水旁通阀压差控制；冷水泵、电动蝶阀就地/遥控转换开关状态指示开关；冷水泵、电动蝶阀环控/自控转换开关状态指示开关；水流量测量及冷量记录；分、集水温度，流量测量
	冷却水回路设备	冷却泵、冷却塔启停控制（由 BAS 控制时）；冷却泵、冷却塔状态显示；冷却泵、冷却塔过载报警；冷却水系统水路电动阀开启、关断状态显示；冷却水泵、电动蝶阀就地/遥控转换开关状态指示开关；冷却水泵、电动蝶阀环控/自控转换开关状态指示开关
应急照明		旁路，逆变，充电机故障；直流投入；母线电压过高；母线电压过低；充放电电流和时间
自动扶梯		上、下行运行状态显示；故障报警及显示；运行时间、启停次数统计
给排水		车站用水总量测量；区间连通蝶阀监控；水泵启停控制；水泵运行状态显示；水泵故障报警；水位显示及危险水位显示和报警；水泵运行时间统计，主备泵运行转换控制
低压配电与照明		环控设备供电母线掉电监视；工作照明、节电照明、广告照明开关控制；智能照明定时控制；各种照明工作状态显示和故障报警；根据消防要求切换照明
站台门		站台门开启状态；站台门关闭锁紧状态；站台门故障信号；PSL 操作允许信号；PSL 开门指令发出；PSL 关门指令发出；PSL 互锁解除；应急门关闭锁紧；有应急门开启；ASD 探测到障碍物；门处于测试/旁路状态；ASD 门手动开门
环境监控		车站控制室温湿度；信号设备室温度；环控电控室温度；整流变电室温度；公共区温湿度；低压设备室温度；风室/风道温湿度；公共区二氧化碳浓度
电力系统		主变电站主接线图、牵引降压混合变电所主接线图、降压变电所主接线图、车辆段主接线图、车辆段供电分段示意图等各电压级别（110kV/33kV/1500V/400V）的断路器、隔离开关、变压器、整流器、母线等的状态、电能参数；设备控制权限、各链路通信状态、远方复归、程序控制等功能
火灾报警系统		显示火灾报警系统的状态，在平面布局图上显示火灾探测设备的状态，接收火灾报警并自动推图显示，显示气体就地控制盘状态

(4) 系统信息交换接口

综合监控系统主要信息安全接口如表 7-2 所示。

综合监控系统主要信息交互接口　　　　　表 7-2

接口系统	接口内容
变电所综合自动化系统	由 ISCS 完成 PSCADA 中央级及车站级电力监控功能的集成，接收 PSCADA 上传开关状态、电能质量参数，可下发单控、程控等控制命令，并能修改 SCADA 开关程控卡片，并在超时失败时有消息框弹出
火灾报警系统	由 ISCS 完成 FAS 中央级及车站级 FAS 监控功能的集成，接收 FAS 上传的火警信息及防火阀、自动灭火、消防水泵等设备状态进行显示和联动相关设施
环境与设备监控系统	由 ISCS 完成 BAS 中央级及车站级 BAS 监控功能的集成，接收 BAS 上传的设备状态、环境参数、关键设备运行时间和故障次数，并可下发单点、模式及时间表等控制命令。并在模式控制超时或执行失败时有消息框弹出
站台门	由 ISCS 完成 PSD 中央级及车站级 PSD 监控功能的集成，接收 PSD 上传的整侧、单体等门状态信息并显示
防淹门	由 ISCS 完成 FG 中央级及车站级 FG 监控功能的集成，接收 FG 上传的设备状态及区间水位等状态信息并显示
安防	将安防系统的周界报警、视频监视和周界广播的控制中心、车辆段/停车场集中监控功能集成在 ISCS 中
能源管理系统	将能源管理系统人机界面嵌入到 ISCS 工作站显示，按需生成报表
供电安全管理系统	将供电安全管理系统的运行状态、闭锁校验的控制中心功能嵌入到 ISCS 中
信号系统	ISCS 从信号系统获得列车位置信息、进到站信息，向信号系统提供牵引供电信息，实现大屏幕显示
自动售检票系统	由 ISCS 完成客流显示、设备状态监视、联动功能
门禁系统	由 ISCS 完成设备状态监视、联动功能
广播系统	由 ISCS 完成广播系统中央级及车站级广播播放控制、设备监控、广播内容同步等功能
闭路电视监视系统	由 ISCS 完成专用通信视频监视系统的中央级和车站级监控功能，实现视频图像切换控制功能和数字视频图像软解码显示功能
乘客信息显示系统	乘客信息显示系统接收 ISCS 转发的 ATS 列车进到站信息，ISCS 向运营列车、车站发布紧急文本信息，监视列车车厢视频
车载信息系统	车载信息系统为车辆与 ISCS 进行车地数据通信提供无线通信的传输通道。可提供车辆状态信息上传 ISCS 的数据通道
通信集中告警系统	ISCS 实现对通信各子系统重要故障信息的集中监视功能
时钟系统	时钟系统为 ISCS 提供标准时间对时信号
通信系统	通信系统为 ISCS 提供骨干网组网使用的光纤介质（光缆）
线网指挥平台	线路中央级 ISCS 将全线行车信息、牵引供电信息、客流信息、火灾报警信息、主要设备故障等重要信息进行汇总、处理后上传至线网指挥平台；接受线网指挥平台下发的控制命令并执行

7.2 综合监控系统的运行管理

1. 运行管理的任务和内容

综合监控系统作为城市轨道交通车站设备、行车设备集中监控的手段和工具，其良好运行有利于对各子专业设备的科学管理，更大大提高了城市轨道交通对意外安全事件的反应处理能力，极大地保证乘客的人身安全。车站站务人员和控制中心调度通过综合监控系统对各类设备进行管理，并按工作职责、流程开展相关生产活动，可以最大限度地发挥系统效能，安全可靠的控制和科学管理车站设备。因此，制定合理的运营管理方案，规范车站操作人员、控制中心调度以及维修技术人员的相关职能、权限及关系，进行科学的运行管理，可以最大限度地利用系统自动监控和综合管理功能服务于城市轨道交通运营。

2. 运行管理组织及有关人员的职责

综合监控系统采用分层分布式体系结构，两级管理、三级控制运行方式，系统能全天候 24 小时运行。两级管理是指通过中央级、车站级进行管理，三级控制是指可通过上位监控层、中间控制层、现场设备实现操作权限切换控制。其中中央级工作站由环调、电调等控制中心调度员使用并负责日常管理；车站级工作站由车站站务人员使用并负责日常管理。而综合监控系统的运行和维护则由维修工班负责，确保综合监控系统的正常使用。

（1）控制中心调度员对综合监控系统的运营管理

控制中心调度员直接代表运营总经理行使调度权。

1）环调通过监控设备对地铁火灾、水灾、风灾等灾害现象进行监视，并对相关设备进行监控，确保灾害事故及时被发现，确保应急抢险过程设备能够正常投入使用，保障运营安全、旅客及工作人员的生命，保障国家产出不受重大损失。主要有：

① 环调人员对全线环控系统进行调度控制，保证城市轨道交通环境的舒适性。

② 监视并及时调整环控设备及其他车站设备的运行状态，出现故障及时报告维修调度。

③ 通过 FAS 系统中央级发现火灾报警、指挥执行火警处理程序，通过机电设备监控系统中央级工作站或下令车站人员执行相应环控灾害模式。

④ 授权车站站务人员通过监控系统对设备进行操控。

⑤ 对系统中央级设备进行设备表面清洁等日常保养工作。

2）电调通过综合监控系统设备实现对供电系统设施的运行监控、维护调度、事故抢修调度，以及向电调提供所需的运行记录等任务。主要有：

① 通过终端工作站及电力系统大屏实现对各变电所运行设备的监视及操作。

② 实现对供电系统的运行管理、行车设备维修施工管理、设备故障处理等的调度指挥工作。

③ 授权变电所人员通过 PSCADA 系统对设备进行操控。

④ 对系统中央级设备进行设备表面清洁等日常保养工作。

图 7-8 为 ISCS 不同级别的报警。

（2）车站站务人员对综合监控系统的运营管理

车站站务人员负责本站辖内的车站设备的操作，车站站务人员是综合监控系统车站级的使用者，通过综合监控系统车站级工作站对本站所辖设备的运行状态、故障情况以及机电设备监控系统自动运行情况进行监视，接受环调、电调指令，控制车站内设备动作，并对设备执行情况进行确认。

车站操作人员基本职能（针对车站设备）如下：

1）监视本站环控设备及车站其他机电设备的运行状态，通过工作站定时对设备进行巡视，出现异常，通知环调，同时通过报障系统通知相关专业维修人员，图 7-9 为环控设备监控界面。

日期/时间	报警级别	设备名称	描述	值
2017/05/08 18:16:43	重要	知识城站/FAS/6-T16/烟感	烟感 报警故障合成状态	故障
2017/05/08 18:16:42	紧急	知识城站/FAS/CZXHHZ/车站信息汇总	车站 车站信息汇总 探测器故障汇总状态	故障
2017/05/08 18:16:22	重要	知识城站/FAS/1-T01/烟感	烟感 报警故障合成状态	报警
2017/05/08 18:16:22	紧急	知识城站/FAS/CZXHHZ/车站信息汇总	车站 车站信息汇总 火灾报警汇总状态	报警
2017/05/08 18:09:54	重要	知识城站/FAS/8-T01/烟感	烟感 报警故障合成状态	正常

图 7-8 ISCS 不同级别的报警

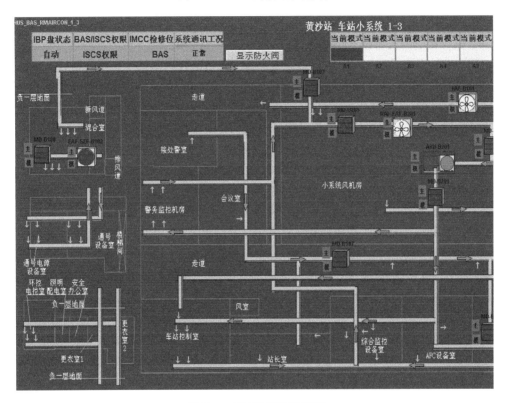

图 7-9 环控设备监控界面

2）通过 FAS 系统发现火灾报警并现场确认，执行火警处理程序，在环调指挥下，通过车站级工作站或 IBP 盘执行相应环控火灾模式。

3）在综合监控系统故障情况下降级至 BAS 或就地级对设备进行操控。

4）对综合监控系统车站级设备进行设备表面清洁等日常保养工作。

（3）系统维修人员对综合监控系统的运营管理

综合监控系统的维护维修及故障处理工作由专业维修人员完成。维修工班工班按区域分布，对系统进行维护，确保为使用者提供运行良好的系统设备，其具体工作责任有：

1）对综合监控系统进行计划性维护维修，确保系统良好运行。

2）对综合监控系统进行故障维修，确保系统功能完整。

3）对系统缺陷进行整改、对系统功能进行优化、根据实际需要扩展系统功能，最大限度发挥系统作用。

4）对使用人员进行培训，规范系统操作，并做好技术支持，保证系统的正确使用。

5）分配并维护使用人员用户权限，保障系统使用安全。

6）编写相应的技术文本，包括操作及维修手册等。

3. 运行管理的有关规程和制度

（1）对机电设备监控的运行规程

正常情况下，环控设备的运行通过时间表自动运行，时间表功能未能实现时，由环调向车站设备操作员下发相应的运行模式命令，车站设备操作员按命令站级控制设备的开启或关闭。

非正常情况下，环调对车站设备操作员下发口头命令，车站设备操作员按环调下发的口头命令执行相应的灾害模式或降级模式。

环调与车站设备操作员对机电设备的实际状态进行监控，车站设备操作员及环调均要在特定的时间对设备运行状况进行查看，环调须对中央监控和车站设备操作员所报的机电设备运行情况进行核对，以确保中央级与车站级设备显示一致。当中央级监控信息与车站设备操作员所报的信息不一致时，以车站设备操作员信息为准，环调须立即组织人员处理。

环调与车站设备操作员对火灾报警信息实时监控，发现火灾报警信息时，立即相互通报。车站设备操作员现场确认火警信息后需立即通报环调。

环调与车站设备操作员对车站重要设备的故障报警信息实时监控，发现重要设备报警信息时，立即相互通报，环调通过故障信息向车站设备操作员下发调整指令。

车站需要调整运行模式或更改设备运行状态的，由车站设备操作员通报环调，环调确认后方可调整。

紧急情况下，车站设备操作员可以立即改变设备的运行状态，紧急事件得到控制后车站设备操作员须立即向环调说明现场情况及设备状况。

紧急情况下，环调指导车站设备操作员对设备进行操作和救灾。

列车在区间非正常停车，由行调向环调通报火灾或阻塞，列车发生火灾停在区间时，环调凭行调提供的列车所处位置、列车上着火部位，经值班主任同意后执行相应的火灾模式。

环调应不断收集各种防灾资料、信息、设备运行数据，认真填写各种类统计报表，建立系统运营档案，定期进行整理、汇总、分析。各种报表、记录、命令，打印数据必须完整，妥善保管，不得任意更改或丢失。

模式管理界面见图 7-10。

（2）对电力设备监控的运行规程

在中央级可以控制的设备上，电调操作前应通过主控系统设备确认开关性能良好；变电所级控制的设备，电调发令操作前必须与变电所人员核对清楚设备状态。

电调在操作开关合闸前，电调应确认继电保护已按规定投入，开关合/分闸后，电调应核对工作站、背投大屏相关开关的显示状态是否正确。

电调能遥控操作的开关及刀闸，应优先遥控操作，当遥控不成功时，可以发令现场人员在确保安全的情况下进行当地电气分合闸或当地手动操作。当地操作时必须确认遥控命令已结束。

停电操作顺序：先断开开关，后拉开刀闸，先断负荷侧，后断电源侧，送电时与此顺序相反。

电调可通过集成在 ISCS 的电力程控卡片自动判断操作顺序，并减少操作步骤。

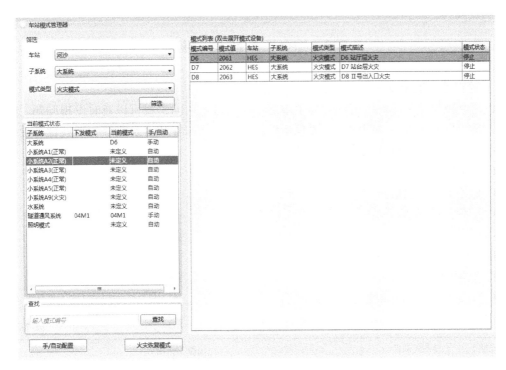

图 7-10　模式管理界面

凡属电调管辖的设备在运行中发生异常情况时，由电调负责对其进行调度管理和事故状态下的供电抢修组织和调度指挥。运行维护人员及地铁有关员工应及时把故障信息报告电调。电调根据接到的故障信息和故障情况及时调整系统运行方式，切除故障点并把故障及组织处理情况按故障处理及信息通报。

SOC 程控卡片见图 7-11。

图 7-11　SOC 程控卡片

7.3 综合监控系统的巡视

1. 巡视的一般要求

设备巡视是保障系统运行的重要手段之一，通过定期的巡视可以及时发现问题，处理问题，避免故障扩大。巡视内容主要包括设备的外观，如安装、发热等物理属性；设备的运行指示和工作站运行状况等。巡视的设备主要包括：

（1）IBP 盘。
（2）骨干网交换机。
（3）系统工作站。
（4）服务器。
（5）UPS。

2. 巡视内容

（1）IBP 盘巡视的主要内容如表 7-3。

IBP 巡视的主要内容 表 7-3

巡视周期	设备或部件	检修工作内容
一周	按钮灯、指示灯、散热风扇、照明灯管	目测按钮灯、指示灯、各按钮保护盖外观有无损坏
		散热风扇运行正常，无异响
		IBP 盘柜体门锁能正常关闭
		IBP 盘柜内照明灯管和支架良好

（2）骨干网交换机巡视的主要内容如表 7-4。

骨干网交换机巡视的主要内容 表 7-4

巡视周期	设备或部件	检修工作内容
一周	各模块 LED 指示灯	指示灯正常闪烁或无故障报警
	管理软件中交换机运行状态、故障日志	通过网管软件检查交换机运行状态及链路通信状态
		查看故障日志，必要时对重要日志截图保存

（3）系统工作站巡视的主要内容如表 7-5。

系统工作站巡视的主要内容 表 7-5

巡视周期	设备或部件	检修工作内容
一周	系统软件	巡视系统软件运行是否正常
	通信	巡视车站级之间远程登录、工作站对时
	外设	巡视计算机外设的状况，包括显示器的显示，鼠标和键盘使用功能

（4）服务器巡视的主要内容如表 7-6。

服务器巡视的主要内容 表 7-6

巡视周期	设备或部件	检修工作内容
每日	服务器应用程序	远程登入或脚本扫描，检查系统软件运行是否正常及主备情况
一周	指示灯	服务器正常工作状态指示灯亮，故障、报警指示灯不亮

(5) UPS 巡视的主要内容如表 7-7。

UPS 巡视的主要内容　　　　　表 7-7

巡视周期	设备或部件	检修工作内容
一周	UPS 主机	通过监视面板、指示灯等检查 UPS 运行状态、故障报警信息
	蓄电池	检查蓄电池外观，测量电池组电压

7.4 综合监控系统的维修

1. 维修管理的原则和任务

综合监控系统专业技术人员和维修班组是保障综合监控系统 24h 可靠运行的基础，建立完整科学的维修规程和管理组织是保障综合监控系统 24h 可靠运行的保证。

(1) 维修管理的基本原则

维修班组和技术人员必须坚持为一线运营服务的宗旨，坚持"安全第一、预防为主"的方针，本着高度负责的职业道德态度，精心维护好系统设备，做好本职工作，保证系统、设备状态良好、正常运行。

在进行系统、设备维修工作时，员工必须执行有关规章制度，加强工班管理与建设，推行标准化管理。

系统设备的维修工作应当贯彻预防性维护与状态维修相结合，以预防为主的原则。按期进行计划性维修，在维修中应采取多种手段进行检测，充分利用系统本身自诊断功能，根据设备状态参数、日志记录进行早期设备故障诊断，并通过故障信息化管理、后台数据分析等先进方法，建立相应可靠性维修策略，调整维修周期或者按需维修，使系统维修由系统投运初期的计划维修和故障维修逐步向状态维修过渡。

在加强对系统、设备的定期维修的同时，应加强对系统、设备的管理。执行"三定"（定设备、定人、定维修周期）、"四化"（作业制度化、质量标准化、检修工艺化、检修机具和检测手段现代化）的设备维修制度。

在进行系统、设备维修的过程中应严格控制维修成本和维修质量，在确保维修质量的前提下减少不必要的浪费、合理安排人力和物料消耗。

积极开展科研、技改国产化项目，不断完善系统功能、优化系统软件，根据实际需要开发报表功能，使综合监控系统更好地为城市轨道交通安全运营服务。

(2) 维修管理的任务

运营管理部门及班组必须坚持对员工进行政治思想教育与专业技能培训，不断提高员工的思想素质与业务素质，建立一支思想素质高、遵章守纪、专业技能过硬的维修队伍。

1) 维修计划管理

① 维修计划管理包括：制定维修计划，检查计划的执行与完成情况；

② 维修计划的制定是由专业工程师参照《自动化设备维修周期与工作内容》制定，主要包括年度维修计划、月度维修计划；

③ 年度维修计划应上报给有关部门审批，审批后的计划即作为下一年度维修计划的标准；

④ 月度计划是对年度维修计划进行分解、细化后制定出来的。月度设备维修计划，由维修工班按时执行完成；

⑤ 各种维修计划一旦制定即应严格认真执行，未经批准不得擅自更改，因客观情况变化影响计划执行时，应按审批程序申请修改；

⑥ 专业工程师每月应对所辖设备维修计划完成情况进行检查，并按有关规定填写检查记录。

2）维修安全管理

安全是城市轨道交通运营工作的生命线，运营管理部门必须给各专业维修人员创造良好的维修条件，必须严格执行相关的安全操作规程，遵守国家、公司相关的安全规章制度。

维修人员应严格进行岗前和定期的安全教育和专业技能培训，安全教育和专业技能培训合格者方可进行本专业的维修工作。

建立、健全各级安全管理网络，在工班管理中设立工班兼职安全员，在工班员工中树立"安全第一，预防为主"的思想，在实际工作中对安全问题实行"安全隐患未排除不放过、安全措施未落实不放过、安全责任未明确不放过、广大员工未受到教育不放过"的四不放过方针，加强对安全工作的检查和落实。

3）维修技术管理

为了有效地解决生产中的技术问题，顺利开展各项技术创新与技术革新，设备故障分析及各部门间的协调工作，主要有以下一些内容。

① 培训维修员工，增强员工的各项技能和专业知识；

② 对系统运行情况进行技术分析，根据系统的维修记录，不断改进系统维修模式和维修工艺；

③ 对技术资料进行整理归档，包括系统的安装手册、维护手册、操作手册、竣工资料、软件备份等；

④ 对系统存在的问题制定技术改造方案，逐步完善系统；

4）维修质量管理

在各类维修工作的进行过程中及完成后，工班应根据《系统设备检修工艺标准》的规定，立即对维修工作质量进行检查，并做好记录。

专业工程师对维修工作质量的检查采用抽查的形式。但每周抽查应不少于两次，且每次抽检率应不低于5%。并检查各种维修记录。

5）维修工器具、备品备件、材料管理

为保障监控系统良好运行，根据系统特点，除需要配备电气、电子常用维修工具外，还应考虑以下设备及工具的配置。

① 一定数量的控制设备及仪表备品备件；

② 计算机常用配件，如硬盘等；

③ 笔记本电脑、操作软件及控制程序的软件备份；

④ 仪表校验设备，如标准温湿度计、过程校验仪；

⑤ 示波器、信号发生器等电子设备；

⑥ 对蓄电池进行维护的在线均衡系统、内阻测试仪等；

⑦ 工具软件，例如交换机管理软件、网络抓包工具 Wireshark、串口调试助手等。

为使各种工器具、材料、备品备件能满足实际系统运行需要，必须对上述工器具、材料、备品备件实施有效的管理，并需根据实际消耗及需要进行相关计划编制及相关仪器的采购、验收、使用、保管、维护保养等。

2. 维修管理的组织及有关人员的职责

综合监控系统的维修管理工作主要由技术管理人员和维修工班负责，对管辖的系统、设备开展检修、故障修工作，对人员进行技术、技能培训，并开展国产化、技术改造等相关技术工作。

(1) 技术管理人员岗位职责

接受上级的领导，负责本专业技术、质量管理工作。

负责制定、组织、实施、检查本专业工作目标和生产计划及其完成情况。

负责本专业维修文本、规章、制度等编制、修订、完善工作。

负责本专业技术资料、图纸等收集、整理、核对、修改、完善工作。

负责解决本专业生产中技术难题，为维修工班人员提供技术支援，协调专业接口关系。

负责对本专业维修人员和其他相关人员进行技术和技术管理的培训。

定期组织本专业技术交流会议，对系统运行情况进行总结，及针对性提出改进措施。

组织实施技术改造、国产化技改立项、专项修立项等工作。

密切关注本专业新技术、新设备、新材料的应用与发展趋势。

(2) 维修工班工班长工作岗位职责

接受上级的领导，服从专业工程师的工作安排。

负责与不同专业、工班之间工作的协调。

按月度检修计划分配工作，负责本工班的考勤和治安保卫工作。

负责本工班班组管理，包括安全、技术、质量材料、抢险组织等。

按月对管辖内设备质量、运行情况进行检查，并做出评估与记录，以作为员工考核工作质量的依据。

经常组织本工班维修人员进行学习，努力提高本工班维修人员的技术业务素质。

管理本工班台账，检查各种表格和维修记录的填写情况，负责填写工班日志和各项报表，并按时上交。

负责组织工班会议，组织全员参加各项活动。

负责本工班员工工作考评，安排工班内师徒带教作业。

(3) 维修工班人员岗位职责

接受工班长的领导和工作安排。

做好本专业所辖设备维护、保养、巡视工作，填写相关报表、记录。

严格遵守各项安全规章制度，正确使用劳动安全防护用品以及生产工具，确保人身及设备的安全。

接受培训，参与抢修抢险作业。

参加公司、本专业、本工班组织的学习和活动。

向上级提出、反映本人合理化建议和意见。

参与员工工作考评。

3. 维修管理的有关规程和要求

(1) 设备分类和维修策略

根据设备的重要性及影响大小,监控系统设备可分为 A、B、C 三类:

A 类:故障发生后导致单站失去监控或全线失去监控的设备;

B 类:系统有冗余,单台退出不会导致功能缺失的设备;

C 类:故障造成的影响很小,对运营、消防、系统正常运作不构成影响的设备。

结合成本控制、人员技能、维修能力以及专业设备对行车及客运的影响程度等因素,将维修策略分为Ⅰ类、Ⅱ类、Ⅲ类:

Ⅰ类:计划性维修策略。

Ⅱ类:状态修维修策略。此类设备采取定期检测及维护保养,加深小修,评估后采取大修或专项修策略。

Ⅲ类:故障修维修策略。此类设备采取故障修、评估后专项修策略。

(2) 维修规程和要求

监控系统设备属自动化设备,系统本身具备一定的自我诊断功能,设备房环境较为良好,检修周期主要设周检、季检、半年检以及年检等周期。计划性维修按维修内容可分为日常保养(一级)、二级保养、小修(三级)。同时根据设备的实际技术状态检测结果,全面评估后确定维修时机和范围,开展相应的状态修(或专项修)。

由于 ISCA、BAS 接口系统较多,在设备的维护、维修过程中,应尽量避免影响接口专业的运作。涉及接口的维护,应先与其他专业协调,预先告知其他相关专业在维修过程中对其可能造成的影响,并有相关应急预案或应急处理措施,必要时在其他专业的监护下进行维修。

1) 日常保养

监控系统日常保养,工作站由设备使用人员(如环调、车站操作人员)完成,设备房内设备由维修人员完成。主要内容包括:

① 检查设备外观是否良好,是否异常。

② 检查设备周围环境是否良好,设备表面是否清洁,并做好维护工作。

③ 从工作站上检查系统设备是否正常运行,监控功能是否正常。

④ 维修人员对所管设备进行巡视检查、检查故障报警记录,监视设备运行状态。

2) 二级保养

① 二级保养基本要求:

a. 对设备柜体、尘网、散热风扇进行清洁。

b. IBP 盘设备控制功能测试。

c. 对设备关键或主要部件进行测试、调整。

d. 检查理顺引出(引入)线;连接导线、通信线检查、接线端子紧固检查。

e. 测试送、受电端电压、电流;输入输出端口的检查。

f. UPS 供电、切换测试;独立 UPS 的充放电维护。

g. 日志清理或备份。

② 二级保养的实施:

a. 监控系统设备的二级保养主要包括季检和半年检。应根据《自动化设备维修周期与工作内容》，把监控系统设备的二级保养纳入年度维修计划中，并严格按照年度维修计划进行。

b. 专业工程师每季应对所管辖设备质量和运用质量检查一次，并对检查结果分析总结，作出评语和记录，以保证设备质量符合维修标准。

3）小修（三级维修）

① 小修（三级维修）基本要求：

a. 对设备的电气特性进行全面测试，运用工具软件对系统进行必要的诊断。

b. 对系统主要功能进行全面测试，确保系统功能完整。

c. 对曾发生故障的设备进行重点诊断、分析，消除隐患。

d. 对设备进行内部、外部的全面清洁。

e. 查杀病毒。

f. 数据库及历史数据的管理。

② 小修（三级维修）的实施：

a. 监控系统设备的小修指设备的年检，属三级维修。根据《自动化设备维修周期与工作内容》，设备的小修纳入年度维修计划中，按照年度维修计划进行；年检与季检、半年检重叠时应一并进行，此时年检的内容应包括季检、半年检的全部内容。

b. 对监控系统的小修应严格按照设备维修标准全面认真进行，确保维修质量，使经过小修后的设备完全符合维修标准，达到原设计的技术标准和要求。

c. 结合设备的小修，专业工程师每年应对所管设备进行一次年度设备质量综合评定，按"良好、合格、不合格"对设备质量进行评估、统计、分析，评定结果对下一年度的设备维护工作起指导作用，并作为专项修的主要依据之一。

d. 监控系统设备有一定的市场存货周期，应将其备品备件的更新改造计划纳入年度维修计划，保证有足够的备品备件支持系统正常运行。

4）状态修（或专项修）

根据设备历年设备质量综合评定结果，在一定年限后（5～8年）开展的对单个（或按一定比率（5%～10%）抽取）同类设备进行解体拆解分析。对各部件和主要构成进行电气性能、机械性能、材料性能等方面进行综合检测和评估。通过深度的设备综合评定确定设备的使用寿命、维护保养质量、指导开展对该类设备的专项修工作。

① 专项修基本要求：

a. 对满足专项修启动条件的主要零部件进行保养、维护、维修和更换。

b. 对专项修成果进行测试、验收，以保证设备的机械特性与电气特性符合维修标准，达到原设计的技术标准与要求。

② 专项修的实施：

a. 监控系统的专项修是按照设备质量的综合评定对自动化设备进行整修、补强和恢复工作，以保证电气特性、检测精度和执行效果达到要求。

b. 自动化设备的专项修周期可根据设备运用情况、设备质量及生产商提供的产品维修周期制定并调整。

c. 专项修所用的设备、器材与材料应是合格产品，并经过测试、检验完全符合要求方可使用。

d. 经专项修后的设备，应经过全面系统的测试与试验，各项功能与技术指标完全达到维修标准和原设计的技术要求，通过验收后方可正式投入使用。

5）故障处理（故障修）

当综合监控系统发生故障后，应尽快组织对故障设备进行测试、诊断、分析，找出故障原因并修复故障，恢复设备使用。在故障修复时应详细记录故障现象及处理修复过程，以备分析故障及在进行后续维护时做进一步的处理与修复。

在故障处理后，应能保证设备恢复使用功能，正常投入运行；如无法达到时，应降级使用，限制故障范围；尽量防止设备带病运行，防止故障扩大化。

（3）维修规程参考样例

表 7-8 所列的监控系统检修周期与工作内容，供作参考。

监控系统检修周期与工作内容　　　　　表 7-8

序号	设备	修程	部件	检修工作内容	周期
1	IBP盘	季检	指示灯、旋钮开关、按钮等元器件	检查 IBP 盘旋钮开关（包括"车站环控手动/自动转换开关"、"上、下行侧屏蔽门禁止/允许转换开关"）是否在正确位置	三个月
				测试 IBP 盘旋钮能否实现转换控制功能	
			柜体内、外及柜体风扇、尘网	对 IBP 盘柜体内、外及柜体风扇进行清洁	
				检查 IBP 盘后柜内端子排接线是否松脱，对松脱端子进行紧固	
			接口功能测试	SIG 接口功能测试	
				AFC 接口功能测试	
				门禁接口功能测试	
				防淹门接口功能测试	
				扶梯接口功能测试	
				屏蔽门接口功能测试	
		年检	BAS 火灾模式接口功能测试	与环控专业沟通进行，带设备动作	一年
				将 IBP 盘"手动/自动"转换开关切换至手动状态，此时可以使用 IBP 盘控制启动相关的环控模式，逐一执行火灾模式	
2	骨干网交换机	季检	网线接口	检查网线两端接口是否紧固无松动。如有松动或松脱，重新插紧接口	三个月
				检查网线有无问题。测试网线，更换有问题的网线	
			风扇，温度	如果温度过高，交换机风扇会高速运转，发出很大的响声。正常情况下应无异响，手感机箱温度，温度适宜机器运作	
			电线	电线无破皮、潮湿现象。如有，根据实际情况采取切实可行的措施解决	
			螺丝	紧固松动的螺丝	
			柜体、设备表面	对线槽，电源插座，风扇，灯管，空气开关，接线端子进行清洁	
				对交换机表面进行清洁	
				对机柜进行清洁	
			通过管理软件检查交换机运行状态	通过网络管理软件检查交换机运行状态	
				有重要报警时查看并记录故障日志。必要时对重要日志截图保存	
		年检	供电线缆，电源冗余	对每台交换机先后各停一个电源，检查交换机是否仍能正常工作。如果交换机无法正常工作，更换该电源模块	一年
			模块功能	通过网络管理软件检查交换机运行状态	
				检查冗余管理器，双环耦合情况	

续表

序号	设备	修程	部件	检修工作内容	周期
3	大屏幕图形处理器	季检	处理器网络线、电源线	检查每个处理器后面的网络线、电源线的连接情况	三个月
			处理器冷却风扇	打开处理器前盖板，查看处理器的所有冷却风扇是否正常运转，是否有杂声、异响、异常振动	
			处理器的外部各个部件	用干净的抹布和清洁剂清洁处理器机柜和外部各个设备部件	
			检查图形处理器的运行情况	检查多屏图形处理器的软件运行情况	一年
				检查多屏图形处理器的硬件运行情况	
				检查多屏图形处理器的网络连接情况	
		年检	图形处理器的内部各个部件清洁	将大屏幕系统关闭	
				清洁各图形处理器内部部件	
				重新启动图形处理器，开启大屏幕投影系统	
4	UPS主机、蓄电池和在线均衡器	季检	检查UPS各种开关	市电输入开关处于合位	三个月
				输出开关的转换开关处于UPS供电位置	
			检查UPS主机、在线均衡器的各种操作按钮	目测分别检查UPS主机和面板上的各个按钮是否无破损	
			检查各种连接线	戴上绝缘手套，逐一检查UPS主机及在线均衡器内各种连线、接地线是否牢固完好	
			检查电池外观是否正常	目测逐一检查电池柜内各个蓄电池的外观是否无破损、爆裂、漏液等异常迹象	
		半年检	检查各保护功能（旁路、自投等）	自动旁路切换输出测试	六个月
				手动维修旁路输出测试	
			进行电池放电维护	断开市电输入，此时使用电池供电。每隔20min测试以下电池电压和输入、输出电压。对电池进行完全的充放电	
				利用在线均衡器记录电池内阻、电池电压	
		年检	UPS机柜、在线均衡器连线及接头螺丝	对UPS机柜、在线均衡器连线及接头螺丝进行清洁	一年
				将UPS停机后，将UPS主机盖挡板拆开；戴上绝缘手套，用毛刷对机柜内部的各模块部件进行清除检查	
			电池柜清洁	逐个清洁电池表面、电池极耳及电池柜连线及接头螺丝、机柜内部的清扫检查	
			对在线均衡进行断电重启	断开在线均衡后面电源开关，10min后再行开启	
5	工作站	年检	病毒	查杀病毒	一年
			外部接口	检查各个外部接口以及相关联的线路	
			系统运行	全面检查系统运行情况	
			系统备份	进行系统备份	
			硬盘	检查硬盘是否有坏区	
			断电测试	工作站计算机断电测试（双电源）	
			工作站	拆卸工作站检查并进行清洁	
			运行参数	检查系统运行参数	
			操作密码	重新设定操作密码	

续表

序号	设备	修程	部件	检修工作内容	周期
6	服务器	季检	导出并清理报警记录	使用命令登录服务器，导出报警记录备份并清除服务器内报警记录	三个月
			服务器外部清洁	使用抹布和毛刷对服务器外部进行除尘干净	
				使用压缩空气喷洁剂对服务器进行清洁	
		年检	查看并清理日志	使用软件工具登录服务器，查看服务器日志文件，备份该文件并清空文件目录	一年
			各个外部接口以及接线	查看服务器的各个外部接口是否在正确位置且牢固无松动	
			检查系统运行情况	查看服务器的面板指示灯的状态，power 灯是否亮绿色和 system 灯是否不亮红色	
				用命令查看服务器的进程启动情况	
				用命令分别查看服务器的文件系统和 CPU 的使用率情况	
			进行完整系统备份	使用备份服务器软件对系统进行备份	
			服务器清洁	关闭服务器	
				戴上防静电护腕，将服务器的前面板盖拆卸并用毛刷进行清洁	
				将服务器的上盖挡板拆开，对内部各部件、插槽进行清洁	
7	FEP	季检	FEP 电源灯，主板指示灯	巡视 FEP 电源灯是否亮起，主板前面板上的系统红灯是否长亮	三个月
			电线	检查电源线有无破皮、潮湿现象，如果有，则需停机更换	
			设备表面	做好设备表面清洁	
			FEP 运行日志	使用终端登录 FEP，查看 FEP 运行日志，必要时保存 FEP 日志	
			FEP 软件版本及通信工况	使用终端登录 FEP，查看并记录 FEP 软件版本信息	
		年检	内部清洁	对 FEP 内部各部件进行清洁	一年
			冗余功能	冗余功能测试	
			网络连接	检查网络连接（可借助计算机辅助），包括有无数据交换和通信是否正常，以及数据处理情况	
8	ISCS 附属设备（含开关电源、光电转换器、串口转换器、RTU 小交换机、光纤熔接盒及相关线缆等）	季检	网线、光纤线、电源线	查看网线、光纤线、电源线是否插稳，网口指示灯、光纤模块指示灯是否正常亮起	三个月
			开关电源、光电转换器	用万用表测量、开关电源、光电转换器输入电压	
			卫生	清洁设备表面灰尘	
		年检	光纤、尾纤	测试光纤、尾纤光衰减	一年

续表

序号	设备	修程	部件	检修工作内容	周期
9	系统控制柜/控制箱	季检	外观检查	控制柜体完好无破损、无腐蚀现象，门轴门锁完好	三个月
			控制器、模块运行情况	检查柜内控制器模块、电源模块、通信模块、IO模块运行情况，发热情况	
			供电检查	测量开关电源输入电压、输出电压，检查导线连接情况	
			清洁	对各模块、箱体内外进行清洁	
10	各类传感器	半年检	外观检查	检查传感器外观及安装稳固情况	六个月
			接线	检查传感器电缆接线外观及紧固情况	
			供电检查	测量传感器电源供电电压	
			清洁	传感器表面清洁	
		年检	数值校验	对传感器测量数值进行校验	一年
11	冷水流量调节控制器及其附件（含二通阀、压差旁通装置等）	半年检	外观检查，清洁	检查设备外观无破损，对设备外表进行清洁	六个月
			接线	检查电缆接线外观及紧固情况	
			供电检查	检测反馈与控制的信号或参数是否在正常范围内	
			控制测试	现场检查控制器及其附件的动作情况	
12	BAS软件功能测试	年检	模式联动	检查验证与综合监控系统、FAS的模式联动是否正常；检查并验证所有环控、照明、导向系统模式现场设备动作是否正确	一年
			PLC冗余	对PLC冗余功能进行测试	
			网络连接	检查车站环网连接情况，各控制箱网络连接情况	

4. 各种设备的维修工艺

（1）IBP盘

1）材料、工具准备：

① 抹布，毛刷。

② 清洁剂。

③ 照明灯管。

④ 散热风扇。

⑤ 吸尘器。

2）维修工艺要求：

① 正常运营情况下须确认盘旋钮开关所在位置是否正确："车站环控手动/自动转换开关"在自动位，"上、下行侧屏蔽门禁止/允许转换开关"在禁止位。

② 用毛刷清理柜体风扇表面及扇叶灰尘。

③ 用干净抹布、吸尘器清洁IBP盘柜体内外的灰尘。

④ 检查端子排接线是否松脱，如有松脱则对其进行紧固。

⑤ 操作旋钮开关、按钮进行接口功能测试。

（2）骨干网交换机

1）材料、工具准备：

① 抹布，毛刷。

② 清洁剂。
③ 笔记本电脑。
④ 吹风机。

2) 维修工艺要求：

① 网络连接无异常，光纤、网线完好。
② 检查网线有无问题。测试网线，更换有问题的网线。
③ 机箱内风扇运转平稳无异响。
④ 电线无破皮、潮湿现象。
⑤ 用13mm油刷或50mm油刷把机柜风扇、灯管、线槽的灰尘扫除。
⑥ 先用干抹布把外壳擦拭干净（但不要触动网线接口），再用电动吹风机清除网线插口的灰尘。
⑦ 用抹布对机柜进行清洁。
⑧ 通过管理软件检查交换机运行状态，如有报警查明原因。
⑨ 对每台交换机先后各停一个电源，检查交换机是否仍能正常工作。如果有一个电源不能独立工作，更换该电源模块。
⑩ 检查冗余管理器，备链路应为"inactive"。
⑪ 检查双环耦合情况。主链路应显示为"active"，备链路为"standby"。

(3) 大屏幕图形处理器

1) 材料、工具准备：

① 抹布，毛刷。
② 清洁剂。

2) 维修工艺要求：

① 先检查主处理器的线路连接情况，应该无松动，然后检查各个从处理器的线路连接情况，应该无松动。
② 处理器前面板"FAN"灯正常亮起，侧耳听处理器风扇运转无异响，用手触摸机箱，无明显振动。
③ 用干净的抹布和清洁剂清洁处理器机柜和外部各个设备部件。
④ 通过管理软件检查图形处理器的软件、硬件运行情况。网络连接情况。
⑤ 将大屏幕系统关闭。打开处理器盖板，清洁处理器内部各个部件。
⑥ 重新启动图形处理器，开启大屏幕投影系统。

(4) UPS主机、蓄电池和在线均衡器

1) 材料、工具准备：

① 抹布，毛刷。
② 清洁剂。
③ 电气绝缘胶带。
④ 绝缘手套。

2) 维修工艺要求：

① 目测分别检查手动维修旁路开关、输入电源开关和电池开关的位置状态是否正常。
② 逐一检查电池柜内各个蓄电池的外观是否无破损、爆裂、漏液等异常迹象。

③ 戴上绝缘手套，逐一检查电池柜内各个蓄电池的极耳保护罩是否稳固。

④ 戴上绝缘手套，逐一检查UPS主机及在线均衡器内各种连线、接地线是否牢固完好。

⑤ 断开UPS的市电输入电源开关，电池经过逆变器提供负载所需要的电源，逆变器指示灯亮。

⑥ 断开UPS的市电输入电源开关和电池开关QF1，负载通过"自动旁路"由交流输入电源供电。

⑦ 断开UPS的市电输入电源开关QM1，电池经过逆变器提供负载所需要的电源，进行蓄电池放电、充电维护。

⑧ 利用在线均衡器记录电池内阻、电池电压数值。

⑨ 将UPS停机后，将UPS主机盖挡板拆开；戴上绝缘手套，用毛刷对机柜内部的各模块部件进行清除检查。

⑩ 对UPS机柜、在线均衡器连线及接头螺丝进行清洁。

⑪ 逐个清洁电池表面、电池极耳及电池柜连线及接头螺丝，机柜内部的清扫。

（5）工作站

1）材料、工具准备：

① 抹布，毛刷。

② 清洁剂。

③ 刻录光盘。

④ 吹风机。

⑤ 导热硅胶。

2）维修工艺要求：

① 使用杀毒软件全盘查杀病毒。

② 检查各个外部接口以及相关联的线路。

③ 全面检查系统运行情况，包括界面切换，报警记录和事件记录刷新，控制权限，有无异常数据点。

④ 扫描硬盘是否有坏区。

⑤ 工作站双电源冗余测试。

⑥ 拆卸工作站对内部各部件进行清洁。

⑦ 重新开启工作站，检查运行参数。

⑧ 重新设定操作密码。

（6）服务器

1）材料、工具准备：

① 抹布，毛刷。

② 清洁剂。

③ 笔记本电脑。

④ 吹风机。

⑤ 导热硅胶。

⑥ 服务器硬盘。

2) 维修工艺要求：

① 使用命令或通过超级终端登录服务器，导出报警记录备份并清除服务器内报警记录。

② 使用抹布和毛刷对服务器外部进行除尘干净。

③ 使用压缩空气喷洁剂对服务器难以触及的地方进行清洁。

④ 查看服务器的各个外部接口是否在正确位置且牢固无松动；相关线缆应无破损。

⑤ 查看服务器的面板指示灯的状态，有无硬件或软件报警。

⑥ 进行完整系统备份。

⑦ 戴上防静电护腕，将服务器的前面板盖拆卸并用毛刷进行清洁。

⑧ 将服务器的上盖挡板拆开，对内部各部件、插槽进行清洁。用命令查看服务器的进程启动情况。

⑨ 重新启动服务器，用命令查看服务器的进程启动情况。

⑩ 用命令分别查看服务器的文件系统和CPU的使用率情况。

(7) FEP

1) 材料、工具准备：

① 抹布，毛刷。

② 清洁剂。

③ 笔记本电脑。

④ 吹风机。

2) 维修工艺要求：

① FEP电源灯，主板指示灯显示正常。

② 检查电源线有无破皮、潮湿现象，如果有，则需停机更换。

③ 用抹布、毛刷对设备外部进行清洁。

④ 使用超级终端登录FEP，查看FEP运行日志，必要时保存FEP日志。

⑤ 使用终端登录FEP，查看并记录FEP软件版本信息。

⑥ 将FEP停机，拆开外盖箱，进行FEP内部除尘清洁。

⑦ 重新启动FEP，检查网络连接，包括有无数据交换和通信是否正常，以及数据处理情况。

⑧ 进行FEP冗余功能测试。

(8) ISCS附属设备（含开关电源、光电转换器、串口转换器、RTU小交换机、光纤存储交换机及相关线缆等）

1) 材料、工具准备：

① 抹布，毛刷。

② 清洁剂。

③ 光功率计。

2) 维修工艺要求：

① 查看网线、光纤线、电源线是否插稳，网口指示灯、光纤模块指示灯是否正常亮起。

② 用万用表测量、开关电源、光电转换器输入电压。

③ 清洁设备表面灰尘。

④ 测试光纤、尾纤光衰减，用酒精清洁接头后，再次测量光衰减。

（9）BAS 系统控制柜/控制箱

1）材料、工具准备：

① 抹布，毛刷。

② 清洁剂。

③ 万用表。

2）维修工艺要求：

① 检查控制箱体无破损、无腐蚀现象，门锁完好，门锁能顺利开关。

② 检查柜内控制器模块、电源模块、通信模块、IO 模块外观及安装稳固情况。

③ 观察柜内控制器模块、电源模块、通信模块、IO 模块各状态指示灯显示正常，设备故障指示灯不亮，各种信号指示灯通信正常，各模块对应有接入点的指示灯显示正常。

④ 检查连接线缆有无松动。测量开关电源的输入电压，应在 220VAC（±5%）的正常范围内。

⑤ 测量开关电源的输出电压，应在 24VAC（±5%）的正常范围内。

⑥ 用毛刷、干抹布清洁柜内各模块，清洁箱体内外。

（10）各类传感器

1）材料、工具准备：

① 抹布，毛刷。

② 清洁剂。

③ 万用表。

2）维修工艺要求：

① 检查传感器外观及安装稳固情况，确保传感器外观完好无破损、安装稳固。

② 检查传感器电缆接线外观及紧固情况，确保线缆紧固无破损。若是水系统传感器，还要注意观察传感器是否有漏水渗水的现象。

③ 传感器电源供电电压应在 24VDC（±5%）正常范围内。

④ 用毛刷和抹布对传感器进行清洁，确保表面无积尘。

⑤ 用测温枪或手持式温湿度计，检查温湿度传感器、水管温度计测点在工作站的反馈值是否在正常范围内，比较实际测量值与工作站显示值，误差在±5%以内。

（11）冷水流量调节控制器及其附件

1）材料、工具准备：

① 抹布，毛刷。

② 清洁剂。

③ 万用表。

2）维修工艺要求：

① 检查控制器及其附件外观完好无损坏。

② 测量电源供电电压，应与设计给定值误差在±5%的范围内。

③ 在工作站上设置控制量，看反馈量与控制量的误差应在±5%的范围内。

④ 由工作站分别输出二通阀开度 0，25%，50%，75%，100%，看现场二通阀动作

是否平顺，有无卡顿，能否动作到位。

⑤ 对设备外表进行清洁。

(12) BAS 软件功能测试

1) 材料、工具准备：

① 笔记本电脑。

② 模式对照表。

2) 维修工艺要求：

① 依次对 IBP 盘所有模式进行测试，检查下发模式与 BAS 执行的模式是否一致。测试完之后进行复位工作，确保各按钮都已正常弹起。

② 检查并验证所有 FAS 自动模式通道信号，检查 BAS 与 FAS 接口状态是否正常及相应模式联动功能是否正确。

③ 在综合监控系统工作站上执行所有模式，检查现场设备动作是否与模式对照表预期动作一致，验证综合监控系统-BAS-现场设备模式联动是否正确。

④ 检查并验证所有 PLC 冗余功能是否正常：将 A 机停用能自动切换 B 机，将 B 机停用能自动切换 A 机，冗余功能能正常执行。

⑤ 检查车站环网连接情况，各控制箱网络连接情况，有无报警信号，有无报警事件。

7.5 综合监控系统事故（故障）分析与处理

1. 事故（故障）处理原则

由于城市轨道交通环境的特殊性和其他不可预测的因素，设备故障不可能完全避免，而高效的故障抢修处理程序则是系统安全可靠运行的重要保障。

综合监控系统故障按其性质，可分为严重故障、一般故障两类，若综合监控系统出现严重故障，应及时进行紧急抢修，必要时通知有关调度、车站采取临时应急措施，使系统降级运行。一般故障可根据城市轨道交通运营需要进行处理，若故障难以短时间内处理完毕，则可安排现场操作、现场值守等措施规避更大影响发生的可能。

(1) ISCS、BAS 故障分类

1) 凡属以下故障之一，均为监控系统严重故障：

① OCC 与 1 个以上车站失去联系；

② 车站设备失去监控功能；

③ 模式、程控不能下发执行；

④ 接触网远程停电、送电不成功；

⑤ 火灾模式无法联动；

⑥ IBP 按钮功能失效。

2) 凡属以下情况之一，属监控系统一般故障：

① 单体设备停用，但冗余设备热备投入；

② 个别点位状态与现场不一致；

③ 设备报警，但仍能继续工作；

④ 网络链路、通信接口报故障，但数据通信未受影响；

⑤ UPS 切换到旁路供电；
⑥ 大屏其中一个单元无显示；
⑦ 车站维修工作站无法监控，但 PLC 运行正常；
⑧ 传感器故障，但不影响模式运行。

(2) 事故（故障）处理原则及程序

1) 为迅速进行事故障碍的处理，同时便于故障维修的管理及考核，要建立完善的故障受理制度。

2) 维修工班维修人员从调度或站务处接报故障或在维修过程中发现系统故障，故障情况均要按要求录入信息化管理系统。

3) 系统设备发生故障，有关维修人员应快速赶往现场处理，及时准确的作出判断（判明故障位置，故障原因等），积极组织修复，缩短故障时间，把故障时间、影响控制在最小范围内。若无法现场及时维修，采取必要的临时措施先行处理，避免故障影响扩大化。

4) 维修人员在故障处理完毕后，应对现场进行清理、恢复，并回复调度。

5) 故障处理人应及时填写故障处理台账，记录故障情况及处理记录，归档备查。

6) 严格事后检查制度，由维修工班工班长或专业工程师对维修情况及相关处理记录、台账作核查，确保维修质量。

7) 维修过程中，不能影响接口专业的运作，涉及接口的维修，应先与其他专业协调，预先告知其他相关专业在维修过程中对其可能造成的影响，必要时在其他专业的监护下进行维修。

8) 对于现场设备故障而引起的监控系统功能障碍，维修时应与其他专业沟通配合，维修工班人员应积极协助故障处理。

9) 对在线设备，当班维修人员应在接到通知的当班内到达现场，进行维修，维修应在当班内完成；当班完成不了，则应报调度，并做好现场防护措施，尽快安排接续的维修；

10) 对离线设备，在离线前应做好替换措施，替换后经复查、检验正常后，方可离开现场，离线设备的维修应有计划的维修期限。

(3) 故障处理要求：

故障处理要按故障处理程序进行，了解故障情况要做到三清，即时间清、原因清、地点清；处理要遵循四不放过原则，即事故原因分析不清楚不放过，防范措施未落实到位不放过，事故责任者和相关人员没有受到严肃处理不放过，广大员工未受到教育不放过。

2. 事故（故障）抢修组织

对于事故（故障）抢修组织主要涉及抢修流程，抢修人员调配，材料、工器具组织三方面。

(1) 抢修流程：

1) 监控系统发生故障后，由环调根据故障的严重性判断，若为可能影响到正常运营的重大故障，则需要立即进行抢修。

2) 若为重大故障，环调通知分部主任进行抢修组织，分部主任接报后组织就近的系统维修人员第一时间赶赴事故现场。同时通知维修工班长、专业工程师参与抢修。

3)首先到场的专业维修人员向控制中心环调申请进行抢险作业。

4)原则上专业工程师或工班长为现场抢修负责人,抢修人员必须服从现场总指挥的命令,不得各自为政。

5)抢险作业完成后,由现场抢修负责人报告抢修情况,同时向环调报告抢险结束。

(2)抢修人员调配

1)在工班设置上,尽可能将工班设置在城市轨道交通线路的中间站点附近,同时在维修组织上以分段维修为宜,每段设工班,确保故障处理人员能在尽可能短的时间内到达现场。

2)接报故障后,工班长根据实际情况及当日的排班情况,派遣就近维修人员参与故障抢修。最先到达现场的维修人员了解、检查现场情况后,发布现场第一信息给其他参与抢修人员。

3)非运营时段的抢修,必要时由调度安排抢险车运送人员和物资。

(3)材料、工器具组织

1)工班内应保存一定数量的备品备件、材料、仪器仪表等,并建立相应的设备、物料管理制度。

2)事故抢修工具、备品应分门别类集中存放,最好集中存放在几个抢险箱中,并有明显标志,便于发生事故抢修时迅速准确地提取。

3)抢修工具、备品应状况良好。

4)抢修工具、备品应有专人保管负责,并定期进行清查、保养,发现问题及时整改,短缺的物品及时补齐。所有物品必须建立账卡、清单。

5)抢修设备应包括:主要控制设备的备品备件,个人电气维修套装工具,手电筒,常用电工仪器仪表(如万用表、电流钳表等),必要的材料、物资等。

3. 典型事故(故障)的分析与处理

以下针对监控系统主要设备的常见故障,简要介绍一些故障处理的步骤,以供参考。

(1)工作站故障

1)工作站死机或软件卡死、退出:

① 在工作站死机或软件卡死、退出的情况下,应该对工作站进行重启;

② 若工作站软件卡死、退出,可通过 Windows 系统重启设备;

③ 若工作站死机,则按下工作站重启按钮进行设备重启;

④ 重启设备后运行应用程序,输入用户名和密码,登入监控系统。

2)工作站网络不通:

① 对服务器或交换机使用 ping 命令检查通断情况;

② 检查工作站的网卡的网口指示灯是否正常,排查物理问题;

③ 检查工作站的网卡配置是否正常,排查驱动问题;

④ 检查工作站配置文件参数是否正常,排查软件问题;

⑤ 更换故障网卡或重新配置驱动、参数,重启设备修复。

3)工作站硬件故障:

① 根据面板指示灯或开机报警音判断故障硬件;

② 打开机箱对可能故障的部件进行更换;

③ 重启设备，观察设备运行情况。

故障处理中的配合与监护：

维修过程中，尽量减少对调度员、车站值班员的影响，协助调度员、车站值班员通过冗余的另一台工作站进行设备监控。

记录故障现象、故障排查与处理过程，供专业工程师进行分析与总结。故障修复后须完全恢复现场。

（2）服务器故障

1）操作系统、应用软件、通信组件等软件故障：

① 提取日志文件，并妥善保存，用于事后分析故障原因；

② 若检查发现通信组件问题，重新建立连接；

③ 若检查发现应用软件推出，重新运行应用程序；

④ 若是操作系统问题，重启无法进入，通过备份来快速恢复系统。

2）网卡，内存，硬盘，CPU，主板，电源模块等硬件故障：

① 记录故障发生时间和故障现象；

② 提取并保存管理卡片日志，根据日志、指示灯初判故障模块；

③ 关机，更换故障模块；

④ 重启设备，若故障仍存在则继续排查；

⑤ 服务器正常运行，运行相关软件、进程。

故障处理中的配合与监护：

服务器为冗余配置，维修过程中，应当保证1台服务器单机运行，保证系统的监控功能。服务器修复后重新投入运行应当选择不影响正常运营的时间进行。

记录故障现象、故障排查与处理过程，供专业工程师进行分析与总结。

（3）交换机故障

1）交换机通信故障：

① 使用Ping命令或通过交换机管理软件检查数据链路；

② 排查网线、尾纤是否松脱或损坏，更换有问题的传输介质；

③ 排查传输模块端口问题，对故障模块进行更换。

2）电源单元、风扇、底板、介质模块等硬件故障：

① 根据交换机管理软件定位故障源，并保存事件或报警记录；

② 停机，对故障模块进行更换；

③ 交换机重新投入使用，并通过管理软件观察网络运行情况是否正常；

④ 检查综合监控系统运行是否正常。

故障处理中的配合与监护：

交换机为冗余配置，维修过程中，应当保证站点有1台交换机依旧运行，尽量减少对监控造成影响。

记录故障现象、故障排查与处理过程，供专业工程师进行分析与总结。

（4）FEP故障

1）FEP死机：

① 在FEP死机的情况下，应该对FEP进行重启，以解决数据浪涌或运行异常造成的

软故障；

② 若重启不能恢复，可能是配置文件损坏，应当重新配置 FEP。

2) FEP 与服务器、或下层通信设备通信中断：

① 查看接口连接，看有无接口报警或数据异常；

② 若数据异常，重启 FEP 进行数据初始化；

③ 若接口数据中断，查相关端口网线或其他接口设备工作是否正常，定位故障源；

④ 根据故障点进行修复。

3) 闪存，主板，电源模块等硬件故障：

① 记录故障发生时间和故障现象；

② 投入备机工作，对故障 FEP 拆下排查硬件问题；

③ 修复故障 FEP，并进行文件配置；

④ 备机退出，把修复的 FEP 重新投入运行；

⑤ 观察 FEP 运行情况。

故障处理中的配合与监护：

FEP 退出与投入可能对监控带来影响，应当先经调度批准再操作。

记录故障现象、故障排查与处理过程，供专业工程师进行分析与总结。

(5) 系统互联类故障——PIDS 无数据显示

PIDS 到站信息是综合监控系统接收到信号系统的 SIG 数据包，经 FEP 提取后，再转发到 PIDS 系统。

1) 检查 FEP 是否死机或与 SIG、PIDS 通信中断，按 FEP 故障进行处理；

2) 排除上述情况后，PIDS 仍然无数据显示，则截取与 SIG 接口的报文、与 PIDS 接口的报文，对数据部分进行对照；

3) 若两份报文数据一致，应为 SIG 或 PIDS 问题；

4) 若两份报文数据不一致，应为综合监控数据处理问题，应检查配置文件或重装 FEP。

故障处理中的配合与监护：

SIG、PIDS 相关专业应相互配合一同排查故障，排查过程若各独立系统主要功能仍能正常使用，以影响度最低为优先操作。若排查结果已确定为哪个系统的故障原因，则由哪个专业进行修复，其他专业观察、监护各自设备。

记录故障现象、故障排查与处理过程，保存相关日志、报文，供专业工程师进行分析与总结。故障修复后须完全恢复现场。

其他系统互联类接口故障可参照此例进行排查。

(6) 系统集成类故障——电力单元监控故障

电力单元的监控，在上层是 FEP 进行协议转换，并经服务器处理后，通过人机界面实现人机交互；在下层是通过 PSCADA 进行数据收集与指令下发，对现场设备进行远程监视和控制。

1) 若单站失去监控，检查 FEP 是否死机或与服务器、PSCADA 通信中断，按 FEP 故障进行处理；

2) 提取服务器日志文件，用于辅助分析原因；

3）若单点监控异常，检查服务器数据库有无问题；

4）检查是否拥有操作权限，现场设备是否处于受控状态；

5）截取与 PSCADA 接口的报文，与实际情况进行对照；

6）若综合监控下发报文有问题，交由系统开发人员分析、整改；

7）若 PSCADA 上传的报文有问题，联系 PSCADA 开发人员分析、整改。

故障处理中的配合与监护：

PSCADA、变电相关专业应相互配合一同排查故障，排查过程若各独立系统主要功能仍能正常使用，以影响度最低为优先操作。若失去监控对停送电造成影响，应当立即组织人员进行现场倒闸操作，保证正常生产。

记录故障现象、故障排查与处理过程，保存相关日志、报文，供专业工程师进行分析与总结。故障修复后须完全恢复现场。

其他系统集成类接口故障可参照此例进行排查。

（7）BAS 监控异常

1）BAS 无法控制单体设备：

① 查找对应的控制点，检查控制输出 DO 模块的控制输出点是否有命令输出，以排除 DO 模块故障；

② 检查对应模块的控制继电器是否动作正常，排除控制继电器故障；

③ 检查模块到继电器以及继电器到受控设备之间线缆是否短路或开路，以排除线路故障；

④ 通过笔记本或专用电脑连接进下位工程，检查工程逻辑是否正常，排除程序故障。

2）监视设备状态与现场实际不符：

① 查找对应的反馈点，检查控制输入 DI 模块的控制输出点是否有命令反馈，以排除 DI 模块故障；

② 检查模块到状态反馈设备之间线缆是否短路或开路，以排除线路故障；

③ 通过笔记本或专用电脑连接进下位工程，检查工程逻辑是否正常，排除程序故障。

故障处理中的配合与监护：

对现场设备的监控故障排查，需要联系相关专业人员到现场监护，防止发生意外。

记录故障现象、故障排查与处理过程，供专业工程师进行分析与总结。故障修复后须完全恢复现场。

（8）BAS 收不到 FAS 发出的火警信号

应对接口硬件、连接线、报文、系统软件进行检查：

1）通过接口指示灯初步判断接口设备工作是否正常；

2）检查 BAS 与 FAS 通信通道是否畅通；

3）检查 BAS 的 FAS 报警信号接收 DI 控制模块或接口模块是否异常；

4）测试 FAS 火灾报警时，BAS 寄存器的接收情况；

5）若为 FAS 系统报警报文发送故障，则对 FAS 系统问题进行处理；

6）若为 BAS 软件问题，可重新下载接口程序。

故障处理中的配合与监护：

排查 FAS 通信通道故障前应先断开 BAS 对现场设备的模式控制，避免误启动模式，并同时向环调报备。

记录故障现象、故障排查与处理过程，保存相关日志、报文，供专业工程师进行分析与总结。故障修复后须完全恢复现场。

（9）PLC 控制器故障

应对电源供电、模块运行情况、系统程序进行检查：

1）通过查看控制器上的 LED 指示灯、LED 信息显示或通过专用笔记本连接控制器初判故障点；

2）检查电源模块输入电压是否正常；

3）更换可能存在问题的模块；

4）重新扫描总线网络，重新建立连接；

5）重新载入工程。

故障处理中的配合与监护：

若影响到现场设备控制，应当先联系相关专业人员到现场值守，断开相关接口通信，再排查 PLC 故障。故障处理人员应当具备 PLC 模块拆装、组态平台搭建的技能，并携带有维护笔记本电脑，软件备份程序。

记录故障现象、故障排查与处理过程，供专业工程师进行分析与总结。故障修复后须完全恢复现场。

（10）IBP 按钮功能失效

以按钮按下导通为例，应对按钮本体质量、相关子系统功能进行检查：

1）检查、维修应在非运营时间进行，准备好按钮备件、电烙铁、焊锡、万用表及适用的螺丝刀；

2）断开按钮在端子排上的两根接线，分别对按钮、子系统功能进行测试；

3）对按钮进行按下、复位的导电检查，检查按下后是否正常导通，复位后是否无法导通，如不正常，需要更换按钮；

4）对子专业相关功能端子、公共电源端子进行短接，检查是否可以触发电压信号，实现应急功能，如不正常，需要子专业排查本系统设备接线或设备问题；

5）处理按钮或子专业问题后，重新把按钮的两根接线接回端子排，再进行 IBP 功能测试。

故障处理中的配合与监护：

IBP 按钮功能失效故障处理，很容易会影响到现场设备动作，对正常运营带来影响，所以应当安排在非运营时间进行。相关子专业应安排人员到现场配合排查、处理，并在故障修复后共同测试、确认设备功能恢复正常。

记录故障现象、故障排查与处理过程，供专业工程师进行分析与总结。故障修复后须把现场清理干净，并完全恢复现场。

第8章　防灾报警及自动灭火系统运行与维修

8.1　防灾报警及自动灭火系统的组成及功能

1. 系统概述

城市轨道交通中涉及消防方面的系统有防灾报警系统简称 FAS（Fire Alarm System）、自动灭火系统、机电设备监控系统、防排烟风机、给水排水设备等。本章阐述的是 FAS 系统及自动灭火系统。

FAS 系统的探测点分布在站厅、站台、一般设备用房和管理用房等处所，对保护区域进行火灾监视，达到早发现、通报并发送火灾联动指令的作用。

自动灭火系统布置在重要的设备房，如变电所、通信设备室、环控电控室、信号设备室等，实现对这些房间全天候的火灾监视及自动灭火的功能。

2. 系统的组成及主要功能

（1）FAS 系统

FAS 系统由中央级设备、车站级设备组成（图 8-1、图 8-2）。

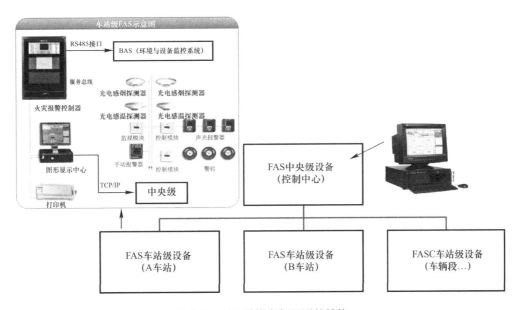

图 8-1　FAS 系统自行组网的结构

1）中央级

中央级设备由两台图形工作站 GCC 组成，实现对全线火灾情况的监控。实现方式可以由 FAS 系统独自组网，也可以由综合监控系统进行集成实现。

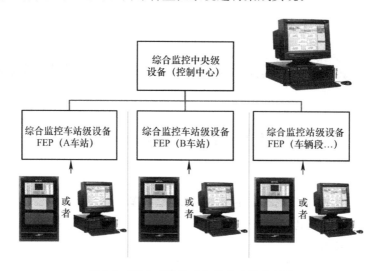

图 8-2　FAS 系统集成与综合监控的结构

① 图形工作站

两台图形工作站（GCC）互为主备，当一台出现故障退出运行时，另一台仍能正常工作。GCC 提供了全线各站点设备的分布图（图 8-3 为 GCC 设备分布图），中央控制室调度人员可以非常直观地看到火灾报警出现的站点及报警位置。

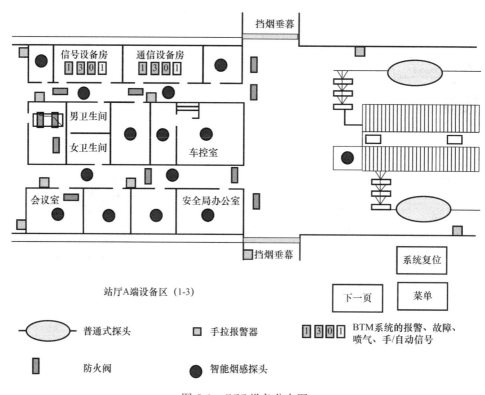

图 8-3　GCC 设备分布图

② 网络

FAS 如果集成在综合监控系统，则一般不再单独组网。如果 FAS 系统独自组网，则其网络形式一般有环型、总线型、星型等形式，详见图 8-4。

图 8-4　FAS 系统网络形式

2) 车站级

车站级设备主要由主机、车站级图形工作站 GCC 及各种外围设备组成（含触发装置、警报装置和联动装置，如图 8-5 所示），实现火灾监视和消防联动功能。

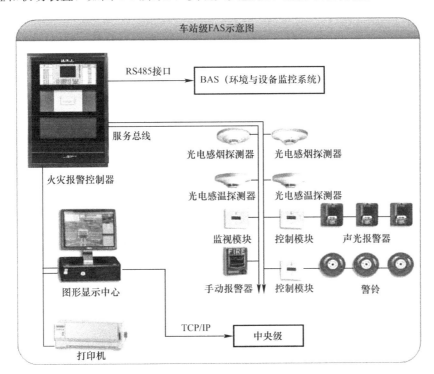

图 8-5　车站级 FAS 系统设备

① 主机

主机是系统的中央大脑，综合处理各种数据信息，作出火警判断，发出声、光报警，启动相关消防设备动作并监视其状态等。主机采用积木式结构，可以根据监控点数的多少及系统的功能需求，对主机进行自由配置。它为外围设备提供回路总线、24V 直流电等源。以下是主机的几个主要组成部分。

a. CPU 卡

CPU 卡是系统主机的"心脏"。它与内部各功能模块卡之间相互通信，接收它们的信息，进行处理，并把处理结果或指令下达到各功能模块卡。

b. 电源模块及蓄电池

电源模块主要是向主机内各功能模块卡提供工作电源，同时提供消防控制用 24VDC 直流电源。当市电失电时，蓄电池作为系统的后备电源，至少能提供 3h 以上的工作电力，保证系统在紧急情况下仍能继续正常运行。

c. 显示操作面板

显示操作面板是系统主机操作和显示的"窗口"，其主要功能是：发出声、光报警并显示报警信息；利用菜单功能对系统数据进行查询；利用菜单功能对系统设备进行操作控制。

d. 回路卡

回路卡提供回路总线。回路总线可以连接带地址码的外围设备，如烟感探头、手拉报警器等。每个回路卡可连接外围设备的数目一般为两百个以内。根据监控点的数目（一个主机一般最多不超过 1000~2000 点），系统可以自由配置回路卡的数目。它负责完成与外围设备通信及数据处理的任务。

e. 通信卡

通信卡一般有 RS232、RS485、光纤、网线等接口形式，为本系统提供打印机、图形工作站、联网等提供连接接口，或者提供其他系统（如：机电设备监控系统、综合监控系统）的通信接口。

② 图形工作站 GCC

图形工作站 GCC 采用工业计算机（也称为工控机），它提供良好的人机界面，直接显示本站点的系统分布图，方便值班人员快速处理火灾报警。GCC 还具备报警信息分类（包括：火警报警信息、故障报警信息、反馈报警信息，图 8-6），历史记录查询（图 8-7），设备工作状态查询，设备控制及联动等功能。

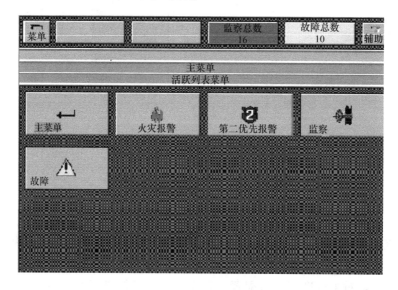

图 8-6　GCC 报警信息分类

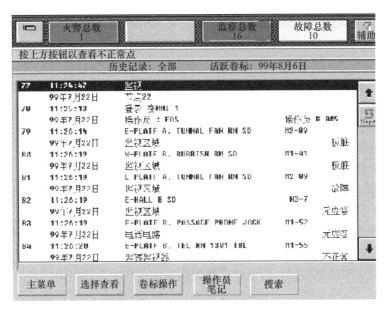

图 8-7　GCC 历史记录窗口图

③ 外围设备

外围设备是指布置在现场的各种火灾探测设备、功能模块等，按其功能分为：火灾监测设备、状态监视设备、控制设备、接口设备。各种外围设备有各自独立的地址，并通过数据总线与主机通信。它们提供各种火灾监测手段和消防设备的监控。

a. 触发装置：包括自动报警设备（各类探测器）、手动报警设备（手动报警器）等。

火灾触发装置可分为两大类，一类是自动报警设备，另一类是手动报警设备。

（a）自动报警设备

自动报警设备是根据火灾发生的特性，对火灾发生时所产生的烟雾、温度、光等物理特性进行监测的设备。常见的为烟感探测器和温感探测器，专业上一般可以分为以下几种类型。

a) 按保护面积和范围可分为：

ⓐ 点型：可响应一个小型传感器附近的火灾特征，如点型感烟探测器、点型温感探测器、点型火焰探测器、图形型火焰探测器等。

ⓑ 线型：可响应一连续路线附近的火灾特征，如线型光束探测器（单红外的红外对射/反射线型光束探测器、红外＋紫外的双鉴式线型光束探测器）、缆式线型感温探测器（感温电缆）、线型光纤感温探测器（感温光纤）。

ⓒ 吸气式：通过吸气泵不断地从采样管网中采集空气样品，采集的空气样品经过除尘除杂物处理后，被送入到探测腔检测，判断火灾情况，主要分为激光型和云雾室型两种。

b) 按照探测的火灾参数可分为：

ⓐ 感烟：光感、离子、电容、半导体、红外光束（线型）、激光（线型）。

ⓑ 感温：热敏金属、双金属、半导体、热电偶、玻璃球、易熔合金、水银接点、膜盒。

ⓒ 感光：红外火焰、紫外火焰。
ⓓ 气体：半导体、铂丝、铂钯。
ⓔ 复合：紫外线感光感烟、复合式感光感温、红外光束感烟感温、复合式感烟感温。

一般各类自动报警器设备需根据安装现场环境和探测设备的特性进行选择和确定类型和具体型号，以便更好地探测现场火灾情况和保证设备正常运行。

（b）手动报警设备

手动报警设备有手拉报警器和破玻报警器，它们分布在站厅站台公共区，设备区的过道，设备用房等位置，提供人工报警的手段。

b. 警报装置：声光报警器、警铃、消防广播、消防电话等

火灾警报装置一般有声光报警器、警铃、消防电话和消防广播等。

声光报警器和警铃一般安装在站厅站台公共区、设备区通道和部分重要房间的墙上，用于或者情况下通知人员疏散。

一般车站级（车站等位置）的消防广播使用通信系统的车站广播，应急情况下可以转为消防广播使用；部分车站级（车辆段等位置）可使用单独的消防广播系统或使用主机的消防广播扩展音频卡单元（音频卡提供音频总线，应用于消防广播）。消防广播可以事先将语音录入的存储器里，当发生火灾时，就可以将需要的语音自动播放到特定区域里；系统配置了麦克风，也可以实现选择对特定区域进行麦克风的广播。

消防电话一般有两种形式，一种作为主机的一部分，一种单独组成一个系统运行。消防电话系统一般由电话主机、电话分机（挂壁电话、电话插孔、手提电话）组成。消防电话主机提供消防电话总线，响应现场消防电话分机的通话要求，并通过消防电话主机与其通话。

c. 联动装置：输入模块、输出模块、接口卡等

联动装置主要有监视模块和控制模块，用于实现外部设备的状态监视和控制以及第三方设备接入。

状态监视是指监测消防相关设备的状态，其主要设备是监视模块，在系统中应用广泛，如监测消防水泵、水喷淋泵的运行及故障状态；防火阀、挡烟垂幕、防火卷帘门的关闭状态；排烟风机的运行状态；气体灭火系统的一、二级报警，故障，喷气及手/自动状态等。

控制设备用于对消防联动设备进行控制。其主要设备有控制模块，控制对象包括防火阀、挡烟垂幕、防火卷帘门、消防水泵、水喷淋泵等。控制可以实现程序联动也可以手动单点控制。

接口设备提供第三方产品的接入接口。普通烟感、普通温感、感温电缆等设备均是不带地址码的设备，通过接口设备，如探测模块，此类设备便可以接入系统的回路总线。

3）维修工作站

维修工作站设于系统维修人员的办公室内，是供维修人员专用的一个网络接点。通过它，维修人员可以监视全线系统的运行情况，详细了解系统出现的故障，方便维修人员准确判断并迅速对故障实施抢修。

（2）自动灭火系统

城市轨道交通采用的自动灭火系统，主要有气体自动灭火系统和细水雾自动灭火系

统，两种系统的管网子系统差异较大，报警控制子系统基本一致，下面分气体自动灭火管网子系统、细水雾自动灭火管网子系统、报警控制子系统三部分进行介绍。

1）气体自动灭火管网子系统

气体自动灭火管网子系统主要有 IG541（或者烟烙尽）、七氟丙烷、二氧化碳等灭火剂类型。

IG541，或称"烟烙尽"，INERGEN，是由惰性（INERT）和氮气（NITROGEN）两个英文名称缩写而成的。它是由几种特定的惰性气体经过简单的物理方式混合而成。这些特定的惰性气体包括有氮气、氩气和二氧化碳，其中氮气占52%、氩气占40%、其余8%为二氧化碳。当组成 IG541 气体的三种气体喷放到着火区域时，在短时间内会使着火区域内的氧气浓度降低至不能够支持燃烧的12.5%以下，同时使着火区域中的二氧化碳浓度仅上升至2%~5%，对燃烧产生窒息作用，使燃烧迅速终止。另一方面，医学实验证明，人体在12.5%的氧气浓度和2%~5%的二氧化碳浓度的环境下呼吸，人脑所获得的氧量与在正常的大气环境（21%的氧气浓度和0.03%的二氧化碳浓度）所获得的氧量是一致的。因此 IG541 气体不会对人体造成直接伤害。IG541 自动气体灭火系统的优点是：灭火药剂由大气中的气体组成，符合环保要求；保障现场工作人员的生命安全；不会产生任何酸性化学分解物，对精密贵重的设备无任何腐蚀作用。因此，该系统成为目前世界上最流行的气体灭火系统。

七氟丙烷（HFC-227ea/FM200）自动灭火系统的七氟丙烷是一种以化学灭火为主兼有物理灭火作用的洁净气体化学灭火剂；它无色、无味、低毒、不导电、不污染被保护对象，不会对财物和精密设施造成损坏。灭火机理主要是中断燃烧链，灭火速度极快，这对抢救性保护精密电子设备及贵重物品是有利的。其特点具有良好的清洁性（在大气中完全汽化不留残渣），良好的气相电绝缘性及良好的适用于灭火系统使用的物理性能。

二氧化碳自动灭火系统在20世纪初就开始得到了广泛的应用，也是一种至今仍在一些特定的场合大量使用的气体灭火系统，包括高压二氧化碳灭火系统和低压二氧化碳灭火系统。它主要是依靠高浓度的二氧化碳喷放至所保护的区域，使其中的氧气浓度急速下降（稀释）至一定程度，并产生窒息作用，使燃烧无法再继续进行下去。但此种灭火机理会严重影响停留在保护区域中的人员生命安全及健康。

气体自动灭火管网子系统虽然有多种，但其主要组成部分都是相似的，下面以 IG541 自动气体灭火系统为例加以说明。

IG541 自动气体灭火系统（图8-8），一般由灭火剂储瓶及瓶头阀、启动气瓶及电磁瓶头阀、选择阀、单向阀、安全阀、减压装置、压力开关、喷嘴、安装框架、高压金属软管、输送管道等组成。根据使用要求，可方便地组成单元独立系统、组合分配系统（图8-9、图8-10），实施对单一保护区和多个保护区的消防保护。当发生火灾时，系统将按预设的瓶组数量将灭火剂由气瓶间输送至对于保护区进行喷气灭火。

图8-8 IG541自动气体灭火系统

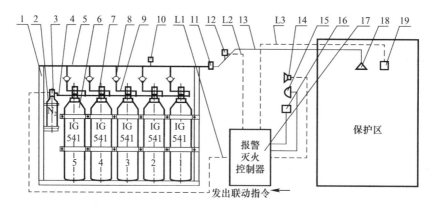

图 8-9 气体灭火单元独立系统示意图

1—灭火剂储瓶框架及安装部件；2—启动气瓶；3—电磁瓶头阀；4—启动管路；5—集流管；6—灭火剂储瓶；
7—瓶头阀；8—单向阀；9—高压金属软管；10—安全阀；11—减压装置；12—压力开关；13—灭火剂输送管路；
14—声光报警器；15—放气显示灯；16—手动控制盒；17—报警灭火控制器；18—喷嘴；19—火灾探测器；
L1—控制线路；L2—释放反馈信号线路；L3—探测报警线路

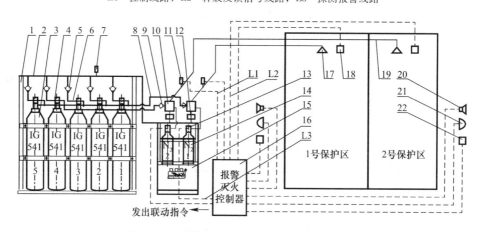

图 8-10 气体灭火单元组合分配系统示意图

1—灭火剂储瓶框架及安装部件；2—集流管；3—灭火剂储瓶；4—瓶头阀；5—单向阀；6—高压金属软管；
7—安全阀；8—启动管路；9—启动管路单向阀；10—选择阀；11—压力开关；12—减压装置；
13—电磁瓶头阀；14—启动气瓶；15—启动瓶框架；16—报警灭火控制器；17—喷嘴；18—火灾探测器；
19—灭火剂输送管路；20—声光报警器；21—放气显示灯；22—手动控制盒；L1—释放反馈信号线路；
L2—探测报警线路；L3—控制线路

① 灭火剂储瓶及瓶头阀

灭火剂储瓶及瓶头阀（图 8-11）用于储存混合气体 IG541 灭火剂，火灾发生时，启动气体开启瓶头阀，释放出本储瓶中的灭火剂，实施灭火。灭火剂储瓶标准压力为 15MPa，容积根据需要有 90L、80L 等几种。

② 启动气瓶及电磁瓶头阀

启动气瓶及电磁瓶头阀（图 8-12）用于储存启动气体氮气（N_2），火灾发生时，该瓶上安装的电磁瓶头阀被打开，释放启动气体，启动气体通过启动管路打开相应的选择阀和灭火剂储瓶上的瓶头阀，释放灭火剂，实施灭火。启动气瓶一般标准压力为 6MPa，容积根据需要有 4L、6L 等几种。

图 8-11　灭火剂储瓶及瓶头阀　　　　　图 8-12　启动气瓶及电磁瓶头阀

③ 选择阀

选择阀（图 8-13）安装在组合分配式的集流管上，进口与集流管连接，出口与灭火剂输送下游管道连接。选择阀主要用于组合分配系统中控制灭火剂流动方向，保证灭火剂进入发生火灾的保护区。选择阀平时处于关闭状态。火灾发生时，启动气体进入选择阀驱动缸，解锁选择阀，接着启动气

图 8-13　选择阀

体又打开灭火剂储瓶的瓶头阀，释放出灭火剂，通过集流管、选择阀送入保护区，实施灭火。

选择阀具有一般有气体启动和机械手动两种开启方式。

④ 单向阀

单向阀（图 8-14）一般用于控制灭火剂或启动气体的单向流动。

⑤ 安全阀

安全阀（图 8-15）安装在集流管上，当管道中压力大于允许值时，安全膜片爆破，管道泄压，起到保护系统的作用。

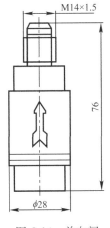
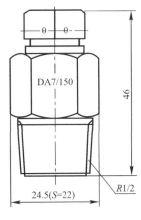

图 8-14　单向阀　　　　图 8-15　安全阀

⑥ 减压装置

减压装置（图 8-16）安装在集流管与选择阀之间，起减压作用。高压储存的灭火剂释放经其减压后，压力降到不大于 7MPa。

⑦ 压力开关

压力开关（图 8-17）在组合分配系统中安装在选择阀下游的出管组件上，在单元独立系统中安装在集流管上，释放灭火剂使其动作，向灭火报警控制器发出反馈信号，通知瓶头阀已打开，灭火剂已释放至相应保护区。

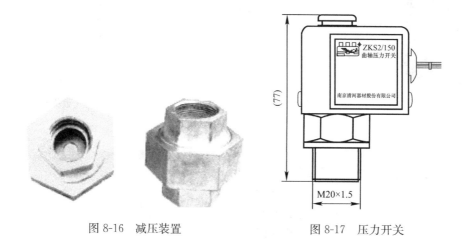

图 8-16 减压装置　　　　图 8-17 压力开关

⑧ 喷嘴

喷嘴（图 8-18）安装在保护区内，用以向保护区喷放及均匀分布灭火剂，实施灭火。

图 8-18 喷嘴

⑨ 安装框架

安装框架用于固定灭火剂储瓶或启动气瓶，安放集流管。安装框架安装时，应打地脚螺栓固定，以防装置倾倒、振动或移位。

⑩ 高压金属软管

金属软管安装在灭火剂储存气瓶的瓶头阀与集流管的单向阀之间，使灭火剂能顺利的由瓶头阀流向单向阀汇集在集流管。

⑪ 输送管道

灭火剂的输送管道一般以选择阀为界，灭火剂储存气瓶高压软管连接至选择阀为集流管，选择阀以后输送管道为下游管道。

2) 细水雾自动灭火管网子系统

"细水雾"，watermist，系统通过高压使水流经特殊喷嘴后，形成雾状的水微粒，水微粒极大增加了单位体积水的表面积,从而可以瞬间冷却并且迅速汽化(体积增大约1700倍),不但降低火焰的温度还稀释了火焰附近氧气的浓度,达到窒息效果。另外,它还可以对燃烧物表面起到稀释、乳化、浸润作用,达到灭火和防止火灾蔓延的目的。还有,由于细水雾能在火灾现场形成水雾空间,不仅能有效地控制热辐射而且能将有害的烟气物质附到水微粒上,从而达到降烟降尘的作用。根据《细水雾灭火装置》GA 1149—2014,细水雾定义为:在最小设计工作压力下,经喷头喷出并在喷头轴线向下1m处的平面上形成的雾滴直径 $Dv0.50$ 小于 $200\mu m$、$Dv0.99$ 小于 $400\mu m$ 的水雾滴。(雾滴直径 $Dv0.99$,喷雾液体总体积中,在该直径以下雾滴所占体积的百分比为99%。雾滴直径 $Dv0.50$,喷雾液体总体积中,在该直径以下雾滴所占体积的百分比为50%)。

细水雾灭火装置如果按压力大小分,可以分为高压细水雾灭火装置($P \geqslant 3.50MPa$)、中压细水雾灭火装置($1.20MPa \leqslant P < 3.50MPa$)及低压细水雾灭火装置($P < 1.20MPa$)。如果按水雾大小分又可以分为三级:

① Ⅰ级水雾(国内称为超细水雾),$Dv0.1=100\mu m$,$Dv0.9=200\mu m$,适用于扑灭B类易燃液体及电气等火灾。

② Ⅱ级细水雾(国内称为细水雾),$Dv0.1=200\mu m$,$Dv0.9=400\mu m$。比Ⅰ级细水雾产生较大的水流量。由于雾滴尺寸稍大,雾流动能大,较易到达燃烧面,因此,适用于扑灭B类易燃液体火灾、A类固体可燃物及电气等火灾。

③ Ⅲ级细水雾(国内称为普通水雾,即一般的水喷雾),$Dv0.1>400\mu m$,$Dv0.9 \leqslant 1000\mu m$。由于雾滴大,因此适用于扑灭A类固体可燃物、电气及B类易燃液体等火灾。

细水雾灭火系统与其他气体灭火系统相比,互有优劣性。细水雾优势主要体现以下几点:

a. 降低火灾现场的温度。

b. 水雾对空气中有毒的烟气及粉尘进行洗涤,减少有毒烟气对人员的伤害,特别是电气这类产生大量有毒危害烟尘的火灾。

c. 对火灾现场附近的人不构成伤害。

d. 对保护区的密闭性没有特殊要求。如果是气体灭火系统,是必须保证一定浓度下才能达到灭火效果的,因此通常需要控制关闭对应火灾保护区的风道防火阀,以确保气体灭火的浓度。

e. 水资源是充足的,可以持续进行灭火,而气体灭火系统一次性喷完后就没有了。

细水雾缺点主要有以下几点:

(a) 在喷水的过程中,物体表面会产生水浸润的现象,会导致电气设备绝缘能力降低。它与水滴的直径大小有直接关系,水滴直径越小对设备的影响就越小。关于细水雾的电气绝缘性,国外曾用SecuripexFire-Scope2000细水雾灭火系统做过试验,将该系统喷入设有电动机、发电机和配电盘的封闭房间内,上述设备内部的电压为220~440V。结果显示,在释放过程中,电阻读数明显下降,但设备运转正常。在一般情况下,随着设备变得干燥,电阻值会恢复到正常值。

(b) 细水雾对水质要求很高,因为如果水质较差,会造成喷嘴堵塞,不仅会影响喷嘴的性能,还会对喷嘴造成损坏。

(c) 不适用于一些会与水发生强烈反应的物体,比如固体钾、氢氧化钠等。

考虑到细水雾的诸多特性，地铁如果采用细水雾作为重要设备房的自动灭火系统，一般会采用高压细水雾。下面就以高压细水雾为例对细水雾系统作为介绍。

高压细水雾系统设备由高压细水雾泵组（含高压主泵、高压备泵、稳压泵、进水电磁阀、进水过滤器、泵组控制柜、调节水箱等，见图8-19），区域控制阀组（由分区控制阀与其他辅助阀门管件组成）（见图8-20），高压细水雾喷头（包括开式、闭式喷头及微型喷嘴，见图8-21）、高压细水雾喷枪装置（可选，见图8-22）、供水管网以及火灾报警联动系统等组成。

图 8-19 高压细水雾泵组

 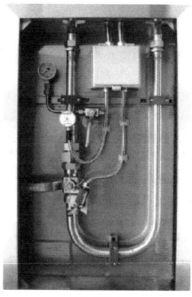

开式区域阀组　　　　　　闭式区域阀组

图 8-20 开式区域阀组和闭式区域阀组

开式喷头　　　　闭式喷头　　　　微型喷嘴

图 8-21 高压细水雾喷头

高压细水雾可以分为开式系统、闭式湿式系统和闭式预作用系统。

a) 开式系统

当保护区内发生火灾时，火灾报警控制器收到两个回路的火灾探测器报警信号后（一般情况下一个是烟感探测器，一个是温感探测器），根据其地址确认发出联动控制信号，打开相应的区域阀组，区域阀组打开后管网压力下降，稳压泵自动启动运行超过10s后，管网压力仍达不到1.2MPa则高压主泵自动依次启动，高压细水雾经喷头喷出扑救火灾。

b) 闭式湿式系统

当保护区内发生火灾时，不依据现场火灾探测器报警及火灾报警控制器的控制，细水雾喷头玻璃泡破裂，管网液体流动流量开关动作，管网压力下降，稳压泵自动启动运行超过10s后，管网压力仍达不到1.2MPa，高压主泵自动依次启动，高压细水雾经喷头喷出扑救火灾。

细水雾喷枪（带快插接口）

固定式细水雾喷枪水带装置

图8-22 固定式高压细水雾喷枪水带装置

c) 闭式预作用系统

保护区域内喷头到区域控制阀之间的管道平时没有水为空管，当发生火灾时，火灾报警控制器收到两个回路的火灾探测器报警信号后，根据其地址确认发出联动控制信号，打开相应的区域阀组，区域阀组打开后系统转为湿式管网。水从玻璃泡破裂的细水雾喷头喷出（细水雾喷头玻璃泡破裂的温度一般比温感要低一点），压力下降，稳压泵自动启动运行超过10s后，管网压力仍达不到1.2MPa则高压主泵自动依次启动。

三个系统各有优缺点，开式系统主要缺点是一旦动作就整个保护区域全部一起喷，影响范围扩大，另外如果阀门出现故障关不紧时，渗漏出来的水会通过喷头滴到保护区里；优点是火灾现场早期温度不高时，能人工迅速手动启动进行灭火。闭式湿式系统不依靠自动报警设备。但玻璃在意外情况破裂时，系统会自动启动。闭式预作用系统，优点是火灾时，在高温区域细水雾才会喷放，没波及火灾的区域不会喷放，避免影响扩大化。另外，玻璃在意外情况破裂时，系统也不会自动启动。不过闭式湿式系统及闭式预作用系统最大缺点是火灾早期，温度不高时，人工无法手动启动系统。这种情况，可以用辅助的喷枪系统，人工拿着喷枪对准着火点，按下喷枪开关后，泵组能自动启动并有高压细水雾从喷枪喷出扑救火灾。

3) 报警控制子系统

报警控制子系统一般由气体报警主机、气体控制盘、探测器（烟感、温感等）、报警装置（警铃、声光报警器、释放指示灯等）、操作装置（手/自动转换、紧急释放、紧急停止等）、接口设备（主要是与管网子系统的电磁阀、通风空调系统的防烟防火阀等）组成（图8-23）。

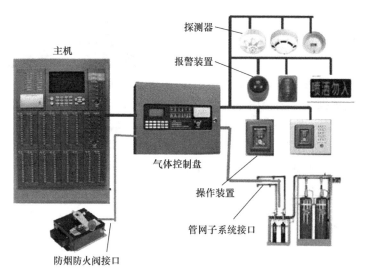

图 8-23 报警控制子系统图

系统主要功能如下：

① 探测报警。系统通过探测器对保护区的火灾情况进行探测，一旦检测火灾情况立即报警。

② 自动喷气：系统具有两个独立的区域探测回路（一般情况下一个是烟感探测器，一个是温感探测器）。当某一回路火灾报警时，系统启动联动设备（如关闭防烟防火阀等），并同时控制保护区内警铃响。如另一回路也报警时，系统控制保护区内外声光报警器发出声音和闪光的报警（气体灭火保护区一般需联动关闭防烟防火阀），经过 30s 延时后，系统输出控制信号，启动对应保护区的电磁阀，将气体释放到保护区内进行灭火。同时气体喷放使压力开关动作，驱动 气体保护区外释放指示灯闪亮。

③ 手动喷气：系统设有紧急启动装置，紧急启动装置动作后系统即时对相应的保护区域进行喷气。

④ 手动止喷：系统设有紧急停止装置。在系统延时阶段，操作紧急停止装置，系统会取消自动喷气，但不能阻止手动喷气。

⑤ 手/自动切换：当手/自动转换装置处在自动状态时，系统可以实现自动喷气的一整套程序；当处在手动状态时，系统除了不能喷气外，仍然可以完成报警联动等其他功能，此时，需要操作紧急启动装置，系统才能喷气。

8.2 防灾报警及自动灭火系统的运行管理

1. 消防系统运行管理的任务和内容

消防系统是 24h 不间断工作的，其作用是在发生火灾的初期能及早发现，并将火灾扑灭于初始状态，使损失降到最低。因此，必须保证消防设备良好的运行及其功能的充分发挥。

（1）消防系统运行管理的任务

1）能正确熟练地使用各种消防设备进行火灾监测及控制；

2）确保消防设备处于正常的运行状态；

3）确保消防设备的安全，不被人为或环境破坏。

（2）消防系统运行管理的内容

1）对系统的操作进行管理。要求所有操作人员都必须经过上岗培训，并在培训合格后才能上岗。此外，消防系统应设置密码操作等级，平时处在低等级，以避免人为误操作，当发生火灾时，进入高等级操作；

2）对系统日常运行进行管理。应制定值班人员的巡视制度及记录表格，确保消防设备正常及安全；

3）对突发事件的应急处理进行管理。

2. 运行管理组织及有关人员的职责

消防系统的运行管理组织是针对城市轨道交通的特点而制定的，分为中央级和车站级。

车站级为每个站点均设置消防控制中心，对整个站点的消防设备进行操作和管理。中央级则设置消防系统中央调度对全线进行集中管理，且具有最高的指挥权。

（1）中央级调度人员职责

消防系统中央级设在 OCC 控制中心，由环控调度人员兼任消防系统中央调度。其使用的消防设备包括 GCC（图形工作站）、全线车站广播、全线车站闭路电视、调度电话 PIDS 等。其主要职责是负责管理全线的消防设备，监视全线的火灾报警。具体做法是通过闭路电视确认火灾灾情，或者通过有线或无线调度电话，通知车站值班人员到达现场确认火灾灾情，然后根据火灾发生的实际情况选择预定的处理方案，并向车站控制室发出消防救灾指令和安全疏散命令，指挥救灾工作的开展。与此同时，应立即直拨 119 向消防局通报火灾灾情。

（2）站级消防值班人员职责

在车站，站长是消防主要责任人；值班站长及站务人员兼任消防值班员。除车站之外的其他建筑物，保安人员兼任消防值班员。消防值班员主要职责是监视本站的火灾报警，确认火灾灾情，组织本站工作人员进行救灾以及乘客疏散，同时向控制中心及有关领导报告火灾灾情，并执行其下达的救灾指令。消防值班员日常工作包括对消防设备设施的监护和巡视，确保消防设备设施不被挪用、破坏，在发生火灾灾情时，使用消防设备设施进行报警、救灾以及乘客疏散。

3. 运行管理的有关规程和制度

为确保消防系统正常运行，城市轨道交通应根据消防法和有关消防规定，并结合消防设备安装的地理环境、气候条件、设备性能等，制定系统运行管理的有关规程和制度。

（1）系统操作管理规程和制度

1）消防值班人员是消防系统设备的使用者，有责任和义务对消防系统的所有设备进行监护和管理。严禁擅自切断 FAS 主机、气体灭火系统主机和控制盘、消防联动盘、GCC 电脑等消防设备的使用电源。

2）消防值班员是发生火警并进行处理的时第一责任人。

3）在收到火灾报警时，值班人员在 FAS 主机或 GCC 电脑确认后，应立即携带对讲机、插孔电话等通信工具，迅速到达报警点确认，然后根据"FAS 系统火灾报警处理流程"或"气体灭火系统火灾报警处理流程"进行处理。

4) 严禁未授权人员操作或越权操作 FAS 系统设备；严禁利用 FAS 系统工作站做与 FAS 无关的事。

5) 严禁任何人员在非紧急情况下，操作气体灭火系统的手拉启动器、钢瓶上的手动启动器和消防联动盘上的任何开关或按钮。

6) FAS 电话系统是发生火警时的专用通信工具，平时不得挪作他用。

（2）消防控制室值班人员管理规程和制度

1) 消防控制室必须昼夜 24h 设专人值班，值班人员应坚守岗位，严禁脱岗；未经专业培训的无证人员不得上岗；

2) 值班人员要认真学习消防法律、法规，学习消防专业知识，熟练掌握消防设备的性能及操作规程，提高消防技能；

3) 值班时间严禁睡觉、喝酒，不得聊天、打私人电话、不准在控制室内会客，严禁无关人员触动、使用室内设备；

4) 严密监视设备运行情况，每天对消防系统巡检 1~2 次，遇有报警要按规定程序迅速、准确处理，做好各种记录，遇有重大情况要及时上报；

5) 未经公安消防机构同意不得擅自关闭火灾自动报警、自动灭火系统。

（3）火灾突发事件应急处理流程及规定

FAS 系统及气体灭火系统在火灾发生时的处理流程如图 8-24 和图 8-25 所示。处理过程如下所述。

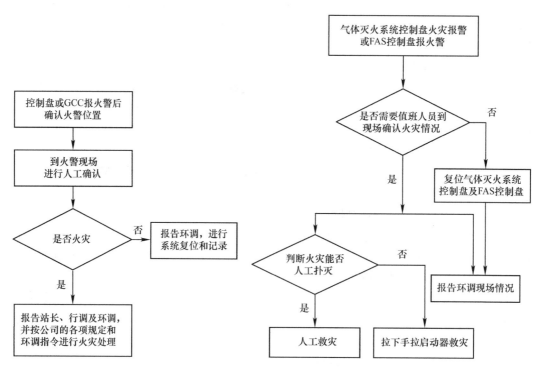

图 8-24 FAS 系统火灾处理流程图　　　图 8-25 气体灭火系统火灾处理流程图

1) 接到报警信号后，应立即携带对讲机、插孔电话等通信工具，迅速到达报警现场确认；

2）如未发生火情，应查明报警原因，采取相应措施，并认真做好记录；
3）如确有火灾发生，应立即用通信工具向消防控制室反馈信息，利用现场灭火器材进行扑救；
4）消防控制室值班人员根据火灾情况启动有关消防设备，通知有关人员到场灭火，报告单位值班领导，并应拨打119向消防队报警；
5）情况处理完毕后，恢复各种消防设备正常运行状态。

4. 应备的记录、技术资料

（1）系统运行管理应具备的资料有：
1）有关消防设备的竣工图纸；
2）系统操作手册；
3）故障手册。

（2）消防系统的运行记录包括：
1）系统日常运行记录；
2）系统日常巡视记录；
3）系统报警及处理记录。

8.3 防灾报警及自动灭火系统（设备的巡视与运行）

1. 巡视的一般要求

设备定期巡视是确保消防系统正常运行的重要手段。通过定期巡视可及时发现及时处理系统中存在的问题，从而确保系统安全、正常运行。

2. 巡视的人员组织及规定

1）消防值班人员负责巡视消防系统设备的工作；
2）巡视时至少保证有消防值班人员在消防控制室值班；
3）巡视过程中，巡视人员须认真、仔细、全面，及时发现问题所在；
4）巡视人员每天巡视1~2次，每次巡视都应进行详细的记录；
5）发现设备故障须立即通报相关维修人员进行故障维修；
6）若发现有人为破坏消防设备，须立即进行制止。

3. 巡视内容

消防系统的巡视内容包括消防自动报警系统主机及工作站、消防自动报警系统外围设备、自动灭火系统报警子系统、自动灭火系统管网子系统的巡视，具体周期根据消防规范开展。

（1）消防自动报警系统主机及工作站的巡视

1）系统主机运行情况

① 系统主机电源是否正常；
② 系统主机显示是否正常；
③ 系统主机消防电话情况；
④ 系统主机火警报警情况；
⑤ 系统主机监视报警情况；

⑥ 系统主机故障报警情况；

⑦ 系统主机历史记录检查等。

2）FAS 系统巡视记录（表 8-1）。

FAS 系统日常巡视检查表 表 8-1

项目 时间	主机电源是否正常	主机显示是否正常	消防电话是否正常	火警报警情况	监视报警情况	故障报警情况	历史记录	值班人员

（2）系统工作站运行情况

1）GCC 图形工作站工作是否正常；

2）GCC 图形工作站的键盘、鼠标、打印机、UPS 工作是否正常；

3）GCC 图形工作站的火灾报警实时软件运行是否正常。

（3）消防联动盘运行情况

1）消防联动盘电源是否正常；

2）消防联动盘指示灯是否正常；

3）消防联动盘手动/自动转换开关是否正常；

4）消防联动盘的按钮是否有被非法操作。

（4）系统网络运行情况

1）通过 GCC 图形工作站查看该工作站是否与本站的系统主机相连；

2）通过 GCC 图形工作站查看系统网络各节点是否连接正常。

（5）消防自动报警系统外围设备巡视

1）点型烟感探测器、点型温感探测器巡视

① 观察探测器外观是否良好、完整；

② 观察探测器状态指示灯是否正常状态。

2）手动报警器巡视

① 观察手动报警器外观是否良好、完整；

② 观察手动报警器状态是否正常。

3）功能模块巡视

① 观察模块箱或模块盒外观是否良好、完整；

② 观察各种功能模块外观是否良好、完整；

③ 观察各种功能模块状态指示灯是否正常状态。

4）消防电话巡视

① 观察电话插孔、挂箱电话的外观是否良好、完整；

② 观察电话插孔、挂箱电话状态是否正常。

（6）自动灭火系统报警系统巡视

1）警示标志巡视

① 观察防护区的警示标志牌是否良好、牢固并能阅读；

② 观察防护区的疏散指示灯是否良好、完整。

2) 控制盘及附属设备巡视

① 检查控制盘的电源是否正常；

② 检查控制盘是否正常工作；

③ 检查手/自动转换、紧急启动、紧急停止装置是否在原位并处于正常工作状态；

④ 观察保护区范围内的警铃、警笛是否良好、完整。

3) 保护区内探测器巡视

① 观察保护区内烟感探测器、温感探测器是否正常工作；

② 观察保护区内消防管线是否良好。

(7) 气体灭火系统管网子系统的巡视

1) 观察保护区内的管道及喷嘴是否良好、畅通；

2) 观察气体管道是否良好，有无凹凸或损伤；

3) 检查钢瓶是否良好，钢瓶上的压力指示表的指针是否在绿色区域；

4) 检查瓶头阀、高压软管、集流管、电磁阀、选择阀等设备是否良好；

5) 检查气瓶间的各种铭牌、指示标志是否在原位，并且完整、能够阅读。

下面的 IG541 系统日常运行巡检记录（见表 8-2）可供参考。

IG541 系统日常运行巡检表　　　　　表 8-2

项目 时间	保护区警示牌是否牢固、清晰	气体主机、控制盘工作情况是否正常	手/自动转换、紧急启动、紧急停止装置是否置于正常位	气瓶间的钢瓶设备是否完好，气瓶状态是否正常	值班人员

(8) 细水雾管网子系统巡视

1) 水箱及管道检查

① 管道是否良好、无漏水；

② 蓄水箱进水阀门是否正常；

③ 蓄水箱出水阀门是否正常；

④ 蓄水箱四周或者地面是否有漏水点；

⑤ 泵水箱四周或者地面是否有漏水点；

⑥ 泵水箱主出水阀门是否正常；

⑦ 泵水箱测试阀门是否正常；

⑧ 泵水箱水质是否正常；

⑨ 水箱进水阀门是否正常。

2) 控制箱

① 主配电箱面板显示两路电源是否正常；

② 补水泵控制箱开关及指示灯是否正确；

③ 水泵控制箱开关及指示灯是否正确；

④ 水泵控制箱电压是否正确；

⑤ 水泵控制箱电压三相是否平衡；
⑥ 水泵控制箱灯测试是否正常；
⑦ 水泵控制箱显示目前管道压力是否正常；
⑧ 水泵控制箱稳压泵运行时间显示是否正常；
⑨ 稳压泵每天运行时间是否超过 2h。

3）区域阀组

① 阀组的电动（磁）阀处于关闭状态，其驱动装置无发热现象；闭式阀组球阀处于打开状态；
② 阀组各个阀门处于常态位置；
③ 压力开关（或流量开关）处于关闭状态；
④ 压力表显示正常；
⑤ 各个管件及其连接处无渗漏现象。

4）细水雾喷头正常情况：

① 外观良好，无有阻塞或遮挡喷头的现象；
② 闭式喷头玻璃泡无破损现象。

5）喷枪装置正常情况：

① 装置通断球阀处于关闭位置；
② 压力表显示正常；
③ 装置阀门、管件、软管及其连接处无渗漏现象。

8.4 防灾报警及自动灭火系统设备的维修

1. 维修管理任务和原则

消防系统设备作为运营安全的重要设施，具有防灾、救灾的重要作用。通过对系统进行良好、有效的定期检查和故障维修，使系统处于良好的工作状态，是对轨道交通财产和人身生命安全的有力保障。

（1）消防系统维修管理的原则

1）安全第一，遵章守律

安全是城市轨道交通的生命线，任何一部分出现问题都可能牵一发而动全身，都有可能造成对乘客的生命和财产损害。因此，在消防系统的维修过程中，要真正贯彻"安全第一"的思想，严格遵守各项安全制度。

2）精修细检，确保质量

精修细检对于延长设备使用年限，降低成本消耗，提高设备质量，满足运营生产需要，起到了保证作用。消防系统的设备维修主要体现在以下三方面。

① 实行计划维修。当设备运行使用到规定的维修周期时，按级进行大修、中修或更新改造。维修人员要严格执行维修计划，认真按照规程要求办理。在设备大修和更新改造后，须按设备验收标准验收，合格后方可投入使用。

② 坚持预防为主的方针，严格执行各类设备巡检和保养维修计划。维修人员须认真执行日常维修计划，细心巡检，发现问题及时处理，准确填写记录，使设备保持良好状态。

③ 出现故障,先通后复,确保系统运行完好。出现重大故障,必须马上进行抢修;一般故障,24h内恢复,保证消防系统无故障运行。

3) 优质服务

在维修设备时要注意文明施工、减少对乘客的影响,施工完毕后要清理好现场。

(2) 消防系统维修管理的任务

1) 维修计划管理

① 维修计划管理包括:制定维修计划,检查计划的执行与完成情况。

② 维修计划的制定是由消防专业工程师参照《消防设备维修周期与工作内容》制定,主要包括年度维修计划、月度维修计划及周维修计划。

③ 年度维修计划应上报给有关部门审批,审批后的计划即作为下一年度维修计划的标准。

④ 月度及周维修计划是对年度维修计划进行分解、细化后制定出来的。月的设备维修计划,乃下发给维修工班按时完成。

⑤ 各种维修计划一旦制定即应严格认真执行,未经批准不得擅自更改,因客观情况变化影响计划执行时,应按审批程序申请修改。

⑥ 消防专业工程师每月应对所辖设备维修计划完成情况进行检查,并按有关规定填写检查记录。

2) 维修安全管理

消防系统维修员工应严格进行岗前和定期的安全教育和专业技能培训,安全教育和专业技能培训合格者方可进行本专业的维修工作。维修过程中,必须严格执行相关的安全操作规程,遵守国家、公司、部有关的安全规章制度。

建立、健全各级安全管理网络,在工班管理中设立工班兼职安全员,在工班员工中树立"安全第一,预防为主"的思想,在实际工作中对安全问题实行"安全隐患未排除不放过、安全措施未落实不放过、安全责任未明确不放过"的三不放过政策,加强对安全工作的检查和落实。

3) 维修技术管理

为了有效地解决生产中的技术问题,顺利开展各项技术创新与技术革新,设备故障分析及各部门间的协调工作,主要有以下一些内容。

① 培训维修员工,增强员工的各项技能和专业知识。

② 对系统运行情况进行技术分析,不断改进系统维修模式和维修工艺。

③ 完善系统的维修记录,对技术资料进行整理归档。

④ 对系统存在的问题制定技术改造方案,逐步完善系统。

4) 维修质量管理

① 根据《消防系统设备维修标准》的规定,对维修工作质量采用抽查的形式进行检查。每周抽查不少于2次,每次抽检率不低于5%。

② 检查各种维修记录。

③ 根据公司的工作目标和设备运行数据指标,每年对消防系统设备运行情况进行年度鉴定。

5) 维修工器具、物资材料、备品备件管理

在消防设备的维修中,会涉及各种常用及专用工器具、物资材料、备品备件等,对它

们的管理应及时到位，内容包括以下几点。

① 对常用工器具的使用情况进行检查，及时申购、补充损坏的工器具。

② 统计、分析维修中物资材料的消耗情况，定期编制物资材料申购计划。

③ 对备品备件实施有效的控制、管理，及时采购不足的备品备件，并根据设备损坏的概率给予配置。烟雾探测器易受到环境影响变脏，特别是湿度比较大的地区，会引起系统频繁误报火警，需要经常拆下清洗，因此烟雾探测器备件至少要备5%～10%。

④ 建立专用的工器具台账，并对其进行保养、检测及跟踪记录。

6）维修工班和维修人员的工器具配备

① 维修人员工器具的配备见表8-3。

维修人员配备标准表　　　　　　　　　　　表8-3

名称	参考规格	单位	数量
钟表组合螺钉旋具	6件	套	1
活动扳手	150mm	把	1
组合螺钉旋具	一字6支，十字4支，内、外六角各3支	套	1
钢卷尺	3.5m	卷	1
钢直尺	300mm	把	1
尖嘴钳	150mm	把	1
电工袋	小号	个	1
高级塑料工具箱	450mm×200mm×190mm，三层	个	1
试电笔	90×4，100V-500V	支	1
数字万用表	DT-9203A	只	1
口钳	125mm	只	1
剥线钳	170mm	把	1
直嘴镊子	125mm，带胶套	只	1

② 系统维修工班的工器具的配备如表8-4。

维修工班配备标准表　　　　　　　　　　　表8-4

名称	参考规格	单位	数量
钢丝钳	200mm，绝缘柄	把	2
尖嘴钳	200mm，绝缘柄	把	2
水泵钳	300mm	把	1
大力钳	12LC	把	1
剥线钳	180mm	把	2
多用螺钉旋具	230mm	把	2
套装螺钉旋具	10件套	套	2
活扳手	375mm	把	2
两用扳手	新8件组	套	1
内六角扳手	公制，10件	套	1
内六角扳手	英制，10件	套	1
钢锯架	250～300mm调节式	把	1
电工锤	0.3kg	把	2

续表

名称	参考规格	单位	数量
数字钳型万用表	DM7015M	台	2
烙铁座	ST—88	个	2
吸锡器	842A	个	1
电吹风	1300W	把	2
手电钻	日立 FD—10VA	台	1
吸尘器	RU101，干湿，17L	台	1
冲击钻	BOSH-112105	台	1
超声波清洗机	JPC 008/28T 型	台	1
双踪示波器	50MHZ V552	台	1
烟感测试枪	专用	台	2
温感测试枪	专用	台	2
探测器拆卸杆	专用	台	2
模块读写设备	专用	台	2
手提计算机	专用	台	2

2. 维修管理的组织及有关人员的职责

消防系统的维修管理工作主要由消防维修工班和消防专业工程师负责。消防维修工班设一名工班长及数名维修工，主要负责地铁全线火灾自动报警系统及气体灭火系统设备的维修工作。日常的工班管理工作由工班长承担，而工班的生产管理工作则由工班长指定的各兼职管理员来协助完成。他们的主要职责如下所述。

（1）消防维修工班工班长职责

1）消防维修工班工班长在维修车间的领导下，带领本工班维修人员高效、积极地工作。

2）参与本工班年度、月度维修计划和生产、材料的编制，经上级批准后负责按计划组织实施。

3）在接获紧急故障抢修任务时，迅速组织实施抢修工作，使之尽快恢复正常运行。

4）负责组织本工班的全部生产活动，严格检查、督促计划的执行，组织本工班维修人员保质保量地完成生产任务，确保设备处于良好运行状态。

5）协调本工班与相关部门及本车间其他工班的工作关系。

6）负责本工班的安全生产工作，加强安全生产教育，督促本工班维修人员严格执行各项安全规章制度，正确使用劳动安全保护用品以及生产工具，确保人身和设备安全；每月召开一次安全例会，检查问题、制定措施，预防安全事故发生。

7）负责本工班的工作分配、考勤和治安保卫工作。

8）按月对管辖内设备质量、运行情况进行检查，并做出评估与记录，以作为员工考核工作质量的依据。

9）经常组织本工班维修人员进行基本知识、作业基本功学习，努力提高本工班维修人员的技术业务素质。

10）管理本工班台账，检查各种表格和维修记录的填写情况，负责填写工班日志和各项报表，并按时上交。

11）加强工班内外的团结协作，负责组织本工班的质量竞赛和评比工作。

12）每天检查值班日志和交接班记录，签名并提出处理意见，遇到重大问题要及时向上级反映，并由主管领导签名确认。

13）积极提出合理化建议，配合主管领导工作，做好消防系统设备的维修管理工作。

（2）消防维修工班维修工职责

1）消防工班维修人员在工班长的领导下工作。

2）根据计划对消防系统设备进行定期的维护，维修（月检，年检等），确保消防系统设备的正常运行。

3）在消防系统设备发生故障时，对系统设备故障进行紧急处理，尽快使之恢复正常运行，并做好故障处理结果记录。

4）协助工班长做好备品，备件以及维修部件的交接和保管工作，并做好交接记录，无法维修的应及时回收上交。

5）严格遵守各项安全规章制度，正确使用劳动安全防护用品以及生产工具，确保人身及设备的安全。

6）严格遵守各项劳动纪律，作业纪律，使工作做到标准化，规范化。

7）服从工班长的工作分配，严格遵守各项规章制度，确保工班工作的顺利开展。

8）对分管设备的质量和安全负责，努力提高设备运行质量。

9）认真完成，并按时上交各类报表。

10）自觉加强政治，技术业务学习，努力提高政治思想素质和技术业务技能。

11）积极参与工班的各项管理，按时参加工班的学习活动，不断地提高工作应变能力和故障处理能力。

（3）消防专业工程师的职责

1）制定消防系统设备的维修计划与维修管理规定。

2）组织、协调、督促消防维修工班按时按量完成下发的维修计划，并检查计划完成情况及完成质量。

3）掌握生产中的各种数据，进行定量的分析与统计，及时把生产动态向上级部门汇报。

4）对工班维修进行技术支持，协助维修工班进行故障处理，遇到重大故障时，负责组织、指挥维修工班人员进行抢修。并对出现的重大故障进行专题分析。

5）定期召开技术交流会议，对出现的故障及系统维修情况进行总结。

6）定期对维修员工进行技术培训，安全培训等。

7）对系统存在的问题制定改造方案，使之逐步完善；积极改进维修模式与维修工艺。

8）制定各种维修记录和故障记录表格；完善系统的维修记录并进行装订存档。

9）编写技术文档、标准化文本；健全设备维修、故障分析、设备质量鉴定、技术革新档案；提出设备国产化设想等。

3. 维修管理的有关规程和要求

维修管理的有关规程和要求主要包括系统全生命周期的维修管理、维修周期及工作内容、系统维修作业管理和系统维修安全管理四部分。

（1）全生命周期的维修管理

通过以提高设备可靠性为目标，以设备基础台账管理为基础，以设备定期预防性维护管理、预警性管理为核心,以检修管理、技改管理等计划性、项目性管理为依托,检查发现并改善设备、人员运行操作等日常运营性管理工作中存在的缺陷和不足,以设备定值、设备异动、设备评级等管理为补充,建立一个系统化、立体化、动态化的设备管理体系。将原来静态的、片面的设备台账管理上升到动态的、系统化的设备健康档案管理,将原来事后抢救、疲于奔命式的设备管理转变为事前预防性、预警性的设备管理,并与预算管理、物资管理实现互联,将设备管理统一纳入企业价值链管理之中,即可实现设备全生命周期管理。

通过对系统故障发生的统计,进行系统全生命周期的理论分析和研究,我们可以为系统提前做好相应备件准备及为系统大修、更新改造做好部署。

(2) 消防系统设备的维修周期及工作内容

消防系统的各项设备的维护在法律法规均匀明确的要求,可参照《火灾自动报警系统施工及验收标准》GB 50166—2019、《气体灭火系统施工及验收规范》GB 50263—2007、《细水雾灭火系统技术规范》GB 50898—2013、《火灾探测报警产品的维护保养和报废》GB 29837—2013、《建筑消防设施的维护管理》GB 25201—2010 以及厂家维护手册等确定。

根据设备的重要性及影响大小,消防系统设备可分为 A、B、C 三类:

A 类:消防系统关键设备。

B 类:消防系统不影响火灾报警、消防设备监控和灭火功能的主要设备。

C 类:除 A、B 类以外的消防系统设备。

维修策略分为Ⅰ类、Ⅱ类、Ⅲ类

Ⅰ类:计划性维修策略。

Ⅱ类:状态修维修策略。此类设备采取定期检测及维护保养,加深小修,评估后采取大修或专项修策略。

Ⅲ类:故障修维修策略。此类设备采取故障修、评估后专项修策略。

消防系统的 A 类设备均采用Ⅰ类维修策略,另外根据设备的实际运行和故障情况实施故障处理和维修策略,如系统在全线出现爆发性故障并影响系统正常运行时,经评估后进行专项修。同时结合系统历史故障情况,以及设备的运行状态,分析和预测设备的可靠性情况,对可靠度较高的设备一般按规范要求进行相应维护,对可靠度较低或不满足运行要求的设备需及时调整维修策略,以确保设备的正常运行。

消防系统设备的维修工作,根据维修周期的不同可分为日巡视、月检、季检、年检;根据工作内容的不同可分为日常保养(一级)、二级保养、小修(三级)、中修四级、大修和设备更新改造(五级)。

1) 日常保养工作内容

消防系统的日常保养工作主要有设备的外观检查、设备的清洁、设备的运行状态检查等,目的是保持系统的工作环境和及时发现系统的异常情况。

2) 二级保养工作内容

消防系统的二级保养工作除了包括日常保养的内容之外,还应有设备的功能测试、设备的线路检查等,目的是测试系统的正常功能是否符合要求。

3) 小修

消防系统的小修工作除了包括二级保养的内容外,还应有设备的机械特性与电气特性测试、设备的零部件的保养或更换等，目的是确保系统的可靠性。

4）中修

消防系统的中修工作除了包括全部小修内容之外，还应对现场的设备进行全面分解、整修、补强、调整或更换及对现场的设备进行全面测试，目的是保证设备的机械特性与电气特性达到原设计的技术标准与要求。

5）大修与设备更新改造

根据《火灾探测报警产品的维护保养和报废》GB29837-2013 的 6.1 条规定，火灾探测报警产品寿命一般为 12 年，结合厂家的建议寿命、设备的可靠性和全寿命分析，建议 FAS 系统和自动灭火的报警控制子系统在 12 年开展设备的状态评估，根据系统的实际情况开展相应的更新改造。

由于自动灭火系统（气体、细水雾）一般处于静止状态、在火灾才动作进行灭火，建议参照系统的设计寿命情况，到达设计寿命前，开展设备的状态评估及后续的更新改造。

由于部分系统设备存在虽未到达运行寿命，但无维护所需备件支持，建议对此类设备进行渐进式的更新改造。

火灾自动报警 FAS 系统、自动灭火系统的维修周期与工作内容（见表 8-5、表 8-6）

维修周期与工作内容（小修及以下） 表 8-5

系统	设备类别	设备名称	检修工作内容	周期	备注
FAS 系统	FAS 系统	系统	（1）对火灾报警控制器和图形工作站进行功能检查	日检	
			（2）按照火灾模式分区进行自动状态火灾模式联动测试，测试各项 FAS 联动设备是否正常动作、联动的其他系统（含 BAS 系统等是否收到联动火灾信号并正常联动设备）	年检	
	手动报警器	手动报警器	（1）清洁手动报警器	年检	
			（2）紧固接线端和设备安装螺丝		
			（3）试验手动报警器报警功能		
	消火栓按钮	消火栓按钮	（1）清洁消火栓按钮	年检	
			（2）紧固接线端和设备安装螺丝		
			（3）测试设备功能		
	接口模块（输入、输出模块及继电器）	防火阀接口模块	（1）清洁模块	年检	
			（2）紧固各接线端		
			（3）现场动作防火阀，测试 FAS 监管报警情况		
			（4）测试继电器（如有）动作是否正常		
		除防火阀外所有输入、输出模块（含继电器）	（1）清洁模块、继电器	季检	除防火阀接口模块外所有接口模块（含消防水泵、AFC 闸机、防火卷帘门、电梯接口、自动灭火系统、防淹门、排烟风机等接口监视模块和控制模块）
			（2）紧固各接线端		
			（3）手动控制输出模块（或激活火警）进行测试，检查输出模块、继电器和控制设备是否正常动作		
			（4）动作输入模块监视设备，测试主机监管报警情况		

续表

系统	设备类别	设备名称	检修工作内容	周期	备注
FAS系统	模块箱	模块箱	（1）清洁模块箱内外 （2）检查模块箱对外空洞的封堵情况，如有需要进行封堵 （3）检查模块箱锁扣是否正常打开和关闭 （4）紧固接线端 （5）检查是否有生锈现象并补漆	季检	
	UPS、蓄电池	蓄电池	（1）检查蓄电池外观是否有结晶或漏液情况，清扫蓄电池表面 （2）紧固蓄电池各接线端 （3）测量单个及成组蓄电池电压 （4）进行主、备电源切换测试	月检	
			断开主电源，使用蓄电池备电源单独供电3h，检查是否可正常工作	年检	
		UPS主机	（1）清洁表面 （2）进行主、备电源切换测试 （3）检查UPS面板上指示灯是否正常	月检	
			（1）断开主电源，使用蓄电池备电源单独供电30min，检查是否可正常工作 （2）清洁主机内部各板件、接线端	年检	
	感温电缆	感温电缆	（1）清洁感温电缆微机头、接线盒和终端盒 （2）紧固各接线端 （3）测试感温电缆的火警和故障功能 （4）检查感温电缆的现场情况	年检	
	探测器	烟感探测器、温感探测器、红外探测器等	测试探测器报火警的功能	年检	
		吸气式感烟探测器	（1）清洁吸气式感烟探测器控制器及其专用电源 （2）改变探测器的采样管路气流，使探测器处于故障状态，探测器或其控制装置应在100s内发出故障信号 （3）清洗外部过滤器，如损坏则进行更换 （4）用风机对吸气式感烟探测器管网进行吹扫 （5）进行主、备电源切换测试	季检	
			（1）更换吸气式感烟探测器内部过滤器 （2）测试每根采样管末端烟雾传输时间，报警时间不应大于120s	年检	
	消防联动柜（或联动扩展单元）	消防联动柜（或联动扩展单元）	（1）清洁防联动柜 （2）进行主、备电源切换测试 （3）测量联动柜各主电源和备用电源工作电压 （4）进行消防联动柜（或联动扩展单元）灯测试 （5）紧固各接线端	月检	
			（1）手动状态下手动按下相应按钮进行消防联动柜（或联动扩展单元）的各项联动功能试验 （2）自动状态下在主机手动控制或联动火警动作输出模块进行消防联动柜（或联动扩展单元）的各项联动功能试验	年检	

245

续表

系统	设备类别	设备名称	检修工作内容	周期	备注
FAS系统	警铃	警铃	(1) 清洁警铃表面	季检	
			(2) 在控制盘手动控制或联动火警动作输出模块，检查警铃是否响亮		
	声光报警器	声光报警器	(1) 清洁设备	季检	
			(2) 测试设备功能		
	消防广播	消防广播	(1) 清洁消防广播立柜各设备	季检	
			(2) 紧固各接线端		
			(3) 在主机手动控制或联动火警动作输出模块，测试火灾事故广播的自动播放功能		
			(4) 检查现场消防广播扬声器播放是否响亮		
			(5) 使用人工事故广播功能		
	主机及操作站	FAS主机	(1) 清洁FAS主机	月检	
			(2) 进行主、备电源切换测试		
			(3) 测量主机盘电源卡及辅助电源的输入、输出电压		
			(4) 测量回路卡工作电压		
			(5) 对FAS主机进行灯测试		
			(6) 检查网络卡和光电转换器的工作状态并测量其工作电压		
			(7) 紧固各接线端		
			(8) 同步时钟		
			(1) 对主机内各设备进行清洁除尘	年检	
			(2) 对主机各项功能进行测试		
		区域显示器	(1) 清洁外观	月检	
			(2) 进行主、备电源切换测试		
			对各项功能进行测试	年检	
		工控机图形操作站	(1) 清洁工控机主机、显示器、鼠标、键盘和各接线等设备表面	月检	
			(2) 手动操作图形界面和历史记录界面，检查是否正常		
			(3) 同步时钟		
			(4) 紧固各接线端		
			(1) 备份图形中心软件历史数据作为备份存档	年检	
			(2) 工控机各板卡进行除尘清洁		
	消防电话	消防电话	(1) 清洁消防电话主机、挂壁电话、挂壁电话箱、电话插孔和24V操作电源等	季检	含消防立柜，如有
			(2) 测量电话主机和24V操作电源的电源和各回路线电压		
			(3) 测试消防电话主机的故障报警功能		
			(4) 紧固电话主机每条电话回路接线		
			(5) 测试挂壁电话和电话插孔与电话主机通话是否清晰		

续表

系统	设备类别	设备名称	检修工作内容	周期	备注
气体灭火系统	报警控制子系统	系统	对气体灭火系统主机进行功能检查	日检	
			对各保护区各项系统功能进行联动测试	年检	
		主机	（1）清洁气体主机	月检	
			（2）进行主、备电源切换测试		
			（3）测量主机盘电源卡及辅助电源的输入、输出电压		
			（4）测量回路卡工作电压		
			（5）对气体主机进行灯测试		
			（6）紧固各接线端		
			（7）同步时钟		
			（1）断电后拆卸各板块进行除尘	年检	
			（2）下载主机程序（如有该功能）作为备份存档		
		控制盘	（1）清洁控制盘	月检	
			（2）紧固控制盘各接线端		
			（3）进行主、备电源切换测试		
			（4）测量主电源和备用电源电压		
			（5）同步时钟		
			对各板块和模块进行清洁除尘	年检	
		辅助电源箱	（1）清洁辅助电源箱	月检	
			（2）紧固辅助电源箱各接线端		
			（3）进行主、备电源切换测试		
			（4）测量主电源和备用电源电压		
			对板块和模块进行清洁除尘	年检	
		探测器	测试探测器报火警的功能	年检	含烟感、温感、感温电缆等
		手自动转换开关、紧急启动按钮（手拉启动器）、紧急停止按钮、警铃、声光报警器、放气指示灯	（1）清洁各设备	季检	
			（2）测试各设备功能		
		防烟防火阀执行机构	（1）清洁防烟防火阀模块和防烟防火阀执行机构	季检	
			（2）紧固各接线端		
			（3）检查防火阀是否正常动作		
		模块及模块箱（模块盒）	（1）清洁模块、继电器及模块箱（模块盒）	季检	
			（2）紧固各接线端		
			（3）手动控制输出模块（或激活火警）进行测试，检查输出模块、继电器和控制设备是否正常动作		
			（4）动作输入模块监视设备，测试主机监管报警情况		

续表

系统	设备类别	设备名称	检修工作内容	周期	备注
气体灭火系统	报警控制子系统	蓄电池	（1）检查蓄电池外观是否有结晶或漏液情况，清扫蓄电池表面 （2）紧固蓄电池各接线端 （3）测量单个及成组蓄电池电压 （4）进行主、备电源切换测试	月检	
			断开主电源，使用蓄电池备电源单独供电3h，检查是否可正常工作	年检	
	管网子系统	系统	（1）检查气瓶间设备是否齐全完好 （2）检查机械启动器、机械启动起保险销是否在原来位置 （3）检查气瓶压力表指示是否正常 （4）检查标识说明是否清晰完好	日检	必须确保五年内每个保护区都进行一次喷气试验，具体见喷气试验工艺，如期间发现异常应立即上报部门处理。1301气体宜用氮气代替
			进行模拟喷气试验。检查数量：按防护区或保护对象总数（不足5个按5个计）的20%检查，组合分配系统应不少于1个防护区或保护对象，单元独立式每5年进行一次；试验采用的储存容器数应为选定试验的防护区或保护对象设计用量所需容器总数的5%，且不得少于1个。喷气前应对喷气试验的相应保护区管道进行紧固；喷气后应对喷气试验的相应保护区管道进行紧固	年检	
		气瓶	（1）清洁气瓶 （2）紧固气瓶紧固卡套螺母 （3）对掉漆部位进行补漆	月检	
		气瓶固定框架、高压软管、集流管、单向阀、选择阀、安全阀、低通高阻阀、减压装置、启动铜管、标志牌等全部系统组件	（1）清洁各设备 （2）检查表面是否有机械性损伤、锈蚀，保护涂层是否完好 （3）检查各组件的铭牌和操作指引标志牌是否清晰，手动操作装置的防护罩、铅封和安全标志是否完整	月检	
			（1）检查各连接处并紧固 （2）检查是否有目测可见的变形、裂纹及老化 （3）对掉漆部位进行补漆	季检	
		下游管道（含喷嘴、挡流罩等）	（1）目测检查喷嘴孔口有无堵塞情况 （2）检查是否有目测可见的变形、裂纹及老化 （3）对掉漆部位进行补漆	季检	
		压力开关	（1）清洁压力开关 （2）紧固接线端	月检	
			动作压力开关，检查控制系统是否可收到相应信号并动作释放指示灯	季检	
		电磁阀	（1）清洁电磁阀 （2）紧固接线端，紧固其连接部位 （3）检查电磁阀插销是否插好，并更换检查封条 （4）火警情况联动电磁阀，检查电磁阀是否正常动作	季检	
		泄压阀	（1）清洁泄压阀 （2）泄压阀功能测试	季检	

续表

系统	设备类别	设备名称	检修工作内容	周期	备注
细水雾灭火系统	报警控制子系统	系统	对细水雾灭火系统主机进行功能检查	日检	
			对各保护区各项系统功能进行联动测试	年检	
		主机	（1）清洁细水雾灭火系统主机	月检	
			（2）进行主、备电源切换测试		
			（3）测量主机盘电源卡及辅助电源的输入、输出电压		
			（4）测量回路卡工作电压		
			（5）对气体主机进行灯测试		
			（6）检查网络卡和光电转换器的工作状态并测量其工作电压		
			（7）紧固各接线端		
			（8）同步时钟		
			（1）断电后拆卸各板块进行除尘	年检	
			（2）下载主机程序（如有该功能）作为备份存档		
		控制盘	（1）清洁控制盘	月检	
			（2）紧固控制盘各接线端		
			（3）进行主、备电源切换测试		
			（4）测量主电源和备用电源电压		
			（5）同步时钟		
			对各板块和模块进行清洁除尘	年检	
		辅助电源箱	（1）清洁辅助电源箱	月检	
			（2）紧固辅助电源箱各接线端		
			（3）进行主、备电源切换测试		
			（4）测量主电源和备用电源电压		
			对各板块和模块进行清洁除尘	年检	
		探测器	测试探测器报火警的功能	年检	含烟感、温感、感温电缆等
		手自动转换开关、紧急启动按钮（手拉启动器）、紧急停止按钮、警铃、声光报警器、放气指示灯	（1）清洁各设备	季检	
			（2）测试各设备功能		
		防烟防火阀执行机构	（1）清洁防烟防火阀模块和防烟防火阀执行机构	季检	
			（2）紧固各接线端		
			（3）检查防火阀是否正常动作		

续表

系统	设备类别	设备名称	检修工作内容	周期	备注
细水雾灭火系统	报警控制子系统	模块及模块箱（模块盒）	（1）清洁模块、继电器及模块箱（模块盒） （2）紧固各接线端 （3）手动控制输出模块（或激活火警）进行测试，检查输出模块、继电器和控制设备是否正常动作 （4）动作输入模块监视设备，测试主机监管报警情况	季检	
		蓄电池	（1）检查蓄电池外观是否有结晶或漏液情况，清扫蓄电池表面 （2）紧固蓄电池各接线端 （3）测量单个及成组蓄电池电压 （4）进行主、备电源切换测试	月检	
			断开主电源，使用蓄电池备电源单独供电 3h，检查是否可正常工作	年检	
	管网子系统	系统	进行系统模拟联动功能试验	年检	按照《细水雾灭火系统技术规范》（GB 50898—2013）的 5.0.9 进行测试
		区域阀箱（内含水流指示器、压力开关、限位开关、接线盒、电动阀等）	（1）检查区域阀箱等各种阀门的外观及启闭状态是否于正常 （2）检查区域阀箱的标识和使用说明等标识是否在正确、清晰、完整，并处于正确位置	日检	
			（1）检查区域阀箱内水流指示器、压力开关、限位开关、接线盒、电动阀及操作说明是否正常、完好 （2）检查阀箱防火封堵是否完好 （3）区域阀动作是否正常 （4）阀门上的铅封或链条是否完好，阀门是否处于正确位置	月检	
			（1）检查接线盒内接线紧固、密封性是否良好 （2）电动阀联动功能测试 （3）压力开关动作功能测试 （4）检查阀箱内管卡并紧固 （5）用泄压试验装置与阀箱内的放水装置连接放水（开式或预作用系统启动报警系统联动电动阀开启，人工打开放水装置球阀放水；闭式系统人工打开放水装置球阀放水），联动泵组主泵运行，测试系统的联动功能 （6）测试水流指示器动作状态是否正常 （7）测试信号阀的动作状态是否正常	季检	

续表

系统	设备类别	设备名称	检修工作内容	周期	备注
细水雾灭火系统	管网子系统	管道及其附属设备（含喷嘴、水管、支架、压力表等）	(1) 检查喷嘴外观是否完好	月检	
			(2) 检查支架、管卡、螺丝是否生锈，固定是否牢固，绝缘垫是否完好		
			(3) 检查水管，尤其是焊接处是否完好、无锈蚀或损坏		
			(4) 阀门上的铅封或链条是否完好，阀门是否处于正确位置		
			(5) 检查手动装置的保护罩，铅封等是否完整无损		
			(1) 检查管道和支、吊架是否松动	季检	
			(2) 管道连接件是否变形、老化或有裂纹等现象		
			(3) 检查区域阀箱内压力表是否完好		
			(1) 主管网冲洗	年检	
			(2) 对过滤器进行拆卸冲洗，必要时进行更换过滤器滤芯		
			压力表送检	两年检	
		泵组、水泵控制柜、水箱附属组件	(1) 检查水箱外观是否正常	日检	
			(2) 检查泵组外观是否正常		
			(3) 检查控制箱外观是否正常		
			(4) 检查控制阀、区域阀等各种阀门的外观及启闭状态是否正常		
			(5) 检查主备电源是否接通		
			(6) 检查水泵控制柜的控制面板及信息状态是否正常		
			(7) 对系统的标识和使用说明等标识是否在正确、清晰、完整，并处于正确位置		
			(1) 稳压泵、消防主/备泵启动测试	月检	
			(2) 测试泵组面板及显示屏指示灯、压力表功能是否正常		
			(3) 泵组主备电源切换功能测试		
			(4) 泵组、水箱表面卫生及泵房卫生清洁		
			(5) 检查水箱水位是否处于正常状态		
			通过泄放试验阀，对泵组进行一次放水试验，并检查泵组启动、主备泵切换及报警联动功能是否正常	季检	
			储水箱进行全部换水	半年检	
			(1) 泵组、水泵控制柜、水箱、水管及阀门外观检查	年检	
			(2) 水管、支架、管卡、绝缘垫片检查和紧固		
			(3) 过滤器清洗/更换		
			(4) 止回阀拆卸检查并清洗		
			(5) 检查补水泵外观是否生锈		
			(6) 各子系统测试		
			(7) 视水泵技术要求，进行润滑维护		
			(8) 视水泵技术要求，补水泵和稳压泵拆卸检查和除锈处理		
			(9) 测定系统水源供水能力		
			(10) 清洗储水箱		

维修周期与工作内容（中修） 表8-6

设备	周期	检修工作内容
点型感烟火灾探测器	投入运行2年后，每隔3年	对点型感烟火灾探测器进行拆卸，送至有资质单位进行清洗，并重新安装已清洗的烟感探测器。

(3) 消防设备的维修作业管理

消防设备的维修作业，由于涉及乘客和列车运营，因此需要进行规范管理。其中，施工进场作业令制度和请、销点制度是维修作业两种主要管理手段。

(4) 维修安全管理

1) 通用安全

消防系统设备的维修安全管理除要遵循城市轨道交通通用安全制度外，由于涉及高空作业，还需遵循下述的高空作业安全的有关规定。

① 使用梯子前应检查梯子是否牢固、扎实、可靠，能否承受维修人员及其所携带物的重量，带电作业使用时还应检查梯子的干燥绝缘程度。

② 使用梯子时要注意不准垫高使用，梯子与地面的角度以 $60°\sim65°$ 为宜；在滑的地面使用梯子时，要有防滑措施，无搭勾或绑扎等稳固措施时应有人扶梯。

③ 使用铝合金人字梯应以梯顶两板面处于同一水平面作为摆设角度准则，且应有人扶梯；不能在带电设备附近使用，更不能在带电作业或部分带电作业时使用无绝缘保护的铝合金梯。

④ 严禁一手扶梯一手拿工器具等物品上梯，当梯子上面有人时，下面扶梯子的人不得走开，使用梯子时不能站到顶层处工作，人字梯顶处不能放置工具、材料等。

⑤ 高空作业前必须检查安全带是否牢固、扎实、可靠，高空作业时必须自始至终都扎好安全带，安全带的吊绳不允许钩挂在可移动的物体上；高空作业时脚要踩在牢固的物体上，手要扶好或抓好牢固的物体。

⑥ 参加高空作业的所有人员都应戴好安全帽，穿好棉质工作服，并戴好电工带或工具包，尽量避免高空传递物品。必须高处传递物体时，严禁上下抛掷，而应用绳子吊传物品，绳子不能拴在身上或安全带上。

⑦ 严格按照升降设备的操作规程进行操作，应小心使用测试杆和拆卸杆，每次使用完应马上收好，以避免折坏。

⑧ 在设备房中搬动梯子时，应将梯子放倒，两人搬运，与带电部分应保持足够的安全距离；在公共区和走道上，梯子用完后应放倒，以免被人碰倒，砸伤人员。

⑨ 高空作业完毕后，应将梯子放置于安全的地方，与作业有关的工器具应收拾好。

2) 专用安全

由于消防系统的特殊性，维修期间应根据各自现场特性避免出现误启动火灾模式、自动灭火系统误喷放、误动作影响乘客服务以及区间行车的事件，一般作业前需要进行下述防护，作业后确定无异常后进行设备恢复。

① 将FAS主机设置为手动状态。

② 将IBP盘/消防联动盘设置为手动状态。

③ 气体灭火系统应拆除电磁阀及相应线路。

④ 必要时短时隔离不需要动作的设备或线路。

4. FAS 系统维修工艺

（1）FAS 系统火灾模式

按照火灾模式分区（在图形操作站中为不同颜色区或环控系统规定的区域）进行自动状态火灾模式联动测试，抽取每一个火灾模式区域的一个烟感＋手报或两个烟感探测器进行火警激活，测试各项 FAS 联动设备是否正常动作（包括警铃、防火卷帘、火灾信息互通等）、联动其他系统（含 BAS 系统等是否收到联动火灾信号并正常联动设备）；正常后复位测试下一个模式。

（2）手动报警器

1）检查、用毛刷或抹布清洁手动报警器（含区间防护罩）外表，并检查安装地点环境是否有渗水等异常情况。

2）用螺丝刀紧固设备安装螺丝和接线端。

3）将试验钥匙插入手动报警器测试孔，进行火警功能测试。

4）检查火警红灯是否常亮，检查 FAS 主机和图形操作站描述是否与现场位置一致。

5）区间的手动报警器锁紧防护罩。

（3）消火栓按钮

1）检查、用毛刷或抹布清洁消火栓按钮外表，并检查安装地点环境是否有渗水等异常情况。

2）用螺丝刀紧固设备安装螺丝和接线端。

3）将试验钥匙插入消火栓按钮测试孔，进行火警功能测试。

4）建议消防泵房是否收到启泵信号。

5）消防泵运行后，消火栓按钮指示灯是否亮。

（4）接口模块（输入、输出模块及继电器）

1）防火阀接口模块

① 用毛刷或抹布清洁模块表面。

② 用螺丝刀紧固模块及防火阀各接线端。

③ 现场手动动作防火阀，检查防火阀输入模块正面指示灯是否亮。

④ 检查 FAS 主机和图形操作站描述是否与现场位置一致。

2）除防火阀外所有输入、输出模块（含继电器）季检

① 用毛刷或抹布清洁模块、继电器。

② 用螺丝刀紧固模块及其监控设备各接线端。

③ 手动控制输出模块（或激活火警）进行测试，检查输出模块（模块动作指示灯亮）、继电器（继电器动作指示灯亮）和控制设备是否正常动作，检查 FAS 主机和图形操作站描述是否与现场位置一致。

④ 动作输入模块监视设备，检查 FAS 主机和图形操作站描述是否与现场位置一致。

（5）模块箱

1）用毛刷或抹布抹布清洁模块箱内外。

2）检查模块箱对外空洞的封堵情况，如有空洞，用防火泥进行封堵。

3）检查模块箱锁扣能否正常打开和关闭。

4）用螺丝刀紧固接线端。

5）检查模块箱内外是否有生锈现象，如有生锈情况进行补漆处理。

（6）UPS、蓄电池

1）蓄电池月检

① 检查消防立柜内、FAS主机内（部分站点）、消防联动盘内蓄电池外观是否有结晶或漏液情况，用干抹布清扫蓄电池表面。

② 用扳手紧固蓄电池各接线端。

③ 断开蓄电池与主机连接线，使用万用表测量单个及成组蓄电池电压是否为该蓄电池标称值（单个12V蓄电池正常参考值为10.5～13V，成组电压正常值参考为23～26V，浮充状态下单个蓄电池电压参考值为13.6～13.8V）。

④ 恢复蓄电池与主机连接线，断开主机220V主电源开关，进行主、备电源切换测试。

2）蓄电池年检

断开主电源，使用蓄电池备电源单独供电3h，检查是否可正常工作。

3）UPS月检

① 用抹布清洁表面。

② 进行主、备电源切换测试。

③ 检查UPS面板上故障指示灯是否点亮，若无点亮则为正常。

4）UPS年检

① 断开主电源，使用内置电池备电源单独供电30min，检查UPS是否可正常工作。

② 用毛刷或抹布清洁主机内部各板件、接线端。

（7）感温电缆

1）用螺丝刀紧固各接线端。

2）打开感温电缆模块盒，分别按下火警测试按钮和故障测试按钮，测试感温电缆的火警和故障功能，检查FAS主机和图形操作站描述是否与现场位置一致。

3）检查感温电缆的现场情况是否有渗水。

4）用毛刷或抹布清洁感温电缆微机头、接线盒和终端盒。

（8）探测器

1）烟感探测器

① 使用烟枪吹烟至烟感探测器，测试其报火警的功能，火警时指示灯常亮。

② 检查FAS主机和图形操作站描述是否与现场位置一致。

2）温感探测器

① 使用电吹风将热风吹至温感探测器，测试其报火警的功能，火警时指示灯常亮。

② 检查FAS主机和图形操作站描述是否与现场位置一致。

3）红外探测器

① 使用红外测试纸放置于红外探测器上，测试其报火警的功能，火警时指示灯常亮。

② 检查FAS主机和图形操作站描述是否与现场位置一致。

4）吸气式感烟探测器

① 清洁吸气式感烟探测器控制器及其专用电源。

② 改变探测器的采样管路气流，使探测器处于故障状态，探测器或其控制装置应在100s内发出故障信号。

③ 清洗外部过滤器，如损坏则进行更换。
④ 用风机对吸气式感烟探测器管网进行吹扫。
⑤ 进行主、备电源切换测试。
⑥ 更换吸气式感烟探测器内部过滤器。
⑦ 测试每根采样管末端烟雾传输时间，报警时间不应大于120s。

（9）消防联动柜（或联动扩展单元）

1）消防联动柜月检

① 用毛刷或抹布清洁联动柜，特别关注风扇清洁及工作情况。
② 断开主电源开关，进行主、备电源切换测试。
③ 测量主电源（正常参考值范围为198～235.4V，引用《电能质量供电电压偏差》GB/T 12325—2008的4.3款）和备用电源电压（与蓄电池测试一并进行）。
④ 按下试灯按钮，进行消防联动柜（或联动扩展单元）灯测试。
⑤ 用螺丝刀紧固各接线端。

2）消防联动柜年检

① 手动状态下手动按下相应按钮进行消防联动柜（或联动扩展单元）的各项联动功能试验。（该联动盘无手、自动功能）
② 自动状态下在主机手动控制或联动火警动作输出模块进行消防联动柜（或联动扩展单元）的各项联动功能试验。

（10）警铃及声光报警器

1）用毛刷或抹布清洁警铃/声光报警器表面。
2）在控制盘手动控制或联动火警动作输出模块，现场检查警铃是否响亮，声光报警器是否闪光和响亮。

（11）消防广播

1）用毛刷或抹布清洁消防广播立柜各设备。
2）用螺丝刀紧固各接线端。
3）在主机手动控制或联动火警动作输出模块，测试火灾事故广播的自动播放功能。
4）检查现场消防广播扬声器播放是否响亮。
5）使用人工事故测试广播功能。

（12）主机

1）FAS主机月检

① 用毛刷或抹布清洁FAS主机。
② 断开主电源开关，进行主、备电源切换测试。
③ 测量主电源（正常参考值范围为198～235.4V，引用《电能质量 供电电压偏差》GB/T 12325—2008的4.3款）和备用电源电压（与蓄电池测试一并进行）。
④ 测量回路卡工作电压（在各厂家规定正常参考值范围内）。
⑤ 对FAS主机进行灯测试。
⑥ 检查网络卡和光电转换器的工作状态并测量其工作电压。
⑦ 用螺丝刀紧固各接线端。
⑧ 同步时钟。

2) FAS 主机年检

① 用毛刷或抹布对主机内各设备进行清洁除尘。

② 对主机各项功能（面板按钮按键、历史记录查询、打印、扬声器、显示器等）进行测试。

(13) 图形操作站

1) 工控机图形操作站月检

① 用干抹布清洁工控机主机、显示器、鼠标、键盘和各接线等设备表面。

② 手动操作图形界面和历史记录界面，检查是否正常。

③ 同步时钟。

④ 用螺丝刀紧固各接线端。

2) 工控机图形操作站年检

① 备份图形中心软件历史数据作为备份存档。

② 用毛刷或抹布对工控机各板卡进行除尘清洁，特别关注风扇清洁及工作情况。

(14) 区域显示器

1) 用干抹布清洁区域显示器设备表面。

2) 对各项功能（面板按钮按键、历史记录查询、显示器等）进行测试。

(15) 消防电话

1) 用毛刷或抹布清洁消防电话主机、挂壁电话、挂壁电话箱、电话插孔和 24V 操作电源等。

2) 使用万用表测量电话主机和 24V 操作电源的电源和各回路线电压是否为 24V。

3) 模拟故障，测试消防电话主机的故障报警功能。

4) 用螺丝刀紧固电话主机每条电话回路接线。

5) 测试挂壁电话（拿起即可通话）和电话插孔（使用插孔电话插入电话插孔即可通话）与电话主机通话是否清晰。

5. 自动灭火报警控制子系统维修工艺

(1) 系统功能

1) 全自动状态测试：系统处于自动状态分别短接一级回路、二级回路接线端子，按系统自动灭火运行方式，对系统就地控制盘及辅助电源箱进行测试，检查系统控制盘（含主机、就地控制盘）及辅助电源箱的显示、报警、延时 30s 及设备联动情况。（自动状态下如无法使用短接线短接模拟，请直接测试烟温感，烟、温感采用先烟感后温感，然后复位再进行先温感后烟感方式测试，烟、温感随机抽取。）

2) 紧急停止测试：在自动状态下的延时 30s 阶段内按下紧急停止按钮，测试系统是否停止延时，若能停止计时则为正常。（关键工序）

3) 紧急启动测试：在系统正常情况下按下紧急启动按钮或者用手拉动启动器，检查系统是否可正常启动喷气程序。若能启动则为正常。（关键工序）

4) 手动状态测试（系统处于手动状态）：按照一级火警、二级火警顺序测试检查系统是否不会启动喷气程序，若不启动喷气程序则为正常。

(2) 报警主机

1) 月检

① 清洁主机。（清洁主机内外。用毛扫扫除模块上的灰尘，用抹布擦拭内外箱体）

② 进行主、备电源切换测试。(断开交流电源，使用蓄电池供电测试)

③ 测量主机盘电源卡及辅助电源的输入、输出电压，测量的是电源卡的输入和输出端子电压。

④ 测量回路卡端子工作电压。(测量回路卡回路端子电压)

⑤ 对气体主机进行灯测试。(先进入菜单功能，测试功能再进行灯测试)

⑥ 紧固各接线端。(用手轻触模块接线端，看其是否固定牢固)

⑦ 同步时钟，查看主机时间是否正确，对其进行调整。

2）年检

① 断电后拆卸各板块进行除尘。(断电，拆除各板卡用毛扫扫除板卡上的灰尘)

② 清洁主机。(清洁主机内外。用毛扫扫除模块上的灰尘，用抹布擦拭内外箱体)

③ 进行主、备电源切换测试。(测量电源卡的输入和输出端子电压)

④ 测量主机盘电源卡及辅助电源的输入、输出电压。(测量电源卡的输入和输出端子电压)

⑤ 测量回路卡工作电压。(测量回路卡回路端子电压)

⑥ 对主机进行灯测试。(先进入菜单功能，测试功能，再进行灯测试)

⑦ 紧固各接线端。(用手轻触模块接线端，看其是否固定牢固)

⑧ 同步时钟。(查看主机时间是否正确，对其进行调整)。

（3）控制盘

1）控制盘月检

① 用毛扫清洁控制盘。

② 用螺丝刀紧固控制盘各接线端。

③ 断开主电源开关，进行主、备电源切换测试。

④ 测量主电源（正常参考值范围为198～235.4V，引用《电能质量 供电电压偏差》GB/T 12325—2008 的 4.3 款）和备用电源电压（与蓄电池测试一并进行）。

⑤ 同步时钟（如有时钟功能）。

2）控制盘年检

用毛扫对各板卡和模块进行清洁除尘。

（4）辅助电源箱

1）辅助电源箱月检

① 用毛扫清洁辅助电源箱。

② 用螺丝刀紧固辅助电源箱各接线端。

③ 断开主电源开关，进行主、备电源切换测试。

④ 测量主电源（正常参考值范围为198～235.4V，引用《电能质量 供电电压偏差》GB/T 12325—2008 的 4.3 款）和备用电源电压（与蓄电池测试一并进行）。

2）辅助电源箱年检

用毛扫对各板卡和模块进行清洁除尘。

（5）手自动转换开关、紧急启动按钮（手拉启动器）、紧急停止按钮、警铃、声光报警器、放气指示灯

1）用毛扫清洁各设备外部。

2）测试各设备功能。

① 测试一级火警警铃是否鸣叫。

② 二级火警声光报警器是否闪亮鸣叫。

③ 手自动开关转换，气体控制盘是否有相关信息。

④ 动作手紧急启动按钮（手拉启动器），测试电磁阀是否有电压，防火阀执行器是否动作，声光报警器是否闪亮鸣叫。

⑤ 在延迟 30s 时间内按下止喷按钮测试是否有止喷功能。

⑥ 触发压力开关查看放气勿入灯是否常亮。

(6) 探测器

1) 使用烟枪吹烟至烟感探测器，测试其报火警的功能，火警时指示灯常亮。

2) 使用电吹风将热风吹至温感探测器，测试其报火警的功能，火警时指示灯常亮。

(7) 防烟防火阀执行器

1) 用毛扫清洁防烟防火阀执行机构及手动复位装置。

2) 用螺丝刀紧固各接线端。

3) 动作手紧急启动按钮后，检查防火阀能否正常动作。

4) 使用复位内六角钥匙，复位防火阀执行机构。

(8) 模块及模块箱（模块盒）

1) 用毛扫和抹布清洁模块、继电器及模块箱。

2) 检查各接线端，用螺丝刀紧固各接线端。

3) 激活火警进行测试，检查输出模块、继电器和控制设备是否正常动作。

4) 动作输入模块监视设备，测试主机监管报警情况。

5) 检查模块箱（模块盒）是否有生锈现象并补漆。

(9) 蓄电池

1) 蓄电池月检

① 检查消主机、控制盘和辅助电源箱内内蓄电池外观是否有结晶或漏液情况，用干抹布清扫蓄电池表面。

② 用扳手紧固蓄电池各接线端。

③ 断开蓄电池与主机连接线，使用万用表测量单个及成组蓄电池电压是否为该蓄电池标称值（单个 12V 蓄电池正常参考值为 10.5~13V，成组电压正常值参考为 23~26V，浮充状态下单个蓄电池电压参考值为 13.6~13.8V）。

④ 恢复蓄电池与主机连接线，断开主机 220V 主电源开关，进行主、备电源切换测试。

2) 蓄电池年检

断开主电源，使用蓄电池备电源单独供电 3h，检查是否可正常工作。

6. 气体灭火管网子系统维修工艺

(1) 系统模拟喷气测试

1) 检查灭火剂输送管道（含管道 U 形卡套、支架）、气瓶支架（含卡套）等是否牢固，必要时进行加固，防止喷气时导致松脱导致设备损坏、人身伤害。

2) 拆除气体保护区喷头正下方附近的吊顶（如有）及其他物体（如灯管、烟感、温感等），防止喷气时将其气体冲击导致松脱或损坏。

3）气体保护区内相关专业的电脑、办公用品和专业设备等物品（如有）与其对应配合人员请做好防护措施（如覆盖帆布或搬走，所有柜门关闭并上锁）。

4）隔离除喷气测试需要动作以外的所有启动瓶和灭火剂存储气瓶。

5）为了安全考虑，在测试开始前所有人员撤离将进行喷气的气体保护区，气瓶间所有人员撤离气瓶间。

6）关好气体保护区及气瓶间的房门。

7）工作人员对气体保护区端的设备区的无关人员进行广播通知清场，并撤离至安全区域。

8）在就地控制盘操作人人员按下"紧急启动"按钮（或手拉启动器）。

9）作业人员从气瓶间和喷气的保护区房门外面听是否有气体声音，如气体已经喷放，则等 10min 以上才能打开气瓶间和喷气的保护区房门，并敞开 5min 后方可进入（必要时带上空气呼吸器），复位气体控制系统主机（如有）和控制盘，复位打开该保护区对应的防烟防火阀，如为地下车站在打开防烟防火阀后在 BAS 工作站或由环调执行该区域的排气模式，工作人员进入气瓶和喷气的保护区进行现场查看，检查气瓶间和保护区现场是否有异常情况；如按下紧急按钮后 3min 仍未听到气体喷放声音和相关迹象，则进入气瓶间观察查看药剂瓶是否有动作（必要时带上空气呼吸器），并根据现场情况作必要处理（检查电磁阀、选择阀、启动管路、瓶头阀等），记录测试异常情况及处理方法，然后重新开展本项测试。

10）气体喷放后对有冷凝水的管道用毛巾擦拭，避免水珠滴到带电或其他设备。

11）更换已喷气的灭火剂存储气瓶。

12）按下压力开关进行复位。

13）恢复气体控制部分，检查无异常后恢复气体管网子系统设备（含启动气瓶，电磁阀及其安全插销解锁和启动管路的连接等）。

14）检查其他需要复位的设备。

（2）气瓶

1）使用毛扫或抹布对气瓶进行清洁。

2）使用管网专用工具对气瓶紧固卡上的卡套螺母进行紧固。

3）检查气瓶是否存在掉漆现象，对掉漆的气瓶进行补漆。

（3）气瓶固定框架、高压软管、集流管、单向阀、选择阀、安全阀、低通高阻阀、减压装置、启动铜管、标志牌等全部系统组件

1）月检

① 使用毛扫或抹布对各系统组件进行清洁。

② 检查各系统组件表面是否有机械性损伤、锈蚀，保护涂层是否完好。

③ 检查各组件的铭牌和操作指引标志牌是否清晰，手动操作装置的防护罩、铅封和安全标志是否完整。

2）季检

① 检查并使用扳手等工具对各组件连接处进行紧固。

② 检查是否有目测可见的变形、裂纹及老化。

③ 检查各组件是否存在掉漆现象，对掉漆的组件进行补漆。

（4）下游管道（含喷嘴、挡流罩等）季检

1）目测检查喷嘴孔口有无堵塞情况。

2）检查是否有目测可见的变形、裂纹及老化。

3）检查各组件是否存在掉漆现象，对掉漆的组件进行补漆。

（5）压力开关

1）月检

① 使用毛扫或抹布对压力开关进行清洁。

② 使用螺丝刀对压力开关的接线端子进行紧固。

2）季检

动作压力开关，检查气体灭火系统能否收到气体释放信号并正确动作气体释放指示灯。

（6）电磁阀

1）使用抹布或毛扫对电磁阀进行清洁。

2）使用螺丝刀对电磁阀接线端子进行紧固，并对电磁阀与瓶头阀的连接处进行紧固。

3）检查电磁阀插销是否插好，并更换检查封条。

4）拆卸下瓶头阀，在对应防护区控制盘手动紧急启动二级火警，喷气延时结束时，检查电磁阀是否正常动作。

（7）泄压阀季检

1）使用毛扫或抹布对泄压阀进行清洁。

2）在气体保护房间内用手推动泄压阀，检查泄压阀是否安装正确并能从气体保护房间内部打开，可正常动作。

7. 细水雾管网子系统

（1）系统模拟联动测试

1）在泵组控制面板上将泵组控制位打到"测试位"。

2）用泄放试验装置与阀箱内的放水装置连接放水（开式或预作用系统人工将电动阀开启），测试系统的联动功能，动作信号反馈装置应可以正常动作，并能在动作后启动泵组或瓶组及与其相关设备，可正确发出反馈信号。

3）模拟发出保护区动作信号，开式系统的分区控制阀应能正常开启，并可正确发出反馈信号。

4）在区域阀箱内将泄压阀打开，在泵组控制柜上将稳压泵1打到"手动"位，启动稳压泵防水，模拟泄放试验，在区域阀箱内用水桶进行接水，检查系统流量和压力装置是否正常。

5）泵组主备电源切换功能测试。从电源切换箱里断开主电源，备用电源自动投入。

（2）区域阀箱（内含水流指示器、压力开关、限位开关、接线盒、电动阀等）

1）日检

① 检查区域阀箱等各种阀门的外观及启闭状态是否于正常。

② 检查区域阀箱的标识和使用说明等标识是否在正确、清晰、完整，并处于正确位置。

2）月检

① 检查区域阀箱内水流指示器、压力开关、限位开关、接线盒、电动阀及操作说明

是否正常、完好。

② 检查阀箱防火封堵是否完好。

③ 区域阀动作是否正常。

④ 阀门上的铅封或链条是否完好，阀门是否处于正确位置。

3）季检

① 检查接线盒内接线紧固、密封性是否良好。

② 电动阀联动功能测试。

③ 压力开关动作功能测试。

④ 检查阀箱内管卡并紧固。

⑤ 用泄压试验装置与阀箱内的放水装置连接放水（开式或预作用系统启动报警系统联动电动阀开启，人工打开放水装置球阀放水；闭式系统人工打开放水装置球阀放水），联动泵组主泵运行，测试系统的联动功能。

⑥ 测试水流指示器动作状态是否正常。

⑦ 测试信号阀的动作状态是否正常。

（3）管道及其附属设备（含喷嘴、水管、支架、压力表等）。

1）月检

① 检查喷嘴外观是否完好。

② 检查支架、管卡、螺丝是否生锈，固定是否牢固，绝缘垫是否完好。

③ 检查水管，尤其是焊接处是否完好、无锈蚀或损坏。

④ 阀门上的铅封或链条是否完好，阀门是否处于正确位置。

⑤ 检查手动装置的保护罩，铅封等是否完整无损。

2）季检

① 检查管道和支、吊架是否松动。

② 管道连接件是否变形、老化或有裂纹等现象。

③ 检查区域阀箱内压力表是否完好。

3）年检

① 主管网冲洗。

② 对过滤器进行拆卸冲洗，必要时进行更换过滤器滤芯。

4）两年检

压力表送检。

（4）泵组、水泵控制柜、水箱附属组件

1）日检

① 检查水箱外观是否正常。

② 检查泵组外观是否正常。

③ 检查控制箱外观是否正常。

④ 检查控制阀、区域阀等各种阀门的外观及启闭状态是否于正常。

⑤ 检查主备电源是否接通。

⑥ 检查水泵控制柜的控制面板及信息状态是否在正常。

⑦ 对系统的标识和使用说明等标识是否在正确、清晰、完整，并处于正确位置。

2）月检
① 稳压泵、消防主/备泵启动测试。
② 测试泵组面板及显示屏指示灯、压力表功能是否正常。
③ 泵组主备电源切换功能测试。
④ 泵组、水箱表面卫生及泵房卫生清洁。
⑤ 检查水箱水位是否处于正常状态。

3）季检
通过泄放试验阀，对泵组进行一次放水试验，并检查泵组启动、主备泵切换及报警联动功能是否正常。

4）半年检
储水箱进行全部换水。

5）年检
① 泵组、水泵控制柜、水箱、水管及阀门外观检查。
② 水管、支架、管卡、绝缘垫片检查和紧固。
③ 过滤器清洗/更换。
④ 止回阀拆卸检查并清洗。
⑤ 检查补水泵外观是否生锈。
⑥ 各子系统测试。
⑦ 视水泵技术要求，进行润滑维护。
⑧ 视水泵技术要求，补水泵和稳压泵拆卸检查和除锈处理。
⑨ 测定系统水源供水能力。
⑩ 清洗储水箱。

8.5 防灾报警及自动灭火系统设备事故（故障）分析与处理

1. 事故（故障）处理原则

消防系统是城市轨道交通重要的安全设施，它对地铁火灾的监控起到至关重要的作用。对系统出现的故障进行及时处理和排除方能有效地保证系统的实时性及可靠性。消防系统的故障按其性质可分为严重故障和一般故障两大类。对于前者，应立即进行紧急抢修，先通后复。以下就消防系统的故障分类、故障处理程序及原则、故障处理时限和故障处理要求，这5个方面进行详述。

（1）故障分类

1）凡属以下故障之一，均为消防系统严重故障：
① FAS 系统的站级功能全部丧失。
② FAS 系统有一个以上的探测回路丧失工作能力，导致车站有大片区域失去火灾监视功能。
③ FAS 系统车站级计算机和主机显示 LCD 同时失效。
④ 自动灭火系统完全失去监视功能。
⑤ 自动灭火系统经常误报火警。

2) 凡属以下情况均属消防系统一般故障：
① FAS 系统丧失中央级监控功能，但车站级功能完好。
② FAS 系统线路故障，但不影响回路的监测功能，如接地等。
③ 个别烟感探测器报脏污，或个别模块损坏。
④ 消防电话故障。
⑤ 主机部分板卡故障，但不影响整体的监视和控制功能。
⑥ 自动灭火系统部分辅助设备故障，如警铃等。

（2）故障处理程序及原则

1）建立完善的故障受理制度可以迅速进行消防系统设备故障的处理和管理。

2）消防系统检修人员从维修调度处受理消防系统故障或在检修过程中发现系统故障，故障受理要按要求填写故障受理表格。

3）消防系统设备发生故障时，有关维修人员应及时准确的作出判断（判明故障位置，故障原因等）积极组织修复，缩短故障时间，把故障的影响控制在最小范围内。若无法维修，应及时上报。

4）如果系统完全或部分丧失火灾监控功能，抢修也无法即能马上恢复的情况下，维修人员应即通知车站值班站长，说明情况，使其安排加强车站的火灾巡视。

5）消防系统设备维修人员在故障处理完成后，应对主机、模块箱等周围环境进行清理，并及时消点。

6）故障维修完毕，及时填写故障处理台账，做好记录，归档备查。

7）由消防系统维修工班工班长或专业工程师对维修情况及相关处理记录、台账作核查，确保维修质量。

8）检修过程中，不能影响接口专业的运作，涉及接口的维修，应先与其他专业协调，并预先告知可能造成的影响，必要时在其他专业的监护下，进行检修。

9）对于消防系统监控对象（防火卷帘门、防火阀等设备）故障而引起的消防系统功能障碍，维修时若需消防系统专业配合，消防系统维修人员应积极予以配合协作。

（3）故障处理时限

当消防系统发生严重故障时，必须组织维修人员立即到现场进行抢修。并本着先通后复的原则，尽快恢复系统的基本功能。若当班维修人员在本班内完成不了故障处理，则应报生产调度，并做好现场防护措施，以便尽快安排接续的维修。对离线设备，在离线前应做好代换措施，代换后经复查、检验正常后，方可离开现场。离线设备的维修应有计划的维修期限。

故障处理要求

故障处理要按故障处理程序进行。了解故障情况要做到三清楚，即时间清楚；原因清楚；地点清楚。处理要遵循四不放过的原则，即事故原因未查清不放过；责任人员未处理不放过；整改措施未落实不放过、有关人员未受到教育不放过。

2. 事故（故障）抢修组织

对于事故（故障）抢修组织主要涉及抢修流程组织，抢修人员组织，材料、工器具组织三方面。

（1）抢修流程组织

1）中央级在 OCC 设置维修调度，负责全线所有系统的故障抢修调度。

2）当消防系统发生故障后，维修调度用电话通知维修部门生产调度并做好故障记录。若为重大故障，由维修调度统一指挥、组织抢修。

3）生产调度接到故障报告后，通知消防工班长，并做好故障记录。

4）若为一般故障，消防工班长根据实际情况，派遣维修人员进行故障维修。若维修人员不能解决，工班长或技术人员必须到场协助解决；

5）若为重大故障，生产调度通知就近消防系统维修人员第一时间赶赴事故现场。同时通知工班长、专业工程师参与抢修。

原则上消防系统专业工程师或工班长为现场抢修负责人，抢修人员人必须服从现场总指挥的命令，不得各自为政。

6）抢险作业完成后，由现场抢修负责人报告抢修情况，同时向维修调度及生产调度报告抢修结束。

(2) 人员安排

1）消防系统在维修组织上以日班为主，在条件允许的情况下，上班人员尽可能覆盖运营时段。

2）节假日期间应尽可能安排维修人员在运营时段内值班。

3）非节假日及晚上采取维修人员在家待命的方式响应故障抢修。

4）在工班设置上，尽可能将工班设置在轨道交通线路中间站，同时在维修组织上以分段维修为宜，每段设分段责任人，确保故障处理人员能在尽可能短的时间内到达现场。

(3) 材料、工器具组织

1）工班内应保存一定数量的备品备件、材料、仪器仪表等，并建立相应的管理制度。

2）事故抢修工具、备品应分门别类集中存放，最好集中存放在几个抢险箱中，并有明显标志，便于发生事故抢修时迅速准确地提取。

3）抢修工具、备品应状况良好，完好无损。

4）抢修工具、备品应有专人保管负责。并定期进行清查、保养，发现问题及时整改，短缺的物品及时补齐。所有物品必须建立账卡、清单。

5）抢修设备应包括有主要控制设备的备品备件、个人电气检修套装工具、对讲机、常用电工仪器仪表（如万用表、电流钳表等）、必要的材料、物资等。

3. 典型事故（故障）的分析与处理

(1) 接地故障

接地故障一般都是因为现场设备的工作环境潮湿造成线路接地引起，多见于信号回路、电话回路或电源回路。另外，被监控设备端子接地或设备老化损坏也会引起接地故障。发生此种故障后，应有2～3名维修人员到达现场，他们携带的工器具、材料有万用表、人字梯、工具箱（含工具一套及接线端子、电线、胶布等）、电筒或探照灯1个。

1）故障诊断及排除

消防系统具备接地故障的自诊断功能。当系统报接地故障或接地故障经常报警时，则表示系统的接地发生了问题。例如SIMPLEX4120系统会显示以下信息：

CARD 2, POWER SUPPLY/CHARGER	
Negative Earth Ground	ABNORMAL

实际上系统是通过检测对地的电压来判断系统的接地情况的，例如该系统的控制面板与地之间应有 50kΩ 的电阻，当电压的读数在 7~20VDC 之间，系统正常。当面板对地的电压接近 7VDC 或 20VDC，或低于 7VDC、高于 20VDC 时，系统就出现接地故障。

接地是所有故障中最复杂的，因为它可能存在于系统中的任何位置。SIMPLEX4120 系统控制面板可以区分是正极接地还是负极接地，但这在多种多样的接地故障中依然是十分模糊的。查找接地故障最为有效的方法是测量系统的公共端与机架之间电压。在此情况下，应一级一级地查。先确定故障的所在区域：所有卡（包括回路卡）都有 GFI（Ground Fault Interrupt）继电器，触发监测卡上的 GFI 继电器实际上是把卡上的所有区域断开。若此时用万用表检查不到故障，表明接地故障存在于这些区域中，否则，接地故障存在于其他的地方。

当确定了接地区域后，便可以对外围的线路进行查线排除接地故障。

2) 故障恢复后的测试

当排除接地点后，应用万用表对系统的各个线路进行接地的电压测量，当测量的电压高于系统的最低要求后，才能作为故障处理完毕。故障处理完毕后，做好故障记录，包括接地的位置，原因；故障处理完后系统的对地电压等。

（2）软件故障

软件故障一般在 EPROM 烧毁的情况下，或系统结构发生变化，外围设备出现更换或增加的时候才会出现软件故障。维修需 1~2 名维修人员。应携带的工器具及材料有手提电脑 1 台、软件下载线 1 条。

1) 故障诊断及排除

若新增加或减少设备，系统的硬件和软件便会不匹配，于是便会发生故障。例如，当系统新增加设备时，若软件尚未修改，SIMPLEX4120 系统便会显示以下信息。

BUILDING 59-PENTHOUSE	
SMOKE DETECTOR	EXTRA　DEVICE

若芯片烧坏，需重新安装一个芯片，并下载软件。若新增加设备，则需修改软件后并重新下载才能解决。

2) 故障恢复后的测试

当更换软件并下载成功后，应该对系统的探测器，联动程序等抽查测试。当所有测试均成功后，才能作为故障处理完毕。相应地，需填写故障记录，包括软件的更新时间及更新内容；提交软件更新后的系统测试报告。

（3）主机板卡故障

出现板卡故障的原因通常有卡的保险丝烧断；地址码拨错；连接线出现问题；板卡烧坏。

故障处理需 1~2 名维修人员。其应携带的工器具及材料有万用表、板卡（1 块）、工具箱（含工具一套及接线端子、电线、胶布等）。

1) 故障诊断及排除

当出现板卡故障时首先要确定问题的所在，即是线路还是板卡，是一块板卡出现故障还是多块板卡都出现同样故障。例如 SIPMLEX4120 系统出现以下故障信息：

CARD 4, MULTTI-PURPOSE MONITOR CARD	
CARD MISSING/FAILED	ABNORMAL

如果所有卡都报故障，首先检查主控卡（Master Controller）上的 F1。因为多个卡同时出现故障时，很可能是母板上的整流器保险丝已烧断。如果正在使用 Gateway laptop 且连接在主控卡（Master controller）上，那么，关掉 Gateway laptop，故障记录仍然存在，热启动后，故障记录才会清除。如果是保险丝 F1 的故障，系统完全断电，换上新的保险丝，系统供电恢复正常。

其次检查卡上是否有 20V 和 8V 直流电压，如果黄色故障灯（发光二极管）亮，表示卡上有 8V 直流电压。不这样的话，还可以检查支架左边的线，看看电压是否降低（24VDC 和 8VDC）。如果是与电源有关的故障，同一序列的卡都会报此故障，如果只是序列中最后两个卡报故障，则可能是母卡坏了。

当仅仅一块卡出现故障，可以直接更换相应的板卡。当更换板卡后故障仍不能排除，则可能是连接的电线电缆出现问题。

2）故障恢复后的测试

当系统恢复后，应该对系统的各种功能全部重新进行测试。只有在测试成功后，才能认定故障已处理完毕。相应地，填写故障记录，包括故障发生的时间、现象、原因、处理的办法等；若更换了设备则要填写设备的更换记录及进出库记录。

(4) 电源故障

电源故障一般由外部电源断电引起。也有当电池使用超过使用年限，电池的电气特性发生变化而导致电压降低到一定值时，系统检测出电池电压过低，也会产生报警。另外，电源板保险丝烧断、损坏同样会造成系统故障。

故障维修需 1~2 名维修人员。其携带的工器具及材料有万用表、电源卡（蓄电池）、工具箱（含工具一套及接线端子、电线、胶布等）。

1）故障诊断及排除

首先判断引起电源故障的原因，究竟是外部电源，还是蓄电池或电源卡本身的问题。再根据故障的类别进一步排除故障。

① 当外部电源过低或断开时，SIMPLEX4120 系统会显示以下报警：

CARD 2, POWER SUPPLY/CHARGER	
AC Voltage Status	ABNORMAL

CARD 2, POWER SUPPLY/CHARGER	
Card Switched to Battery	ABNORMAL

第 1 个故障表示交流电断开，第 2 个表示系统已切到蓄电池供电。此时，需要在蓄电池电量用完前排除外围交流电故障，恢复供电。

② 当电池断开时，会出现以下信息：

CARD 2, POWER SUPPLY/CHARGER	
Battery Disconnected Status	TROUBLE

该故障表示电池与主机断开超过 90s，可能会出现以下情况：

a. 在更换电池时，主机可能会报出该故障信息。

b. 检查电源线保险丝，此故障也出现在电池保险丝烧断的情况

c. 电池电压低于 2.8VDC，此时必须更换电池组。

③ 当电池供电时间过长、电量不足，或电池老化导致电压下降，便会出现电池故障。如：

| CARD 2，POWER SUPPLY/CHARGER |
| Battery Status   ABNORMAL |

该故障表示电池电压低于 22.8VDC。

a. 通常是由于交流电源断电后，电池供电时间过长，导致电池电力不足，使电压低于 22.8VDC。若此种情况，只要重新加上交流电，对蓄电池进行充电，系统便可恢复正常。

b. 电池使用时间已接近年限，电池电压降低，也会出现此种故障。通常充电电流超过 445ma，充电时间超过 96h，则需更换电池。

④ 电源板出现的故障较为复杂。首先要确定扩展电源故障的位置，用黄色故障灯亮来确定存在故障的电源模块。

| CARD 2，POWER SUPPLY/CHARGER |
| Power Supply Monitor   ABNORMAL |

一旦确定了是哪个扩展电源出了故障，即可从交流电源是否丢失或电压降低；电池电压是否正常；线是否有松动；保险丝是否已被烧断，4 个方面进行检查。若 4 方面都正常，则检查以下 3 种情况。

a. 电源端口出现故障，系统会产生以下故障信息：

| CARD 2，POWER SUPPLY/CHARGER |
| 24Volt BOutput   ABNORMAL |

检查输出电压，若无输出电压或返回电压，检查端口是否短路，并关闭系统。电源在短路或电源波动的情况下进入保护状态，如果不间断电源不能自恢复，应将其更换。

b. 输出的直流电压过高或过低，系统会产生以下故障信息：

| CARD 2，POWER SUPPLY/CHARGER |
| Output Voltage   ABNORMAL |

电压正常值 24～29VDC 之间，在关闭系统后重新启动仍不能恢复的，应更换电源。

c. 输出电流过大，系统会产生以下故障信息：

| CARD 2，POWER SUPPLY/CHARGER |
| Power Supply Overload   TROUBLE |

检查输出电流，若电流大于 4.5A、持续超过 10min 输出短路超过 500ms，会产生故障。注意，关闭电源后至少要 30s 后才能重新启动。

2）故障恢复后的测试

当系统恢复后，应该用万用表对电源卡的电源特性进行测试，包括每个电源的输出电压、接地电压、蓄电池的电压等，最后还要进行交直流电的切换测试，并做好测试记录。

若更换了设备则要填写设备的更换记录及进出库记录。

(5) 回路故障

回路故障一般都是因为回路线发生短路、断路、接地等引起通信失败，造成故障。此外，回路板卡出现问题也同样会导致回路故障。处理故障时需2~3名维修人员。携带的工器具及材料有万用表、人字梯、工具箱（含工具一套及接线端子、电线、胶布等）、电筒或探照灯1个，电路板卡。

1) 故障诊断及排除

如果没有设备连接到通信通道，SIMPELEX4120系统会单独显示以下信息：

| CARD9　MAPNET CARD |
| MAPNET COMMUNICATION FAIL　　　　ABNORMAL |

当回路出现短路时，系统会显示以下两条信息：

| CARD9　MAPNET CARD |
| MAPNETSHORT STATUS　　　　　　　　ABNORMAL |

| CARD9　MAPNET CARD |
| MAPNET COMMUNICATION FAIL　　　　ABNORMAL |

其中第二个故障是由第一个故障引起的，当回路通信短路超过40s时便会产生报警，此时需要检查回路的短路情况。

回路电源发生故障时，系统会显示以下两条信息：

| CARD9　MAPNET CARD |
| MAPNETPOWER SUPPLY　　　　　　　　ABNORMAL |

| CARD9　MAPNET CARD |
| MAPNET COMMUNICATIONS FAIL　　　ABNORMAL |

当出现以上故障报告时，应检查回路电源的P4接口是否有24VDC。若没有，则检查电源，有可能是其中一个开关坏了。若P4接口有24VDC，则应检查通信线终端是否有36VDC。也可能是回路电源坏了。

回路线发生断路时，系统会产生以下故障信息：

| CARD3　MAPNET CARD |
| MAPNETCLASS A　　　　　　　　　　　ABNORMAL |

系统回路采用A类型接法时，任何一条线断路都会导致该故障。拆去一对回路线，该回路上的部分设备会丢失，通过查找最终端的设备，便可以判定断路位置。

2) 故障恢复后的测试

测试回路的线间电阻，并抽查回路上烟感探测器及模块的功能。故障处理完毕后，做好故障记录，包括线路出现问题的位置、原因、线间电阻、烟感探测器、模块的测试记录等。

(6) 气体灭火系统发生误喷

气体灭火系统发生误喷的可能性多种多样，如人为乱动或误操作、系统不稳定、抗干扰能力差等都有可能导致气体发生误喷。处理时，需 3~4 名维修人员，并需专业工程师及安全员配合。携带的工器具、材料有万用表、人字梯、工具箱（含工具一套及接线端子、电线、胶布等）。

1) 故障处理

当气体灭火系统系统喷气后，不论是误喷还是灭火时喷气，相关的消防值班人员必须立即到现场确认。现场确认后应立即保护好现场，包括封锁现场，关好设备房的门窗，不使气体外泄，同时禁止任何非消防专业人员进入现场（特殊情况下应咨询消防专业人员，在得到消防专业人员的同意下并佩戴好保护工具后方可进入），锁好控制盘，禁止对控制盘进行复位；并通知环控调度或维修调度，再由后者通知消防专业人员到现场处理。

消防专业人员到达现场后，应对现场情况做好详细笔录，并和在现场的相关人员双方签字确认。安全员对现场情况及设备的状态进行拍照存档。消防专业人员在做好笔录后，在现场情况确实得到控制的情况下可以予以恢复。具体措施如下：①打开防火阀并开启排气模式，如必须进入设备房才能打开防火阀时，须穿着防护服、佩戴空气呼吸器；②开启相应的送、排风机，具体可参照相应的环控模式。③排气完毕应检查设备是否正常、管线有否损坏，必要时应进行检测。④对气瓶进行恢复。

最后，对系统的误喷进行原因分析，并在排除故障后对系统予以恢复。

2) 故障恢复后的测试

对系统进行一次完整的测试，包括一、二级报警、手动动作、设备联动功能等，并做好相应的测试记录。

备注：如果是细水雾灭火系统喷放，则在确认保护区已灭火情况下尽快关闭泵组避免继续喷放。

（7）细水雾管道爆裂应急处理

高压细水雾的水管如果出现爆裂引起水大量外泄时，会降低水管管路的压力，引起水泵启动，并触发 IBP 盘和 FAS 系统，车站人员可以在车控室收到细水雾泵组的运行报警。处理时，需 2 名维修人员，携带的工器具、材料有手电筒。

1) 故障处理

① 进入泵房，直接关闭出水总阀，并手动停止水泵的运行。

② 沿着水管对水管爆裂的位置进行排查。如果爆裂处位于支管上，则，手动关闭支管所处的阀组箱进水阀，确保爆裂水管与总管相隔离，然后回泵房打开总阀门，以保证其他支路工作正常。

③ 将爆裂水管的那一段进行切割，并重新焊接一段新的不锈钢水管。

2) 故障恢复后的测试

对水管进行耐压测试，确保焊接部位良好，没有出现渗漏情况。最后恢复系统，让各部件处在正常状态。

第9章 机电系统的节能

1. 地铁能耗现状介绍

20世纪的后工业化时代，能源和人类生存有着紧密的关系，能源危机拖慢了经济发展的速度。电力、煤炭、石油等能源频频告急，我国作为能源消耗大国，能源战略的基本内容是：坚持节约优先、立足国内、多元发展、依靠科技、保护环境、加强国际互利合作，努力构筑稳定、经济、清洁、安全的能源供应体系，以能源的可持续发展支持经济社会的可持续发展。把资源节约作为基本国策，坚持能源开发与节约并举、节约优先，积极转变经济发展方式，调整产业结构，鼓励节能技术研发，普及节能产品，提高能源管理水平，完善节能法规和标准，不断提高能源效率。

在中国，地铁是各大城市政府主管的社会服务型交通企业，同时也是用能大户，不但保障着乘客安全出行的运输任务，同时还需承担国家和各市政府各时期的节能任务量。无论从自身的可持续发展还是企业的社会责任出发，各家地铁企业都需要做到节约能源、低碳减排，做环境友好型交通运输企业，更好的服务市民出行和履行社会责任。

城市轨道交通行业运营用电总电量可分为牵引用电、车站用电、车辆段等场所产生的办公用电，其中车站用电主要分为动力用电及照明用电。动力用电涵盖内容较多，主要划分为环控用电、门梯用电、消防给排水用电、弱电系统用电等（表9-1）。

动力用电涵盖的主要内容　　　　表9-1

序号	动力用电	主要内容
1	环控用电	包括制冷水系统用电、大系统用电、小系统用电、隧道通风系统用电等
2	门梯用电	包括站台门、电扶梯用电
3	消防给排水用电	包括给水排水、气体灭火系统、出入口设施、消防泵等
4	弱电系统用电	除上述外的车站各系统、包括信号、通信、AFC、综合监控、BAS以及警务通信、安检、视频监控等设备用电

地铁运营主要能耗分布在牵引供电、环控、电扶梯和照明等设备中，牵引用电占地铁能耗的50%~60%，环控占地铁能耗的25%~35%，电扶梯占地铁能耗的2%~5%，照明占地铁能耗的4%~7%。也就是机电专业设备的用能占据地铁日常运营总能耗的31%~47%。

结合轨道交通行业的特点，对于各类能耗，地铁运营常用的评价指标为车公里牵引能耗、人公里牵引能耗、单位动力能耗、单位照明能耗等。用于节能量计算的主流能耗评价指标分为车公里综合能耗（即运营总能耗/运营里程）、人公里综合能耗（即运营总能耗/客运周转量），机电专业的则是日均动照能耗（日动力照明总能耗/车站数量）进行管理评价，客观反映能耗水平。

2. 机电系统节能概述

地铁系统节能覆盖地铁内多个专业和技术，包括车辆、供电、信号、线路、机电和行车组织等，本章节将结合机电系统的节能技术及应用进行简单的介绍。

（1）环控系统节能技术应用

环控系统，即通风空调系统作为地铁系统的耗能大户，应从系统选型、运行管理两方面保证系统的节能效果。

1）节能设计优化

通风空调系统约占地铁运行总能耗的25%～35%，通风空调系统设计贯彻国家《公共建筑节能设计标准》GB 50189—2015等规定，系统的节能设计体现在系统选型、风与水系统负荷计算、设备选型、系统合理布置、设置根据负荷变化进行调节运行的节能模式等诸方面的，主要采取以下节能措施，降低系统的运行能耗。

① 土建建构与系统布置相互配合，保障系统最优。合理布置车站内部设备用房的与风道，减少长度与弯管，并通过优化风管设计，并保证其在经济流速范围内；隧道通风系统宜采用双活塞风井的方案，节省列车空调及牵引能耗，减少站台门泄漏冷负荷。

② 系统设计采取促成系统能效提升的参数进行计算。采取详细的空调逐时负荷计算，保证冷源的准确选取。采用大温差，通风空调小系统按使用时间和室内设计温度合理划分通风空调系统。

③ 积极利用节能技术与系统设备。采用一级能效及以上的冷水机组，多联分体空调选用一级以上的节能产品，制冷综合性能系数满足夏热冬暖地区的要求，节省制冷能耗；冷水泵采用变频控制，在满足末端冷量及不增加冷水机运行耗能的前提下，减少冷水流量，降低运行能耗。大系统按照一次回风空调系统设置，大系统组合空调器、回排风机、小新风机采用变频控制，在保证车站卫生要求的前提下，设计有效的运行模式，降低能耗，实现综合节能。

④ 系统控制工艺智能化设计。车站隧道排风机根据时间表或实施温湿度、CO_2浓度、PM10等状态数据采用变频控制，在保证隧道内温度的前提下，可减少车站隧道内负压，减少站台冷风通过站台门漏入隧道，减少冷负荷损失。同时，对车站隧道排热运行模式进行优化，车站隧道排热系统可根据室外温度、隧道内温度、行车对数等情况，调整排热风机的开启和频率；对大系统全新风和全通风模式进行优化，在全新风季节和通风季节，大系统风机送风，排风机停止运行，送风由出入口及站台门泄漏，既可保证车站内的空气品质，又可节省排风机能耗。

2）节能设备应用

随着国家对节能减排的进一步关注，通风空调专业设备能效不断改进提高，节能成效一度提升，结合地铁系统的特征，节能设备也得以大面积使用，现就地铁系统中通风空调专业节能设备应用情况进行介绍。

① 冷水机组设备

a. 常规冷水机组设备

空调冷源设备是通风空调系统的能耗主体设备，为了节省制冷能耗，采用高能效冷水机组，结合地铁车站空调系统大小系统供冷特征，选用高能效螺杆式冷水机组、离心式冷水机组，部分小系统使用风冷式冷水机组。

地铁车站应用冷水机组对车站大小系统进行供冷（部分站点对大系统进行供冷，部分站点对大小系统一并供冷），单站供冷一般按照两台冷水机组配置，每台机组满足车站一半负荷需求，合并满足车站满负荷要求。集中冷站根据供冷区域负荷总和，配置若干台冷水机组进行供冷，合理的配置冷水机组台数，大大提高过渡性季节冷水机组能效。

地铁车站环控系统制冷机组一般广泛使用水冷式，并以螺杆式冷水机组、离心式冷水机组冷水机组为主。螺杆式冷水机组分为单螺杆式压缩机及双螺杆式压缩机，螺杆式压缩机汽缸内装有一对互相啮合的螺旋形阴阳转子，通过由电动机驱动，转子高速转动，进行吸气，压缩，排气等循环制冷，具有机组结构紧凑、运转平稳、冷量能无级调节的特点。离心式冷水机组，利用压缩机叶片高速旋转，速度变化产生压力，循环制冷，可实现15%~100%无级调节。

b. 新兴高能效冷水机组技术

除了常规的离心式冷水机组，市面上高能效离心式冷水机组技术不断涌现，目前磁悬浮变频离心式冷水机组，变频直驱降膜离心机属于技术成熟，应用较广的高能效设备，对应COP均可达到一级能效水平。

磁悬浮变频离心式冷水机组，利用磁场，使转子悬浮起来，从而在旋转时不产生机械接触，不产生机械摩擦，无需润滑系统，不存在因润滑不足带来的设备故障，磨耗，大大提高能效，图9-1为磁悬浮变频离心压缩机。

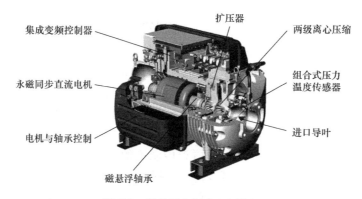

图9-1 磁悬浮变频离心压缩机

变频直驱降膜离心机组采用单轴直驱技术、水平对置压缩机技术、高速变频电机技术、全降膜换热技术、高效气动技术、双级补气增焓技术等技术，提高了离心式中央空调的运行效率和稳定性。

部分地铁车站利用风冷式冷水机组为小系统供冷，其中部分风冷机组使用蒸发式冷凝技术，以水和空气作冷却介质，利用水的蒸发带走汽态制冷的冷凝热；工作时冷却水由水泵送至冷凝管组上部喷嘴，均匀地喷淋在冷凝排水管外表面，形成一层很薄的水膜，高温汽态制冷剂由冷凝排管组上部进入，被管外的冷却水吸收热量冷凝成液体从下部流出，吸收热量的水一部分蒸发为水蒸气，其余落在下部流出，吸收热量的水一部分蒸发为水蒸气，其余落在下部集水盘内，供水泵循环使用，较传统螺杆制冷机组等节能30%左右，图9-2为蒸发式冷水机组。

② 冷却塔

通风空调系统中，冷却塔的散热性能直接影响机组制冷循环与能效水平，为了提升制冷系统的能效水平，地铁车站逐步应用具备CTI认证冷却塔，以满足冷水机组冷凝效果，确保对应型号冷却塔，在设计配置过程中满足冷却塔实际出力与标定出力100%符合，同时配置变频功能，根据外界环境温室湿度，采取冷却塔回水温度与环境湿球温度逼近度无限接近的原则，进行设置变频频率，实现电机节能；以及采用双层扇叶方式增大空气过流量，较传统意义冷却塔，能效大大提升。

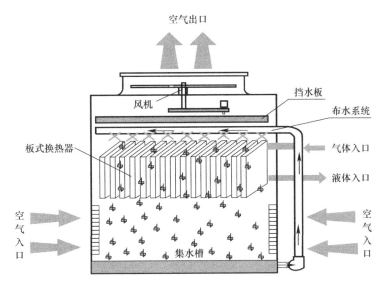

图 9-2 蒸发式冷水机组

③ 组合空调机组

如图 9-3，变风道组合式空调机组设备由初效过滤段、消毒净化段、中间段、表冷段、风机段、消声段、出风段等功能段组成。与传统的组合空调机组相比，实现空调新风于非空调季节不经过表冷器，空调季节经过表冷器换热，减少内部阻力，结合风机变频方式，大大提升组合空调机组的能效。

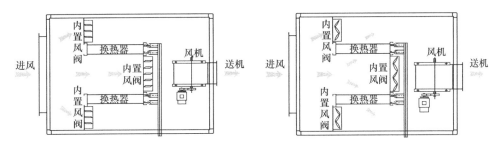

图 9-3 变风道组合式空调机组

④ 变频技术于环控系统的应用

车站隧道排热系统根据室外温度、隧道内温度、行车对数等情况，调整排热风机的开启和频率。

大系统组合空调器、回排风机、小新风机采用变频控制，在保证车站卫生要求的前提下，设计有效的运行模式，降低能耗，实现综合节能。

冷水泵采用变频控制，在满足末端冷量及不增加冷水机运行耗能的前提下，减少冷水流量，降低运行能耗。采用水系统精细化设计，达到对水泵优选的结果。

⑤ 胶球自动清洗装置

胶球自动清洗装置是在冷水机组两端加入胶球，利用水压迫使胶球通过冷凝器换热管抹擦管壁的方式，通过物理方法对冷水机组冷凝器进行清洗的一种自动化清洗设备。胶球自动清洗装置主要由二次滤网、收球网、装球室、胶球输送泵和电气控制柜等部件组成。该装置在连续工作不降低负荷的情况下，可以随时投入使用，并能始终保持冷却管的清洁状态，增强换热效率，最大限度地优化机组运行状况，使空调机组节约15%～30%的能源消耗。同时消除腐蚀根源，减少化学水处理带来的腐蚀问题，延长机组使用寿命，维持管道处于洁净状态，保证冷凝器处于最佳换热状态，提高制冷效率。该装置的应用可杜绝因化学清洗而大量排放循环水，减少化学药剂的排放，减低环境污染，在能延长冷凝器换热管的使用寿命，节省机组运行维护费用和维修费用的同时，增加经济效益和社会效益。目前在南方城市地铁的车站环控系统普遍配置了该套装置，是提高地铁用户节能经济性、保障冷凝器安全运行不可缺少的设备，图9-4为胶球清洗机。

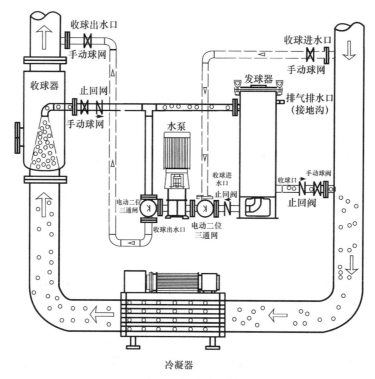

图9-4 胶球清洗机

⑥ 高效能机房

车站建设（或改造）以机房COP与冷水机组COP、IPLV结合作为考评指标，满足国家1级能效标准，通过原有系统的检测评价，制定优化方案，选用高效冷水机组，增加节能控制策略，配合现场精细化的节能控制调试，最终实现机房COP大幅度提升，车站整体节能。

其中节能控制策略通过风水系统控制联动，引入乘客舒适度理念，以二氧化碳指标条件控制新风量，优化风系统控制策略，在满足客运服务质量的同时，实现系统节能最大化；通过系统的精细化调试，稳定节能控制策略模式，利用变频技术与PID控制结合，实现精准化节能控制,图 9-5 为节能控制系统控制逻辑。

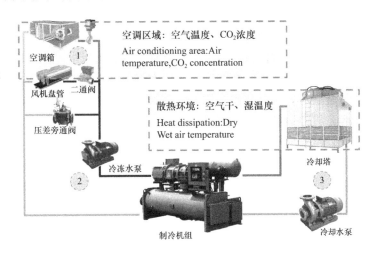

图 9-5　节能控制系统控制逻辑

(2) 照明节能技术应用

车站照明也是较大的能耗用户。车站公共区及出入口照明,一般都设置有事故照明、一般照明、节电照明三类照明方式;而隧道及设备管理用房,设有事故照明和一般照明两类照明方式。车站照明节能技术的应用对车站能耗降低作出明显的贡献。

1) 常规照明设备配置

旧有线路,因建设时间久远,车站和隧道事故照明,大多数采用 60W 白炽灯作为电光源。一般照明通常采用 40W 荧光灯管作为电光源。节电照明通常采用 40W、30W、20W 荧光灯管(40W 为主)及少量 13W 节能荧光灯管作为电光源,一般照明占照明总数 2/3,节电照明占照明总数 1/3,均采用集中控制方式。客运高峰期开亮所有照明、非客运高峰期及关站后只开节电照明。隧道的一般照明设计采用 70W 高压钠灯作为电光源,采用集中控制方式,在停运后维修人员下隧道检修时开亮。

2) 照明系统节能技术应用

随着照明设备的节能技术不断提升,在地铁线路建设不断发展过程中,通过光源的配置,照度利用,以及控制的优化等方式,照明系统的节能水平大大提升。

① 光源设备节能设置

站厅、站台照明设施,光源灯具选用以 LED 为主的节能高效产品;并自带电容补偿器,补偿后功率因素不低于 0.9。

广告照明灯箱采用 LED 光源,在站厅或出入口通道等安装广告灯箱之处,照明设计计算照度时应兼顾广告照明对公共区照明的影响,以尽可能地减少照明灯具的数量。在列车停运后,关闭车站的广告照明灯箱,以达到节能的目的。

在紧邻出入口处,照明灯具开启时间利用室外光线的因素自动控制,可以避免白天光线充足时仍亮灯的浪费现象。

设备房应急照明按照可控方式设计,除车控室、站长室、走廊应急照明灯按常明方式,其他设备房应急照明灯具在非火灾情况下按关闭模式。区间隧道应急照明在非检修期间按关闭模式,可根据需要短时间开启,在检修期间或者火灾情况下按全部开启,达到了节能的目的。

② 车站照明节电运行模式

采用智能照明控制系统，制定多种照明运行模式，可以自动或人工控制，实现节电运行的模式；如：节假日时为了表达节日气氛，可以尽可能地调高照度，考虑设定节日运行模式；白天正常运行，在客流量比较大需保证足够照明时，可设定正常运行模式；晚间当客流量较小时可调低照度，可设定节电运行模式；当列车停运后，可关闭绝大部分照明灯，考虑设停运经济运行模式。

(3) 电扶梯

自动扶梯作为一种高效、便捷的运输工具被广泛应用于商场，车站，机场等人流量大的场所。随着国内经济的快速发展和人民群众对美好生活的向往，进出地铁站时对电扶梯的需求愈加强烈。目前地铁设计规范对于电扶梯的设计标准已不断提高，地铁车站电扶梯的覆盖率越来越广泛，以单个4出入口的标准地铁站为例，电扶梯数量一般有14台左右，如果埋深较深，其数量将更多，线网级别城市地铁的电扶梯数量往往达千台以上。电扶梯属于动力用电类别，每条线路十几个站，每天至少有上百台扶梯在同时运行，使用频度和运输乘客的强度不亚于地铁列车，耗电量也不容忽视，若针对性采取节能措施，其效益将相当可观。

1) 变频器应用

车站电扶梯开启运行时间与车站运营时间相同，每天平均运行16～18h。分析客流特点，运营初期、中期、后期客流差别很大，且乘客乘坐扶梯的人数在一天的运营期间也有相当大的变化，清晨和夜间乘梯人数相对较少，白天乘梯人数较多，列车到达时上行扶梯载重较多，列车离去后扶梯又空载运行。针对这种情况，利用电梯变频器，使扶梯在客流较少的时段内以变频低速运行，达到节能效果。在客流较大的时段内扶梯恢复正常。同时利用现有设备在扶梯线路中加装变频器节能装置，使扶梯达到节省用电量的效果。

2) 能量回馈装置应用

电扶梯因其运行方向不同，电机所做功也不同，向上运送乘客时电机做正功消耗电能，电扶梯重载向下运行时电机做负功产生电能。传统变频器通是过整流模块把交流电转换成直流电，再通过IGBT（逆变）模块把直流电输出成接近工频的交流电。电扶梯重载向下时电机在第四象限运行时会产生电能，电能通过变频器到直流母线段，但无法反向将电流逆变输送回用户端，所以传统的变频器需要制动电阻以热能的形式消耗直流母线的能量，否则将导致母线电压过高，变频器损坏。四象限变频器就是等于变频器的输入端又自带了一个逆变模块可以把输出端传输的电能逆变回馈至电网，将变频器直流环节的电能，变换成一个和电网源同步同相位的交流正弦波，将电梯运行过程中产生的再生能量回收到电网，再生利用。能量回馈装置的原理也是如此，实质上是增加逆变模块将变频器母线电压的直流电逆变给工频的电网，该装置一般节电率在20%～45%之间，并且不改变电梯原有的控制方式，并且与电梯原来的系统"互为冗余"，确保电梯安全运行。

3. 能源管理系统应用

地铁行业传统用电量获取和分析，是通过人工手段进行手抄表和计算用电量，该方法数据执行效率较低、统计颗粒粗犷，对于成规模的线网运营的地铁企业来说，无疑成为一项繁重的负担。并且因抄表存在时间差，无法获取某时间段的准确用电量，难以进行精准、科学的能耗管理。

为高效、准确、精细化地开展地铁用能管理，2013年开始，地铁行业逐渐尝试和推广应用能源管理系统，通过利用采集能耗计量器具上的数据，对设备用能进行实时连续的分类、分项、分级、分户计量，自动采集获取能耗数据和开展数据有效整合分析，协助节能管理人员开展能管高效统计分析工作。

能源管理系统（energy management system，简称EMS）指通过能源在线计量、能源负荷和质量监测、能耗数据统计、节能潜力分析、节能控制、节能效果验证、节能管理等多种手段，实现科学用能、合理用能、安全用能，以提高能源管理水平及社会和经济效益为目的的信息化管理系统。该系统从最初的仅简单依靠安装仪器仪表和定期数据传输架构逐渐发展到目前基于工业物联网的监、控、管一体化的地铁智慧能源管理系统，地铁智慧能源管理系统运用先进的工业物联网、云平台、大数据技术，把城市轨道交通运行中涉及的电、水能源供应和使用实时监测、计量、控制、报警、分析、审计等功能进行整合，并通过系统化手段达到提高能效、安全报警、用户互动的目标，实现能源的数字化、可视化、智慧化管理，是城市轨道交通系统性能效提升的关键技术，是集基于工业物联网实时、可靠的三层系统结构与关键硬件产品和数据采集、处理、存贮和传输模型，以及专业化能耗统计分析和展示软件于一身的高度集成的多功能、智能化的系统。

城市轨道交通行业已根据实际各个地铁企业情况，制定相关技术标准，包括轨道交通分类、分级、分项、分户能耗模型，对城市轨道交通能源管理系统的设计、能源计量，数据采集、处理、存储、传输，硬件与软件、功能与性能、工程施工、调试、检测与验收、运行管理提出要求，用以规范城市轨道交通能源管理系统的设计和建设，为能源质量监测、能耗公示、能源审计、制定能耗定额、节能潜力分析、节能控制、节能效果验证等提供科学可靠的依据。在各地铁企业对于能源管理系统的运用过程中，该项系统运用成功与否，关键在于数据采集的精准可靠、数据的稳定传输、各类数据的整合汇总、先进的大数据分析、分析结果的实际应用等全方位的应用与管理。

4. 合同能源管理模式与探讨

合同能源管理（Energy Performance Contracting，简称EPC）是一种通过以减少能源使用费用来支付节能项目投入成本的投资方式，合同能源管理机制是提供用能状况诊断、节能项目设计、融资、改造（施工、设备安装、调试）、运行管理等服务的专业化节能服务公司与用能单位以契约形式约定节能项目的节能目标，节能服务公司为实现节能目标向用能单位提供必要的服务，用能单位以节能效益支付节能服务公司的投入及其合理利润的节能服务机制。这种节能投资方式允许用户利用未来的节能收益进行设备升级，或者节能投资服务公司以承诺节能项目的节能效益，或承包整体能源费用的方式为客户提供节能服务，最终达到降低目前的运行成本，提高能源的利用效率的一种合作模式。这种市场化机制是20世纪70年代在西方发达国家开始发展起来一种基于市场运作的全新的节能机制。

20世纪70年代中期以来，一种基于市场的、全新的节能机制——"合同能源管理"（简称EPC）在市场经济国家中逐步发展起来，而基于这种节能新机制运作的专业化的"节能服务公司"（在国外称ESCO，在国内简称EMCo）的发展十分迅速，尤其是在美国、加拿大，合同能源管理已发展成为一新兴的节能产业。为鼓励节约能源，构建绿色产业、人与自然和谐、环保的美好社会，2010年国家发展改革委、财政部联合制定颁布了国家标准《合同能源管理技术通则》GB/T 24915—2010，从国家层面支持和鼓励节能服务公司以合同能源管理机制开展节能服务，享受财政奖励、营业税免征、增值税免征和企业所得税免三减三优惠政策。

目前合同能源管理共有五大商务合作模式，包括：

一是节能效益分享型。在项目期内用户和节能服务公司双方分享节能效益的合同类型。节能改造工程的投入按照节能服务公司与用户的约定共同承担或由节能服务公司单独承担。项目建设施工完成后，经双方共同确认节能量后，双方按合同约定比例分享节能效益。项目合同结束后，节能设备所有权无偿移交给用户，以后所产生的节能收益全归用户。节能效益分享型是我国政府大力支持的模式类型。

二是能源费用托管型。用户委托节能服务公司出资进行能源系统的节能改造和运行管理，并按照双方约定将该能源系统的能源费用交节能服务公司管理，系统节约的能源费用归节能服务公司的合同类型。项目合同结束后，节能公司改造的节能设备无偿移交给用户使用，以后所产生的节能收益全归用户。

三是节能量保证型。用户投资，节能服务公司向用户提供节能服务并承诺保证项目节能效益的合同类型。项目实施完毕，经双方确认达到承诺的节能效益，用户一次性或分次向节能服务公司支付服务费，如达不到承诺的节能效益，差额部分由节能服务公司承担。节能量保证型合同适用于实施周期短，能够快速支付节能效益的节能项目，合同中一般会约定固定的节能量价格。

四是融资租赁型。融资公司投资购买节能服务公司的节能设备和服务，并租赁给用户使用，根据协议定期向用户收取租赁费用。节能服务公司负责对用户的能源系统进行改造，并在合同期内对节能量进行测量验证，担保节能效果。项目合同结束后，节能设备由融资公司无偿移交给用户使用，以后所产生的节能收益全归用户。

五是混合型。也就是由以上四种基本类型的任意组合形成的合同类型。

目前只有节能效益分享型合同可以申请国家合同能源管理财政奖励和税收优惠，应当依据《合同能源管理技术通则》GB/T 24915—2010 附件提供的参考合同签订节能效益分享型的节能服务合同。

虽然我国推广合同能源管理模式已初见成效，节能服务公司数量快速增长，项目投资总额不断加大，各项政策优惠措施得到逐步落实，但城市轨道交通合同能源管理节能服务产业的发展仍然处于初级阶段，进一步发展还有诸多不利的环境和障碍需要克服，发展仍然面临着一系列问题，主要表现在以下几个方面：

一是因能源管理系统应用较晚，此前的线路能耗统计颗粒度较粗，大部分未能进行分类、分项、分级、分户计量，导致历史能耗数据欠缺准确性，难以作为节能量对比的基础对比数据。

二是地铁环控系统用能和外界环境、乘客数量有直接的关联性，且各地铁企业均以乘客服务质量放在首位，其节能改造后的实际节能效果和理论值存在一定偏差，最终节能成果分享易产生分歧。

三是地铁属于国有企业，运营成本大多数需要政府补贴支出，虽国家政策上鼓励合同能源管理模式，但在执行层面上地方政府缺少相应的政策制度支持，导致相关工作如商务合作、节能款项支付计算方面缺少法理依据，导致合同能源管理模式难以落地。

分析合同能源管理之本质，是一种契约性的未来收益分享模式，因此，必须在一个比较成熟、完善和规范的市场环境下，才能得到充分的发挥。城市轨道交通行业合同能源管理的有效实施，需要地方政府和地铁企业健全的法律保障、可行的财务体系、独立的第三方监管和审计、法律服务、风险控制等中介机构共同参与，是一个系统工程，尚需各级部门的积极介入和干预。

截至2018年12月31日，我国内地包括北京、上海、广州、南京等32座城市开通运营轨道交通线路，共155条线路，总里程高达5139.69km，车站3245座（以上数据不包括磁悬浮、单轨及有轨电车等），并有较多城市地铁线路运行已超过10年，即将面临设备更新改造的需求。地铁作为高用能的企业，通过合同能源管理模式利用社会资本开展机电设备节能更新改造，既可提高性能设备提升运营服务水平，同时可减少地方政府财政压力，合同能源管理模式将是未来地铁机电设备系统节能降耗的发展趋势。

第 10 章　自动售检票系统运行与维修

自动售检票系统全称是 Automatic Fare Collection System（以下简称 AFC 系统），是一种由计算机集中控制的自动售票、自动检票以及自动收费和统计的封闭式自动化网络系统。它是集机械、电子、计算机应用、计算机网络管理、通信传输、票务政策及票务管理等功能于一体的控制系统和信息管理系统。

10.1　自动售检票系统的发展趋势

AFC 系统基于计算机、通信、网络、自动控制等技术，实现轨道交通售票、检票、计费、收费、统计、清分、票务管理等全过程的自动化系统。我国城市轨道交通车站自动售检票设备的发展经历了从无到有的过程，最初自国外引进，近年来我国已进行了大量的开发研制工作，提出了多种形式的产品，技术水平也在不断提高。随着计算机技术、自动化控制系统技术、互联网技术和移动通信技术及行业标准的发展与应用，我国大多城市的轨道交通 AFC 系统已与城市一卡通系统接轨，实现城市甚至城市之间的一卡通，目前已经形成全国一卡通标准，为广大市民出行提供了极大的票务便利。自动售检票系统的互联互通是城市轨道交通系统互联互通发展的必然趋势，也是城市信息化建设的一个重要体现。

AFC 系统通常由清分系统、线路中央计算机、车站计算机、票房售票机、自动售票机、自动检票机、验票机和信息载体——车票、支付终端等部分组成。自动售检票系统具有如下特点：

（1）网络结构清晰，数据及时上传与清算；
（2）集中控制、统一票务管理；
（3）具备各线设备独立运营，之间能实现无障碍换乘，互联互通；
（4）各线路系统应用兼容，预留系统扩展的条件；
（5）紧急情况下能实现乘客快速通行疏散。

AFC 系统的技术发展按照支付媒介形式大致可分为三个阶段：

第一阶段：接触式磁卡或集成电路卡（Integrated Circuit Card，集成电路卡，以下简称 IC 卡）AFC 系统。初期从国外引进的 AFC 系统普遍采用磁卡或接触式 IC 卡通过与 AFC 车站终端设备的物理接触进行数据读写。由于需与设备直接接触连接，造成车票磨损严重需定时大批量更换，且容易出现因接触不良无法使用的故障，对乘客保存和使用车票均造成一定的不便。

第二阶段：非接触式 IC 卡 AFC 系统。非接触式 IC 卡靠近 AFC 车站终端一定距离，AFC 车站终端设备即可读取卡内的数据，无需发生物理接触。非接触式 IC 卡因兼具安全和便捷的优点，城市一卡通、全国一卡通均采用该技术，我国大多城市的轨道交通 AFC 系统已与城市一卡通系统接轨，实现城市、城市之间，乃至全国的一卡通行，为广大市民出行提供了极大的票务便利。银行体系发行的金融 IC 卡也采用非接触式 IC 卡为车票介质，正在逐步进入轨道交通 AFC 系统领域，进一步方便了市民使用。

第三阶段：多元化支付 AFC 系统。近年随着移动无线通信网络的发展和智能手机应用普及，结合我国互联网移动支付应用的高速发展，多元化支付技术在我国可以说是蓬勃发展、盛况空前。所谓多元化支付是一种总结性的抽象概念，是泛指非现金的依托信息、电子、互联网技术等实现的新型支付方式，从支付的技术实现原理上区分，可以分为近距离无线通信技术（Near Field Communication，以下简称 NFC）、二维码、金融 IC 卡、生物体征识别等。

多元化支付的发展也带动了 AFC 系统发生了颠覆性的变化，近年来各城市地铁积极探索并逐步引入该支付技术，多元化支付在 AFC 系统的应用主要以乘客使用移动终端设备（手机、PDA、移动 PC）的二维码、NFC 等新型虚拟车票为载体，以及生物特征的识别技术，通过移动无线通信网络实现支付与车费收益结算。实现自动售检票系统的过闸、购票、乘客事务方式等多元化支付，大大方便了市民出行，场景应用如下：

（1）过闸方式多元化：除了支持一卡通票卡过闸外，也支持二维码、NFC 等移动车票以及人脸识别等生物特征无感过闸。在扣取车票费用方式上，除了预充值模式外，也引入了先享后付模式，为乘客提供在票卡余额不足情况下仍可过闸的便利，进一步提升了服务。

（2）购票方式多元化：除传统的现场现金购票方式外，新增支持移动支付购票或提前在线上预定购票再到现场取票的方式。乘客移动支付购票的应用，一方面省却乘客进行现金兑零和排队的等候与繁琐，同时还减少了车站票务人员定期补充、回收售票及兑零现金的工作，降低了车站票务人员的劳动强度，且避免收到伪币的情况发生。

（3）乘客事务处理方式多元化：除了提供既有的人工服务外，还实现了可提供自助服务的设备和系统，可通过现场设备或移动终端完成乘客事务处理，在支付方式上也支持现金和非现金支付。

10.2 自动售检票系统的设备介绍

1. 自动售检票系统构成

AFC 系统层次结构是按照全封闭的运行方式，以计程限时收费模式为基础，根据各层次设备和子系统各自的功能、管理职能和所处的位置进行划分的。

（1）传统的 AFC 系统构成

传统的 AFC 系统构成分为 5 层结构形式，是根据我国国情和城市发展现状，综合考虑了轨道交通建设的特点（如线路多而复杂、建设周期长、多个业主单位等情况）而设置的，具有一定的可伸缩性，大致分为 5 个层次：清分系统、线路中央计算机系统、车站计算机系统、车站终端设备、车票媒介（读卡器）。

第一层为清分系统。清分系统主要功能是统一城市轨道交通 AFC 系统内部的各种运行参数、收集城市轨道交通 AFC 系统产生的交易和审计数据并进行数据清分和对账、同时负责连接城市轨道交通 AFC 系统和城市一卡通清分系统，规定了对车票管理、票务管理、运营管理和系统维护管理的技术要求。其负责系统数据的处理和储存，并负责系统交易数据的收集、系统运营及控制参数的下达，并对全线网自动售检票系统设备的运营状态进行监视。编码分拣机可以接受清分系统制票订单，负责各类车票的初始化编码、赋值、

分拣、注销等工作。（在没有线网清分系统的 AFC 系统内，编码分拣机一般与线路中央计算机连接并接受其管理）

第二层为线路中央计算机系统。线路中央计算机系统主要功能是收集本线路 AFC 系统产生的交易和审计数据，并将此数据传送给清分系统，以及与其进行对账；负责线路数据的处理和储存，并负责系统交易数据的收集、系统运营及控制参数的下达，并对全线自动售检票系统设备的运营状态进行监视。

第三层为车站计算机系统。其负责车站内 AFC 设备的状态控制，收集各站级设备的运行交易和审计数据，并传输到线路中央计算机，下达由线路中央设置的各类控制参数。

第四层为车站终端设备，包括自动检票机、自动售票机、票房售票机、验票机、便携式验票机等，它们按不同的功能各自独立运行，同时设备内配有独立的就地控制装置。在与系统的通信中断的情况下，现场 AFC 设备能独立运作，并保存一定时间范围内的设备运营数据，通过适当的介质将这些数据传送到车站计算机。

第五层为车票媒介，车票是乘客所持的车费支付媒介，规定了票种类型的物理特性、电气特性、应用文件组织以及安全机制等技术要求。

整个 AFC 系统可以说是一个计算机通信网络，采用基于互联网协议（Transmission Control Protocol/Internet Protocol，传输控制协议/因特网互联协议，以下简称 TCP/IP 协议）的网络架构，基于封闭的分布范围广的局域网进行可靠传输。中央计算机系统和车站计算机通过城市轨道交通内部的专用通信网络（一般是光传送网（OpticalTransport-Network，以下简称 OTN）、同步数字体系（Synchronous Digital Hierarchy，以下简称 SDH））以点对点的方式联接；中央计算机系统、中央计算机与车站计算机之间、车站计算机与现场 AFC 设备之间均是通过以太网联接，实现稳定高速的设备信息传送，确保设备运行的安全稳定和运营数据的及时收集。

一个典型的 AFC 系统的网络结构图如图 10-1。

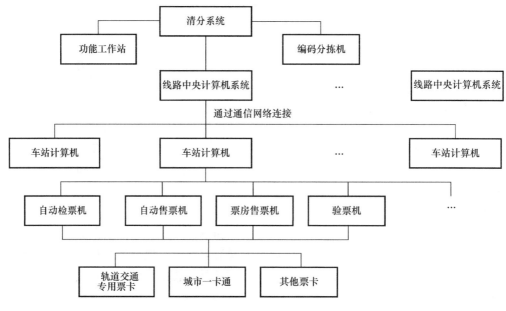

图 10-1　传统的 AFC 系统结构图

(2) 多元化支付背景下的 AFC 系统构成

随着"互联网+"智慧城市的发展、移动支付的推广和地铁互联网技术的应用，多元支付成为 AFC 系统发展的主流方向。AFC 系统架构也从传统的五层设备架构，向两层业务架构完成了优化调整：

第一层为互联网+清分系统，负责用户账户、电子票卡、二维码、支付管理、订单系统和支付系统管理，实现轨道交通线路范围内和第三方支付商的收益清分，负责互联网+车站终端设备交易数据收集、处理、储存及报表生成，负责系统运营及控制参数的下达，并对互联网+车站终端设备的系统模式运作及运营状态进行监控管理。

第二层为互联网+车站终端设备，包括互联网+自动售票机、互联网+自动检票机、互联网+自助客服机、移动终端等设备。终端设备负责上传交易信息、设备运行状态等数据，接收下发的命令、参数、票价表、黑名单及其他数据。在通信中断时，应能在离线运行模式下工作，并保存数据；在通信恢复后，自动上传未传送的数据。移动支付是一种特殊的无纸化虚拟电子票，是通过电子支付或移动支付后获得的以移动终端设备为载体的车票。

一个典型的互联网+AFC 系统网络结构图如图 10-2。

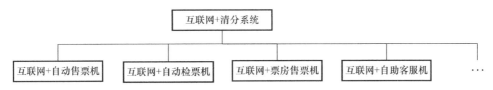

图 10-2　互联网+AFC 系统结构图

2. 各类设备功能简介

AFC 系统按安装位置、实现功能等区分，可分为车站级 AFC 设备与中央级 AFC 设备。车站级 AFC 设备主要包括车站计算机、自动检票机、自动售票机、票房售票机、验票机等；中央级 AFC 设备包括清分系统、线路中央计算机（Line Central Computer，以下简称 LCC）、编码分拣机（Encoder/Sorter，以下简称 E/S）和系统工作站等设备。下面将结合多元化支付业务介绍各类 AFC 设备的功能与作用。

(1) 车站级 AFC 设备

车站级 AFC 系统设备包括车站计算机（Station Computer，以下简称 SC）、自动售票机（Ticket Vending Machine，以下简称 TVM）、自动检票机（Automatic Gate Machine，以下简称 AGM）、票房售票机（Booking Office Machine，以下简称 BOM）、自动验票机（Ticket Checking Machine，以下简称 TCM）5 类设备。

1) 车站计算机（SC）

SC 是 AFC 系统站级系统中的重要设备，一般安装在车站控制室或 AFC 设备室，实现监控客流、监控站级设备，收集汇总站级设备数据并将数据上传至线路中央计算机做进一步处理。SC 由服务器、工作站、不间断电源（Uninterruptible Power System，以下简称 UPS）、网络交换机、打印机组成，如图 10-3。

图 10-3　车站计算机设备外观图

其中 SC 服务器负责与站级设备、线路中央计算机通信，处理站级设备数据，实现参数同步，SC 工作站负责监控设备，提供多种查询功能，可查询设备状态、设备数据、客流数据、参数文件及设备运营报表。SC 主要功能有：

① 负责收集车站现场 AFC 设备的交易数据，状态信息等，并定时打包上传到 LCC。在与 LCC 无通信的情况下，SC 会将数据保留在本地，待与 LCC 通信正常后全部上传或可通过将数据导出到其他存储介质，离线上传至中央系统。

② 系统时钟同步功能，SC 在规定时间间隔或启动时与 LCC 进行时钟同步，车站设备在规定时间间隔或重启时与 SC 进行时钟同步。

③ SC 储存由中央系统下发的运营和设置参数，并下发到所有车站设备。SC 储存 2 套参数设置表（一套现在使用的参数设置表，一套将来使用的参数设置表）。

④ 通过 SC 本地导入系统参数，进行 AFC 设备参数或软件更新。

⑤ 负责监控车站现场 AFC 设备的状态、故障、告警信号、客流情况等。除实时显示现场 AFC 设备的状态信息外，操作人员可以通过 SC 控制现场设备暂停服务或正常服务，双向自动检票机设置为单向自动检票机，将自动检票机设置为专用车票通道等，给车站设备下达运作命令及设置系统运行模式等，实现现场客流控制的功能。

⑥ 能通过图表的方式显示车站时段的客流。

⑦ 在车站运营结束后，操作人员通过 SC 能生成及打印车站当天的收益和客流报表。

⑧ 操作人员通过 SC 能向站厅 AFC 设备下达降级运营模式、紧急模式命令，车站 AFC 设备紧急模式的设置还可以通过外接的一个紧急按钮进行控制。降级运营模式或紧急模式的命令下达后，SC 将自动将相关信息上传，通过 LCC 至 ICCS，ICCS 广播至其他各相应车站，各车站 AFC 设备按预先制定的票务规则对相应车票进行处理。

⑨ 互联网＋架构下，车站计算机为查询终端系统，通过互联网＋清分系统提供的服务，实现客流及收益等统计分析报表的查询，监控车站设备的运行状态。同时满足人脸图像预处理、人脸图像特征提取以及匹配与识别的功能，实现人脸分析、人脸处理、人脸管理、数据分析、数据储存以及数据传输，并与 ICCS 进行数据交换。

2）自动售票机（TVM）

自动售票机设置在非付费区，用于向乘客发售系统设定的单程车票、充值卡充值（预留）。硬件方面根据系统设备的具体功能要求，装配有票卡发售模块、储值卡处理模块、纸币处理接收模块、纸币钱箱、硬币接收找零模块、硬币钱箱、主控模块、电源模块、输入输出接口（Input Output Interface，以下简称 I/O 接口）通信模块、乘客显示屏模块、触摸屏模块、打印机、状态显示模块、维修操作面板等主要模块，如图 10-4。

TVM 主要功能有：

① 接收硬币、纸币、购买单程票。具有一次交易可发售单张或多张单程票以及硬币找零功能（需由车站操作人员在设备开始运营之前补充一定数量的硬币）。

② 乘客显示屏显示轨道交通线路、票价等信息，并配

图 10-4　自动售票机设备外观图

有触摸屏，乘客根据相关指引点选目的站点或票价购买单程票。乘客可通过触摸屏上选择目的车站（并默认设备所在车站为乘客的起始站），乘客显示器将显示乘客所选到达目的地的票价，且默认购买单张车票，可选择购买多张，相应的收费金额显示在乘客显示器上。

③ 乘客投入的硬币及纸币金额将显示在乘客显示器上，当投币金额大于或等于所需车费时，设备即开始发售车票并找还硬币或纸币。

④ 未支付足够费用前，乘客可按〈取消〉按钮中止正在进行的交易。当乘客购票过程，超过规定时间未完成交易，TVM将自动取消交易，取消交易时，返还已投入的硬币及纸币。

⑤ 可在TVM增加相应硬件实现用纸币对城市轨道交通专用储值票进行自助充值功能。

⑥ 能发售的票种、车票票价表均由中央系统下载参数设置。

⑦ 通过状态显示屏实时显示TVM的状态，如正常服务、暂停服务、维修模式、只接收硬币、只充值模式、不找零模式等。

⑧ TVM通过局域网与SC相连，能实时上传交易数据、设备运行状态和接收SC下达的控制命令和参数。

随着互联网+技术的应用普及，在购票支付方式方面：TVM已在传统现金购买单程票的基础上，支持多元化支付，其可以通过改造传统TVM、新增云购票机的渠道实现。TVM多元化支付主要有两种实现方式：现场购票和网络购票；现场购票时，乘客在改造后的TVM或云购票机的触摸屏上点击"购票"选项，选择目的站点或票价以及购票数量，确认订单后将付款的二维码靠近取票机扫描区扫描，付款成功后机器将自动出票；网络购票可通过公众号、专用应用软件（Application，以下简称APP）等渠道进行。乘客使用手机完成网上购票后，可在当日到自己指定的始发车站具备多元支付功能的购票机上，按照提示将购票订单生成的二维码对准扫描区进行扫描，扫码成功后机器将自动出票。购票当日未取票的，可在相应订单页面选择退票；逾期未取，系统将在一定时间后自动按照原有支付渠道退还钱款。在购票交互方式方面：TVM除了支持触摸屏交互购票，还可支持智能语音提示功能和语音购票功能。

3）自动检票机（AGM）

自动检票机是通过读取和验证车票，根据车票信息的有效性与否来控制AGM的闸门开合，有效车票顺利放行，无效车票则提醒该乘客到票务服务中心进行处理，从而达到控制乘客进出的目的。AGM的设计满足乘客右手持票快速通过闸机的需求，验票时有声光提示。AGM多安装在车站的站厅层，用于隔离车站付费区与非付费区，乘客通过AGM进出付费区。车站还可合理控制AGM，起到车站客流控制的作用。AGM按设备类型主要分出闸机、进闸机、双向闸机三类，按通行方式可以分为剪式扇门式、转杆式和拍打式等三大类，如图10-5～图10-7。

AGM硬件方面根据系统设备的具体功能要求，装配有扇门模块、通道传感器、主控模块、电源模块、I/O通信模块、乘客显示屏模块、票卡读写器、二维码处理模块、车票处理回收模块、方向指示灯、特殊票指示灯。AGM主要功能有：

① AGM进闸机能对乘客持有的一卡通、城市轨道交通专用的单程票及二维码进行检查、编码。对于有效的车票打开闸门（转杆单向自由转动）让乘客通过。出闸机并能对指

定的城市轨道交通专用单程票卡进行回收。

图 10-5　自动检票机剪式扇门设备外观图

图 10-6　自动检票机转杆式设备外观图

图 10-7　自动检票机拍打式设备外观图

② 闸门式 AGM 安装足够的传感器对乘客的通行行为进行监控，能区分不同高度的乘客及手持/手推行李，并能检测乘客在通道的移动情况。AGM 若检查到任何非法进入都发出告警声及闪烁提示灯。

③ AGM 设有乘客显示屏，显示相关的设备状态信息、车票使用信息和维修信息等。

④ 在 AGM 的两端有明显的标志，显示 AGM 的工作状态，乘客能在 15m 以内清楚看到显示标志。

⑤ 在车站控制室设有专用紧急按钮，当发生紧急情况时，可使用该按钮打开所有 AGM 的闸门（转杆自由转动），保证乘客无阻碍地离开付费区。同时，在没有电力供应的情况下，AGM 的闸门处于常开状态以保证乘客进出。

⑥ AGM 通过车站局域网网络连接到车站计算机，接收 SC 下达的控制命令和参数，并实时上传车票处理交易数据和设备运行状态等信息，运行状态信息包括：正常/故障/维护服务状态、车票回收箱将满/满的信息、内部模块故障信息等。

⑦ 操作人员可以通过 SC 控制 AGM 暂停服务或正常服务，双向闸机设置为单向闸机，或将闸机设置为专用车票通道等。

⑧ AGM 具有自诊断功能，当出现故障时，故障信息将显示在闸机的显示屏上。

随着科技发展，互联网＋自动检票机除了支持单程票、一卡通等非接触式 IC 卡外，还支持二维码、NFC、人脸支付等生物识别无感支付等形式进出站，对符合要求的乘客放行。其实现主要有两种方式：改造传统的 AGM，新增云闸机。改造传统的 AGM 方面，目前通过更新读卡器、应用软件新业务开发等技术改造，可以支持金融 IC 卡和地铁云卡（APP）、二维码、人脸支付等多元化支付方式过闸，乘客不需购买单程票，可以直接刷卡或手机过闸。新增云闸机的模块构成与传统闸机基本一致，均包含电源模块、扇门模块、主控、读卡器等。

互联网＋票务安检一体机，采用乘客身份无感识别技术，将检票与安检设备融合，设置"一体化"票务安检无感通道，票务及安检关联应用乘客"画像"信息，完成乘客"一站式"安检及检票无感服务功能，在提升乘客通行体验的同时确保地铁线网大客流快速通行能力（图 10-8、图 10-9）。

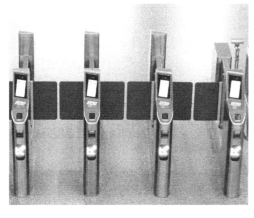

图 10-8　人脸识别自动检票机设备外观图

图 10-9　票务安检一体机设备外观图

4）票房售票机（BOM）

票房售票机（BOM）安装在车站票务服务中心内，由车站票务人员使用。硬件方面根据系统设备的具体功能要求，装配有主控模块、电源模块、操作显示屏、乘客显示屏、读卡器、二维码处理模块、打印机、键盘鼠标等，如图10-10。

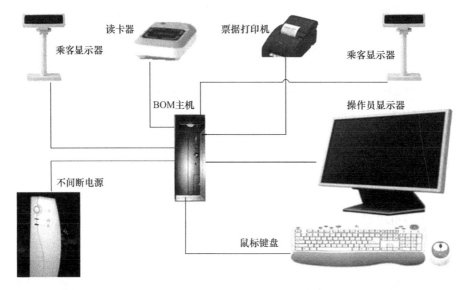

图 10-10　票房售票机设备外观图

BOM 主要功能有：

① 能对公交一卡通及城市轨道交通专用车票进行处理。

② 车站工作人员通过 BOM 对票卡进行分析、发售、充值、更新、激活、延期、退款、交易查询、解锁等处理等。

③ BOM 能记录设备处理的所有交易数据，并实时上传，可在操作员班次结束时，自动打印班次报告。

④ BOM 能处理非即时退款，处理车站乘客投诉，对行政处理进行记录。

⑤ BOM 操作员显示器和乘客显示器能提供用户界面和提示信息，与乘客相关的收款信息会在乘客显示屏上显示。

⑥ 通过车站局域网网络与 SC 连接，接收 SC 下达的参数，并实时上传车票处理交易数据和设备运行状态等信息，以便车站管理部门进行分析、统计，提高地铁运营的整体服务品质和效率。

伴随互联网＋技术的成熟应用，票房售票机从传统的安装在车站票务服务中心，局限由车站人员操作使用，发展出两类设备：安装在公共区（付费区/非付费区）的自助客服机和智能客服中心。供有需要处理票务异常的乘客自助使用。自助客服机由手持非接触式 IC 卡、移动车票等乘客，自行处理超时、车费不足、未进/出站车票更新等票务异常的操作，使用手机网络非现金支付。该功能可以让乘客无需等待，一键完成车票更新处理，提高了车站票务服务的品质和乘客票务事务的处理效率。智能客服中心支持人工服务和自助服务双模式。人工服务通过票务人员使用 BOM 进行票务处理。自助服务除了向乘客提供票务异常处理功能外，还可实现特殊人群实名信息注册（姓名、身份证、人脸特征、手机等），注册成功后的乘客可通过公共区边门进出车站，图 10-11 为智能客服中心设备外观图。

5) 自助验票机（TCM）

自助验票机安装在自动售票机附近，由乘客自选操作。硬件方面根据系统设备的具体功能要求，装配有主控模块、电源模块、I/O 通信模块、乘客显示屏模块、票卡读写器，如图 10-12。

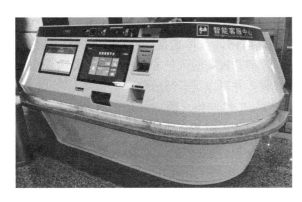
图 10-11 智能客服中心设备外观图

图 10-12 自助验票机设备外观图

TCM 主要功能有：

① 乘客将车票放在读卡区上，验票机自动验票，并显示车票票种、购票时间、进站时间、出站时间、进站地点、出站地点、扣费金额、剩余金额、有效期等，显示的信息根据查询的种类不同而有所变化。每笔交易信息能逐条显示。

② 信息显示停留时间可以设置，如有下一位乘客验票，验票机验票后，显示新的信息，并更换背景颜色，能更清晰地提示乘客。

③ 通过车站局域网网络与 SC 连接，接收 SC 下达的控制命令和参数。

（2）中央级 AFC 设备

中央级 AFC 设备主要包括综合中央计算机系统（ICCS）、线路中央计算机（LCC）、编码分拣机（E/S）和系统工作站，为城市轨道交通自动售检票系统的核心系统。ICCS 对各线路的所有交易进行清算，客运统计，票款收益统计，并能实现与公交一卡通系统的数据接口及财务清算功能。线路中央计算机实现对城市轨道交通各站点 AFC 设备数据的集中采集、统计及管理功能。编码分拣机负责制作、初始编码城市轨道交通所使用的单程车票和专用储值车票。系统工作站能对各站点 AFC 设备进行监控、查阅系统报表等。

1) 清分系统（ICCS）

清分系统也称综合中央计算机系统，用于城市轨道交通各条线路之间与公交系统、银行系统及其他相关系统之间的清算分账、车票交易数据的处理及统计分析，同时具备对线路 AFC 系统设备运营管理的功能。清分系统设计应满足城市轨道交通远期设计的多条线、多个车站、预期客流量等方面需求，系统具备扩展能力，可提供后续各条新建线路 AFC 系统接入。

ICCS 设计为热备、冗余、模块化、易扩展的系统。在主/备（热备）两种工作方式下，均能对系统进行正常操作。ICCS 能连续地自动检测系统的硬件和软件故障。在故障时切换自动进行，故障单元可被隔离，并且能建立一个新的有效数据通道，使 ICCS 保持不间断工作。

系统运行环境主要由操作系统、数据库系统和爪哇 2 平台企业版（Java 2 Platform Enterprise Edition，以下简称 J2EE）运行环境组成。清分系统的核心，即中央清算部分，采用传统的结构化程序设计，有效保证了系统的稳定性和可扩展性。ICCS 各功能模块主要功能有：

① 清算子系统——对各线路上传的交易数据和其他小额交易数据进行清分，并将清分结果下发给各相关线路与相关系统，提供对外部系统的统一数据交换接口和对账功能等。

② 清分规则维护子系统——在新增线路联网运营时或业主认为需要调整清分规则时，可通过清分规则维护子系统调整清分规则，清分规则的维护和调整将不影响正常清分。清分规则维护子系统能保存至少 2 种清分规则，并可以进行清分规则的切换。

③ IC 卡发行管理子系统——包括编码分拣机监控、票务管理、个人化等功能。票务管理包括库存管理和退票管理两大部分，库存管理包括车票制票（车票的初始化、赋值与分拣）、配票和回收。

④ 设备管理子系统——记录自动售检票系统设备的注册信息、分布、设备搬迁记录、密钥更换记录等信息，并进行跟踪管理。能接收各线路 AFC 车站设备的运行、关闭、故障、离线运营、降级运营等 5 种状态。

⑤ 通信子系统——负责 ICCS 与城市轨道交通各线路 AFC 系统及相关系统的数据交换，对 ICCS 与各互联系统之间的数据进行有效隔离。

⑥ 数据交换子系统——负责 ICCS 与城市轨道交通外部系统（如：一卡通）的数据交换，具有数据采集和分发等功能。

⑦ 运营资料管理子系统——负责管理相关运营资料，包括设备资料、票卡资料、运营资料、系统代码资料、操作资料、系统时钟、黑名单等。

⑧ 运营管理子系统——可以实现参数管理、系统运作模式管理、数据审核、权限管理、时钟管理。

⑨ 平台管理子系统——包括系统监控、网络管理和数据库备份、恢复等管理功能。其中系统监控是指对操作系统、数据库和系统资源的分配、运行和使用状况进行监控和管理；网络管理是对组成 ICCS 的网络连接设备的运行状况、数据流量、通信安全和故障诊断等进行监控和管理；数据库备份、恢复等管理是指制定和实现备份策略，备份监控和恢复等。备份、恢复子系统，包括本地数据、数据库的备份和异地容灾备份和恢复。

⑩ 密钥子系统——是整个城市轨道交通 AFC 系统安全体系的核心，由 ICCS 统一管理，从功能上划分，它包括密钥卡和安全存取模块（Secure Access Module，以下简称 SAM）的发卡、密钥管理、交易验证、安全认证，涉及密钥的生成、分发、使用、更新、终止等密钥生命周期的各个阶段。

⑪ 查询子系统——负责运营管理和账务管理方面的数据查询，主要是对各种交易清单、客户服务明细、参数记录和运作数据等的查询，并具有打印功能。

⑫ 报表子系统——根据报表模板和数据自动产生当日全部报表，并保存在报表服务器上。报表子系统支持预先定义的基于数据库值的报表，提供多个标准报表，标准报表在限定的时段内可供在线访问。根据操作员的权限，可以看到不同范围的报表内容，当报表

产生后，操作员可以通过工作站查看报表，并可选择打印此报表。报表子系统提供报表生成工具软件，在实际运营时，允许报表维护人员利用数据库表的数据增加特定报表。

⑬ 决策支持子系统——对客流、起终点（Origin/Destination，以下简称 OD）矩阵、收益等数据按时间、车票类型、线路、进出车站、收益进行一级、二级和多级的数量分类统计和同比分析。

⑭ 异地容灾子系统——远程数据复制，实现清分服务器数据与容灾服务器数据的数据同步；系统切换，当清分服务器发生灾难时，用户可以将清分服务器的应用切换到容灾服务器。

⑮ 实现多支付渠道的统一管理，以及支持支付渠道的扩展。

2）线路中央计算机（LCC）

LCC 是轨道交通自动售检票系统的核心系统，具有对 SC 以及车站设备的监控、系统数据的集中采集、统计及管理功能，同时与 ICCS 进行数据交换。系统采集数据类型至少包括：状态数据、审计数据、车票处理及交易数据、车票收益数据等。LCC 主要功能有：

① 从车站计算机收集客流、收益、审核数据，并保存在相应的数据库表中，并向清分系统上传数据和接收清分系统下传数据的功能。

② 集中监控所辖线路系统的运作，包括对车站系统的通信、运作及故障等状态的监控。

③ 通过清分系统获取标准时间，并自动进行同步，时间信息将下传至车站计算机。

④ 维护及设置所辖线路的系统参数，对系统参数进行有效管理，可以按单台设备、一组设备、单个车站、所有车站进行参数下载。

⑤ 能实现与清分系统进行清算对账的功能。

⑥ 具有病毒入侵检测及系统异常告警机制。

⑦ 根据需要生成线路的客流、财务、收益及相应的统计、分析报表。

⑧ 在互联网＋系统架构下，互联网＋清分系统集成了线路中央系统功能。

3）编码分拣机（E/S）

编码分拣机安装在城市轨道交通的制票中心，与 ICCS 系统连接，由票务工作人员操作，在城市轨道交通系统内使用的单程车票和专用储值票需由编码分拣机进行初始化和编码后才能使用。如果是一卡通发行的储值车票，由一卡通系统统一编制发行。编码分拣机如图 10-13。

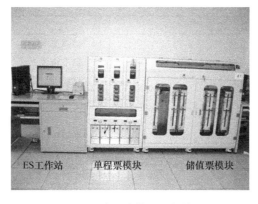

图 10-13　编码分拣机设备外观图

E/S 主要功能有：

① 可对城市轨道交通专用票卡进行初始化、编码、赋值处理的功能，包括代币式和卡式车票。

② 可对回收的车票按需要进行分拣、重新编码、注销或赋值处理。车票的分拣可以按票的余额、有效期、芯片类型等条件进行操作。

③ 能即时打印车票处理过程的批次操作及班次报告。

④ 可接收 ICCS 下发的订单，并记录相关编码交易数据，数据上传至 ICCS。

⑤ 能记录交易、审计数据、设备状态信息、故障信息及操作员等信息，并在本机保存一定时间。

⑥ 硬件方面根据系统设备的具体功能要求，装配有主控模块、电源模块、I/O 通信模块、单程票处理分拣模块、票卡处理分拣模块、票卡读写模块、报表打印机、紧急按钮、UPS、操作显示器等。

10.3 自动售检票系统的基本操作

1. 自动售票机基本操作

（1）购买单程票

乘客可在自动售票机上购买单程票，设备接受的支付方式包括：硬币、纸币，硬币和纸币混合，电子支付等。自动售票机通过触摸屏接收乘客的输入信息，采用形象化的地图模式、线路模式、语音提示引导用户购票，同时给乘客提供中文/英文界面切换功能（默认中文方式）。目前可支持浏览地图、按线路、按票价三种购票方式。

（2）后台操作说明

后台维护终端的操作是通过终端操作面板上的按键来完成的。要在终端显示屏上，系统会显示相应的菜单结构，每个菜单前面都有一个数字序号。要进行相应操作，只需在后台维护终端的键盘上按下相应的数字键就可进入相应的菜单或实现相应的菜单功能（当一屏显示不下菜单结构或信息时，可按指定翻页键进行翻页显示）。TVM 后台维护终端的主要功能如表 10-1。

TVM 后台维护终端的主要功能 表 10-1

（1）运营操作	（1）结账	
	（2）补充硬币	（1）储币箱1
		（2）储币箱2
	（3）补充车票	（1）储票箱1
		（2）储票箱2
	（4）更换钱箱	（1）硬币钱箱
		（2）纸币钱箱
		（3）所有钱箱
	（5）更换票箱	（1）回收箱
		（2）废票箱
		（3）所有票箱

续表

(1) 运营操作	(6) 清空硬币	(1) 储币箱1
		(2) 储币箱2
		(3) 所有储币箱
	(7) 清空车票	(1) 储票箱1
		(2) 储票箱2
		(3) 所有储票箱
	(8) 查询	(1) 交易记录
		(2) 操作记录
		(3) 异常记录
		(4) 当前现金
		(5) 当前车票
		(6) 寄存器计数
		(7) 当前运营状态
(2) 维护操作	(1) 纸币接收器	(1) 开始接收
		(2) 停止接收
		(3) 退币
		(4) 复位
	(2) 硬币处理模块	(1) 开始接收
		(2) 停止接收
		(3) 退币
		(4) 传感器检测
		(5) 电机测试
		(6) 图像识别模块检测
		(7) 复位
	(3) 车票处理模块	(1) 出票测试
		(2) 电磁阀测试
		(3) 传感器测试
		(4) 复位
	(4) 车票读写器	(1) 读票测试
		(2) SAM状态
		(3) 复位
	(5) 打印机	打印测试
	(6) 所有模块	(1) 自检
		(2) 复位
	(7) 故障码查询	(1) 故障码描述信息查询
		(2) 当前模块故障码查询
(3) 管理操作	(1) 设置	(1) 设备编号
		(2) IP设置
		(3) 功能设置
		(4) 服务设置
		(5) 恢复出厂设置
	(2) 查询	(1) 本机设置
		(2) 软件版本

293

续表

（3）管理操作	（2）查询	（3）当前参数版本
		（4）将来参数版本
	（3）程序	（1）重启系统
		（2）关闭系统
		（3）软件导入
	（4）数据	（1）导入参数
		（2）导出交易

2. 自动检票机基本操作

（1）验票过闸

乘客通常可以使用单程票、IC 卡、二维码车票等通过闸机，具体过程如图 10-14。

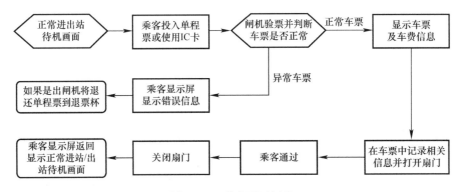

图 10-14　乘客通过闸机

（2）更换票箱

对于车站人员，闸机的常用操作有更换票箱。当闸机检测到票箱的单程票数值将达到限值时，会发出警告信息，提醒车站人员需要进行票箱更换工作。当闸机检测到单程票箱的单程票数值已达到限值时，会停止单程箱回收模块的工作，车站人员需要进行更换单程票箱的操作才能恢复正常功能，车站人员通过登录闸机系统即可进行更换票箱操作。

3. 票房售票机基本操作

BOM 的操作界面，可切换为付费区或非付费区：付费区指需要利用有效车票验票，从进闸机进入后的区域；非付费区指除付费区外的所有区域。由于"付费区"和"非付费区"的车票状态不同，"车票分析"在"付费区"和"非付费区"将提供不同的功能选项。因此车站人员处理在付费区或者非付费区的乘客车票时，必须将界面切换到相应区域，方可进行操作。

（1）签到签退

要操作 BOM，首先进行签到，点击〈签到〉按钮，操作界面自动弹出登录对话框让操作人员输入员工号和密码。要结束班次，必须进行签退，签退后，系统自动生成班次数据文件，点击"签退"，确认后即可退出登录。

（2）分析与处理车票

对车票做任何操作前，都必须先进行车票分析。车票分析前应先将票卡至于读卡器上，然后根据乘客持有车票的实际位置，选择"付费区"或"非付费区"，然后点击"分析车票",读卡器分析完车票后,将详细信息显示于车票状态栏。"车票状态"栏中需关注信息包括:逻辑卡号、卡状态、子卡类型、有效期结束、卡余额等。车票分析后激活二级功能按钮,根据车票状态与信息进行相应操作,包括发售、充值、更新、激活、延期、退款、交易历史查询、解锁等。

(3) 非即时退款

当票卡损坏导致设备无法读取票卡信息时,由于不清楚卡内余额,无法办理即时退款,需后台查询损坏票卡信息,所以要办理非即时退款申请操作。在 BOM 软件界面中输入相应资料后按〈确定〉按钮提交申请,并将打出的小单交乘客,乘客根据通知时间可到线网任一车站继续办理退款手续。乘客根据通知时间凭小单到线网任一车站继续办理退款,这时点选"查询结果",输入小单序列号确认票卡数据,核实无误后确认退款。

(4) 行政处理

行政处理分为两种:付费区行政处理和非付费区行政处理。付费区行政处理包括闸机被误用、遗失车票等情况,主要涉及收取乘客罚金的情况。根据实际情况点选原因,输入乘客姓名等相关资料,然后按〈处理〉按钮。非付费区行政处理包括 TVM 卡币、卡票、发售无效票、少找零及其他五种情况,这时需要退还现金给乘客,根据实际情况点选原因,输入退还金额和乘客姓名等相关资料,然后按〈处理〉按钮。

(5) 单程票发售

除了在 TVM 上发售外,单程票也可以在 BOM 上发售,但只限于在非付费区操作。单程票发售可按车站或票价发售。按车站名发售,需选择线路、车站,输入实收金额。

4. 车站计算机基本操作

(1) 监控站级设备状态

SC 系统主页面默认为"设备监控"状态界面,对设备运行状态进行监视。在车站设备平面图中,有现场设备的布局示意图、当天车站运营模式、LCC 通信检测、SC 电源检测、紧急按钮检测、最新客流数据(最近 15min 和全天累计)、最新设备状态/时间消息(最近 20 条)、运营时间及状态等信息。为了明确区分设备种类和设备状态,SC 系统定义了标准的设备图标和设备状态的颜色标识,各类设备图标和状态颜色标识的组合反映了当前设备的状态(包括正常、关闭、维护、故障、紧急、降级模式、通信中断等)。

(2) 发送设备控制命令

SC 可以发送的设备控制命令通常有开始服务、停止服务等,根据设备类型的不同会有所差异,如双向机具备设置为进闸、出闸、双向等工作方式的命令。同时为了提高设备监控的效率,系统提供了设备组控制功能,允许操作员控制整组设备。从车站设备列表中选择"设备类型"下的设备组,如"TVM"、"BOM"等,点击〈控制设备组〉按钮,即可进入设备组控制界面。

(3) 查看设备交易记录和客流数据

交易记录查询可以通过登录 SC 监控软件查看。各地铁线路的查询界面存在一定差异,但是方法原理大致相同。默认点击〈查询〉按钮,将显示当天所有的交易记录,但为了能更快捷地查询到想要查询的交易结果,操作员可通过设置"日期","设备类型","设备 ID","交易类型","票卡类型","票卡子类型","票卡逻辑 ID"的条件组合进行查询。

SC 可集中统一监控系统车票接收、发售及客流情况，通常 SC 监控软件每 15min 统计一次车站进站、出站客流及单程票的发售数量，并将数据以及运营日开始至上一次统计时间内的汇总数据显示在车站监控主界面的客流信息区。若点击系统菜单的"客流统计"按钮，系统会显示详细的"客流统计"界面，在客流监控界面上可设置查询条件对客流进行查询。

10.4 自动售检票系统的运维管理

AFC 系统设备的运维管理包括了系统设备在无法正常使用时进行的故障性维修和为保障系统设备持续良好运作而进行的维护保养（含日常巡视及计划修、状态修）。

1. AFC 系统设备运维管理的工作内容

AFC 的运维管理工作内容主要有故障修、计划修、状态修三种，其定义分别如下：

(1) 故障修是当设备发生故障时，针对故障的类型和种类进行的旨在快速恢复设备正常运行而进行的维修。这种维修方式具有作业时间和地点不确定性的因素，维修过程中物料的消耗和人力的需求也具有不确定的因素。

(2) 计划修是以时间为基础开展的具有固定周期的、检修项目固定的预防性检修。检修项目基本上来源于设备供货商提供的检修流程、维修手册，其特点是以时间周期作为编制检修计划的输入条件。在 AFC 系统投入运行初期，由于对系统设备在设计运行参数以及在具体运行环境中运行的差异并不了解，也没有相应的系统设备运行经验数据积累，因此在系统运行初期，通常采取周期性的预防性计划修方式，基本保障系统设备的正常运行。

(3) 状态修是在 AFC 系统设备还没有表现出故障状态时根据系统设备（部件）运行参数及实际运行情况进行的预防性检修，其特点是以设备（部件）的运行时间、使用的次数、故障次数等实际的设备运营统计数据作为编制计划的输入条件，而不是单纯以时间作为编制检修计划的要素。在 AFC 系统运行中后期，由于已经积累了一定的系统设备运行经验数据，对系统设备在设计运行参数以及在具体运行环境中运行的差异已经相当清楚，因此对系统设备的检修完全可以采用状态修的方式开展，针对系统设备设计运行参数、运行状态、运行数据分析，进行有针对性的检修，最大限度的保障系统设备的正常运行，最大限度的节省人力资源以及物料的消耗。

上述定义可归纳出故障修是即时性的，具有被动性、不可预见性、突发性的特点，计划修、状态修是预防性的，具有主动性、前瞻性、计划性的特点。其区别主要如下：

故障修目的是使已经产生异常的 AFC 系统设备以尽可能快的速度恢复正常运营，将系统设备故障对地铁运营服务的影响尽可能降到最低。故障修由于涉及 AFC 系统设备运营管理、监控人员与运营维修人员的接口关系，该方式下 AFC 系统设备故障、报告、响应、处理、追踪、注销的信息传递机制的要求相对较高，并应当有一个明确的指引。

计划修与状态修目的是使 AFC 系统设备始终保持在良好的运作状态，将 AFC 系统设备故障消除在萌芽阶段，根据设备设计运行参数并经过主动计划，甚至在 AFC 系统设备故障隐患产生前就将系统设备的运行差异纠正，使系统设备回到良好运作状态中。计划修和状态修方式下 AFC 系统设备故障的发现、报告、响应、处理、追踪、注销，因为只涉及运营维修人员在计划性检修实施过程中发现的设备的运行差异，并对差异进行适当的调整，所以整个过程出现的情况均应包括在相应的修程中。

2. AFC系统设备运维管理的开展方式

AFC系统设备运维管理的开展方式主要包括自主维修和委外维修，同时为降低故障停用时间，可建议一些简单、常见故障由车站操作人员协助快速维修处理。

(1) 自主维修

根据系统设备维修规程指引，现场巡检对接报系统设备故障、巡视过程发现的系统设备运行异常开展维修工作，在完成维修规程指引的维修操作后仍然不能恢复设备到正常运行状态或维修项目复杂程度超越现场巡检维修能力范围的，则向专业工程师报告系统设备故障状况，由专业工程师指导维修。

1) 自主维修原则

① 不需要专门配备检修工具，也不需要复杂专业的维修方法。

② 通过简单而固定的步骤，或系统设备提供的简单诊断功能就可以完成。

③ 操作简单、经常性开展的设备日常保养、清洁维护。

2) 自主维修范围

① 系统设备产生的由于乘客不熟悉或使用不当而造成的常见性简单故障，如触摸屏由于乘客长时间遮挡造成设备进入自动保护，退出服务。

② 系统设备在运行过程中由于软硬件或使用媒体质量问题而产生的简单故障，如打印机卡纸、软件停止响应等。

③ 不涉及设备具体模块内部电路及复杂机械结构的设备整体模块的日常保养、清洁维护。

(2) 委外单位人员维修

根据确定的委外维修原则，对已经产生故障或异常的系统、设备，按照签订的委外维修合同开展相应的工作。

1) 委外维修原则

① 市场替代性强、社会应用普及性高、社会维修技术成熟而且自修成本很高。

② 非经常性维修项目，而且维修人才的需求非常专业，人力资源成本很高。

③ 维修开展需求检测仪器、测试台购置费用很高，而且检测方法非常复杂，综合检修、测试费用很高。

④ 维修开展需求零备件、材料采购困难，而且维修环境要求条件很高。

⑤ 非专业范畴，没有维修开展所需要的资源。

2) 委外维修范围

① 专业计算机系统，如小型机服务器、专业数据库软件等。

② 计算机系统主控设备，如普通服务器、工控机、单板机、单片机等。

③ 计算机系统辅助设备，如显示器、打印机、磁带机、磁盘阵列等。

④ 计算机网络设备，如交换机、防火墙设备、集线器等。

⑤ 涉及土建、电力、通信等非专业维修，如线缆更换施工。

(3) 设备操作人员简单维修

为确保设备服务水平不降低，降低设备故障停用时间，更好的实现应急抢修，可以考虑把简单故障逐步过渡到由当站的设备操作人员简单维修处理，并协助开展重大故障的抢修工作。根据确定的维修接口与原则，该工作需制定相关指引手册，明确一些无需专业工具、无需更换备品备件、不涉及收益安全的简单故障交由车站人员处理，细化重大故障时的协助操作办法。

设备操作人员对系统设备产生的故障，遵循故障维修指引开展维修工作，在完成故障维修指引指导的维修操作后仍然不能恢复设备到正常运行状态的，则根据故障报修流程将故障交由现场巡检维修。

3. AFC系统设备运维管理的组织职责

AFC系统设备维修的基本组织方式如按照工作职责划分，可分为车站故障分散维修与后台部件集中维修、中央级设备维修；

（1）车站故障分散维修（现场、检修间）

车站级别维修要求响应及时，恢复迅速。在车站现场对AFC系统设备进行维护、保养，可以及时对设备运行中产生的差异进行调整，对检修工具、仪器要求不高的零部件的维护，还可以拆卸到车站检修间进行更加详细的检修，将系统设备可能产生的故障概率及对车站现场运营的影响有效降低；但是，限于车站现场运营环境、车站检修间检修环境、工器具配备、仪器仪表配置、现场维修人员状态修要求等因数影响，使得车站级别的维修只能够做系统设备模块一级，且时间要求较少的项目维修。

1）车站故障分散维修职责

① 负责AFC系统现场设备的故障维修。

② 负责AFC系统现场设备的日常运行质量的监控并掌握设备运营情况。

③ 负责AFC系统现场设备停止运营期间的现场维护。

2）车站故障分散维修工作开展条件

① 满足包括故障响应、维护保养等在内的工作的正常开展所要求的人员配置。

② 配置车站检修间及工作台。

③ 满足通信工具的要求。

④ 维修开展所需工器具、检测仪器仪表。

⑤ 维修开展所需零备件、消耗材料。

⑥ 用于设备监视、故障信息登记的维修工作站。

（2）后台部件集中维修（机械、电子、综合）

由于检修环境、工器具配备、仪器仪表配置、测试台等检修条件充分，后台部件级别维修可以对现场级别维修不能完成或者完成质量不高的系统设备零部件作出详细的检查维修，并在维修过程中通过测试台测试进行不断地调整修正，使维修后的零部件达到尽可能好的状态，重新投入运行的差异最小。

1）后台部件集中维修职责

① 负责AFC系统设备损坏零部件的电子、机械、综合性维修。

② 负责AFC系统设备损坏系统的恢复。

③ 负责AFC系统设备零部件的基地级维护。

④ 负责AFC系统设备维修、维护后的零部件以及备品备件的测试、质量监控。

⑤ 负责AFC系统设备的问题研究、测试验证。

⑥ 负责 AFC 系统设备零部件国产化、技改项目的推进。

⑦ 负责 AFC 系统设备零部件库存管理。

⑧ 负责 AFC 系统检修开展需要零部件、材料的运输配送。

2）后台部件集中维修工作开展条件

① 满足包括故障响应、维护保养等在内的工作的正常开展所要求的人员配置。

② 配置综合检修工场及测试工作台。

③ 配置系统设备的测试系统及测试平台。

④ 满足通信工具的要求。

⑤ 用于运输维修物资的车辆。

⑥ 维修开展所需工器具、检测仪器仪表。

⑦ 维修开展所需零备件、消耗材料。

(3) 中央级设备维修

中央级设备维修主要是对清分系统、线路中央计算机设备的维修，其主要在计算机机房进行检修，确保站级设备数据能正常上传，并能准确及时实现票务收益结算。

1）中央级设备维修职责

① 负责中央计算机服务器运行监控、维护管理。

② 负责 AFC 系统各功能工作站运行监控、维护管理。

③ 负责 AFC 系统车票编码分拣机运行监控、维护管理。

④ 负责 AFC 系统车站计算机运行监控、维护管理。

⑤ 负责 AFC 系统站级设备中央级运行监控。

⑥ 负责 AFC 系统网络设备、通信质量的运行监控、维护管理。

⑦ 负责 AFC 系统运营收益、设备运行报表系统维护管理，数据统计分析。

⑧ 监视中央计算机系统数据备份和运营报表的生成情况。

2）中央级设备维修工作开展条件

① 满足中央计算机各职能工作的开展所要求的人员。

② 系统运营监控专用房间及专用维修工作站。

③ 系统网管设备及软件。

④ 满足通信工具的要求。

⑤ 维修开展所需的工器具、检测仪器仪表。

⑥ 维修开展所需备件、消耗材料。

4. AFC 系统设备运维管理的组织模式

AFC 设备涉及与其他线路换乘车站，实现乘客提供无障碍换乘，车票收益数据的后台清算，目前主要有三种维修组织模式。

(1) 采取"委外修为主"的方式

AFC 设备部分部件涉及接口保密性、维修开展所需要的资源较难获取（例如纸币模块验币器等），同时大多部件市场替代性强、社会应用普及性高、社会维修技术成熟而且自修成本很高（例如计算机系统、扇门电机、电源、显示屏等）。因此可考虑以委外修为主，第三方机构可以是设备的生产厂商，也可以是设备维护、维修的专业维保机构。

此种模式，由委外单位提供人员组织、物资保障及技术保障等，负责质保期后故障处理、计划性检修、大中修改造等工作；设备管理部门主要负责影响较大的应急故障配合抢修，设定委外管理系统运行考核指标，过程监控委外维修质量，动态评估系统运行状态等工作。

针对 AFC 设备内存在有值车票与现金、设备数据涉及收益结算等情况，存在委外后地铁财务流失等风险，管理方可以通过多手段进行检测控制：

1) 对于检修过程中涉及实体现金、车票等，可在内部加装摄像头，实现维修过程的全过程追溯（目前可采取独立存储硬盘保存视频的方式，需有权限登录才能进行回看与拷贝，采用移动侦测功能）；

2) 通过日志文件分析设备运行状况，定位异常情况；对于储币箱、SAM 卡等关键收益点，可实行由地铁方监督管理的方式；

3) 可与委外单位在合同中约定，对于涉及设备员工（非操作原因）造成的短款、交易缺失、接收假币（异币）等短款情况，需提交原因分析与等额赔付；

4) 对于涉及交易数据与票款收益完整性，委外单位需定时提交汇总报表（含收益汇总、明细流水账等资料），与维修人员核实数据准确性与一致性。

采取委外修为主维修方式，目前有两种管理备件物料的方案：

方案一：包工不包料。包工不包料是指业主提供所有的备品备件，委外单位负责维保项目所需的人工服务、工器具、辅料等。鉴于投用初期，设备运作较为稳定，该方式可利于业主管控备品备件采购成本与质量，并能根据设备实际运行情况合理动态调整备品备件采购数量，确保现场备品备件供应及时充足，但该模式业主需花费一定人力成本与精力去管理备品备件。

方案二：包工包料。包工包料是指委外单位全部负责维保项目所需的备品备件、人工服务、工器具、辅料等，业主仅存放少量的应急抢修用备品备件。该模式可节省业主管理备品备件的人力成本，但该模式需重点关注委外单位采购备品备件的质量，并建立完善的约束机制，避免因备品备件问题导致现场故障设备长时间停用。

(2) 采取"区域化自修为主，委外修为辅"的维修方式

该模式是设备管理部门主要负责管辖设备的故障处理、计划性检修、大中修改造等工作，第三方机构仅负责部分市场承载力强或需专业维保商维保的部分设备模块维护和维修（例如纸币模块与计算机主机）。自修主要结合维修人员工作地理位置，化整为零，包干到班，每个工班只负责根据职责划定的 AFC 设备现场巡检、预防性维护、故障处理、备件维修、大中修改造等全部工作。

同时因 AFC 设备为直接面对乘客服务的设备，一旦长时间故障停用，对于地铁服务质量影响较大，且结合 AFC 设备的零部件类较多、体积不大等特点，可在现场线路的枢纽车站设立 AFC 部件管理仓库，一旦现场出现影响较大的故障，实现 24h 全天候方便领取到所需备件。

(3) 采取"职责化自修为主，委外修为辅"的维修方式

该维修模式与上述区域化自修类似，主要以自修为主，委外为辅，区别在于自修班组按照职责划分，细分为中央工班、维护工班、部件修工班、巡检工班等。

上述三种维修模式分析对比如表 10-2。

维修模式分析对比 表 10-2

序号	维修模式	优点	关注问题
1	委外修为主,自修为辅	(1) 所需人员较为精简,人力成本较低,运营与委外之间责任明确。 (2) 人员调配安排能快速根据故障情况合理调整,故障响应与处理速度快,利于乘客服务质量提升。 (3) 通过维保厂家专业的技术和各大系统供应商等资源平台整合能力,降低技术成本。 (4) 备品备件库存管理压力较小	(1) 预防性维修质量与故障维修响应时间需制定完善的检查管理办法。 (2) 需加强票务收益方面的把控。 (3) 员工检修技能方面的积累与成长
2	区域化自修为主,委外修为辅	(1) 能较好监控检修质量,减少检修推诿情况。 (2) 利于控制票务收益安全的完整性	(1) 对于人员技能要求较高。 (2) 班组之间维修经验的交流较少。 (3) 人力成本较高。 (4) 备品备件管理压力较大
3	职责化自修为主,委外修为辅	(1) 工班只负责某一特定工作内容,员工容易掌握相应技能,较快独立上岗。 (2) 员工长期专注某一工作内容,利于员工深入研究掌握核心技术,利于推进科研技改工作	(1) 巡检班组站点过长会影响抢修时间。 (2) 员工长期专注于某一工作内容,不利于全面提升员工综合技能。 (3) AFC设备维护与巡检工作由不同工班负责,存在交接班不清、责任推诿的漏洞,会造成设备故障率上升。 (4) 人力成本较高。 (5) 备品备件管理压力较大

5. AFC 系统设备运维管理的收益风险控制

AFC 设备是地铁设施设备中与"钱"打交道的最密切设备,其票款收益占据地铁日常运营中较大的比例,而在车站员工与检修员工日常工作中,也会存在与"钱"接触的概率,因此通过多层级监控管理,提高员工票务安全意识,对于确保票务收益安全来说尤为重要。

(1) 日常检修的收益安全关键点

1) 处理车站的 TVM、BOM、AGM 故障,不允许私拿钱和车票。在维修过程中涉及钱、票交接的票务问题,必须要求客运值班员确认钱、票数量,现金如要登记在票务系统中,维修人员必须要对交接表中的钱币金额、数量进行复核,然后输入员工操作号、密码完成确认。同时维修人员也必须要在维修日志内清楚填写交接钱、票的数量,及对应的报表编号,并要求客运值班员在维修记录的备注栏中签章确认。

2) 在 TVM 内部发现有散落的硬币、纸币时,应立即取出,交给客运值班员,并在票务系统中的备注栏做好登记注明。

3) 在车站现场对钱箱、票箱维修过程中发现的现金和车票,在归还钱箱、票箱时一并交还车站,钱、票交接手续严格按规定执行。

4) 维修 TVM、AGM 和 TCM 时,必须按照票务管理规定向车站借用相应的设备钥匙,并做好借用登记;借出设备钥匙时,必须认真保管好,不能带离当站;需要离开当站时,必须先归还设备钥匙给车站并在钥匙借用记录上签还。

5) 如在设备内或从供货商处获得票务钥匙,必须立即上交。

(2) 账户和 SAM 卡的管理要求

1) 在检修 AFC 设备时, 应注意个人账号密码的保密, 不可随便混用, 万一密码泄漏, 应该及时到 LCC 申请修改密码, 必须严格按照自动售检系统用户密码管理执行。

2) 在打开自动售票机和闸机维修门后要马上输入操作员的账号密码并确认登录成功, 否则会在开门的设定时间后发出报警声, 同时报警信息会传到 SC。

3) 对车站设备安装/更换 SAM 卡时, 要严格按照自动售检票 SAM 卡领用表的设备编号和 SAM 卡逻辑号, 将对应的 SAM 卡安装于相应的设备上, 严禁将 SAM 卡安装于不相应的设备上。

4) 更换装有 SAM 卡的读卡器, 或将读卡器对调测试时, 必须要将 SAM 安装在原来注册的设备上, 严禁更换读卡器后将 SAM 卡安装在非配对的设备上。

(3) 设备收益数据的安全要求

1) 在更换电路板时必须非常小心, 严禁带电插拔电路板和连接线; 要做好静电防护措施, 每条电缆必须标记好且连接正确。更换时应保证跳线与原设置一致, 更换后必须检查设备的时钟、IP 及配置是否已恢复正常, 严禁在未确认设备已修复的情况下将设备投入使用。上述安全隐患可能会导致乘客车票扣费错误。

2) 未经批准, 禁止删除 AFC 设备上的文件和数据, 以及随便修改 AFC 设备上的设置。

3) 进行软件方面的维修或更换存储设备时, 在数据可读状态下, 必须备份好原设备上的文件和数据, 严禁在无备份原设备数据的情况下更换存储设备。更换至设备上的存储设备, 必须删除非本机的数据, 确保更换后没有异常交易上传。在更换时要断开网络, 更换后必须检查设备的时钟、IP 及所有配置正确后, 才能接上网络; 在确认设备接通网络并同步所有参数后, 才能正式投入使用。严禁在没确认设备已恢复正常的情况下将设备投入使用。

10.5 自动售检票系统的维护保养

AFC 系统设备的维护保养包括了为保障系统设备持续良好运作而进行的计划性检修 (含日常巡视), 以及根据系统设备具体部件运行参数进行的清理、润滑、调整、更换。

根据系统设备具体运行参数及实际运行状况, AFC 系统设备的维护保养建议可以划分为大修、中修、更新改造、小修四个等级。如表 10-3 所示。

AFC 系统设备的维护保养　　　　　表 10-3

检修方式	主要内容	范围定义
大修	设备重要部件、模块的维修基地级的保养; 针对部件、模块的状态进行必要的升级换代或国产化技改	(1) AFC 系统设备重要零部件的维修保养。 (2) AFC 系统设备重要部件的现场更换及维修基地级的清理、润滑、调整, 使重要零部件在产生疲劳性、自然性运行差异前恢复到良好工作状态。 (3) AFC 系统设备的软件(包括操作系统、应用软件) 全局性的更新、替换、整理, 目的是保持软件的健壮性及可维护性。 (4) AFC 系统通信参数、运行及控制参数、网络配置等全局性的重大升级更新

续表

检修方式	主要内容	范围定义
中修	设备重要部件、模块的车站级的保养；针对部件、模块的状态进行必要的检测、维修、更换	(1) AFC系统设备重要零部件普遍劣化进行的更换。 (2) AFC系统设备根据运行参数、使用情况进行的具有针对性、定期性的现场及车站检修间计划检修。 (3) AFC系统设备的软件（包括操作系统、应用软件）局部性的更新、替换、整理，目的是解决个别车站特殊运营的需要。 (4) AFC系统通信参数、运行及控制参数、网络配置等局部性的升级更新
更新改造	对设备进行局部更新、改造	(1) AFC系统因新功能上线需求，要进行的对设备软硬件方面的调整。 (2) AFC系统运作一段时期内，但未达到大中修定义范围的普遍劣化或问题
小修	保障AFC系统设备良好的服务状态进行的计划性检修（含状态修）	(1) 为保障AFC系统设备良好的服务状态进行的计划性检修。如日检、双周检、季检、半年检、年检等。 (2) 根据AFC系统设备重要零部件的运行参数及使用情况进行的个别有针对性的清理、调整。 (3) AFC系统设备在运行过程中产生异常的不涉及重要零部件更换的故障恢复

1. AFC设备大修、中修、更新改造的启动条件

AFC大修、中修、更新改造的判断可根据设备建议周期，结合最近一次的"年度设备鉴定报告"、后台维修情况、设备（部件）故障数据、部件及易损易耗件的状态进行评估，进行整体更换或更换磨损部件或清洁维护，参考周期如表10-4。

参考周期　　　　　　　　　　　　　　　表10-4

序号	类别	子模块	建议周期
1	大修	自动验票机	10~12年
2		票房售票机	10~12年
3		自动检票机	10~12年
4		自动售票机	10~12年
5		计算机服务器（含清分系统、线路中央计算机、车站计算机等）	10~12年
6	中修	自动验票机	5~7年
7		票房售票机	5~7年
8		自动检票机	5~7年
9		自动售票机	5~7年
10		计算机服务器（含清分系统、线路中央计算机、车站计算机等）	5~7年
11	更新改造	自动验票机	上一年度因故障需更换同一模块的设备台数数量达到线上同类设备总数的60%以上，可以开展更新改造评估程序
12		票房售票机	上一年度因故障需更换同一模块的设备台数数量达到线上同类设备总数的60%以上，可以开展更新改造评估程序

续表

序号	类别	子模块	建议周期
13	更新改造	自动检票机	上一年度因故障需更换同一模块的设备台数数量达到线上同类设备总数的60%以上,可以开展更新改造评估程序
14	更新改造	自动售票机	上一年度因故障需更换同一模块的设备台数数量达到线上同类设备总数的60%以上,可以开展更新改造评估程序
15	更新改造	计算机服务器(含清分系统、线路中央计算机、车站计算机等)	上一年度因故障需更换同一模块的设备台数数量达到线上同类设备总数的60%以上,可以开展更新改造评估程序

2. AFC小修的周期分类

AFC系统设备的小修一般采取预防性维护的工作方式,根据确定的时间间隔对某个部件、模块或者某单台设备、某一种类型的设备进行保养或更换,其目的是提前治理隐患,降低设备故障频率,维持运行稳定性。

因AFC设备的运行状态与磨损程度和设备使用量呈一定的正相关性,未来可以考虑在积累一定的运作数据后,调整为状态修,亦即确定达到的使用量后,进行相对应等级要求的预防性维护。状态修是一种以可靠性理论、状态监测、故障诊断为基础,根据设备的实际技术状态检测结果全面评估后确定维修时机和范围的维修模式,这种维修模式的特点是维修周期、程序和范围都不固定。实现状态修除了要增加现场监测设备外,还需要匹配加强信息化建设,建立一套设备维修管理平台,积累经验数据,实现对设备运行参数的归集和整理,为实现设备状态修的评估分析提供依据,设备维修平台的信息化也是提高设备精细化管理发展的方向。

目前预防性维护可以根据设备在系统中重要性(A类/B类/C类),并结合使用量、磨损情况等,建议划分为日检、季检、年检三个等级,涉及相应的修程为《AFC设备检修规程》,建议检修周期分类如表10-5。

检修周期分类 表10-5

序号	等级分类	设备名称	周期	主要检修内容
1	B	票房售票机	日检	设备运行状态确认等
			季检	外部清洁保养、主机运作性能检测等
			年检	内部清洁保养、部件磨损情况检查与更换等
2	B	自动检票机	日检	设备运行状态确认等
			季检	设备内部清洁保养、运作性能检测等
			年检	模块内部清洁保养,运作性能检测等
3	B	自动售票机	日检	设备运行状态确认等
			季检	设备内部清洁保养、运作性能检测等
			年检	模块内部清洁保养,运作性能检测等
4	A	车站计算机	日检	设备运行状态确认等
			季检	外部清洁保养、主机运作性能检测车站AFC紧急模式测试等
			年检	内部清洁保养、运作性能检测

续表

序号	等级分类	设备名称	周期	主要检修内容
5	A	线路中央计算机	日检	系统硬件状态检测、运行状态确认、UPS运行信息确认等
			季检	设备内部清洁保养、UPS电池充放电维护、设备线缆连接检查等
			年检	检测工作站设备标签完好、外设（显示器、键盘、鼠标）功能正常等
6	A	清分系统	日检	系统软硬件状态检测、报表生成情况确认、UPS运行信息确认等
			季检	设备内部清洁保养、UPS电池充放电维护、设备线缆连接检查等
			年检	检测工作站设备标签完好、外设（显示器、键盘、鼠标）功能正常等
7	C	自动验票机	日检	设备运行状态确认等
			年检	内部清洁保养、运作性能检测

注：设备A类/B类/C类等级分类可结合实际采用经验判定法或评分法制定分类原则确定。

3. AFC设备日检的一般要求

（1）日检目的

AFC系统车站级设备的巡视是由AFC车站检修员工完成，目的是了解车站自动售检票系统设备当前的现场运行状况，以便及时进行相应的维护维修工作。

（2）日检要求

1）巡视过程中发现故障时，如故障设备量少且对车站运营没有太大的影响，AFC车站检修工可继续巡视而暂不处理故障；如故障设备多或对车站运营造成影响，则必须遵循相应故障处理指南立即处理。

2）车站巡检工班每天至少巡视各自管辖的车站两次，早班在到达指定的车站后即开始对段内的设备状况进行巡视，巡视结果必须进行记录，巡视结束后才与日班的同事一起对发现的故障进行处理；晚班在运营结束之前也要对管辖段内的设备进行巡视，并统计所有当日遗留未处理的故障情况上报维修调度。

3）中央计算机和编码分拣机的巡视一般以2~3h为一个周期对设备的运行状况、通信状况、数据传输状况等进行记录，发现问题或问题隐患须及时处理、上报。

（3）日检内容（表10-6）

日检内容　　　　　　　　　　　　　　　　　表10-6

序号	设备类型	日检内容
1	车站计算机	（1）查看车站计算机应用程序的运行状况。 （2）检查车站计算机与中央计算机的通信。 （3）检查车站计算机与车站级设备的通信。 （4）检查车站计算机数据备份完成情况。 （5）通过车站计算机查看车站级设备的当前状况
2	自动检票机	（1）查看闸机的当前运行状况，包括故障设备的数量、性质、分布等。 （2）查看闸机的外部状况，包括乘客显示屏、指示灯的工作状况。 （3）询问车站相关人员设备的使用情况。 （4）随机选1~2台闸机，用工作票做过闸测试
3	自动售票机	（1）查看自动售票机的当前运行状况，包括故障设备的数量、性质、分布等。 （2）询问车站相关人员设备的使用情况。 （3）查看自动售票机的乘客显示模块和触摸屏模块

续表

序号	设备类型	日检内容
4	票房售票机	(1) 查看票房售票机的当前运行状况，包括故障设备的数量、性质、分布等。 (2) 询问车站相关人员设备的使用情况。 (3) 查看各售票员操作显示模块和乘客显示模块
5	自动验票机	(1) 查看自动验票机的当前运行状况，包括故障设备的数量、性质、分布等。 (2) 查看显示模块
6	线路中央计算机	(1) 查看中央计算机主机、交换机、防火墙、UPS、各功能工作站的工作指示灯，大体判断设备的工作情况。 (2) 查看设备运行日志，进一步查看设备是否存在故障或故障隐患。 (3) 检查数据库表空间占用情况，结算完成情况，交易文件入库情况，数据库备份是否正常完成。 (4) 检查LCC通信服务监护程序各个子模块是否正常，检查各相关的进程是否运作良好，检查日志记录情况。 (5) 检查防病毒系统服务器病毒特征码版本，防病毒系统LCC各客户端病毒特征码版本，服务器和LCC客户端病毒扫描情况，升级防病毒系统病毒特征码
7	清分系统	(1) 检查清分系统设备指示灯，大体判断设备的工作情况。 (2) 检查清分系统硬件状态，包括服务器、存储设备、网络设备和UPS设备。 (3) 查看设备运行日志，进一步查看设备是否存在故障或故障隐患。 (4) 检查数据库表空间占用情况，结算完成情况，交易文件入库情况，数据库备份是否正常完成。 (5) 检查防病毒系统服务器和各客户端的病毒特征码版本为最近官方发布版本，检查服务器和客户端病毒扫描情况

4. AFC 设备季检的一般要求

AFC 设备季检定义为每个季度进行一次作业，对 AFC 设备进行整机的基础保养和维护。季检应根据《AFC 设备检修规程》，把 AFC 系统设备的季检纳入年度维修计划中，并严格按照年度维修计划进行。专业工程师每季应对所管辖设备质量和运用质量检查一次，对检查结果进行分析总结，并作出评语和记录，以保证设备质量符合维修标准。下列简单描述一下各种设备的季检工作内容。

（1）票房售票机季检（表10-7）

票房售票机季检　　　　　　　　　　　　　　　　　　　表 10-7

序号	部件	检修内容	检修要求
1	基础检修	设备除尘、设备内部模块间线路整理、清洁BOM机柜内部	整洁、干净
2	线缆/网络设备	检查交换机、网络线缆、电源线缆、模块与主机间线缆、模块与模块间线缆、读卡器线缆	功能正常、连接紧固
3		清洁表面灰尘、线缆整理	整洁、干净
4	主控机	清洁表面灰尘、线缆整理	功能正常、连接紧固
5	供电组件	检查后备电池	无膨胀、漏液、接口端子无氧化等异常现象
6		测量交流电源、直流电源的输入/输出值	电压值在标称值范围内
7		清洁表面灰尘、线缆整理	整洁、干净
8	读卡器模块	读卡器检查外观及接线情况、检查读卡器面板连接线情况	部件外观完好及接线正确、检查读卡器面板连接线正确
9		清洁并检查 SAM 卡安装情况	干净并安装正确
10		读卡器模块功能测试	测试读卡器状态指示灯正常

续表

序号	部件	检修内容	检修要求
11	设备软件	主控机通信功能、系统及软件日志、磁盘空间、电子钱包数、病毒库、时间同步、软件版本、参数状态、测试读卡等情况	主控机通信功能正常、系统及软件日志正常、各磁盘分区剩余空间不低于该磁盘分区容量20%、病毒库为最新版本、电子钱包余额大于2万元、读卡正常
12	辅助设备	乘客显示屏、打印机模块、外围设备（显示器、鼠标、键盘）检查外观及接线、组件固定情况	外观完好、接线正确
13		乘客显示屏、打印机模块、外围设备（显示器、鼠标、键盘）功能测试	操作与显示正常

(2) 自动检票机季检（表10-8）

自动检票机季检　　　　　　表10-8

序号	部件	检修内容	检修要求
1	基础检修	设备内部模块表面除尘	整洁、干净
2	线缆/网络设备	检查交换机、网络线缆、电源线缆、模块与主机间线缆、模块与模块间线缆、读卡器线缆	功能正常、连接紧固
3		清洁表面灰尘、线缆整理	整洁、干净
4	主控机	清洁表面灰尘、线缆整理	功能正常、连接紧固
5	扇门/转杆模块	检查传感器、电机、扇门门体	功能正常、外观完好
6		检查扇门/转杆动作情况	闸机开关门正常，转杆动作正常
7	供电组件	检查后备电池	无膨胀、漏液、接口端子无氧化等异常现象
8		测量交流电源、直流电源的输入/输出值	电压值在标称值范围内
9		清洁表面灰尘、线缆整理	整洁、干净
10	车票处理模块	检查车票处理模块通信、传感器、电磁阀、票箱、乘客面板、显示屏、SAM卡、读卡器、验票区、导轨、导向器/导向斜管等的外观及连接线缆	功能正常、无破损
11		测试单程票模块工作性能，组件工作正常，复位正常，传感器正常，电磁阀正常，用车票进行验票测试	测试功能正常
12		检查单程票模块滑轨，清洁表面灰尘、线缆整理	整洁、干净
13		清洁SAM卡和单程票控制板	SAM卡号与台账一致
14	设备软件	检查设备监控/应用/通信程序、软件版本、时间同步功能。要求功能正常	功能正常
15	辅助设备	检查/测试内部照明灯具（如有）	功能正常
16		测试维修键盘功能	功能正常

(3) 自动售票机季检（表10-9）

自动售票机季检　　　　　　表10-9

序号	部件	维护内容	维护要求
1	基础检修	设备内部模块表面除尘	整洁、干净
2	线缆/网络设备	检查交换机、网络线缆、电源线缆、模块与主机间线缆、模块与模块间线缆、读卡器线缆	功能正常、连接紧固
3		清洁表面灰尘、线缆整理	整洁、干净

续表

序号	部件	维护内容	维护要求
4	主控机	清洁表面灰尘、线缆整理	功能正常，连接紧固
5	供电组件	检查后备电池	无膨胀、漏液、接口端子无氧化等异常现象
6		测量交流电源、直流电源的输入/输出值	电压值在标称值范围内
7		清洁表面灰尘、线缆整理	整洁、干净
8	单程票模块	检查单程票模块外观及接线、组件固定情况	安装牢固，外观正常
9		清洁单程票储票箱内部积尘	无黏附污渍，磨损正常，运转正常
10		检查单程票模块滑轨，测试票口挡板性能	动作正常
11		清洁SAM卡和单程票控制板	SAM卡号与台账一致
12		测试单程票模块工作性能，组件工作正常，复位正常，传感器正常，电磁阀正常	组件动作正常，复位正常
13	硬币模块	检查硬币模块外观及接线、组件固定情况	安装牢固，外观正常
14		清洁和检查硬币储币箱转盘或履带	磨损正常，运转正常
15		清洁和检查硬币模块流转组件（暂存器、分向器、传感器等）	安装牢固，外观正常
16		检查硬币模块滑轨、硬币钱箱、钱箱座及其他组件	安装牢固，外观正常
17		测试硬币模块工作性能	组件动作正常，硬币接收正常，正确识别钱箱编号
18	纸币模块	检查纸币模块外观及接线、组件固定情况	安装牢固，外观正常
19		清洁和检查纸币模块流转组件（轴承、电机、传感器、皮带等）	安装牢固，运转正常
20		检查纸币模块滑轨、纸币钱箱、钱箱座及其他组件	安装牢固，外观正常
21		测试纸币模块工作性能	组件动作正常，纸币接收正常，正确识别钱箱编号
22	票据打印机	检查票据打印机（含组件）安装固定情况	状态良好
23		测试打印功能情况，要求字体清晰	字体清晰，功能正常
24	乘客触摸显示屏	检查乘客触摸显示屏（含组件）安装固定及线缆连接情况	状态良好
25		清洁乘客触摸显示屏表面积尘	整洁、干净
26		检查乘客显示屏的显示内容（含线路地图、设备信息等）	IP地址、设备编号、软件版本、时间等信息正确，通信状态正常
27		测试购票性能（含所有购票方法）	功能正常
28	状态显示屏	检查状态显示屏（含组件）安装固定及线缆连接情况	状态良好
29		清洁状态显示屏表面积尘	整洁、干净
30		观察状态显示屏显示信息	正常，无坏点
31	设备软件	检查设备监控/应用/通信程序、软件版本、时间同步功能。要求功能正常	功能正常
32	辅助设备	检查/测试内部照明灯具（如有）	功能正常
33		测试维修键盘功能	功能正常

（4）车站计算机季检（表10-10）

车站计算机季检 表 10-10

序号	部件	检修内容	检修要求
1	基础检修	设备内部模块表面除尘	整洁、干净
2	线缆/网络设备	检查交换机、光端机、网络线缆、电源线缆、模块与主机间线缆、连接线缆	功能正常、连接紧固
3		清洁表面灰尘	表面干净、整洁
4	主控机	清洁表面灰尘、线缆整理	功能正常，连接紧固
5		检查服务器、工作站运行指示灯	显示正常，无故障代码
6	供电组件	检查后备电池	无膨胀、漏液、接口端子无氧化等异常现象
7		测量交流电源的输入/输出值	电压值在标称值范围内
8		清洁表面灰尘、线缆整理	整洁、干净
9	设备软件	检查设备系统、监控/应用/通信程序、报表数据、客流数据、数据库连接、寄存器、登录/签到/签退功能、报表、软件	功能正常
10		检查设备系统日志、系统时间同步软件、系统软件版本、参数状态	运行状态正常
11		整理磁盘、检查磁盘剩余空间、病毒库	各磁盘分区剩余空间不低于该磁盘分区容量20%，病毒库为最新版本
12	辅助设备	检查与清洁操作显示屏、门锁、维修面板、键盘、鼠标、风扇、机柜	整洁、干净，各部件功能使用正常
13		测试紧急按钮功能	紧急按钮设备完好，功能正常

(5) 清分系统、线路中央计算机系统季检（表10-11）

清分系统、线路中央计算机系统季检 表 10-11

序号	部件	检修内容	检修要求
1	清分系统（ICCS）	检查文件系统磁盘空间阈值，检查系统控制器固件版本，检查设备日志与参数网络配置	日志产生正常，配置正确
2		检查风扇、电源、硬盘状态以及CPU温度，检查系统控制器上主机硬件状态、平台运行环境状态	各部件状态正常
3	线路中央计算机系统（LCC）	检查系统各类连线（网线与交换机之间、心跳线连接情况；设备电源连线、电源接头、光纤线、网线）	各种线缆完好，无老化破损
4		检查服务器系统时间（含通信服务器），查看时钟同步软件运行情况	主备机时间差不应超过2min
5		备份服务器、磁带库、交换机、磁盘阵列、报表服务器检查设备线缆连接	线缆连接稳固
6	UPS	设备线缆连接检查	线缆连接稳固
7		检查蓄电池使用状态，是否有漏液、破损	蓄电池完整良好
8		电池充放电维护，通过UPS操作面板上执行UPS放电1h后手工开始恢复充电操作	系统运行正常，放电时间能够持续1h，电量电池充电完成后，输入输出电压正常

5. AFC设备年检的一般要求

AFC设备年检定义为每年进行一次作业，对AFC设备进行整机保养，对重要组成部件进行深度保养，对常用易耗部件进行定期更换。年检应根据《AFC设备检修规程》，将设备的年检纳入年度维修计划中,并应严格按照年度维修计划进行,如年检与季检重叠,可以一并进行,年检的内容应包括季检的全部内容。对 AFC 设备的年检应严格按照设备维修标准全面认真进行,确保维修质量,使经过年检后的设备完全符合维修标准,达到原设计的技术标准和要求。结合设备的年检,工班每年应对所管设备进行一次设备质量大检查,按设备质量"良好、合格、不合格"对设备质量进行评估、统计、分析,并对设备按台建立"设备技术履历簿",每年结合设备年检对各种设备技术履历簿进行更新,认真填写记录,并可适用于设备年度质量评估。下列简单描述一下各种设备的年检工作内容。

(1) 票房售票机年检 (表 10-12)

票房售票机年检　　　　　　　　　　　表 10-12

序号	部件	检修内容	检修要求
1	基础检修	交换机表面除尘、检查交换机各连接光纤线和网线的接线情况、检查交换机网线和光纤标识、检查机柜锁头开关	整洁、干净
2	主控机	检查并整理主控机内/外观及内部接线、端口及组件固定情况	功能正常、连接紧固
3		清洁主控内部(含主板、内存、存储卡、CPU、散热风扇、防尘网等)积尘	整洁、干净
4	供电组件	检查直流电源、UPS/后备电池、电源接线端子、交流输入/输出组件内部连接线缆	功能正常、连接紧固
5			
6		测试 UPS 供电性能	断开市电,可以维持 5 分钟带负载供电
		清洁直流电源、UPS 内部(含组件)	整洁、干净
7	设备软件	磁盘碎片整理	磁盘碎片整理正常
8	其他组件	检查测试门锁、门传感器、指示灯组件等组件	功能正常
9		机壳接地阻值测试	阻值不大于 1Ω
10		供电线路绝缘检查	阻值不小于 10MΩ

(2) 自动检票机年检 (表 10-13)

自动检票机年检　　　　　　　　　　　表 10-13

序号	部件	检修内容	检修要求
1	主控机	检查并整理主控机内/外观及内部接线、端口及组件固定情况	功能正常、连接紧固
2		清洁主控内部(含主板、内存、存储卡、CPU、散热风扇、防尘网等)积尘	整洁、干净
3	扇门/转杆模块	电机/转杆模块拆卸,检查内部磨损情况,并涂抹润滑剂	整洁、干净,动作顺畅
4	供电组件	检查直流电源、UPS/后备电池、电源接线端子、交流输入/输出组件内部连接线缆	功能正常、连接紧固
5		测试 UPS 供电性能	断开市电,可以维持 5min 带负载供电
6		清洁直流电源、UPS 内部(含组件)	整洁、干净
7	其他组件	检查测试门锁、门传感器、指示灯、维修门/盖板及组件、导轨/油叉、告警器(蜂鸣器或喇叭)	功能正常
8		机壳接地阻值测试	阻值不大于 1Ω
9		供电线路绝缘检查	阻值不小于 10MΩ

(3) 自动售票机年检（表10-14）

自动售票机年检 表10-14

序号	部件	检修内容	维护要求
1	主控机	检查并整理主控机内/外观及内部接线、端口及组件固定情况	功能正常、连接紧固
2		清洁主控内部（含主板、内存、存储卡、CPU、散热风扇、防尘网等）积尘	整洁、干净
3	供电组件	检查直流电源、UPS/后备电池、电源接线端子、交流输入/输出组件内部连接线缆	功能正常、连接紧固
4		测试UPS供电性能	断开市电，可以维持5min带负载供电
5		清洁直流电源、UPS内部（含组件）	整洁、干净
6	单程票模块	拆卸单程票导票管、取票口组件清洁	清洁度良好，安装正确
7	硬币模块	检查硬币模块控制板与分向器磨损情况	外观正常、性能正常
8	纸币模块	检查纸币模块控制板	外观正常、性能正常
9	其他组件	检查测试门锁、门传感器、指示灯、维修门/盖板及组件、导轨/油叉、告警器（蜂鸣器或喇叭）	功能正常
10		机壳接地阻值测试	阻值不大于1Ω
11		供电线路绝缘检查	阻值不小于10MΩ

(4) 自动验票机年检（表10-15）

自动验票机年检 表10-15

序号	部件	检修内容	检修要求
1	基础检修	设备内部模块表面除尘	整洁、干净
2	线缆/网络设备	检查交换机、网络线缆、电源线缆、模块与主机间线缆、模块与模块间线缆、读卡器线缆	功能正常、连接紧固
3		清洁表面灰尘、线缆整理	整洁、干净
4	主控机	检查并整理主控机内/外观及内部接线、端口及组件固定情况	功能正常、连接紧固
5		清洁主控内部（含主板、内存、存储卡、CPU、散热风扇、防尘网等）积尘	整洁、干净
6	供电组件	检查后备电池	无膨胀、漏液、接口端子无氧化等异常现象
7		测量交流电源、直流电源的输入/输出值，清洁表面灰尘、线缆整理	电压值在标称值范围内，整洁、干净
8		检查直流电源、UPS/后备电池、电源接线端子、交流输入/输出组件内部连接线缆	功能正常、连接紧固
9		测试UPS供电性能	断开市电，可以维持5min带负载供电
10		清洁直流电源、UPS内部（含组件）	整洁、干净
11	设备软件	检查TCM的通信情况，检查IP地址设置，检查TCM软件和读卡器版本	设置正常

311

续表

序号	部件	检修内容	检修要求
12	读卡器模块	清洁读卡天线，SAM卡座控制板，检查读卡天线连线稳固情况	要求表面无明显积尘
13		清洁并检查 SAM 卡安装情况	干净并安装正确
14		在读卡区域验票，测试读卡效果	正常读卡
15	乘客显示屏	检查乘客显示屏（含组件）安装固定情况	状态良好
16		清洁乘客显示屏表面积尘，检查线缆连接情况	整洁、干净
17		检查乘客显示屏运行时图像显示情况	状态良好、功能正常
18	辅助设备	检查/测试内部照明灯具（如有）	功能正常
19		测试维修键盘功能	功能正常
20	其他组件	检查测试门锁、门传感器、指示灯等组件	功能正常
21		机壳接地阻值测试	阻值不大于1Ω
22		供电线路绝缘检查	阻值不小于10MΩ

(5) 车站计算机年检（表10-16）

车站计算机年检   表 10-16

序号	部件	检修内容	检修要求
1	主控机	检查通信板、硬盘、CPU、内存、主板、其他内部组件及连线	功能正常、连接紧固
2		清洁内部组件，整理内、外部线缆	内部干净、整洁，线缆整理良好
3		检查服务器阵列卡电池	电池无膨胀、变形、漏液，运行情况正常
4		检查服务器、工作站主板表面元器件	元器件无膨胀、变形、漏液，功能正常
5	供电组件	检查 UPS/后备电池、电源接线端子、交流输入/输出组件内部连接线缆	功能正常、连接紧固
6		测试 UPS 供电性能，带负载放电后备电池	断开市电，可以维持30min带负载供电
7		清洁 UPS 内部（含组件）	整洁、干净
8	设备软件	数据库维护与优化	数据库正常运行，无过期数据
9	其他组件	机壳接地阻值测试	阻值不大于1Ω
10		供电线路绝缘检查	阻值不小于10MΩ

(6) 清分系统、线路中央计算机系统年检（表10-17）

清分系统、线路中央计算机系统年检   表 10-17

序号	部件	检修内容	检修要求
1	清分系统工作站	检查设备标签是否完好	标签完整、文字清晰
2		检查外设（显示器、键盘、鼠标）功能是否正常	外设电源指示灯正常、切换显示器屏幕、移动鼠标、键盘输入正常
3		检查风扇状况是否正常	风扇转动正常、没有异响，有明显风力吹出，并且温度不烫手
4		检查有无其他异常告警指示灯亮或异常声音	硬盘故障指示灯不亮，网卡或主机总线适配卡绿灯闪烁或长亮
5		整理设备线缆（网线、电源线、数据线）	线缆排列整齐、如有需要对线缆标签重新进行标示

续表

序号	部件	检修内容	检修要求
6	线路中央计算机工作站	观察设备面板上标签是否完整，标签上文字是否清晰	标签完整、文字清晰
7		外设（显示器、键盘、鼠标）功能是否正常	外设电源指示灯正常、切换显示器屏幕、移动鼠标、键盘输入正常
8		检查硬盘故障指示灯状态，检查网卡或主机总线适配卡指示灯状态	硬盘故障指示灯不亮；网卡或主机总线适配卡绿灯闪烁或长亮
9		设备线缆连接检查	线缆连接稳固

10.6 自动售检票系统的故障处理

当车站 AFC 系统发生故障后，应尽快组织对故障设备进行测试、诊断、分析，找出故障原因，修复故障，恢复设备使用。在故障修复时应详细记录故障现象及处理修复过程，以便分析故障及在其他修程开展时做出进一步的处理与修复。在故障处理后，应能保证设备恢复使用功能，正常投入运行；如系统设备无法达到正常使用状态时，应根据车站实际情况对 AFC 系统采取降级使用，限制故障范围，防止设备带病运行，导致故障扩大化。

1. AFC 系统设备故障简介

（1）AFC 系统设备故障的定义

AFC 系统设备在日常运行（包括地铁列车对外运营服务时段和地铁列车停止运营服务时段）过程中，在乘客服务、运营工作人员使用等方面呈现的功能失效、操作障碍，甚至对人身安全、设备运行安全造成了威胁的设备状态，就可以视为 AFC 系统设备故障。

（2）AFC 系统设备故障的特点

首先是突发性：例如车站失电导致 AFC 设备大面积停用，往往是因为一些偶然的原因突然发生的，发生前是没有预兆的；其次是利益性：AFC 设备涉及金钱收益，同时直接关系市民切身利益，例如 AFC 设备大面积时钟跳变，会导致扣费错误，造成诸多的不便，还会直接影响地铁运营单位的形象；再次是公开性：AFC 设备为直接面对乘客、服务乘客的设备，处于大众视线之下，一旦出现影响较大的异常情况，就会立即被公众了解到。现在大家的手机功能都很强大，几分钟就可以将情况发到通信软件上，引来更多网民的关注。

（3）AFC 系统设备故障的分类

AFC 系统设备故障按照其对地铁运营服务造成的影响大小，可以分为重大故障和常见故障。

1）重大故障

AFC 系统设备产生故障，对地铁线路所有车站或个别车站的运营服务造成一定的影响，导致故障车站 AFC 系统设备不能投入运营服务，或导致车站设置降级运营模式，车站票务工作完全进入人工服务或启动应急方案的情况视为重大故障。

2）常见故障

AFC 系统设备产生故障，对车站的运营服务不构成影响或影响轻微，而且设备故障经过工作人员或维修人员处理可以及时恢复投入运营服务的情况视为一般故障。

2. AFC 系统重大故障的应急处置

（1）AFC 系统重大故障处理原则

为确保 AFC 系统安全、稳定、高效运行，使 AFC 系统的运营及维修工作"有章可循"、"有章必循"，在调度的统一指挥下，AFC 系统维修人员应及时、有效地处理系统重大故障，提高设备的可用率，减少或杜绝系统运营及维修故障，保障乘客、员工及设备的安全。AFC 系统重大故障的处理原则如下：

1）AFC 系统发生重大故障时，要积极采取措施，迅速抢救，尽快恢复运营，尽量减少损失及对运营的影响。

2）在发生重大故障后，调度和有关人员须首先判断其性质、影响范围，并尽快隔离故障设备；然后按其轻重缓急组织和实施抢修，以尽快恢复设备正常运行。

3）对影响大的重要设备损坏，各级相关人员须立即判断其性质、影响范围，并立即将故障设备隔离，尽快采取措施减少其对正常运营的影响；对发生的人身伤亡事故按照运营的相关规定处理。

4）所有重大故障的处理应尽量快捷，一般在故障发生的运营日内进行处理，不拖延到下一个运营日。

5）AFC 系统重大故障发生后，要按照"四不放过"的原则（即"事故原因未查清不放过，责任者人未处理不放过，整改措施未落实不放过、有关人员未受到教育不放过"）处理事故，找出原因，分清责任，吸取教训，制订措施，防止同类事故的再次发生。

（2）AFC 系统重大故障处理流程

一旦 AFC 系统重大故障发生，高效的通报流程，准确的信息传达，事关抢修决策的时效性和准确性，并能减少因主观因素造成的抢修时间耽搁，及时、准确的信息沟通，可以使抢修工作由被动变主动，提高工作有效性。AFC 系统重大故障抢修组织如下：

1）调度是 AFC 系统事故（故障）的报告、处理、人员调配和处理的指挥中心。

2）对 AFC 系统发生的事故，调度均需要及时向上级汇报并通知有关人员；在处理事故时若需要其他部门协助，调度必须尽快向相关部门请求协作。

3）AFC 维修人员是 AFC 系统事故与故障的具体处理者，必须服从调度的指挥和调度。

4）AFC 维修人员在接到调度的通知后，必须在指定的时间内给予回复。

5）在发生一般事故与故障时，须立即组织和实施抢修，原则上应在 30min 内处理完毕或采取应急运行措施，最迟的处理完毕时间不能超过 1h。

6）在发生较大事故与故障时，原则上应在 2h 内组织和实施处理，并须在 6h 内处理完毕。

7）特殊情况下，就算有客观原因，对于较大的故障原则上也必须在 8h 内处理完毕。

8）所有事故与故障在处理完毕后，各级相关人员必须及时、准确地填写相关记录和维修日志。

9）为了更好地管理 AFC 设备故障，须建立完善的故障登记、统计和分析制度。

10）进行故障登记时，要如实记录故障发生的时间和故障修复的时间，这两个时间的间隔定义为故障延续时间。

11) AFC 专业技术人员应对管辖范围的 AFC 设备故障进行综合分析，统计 AFC 设备常见、易发故障，总结经验教训，提出防范措施，提高维修水平，力求减少重复故障的发生率。

(3) AFC 重大故障的处理技巧

如遇到因设备自身运作问题的 AFC 系统事故，维修人员在 10min 内判断、确认是否能独立处理，及时通过移动电话向工班长或线路负责人请求支援。按"先通后复"的原则，在接报故障的 25min 内修复 1~2 台简单故障设备，尽快降低故障等级，确保车站每个非付费区均有运行良好的自动售票机、票房售票机、进闸机，每个付费区均有运行良好的出闸机。在"先通后复"的基础上，按"先主后次"原则，在最短时间内恢复车站内影响客运服务较大的故障设备，降低对系统和运营的影响程度。

如遇到因计算机病毒入侵的 AFC 系统事故，维修人员按"先通后复"的原则，先将所有车站主干网和各站级设备的网络断开，尝试设备单机运行，通过系统恢复软件，快速将受感染的设备全部还原为原系统，确保每个车站内，每个非付费区均有运行良好的进闸机、自动售票机和票房售票机，每个付费区均有运行良好的出闸机，确保设备无病毒文件残留，并且具备防止病毒再次攻击的保护后，才能连接上网。

如遇到火灾、爆炸、水淹、地震等外界影响 AFC 设备运行的情况，维修人员处理故障时要与相关人员保持紧密的联系，在确保个人人身安全的同时，AFC 系统应采用各种降级的模式，尽快恢复运营，尽可能采取有效措施减少损失。

3. AFC 系统设备作业的安全要点

(1) 电气类

1) 当带电测量时，采取必要的绝缘及防潮防静电措施，切勿让身体接触裸露的接线头和带高压的供电部件，以防触电，应认真按照万用表、示波器、手提电脑等仪器的使用说明对 AFC 设备进行检测和调试，以避免因使用不当导致仪表、仪器和设备的损坏。

2) 在拆装设备电路板时，必须按正常关机步骤关闭设备的电源，方可进行电路板的拆装，严禁在带电情况下插拔电路板上的线缆，防止电路板因瞬间电流或电压过大而烧坏。拆装电路板前必须将线缆的接口做好标记，避免接错线缆。

3) 在对设备内部进行维护清洁，或对机械件进行润滑上油前，也必须按正常关机步骤关闭设备的电源和 UPS、直流供电器等，禁止采用非法步骤强行关机。

4) 当设备发生冒烟或电路板产生异常电火花时，应马上找到该台设备供电回路所在的配电盘，先切除其所属的配电开关，再切除设备的本地交流电开关，确认故障设备本地控制开关切除后再恢复其供电回路上的配电盘开关。未检查出设备的故障原因及确定修复前，不能闭合设备本地的交流电开关。

5) 在维修或更换设备的供电部件时，必须按正常步骤关闭设备的交流电。如更换的供电部件是在设备的交流电开关前，还必须关闭该台设备的配电盘开关，并通知相关人员切勿擅自打开此开关，再用电表测试确认本地交流输入已断开后，方可进行维修。维修完成后，必须检查电缆的接线正确，绝缘完好，方可通电。如作业会影响多台设备暂停使用，必须在客流较少的时段或运营结束后，方可进行作业。

6) 当设备发生漏电跳闸时，应按照以下步骤处理：

① 检查配电盘，确认相应的电气开关已关闭。

② 关闭所有已断电设备的本地交流开关。

③ 打开配电盘跳闸的电气开关。

④ 将初步判断为正常的设备的交流电源，逐台打开。

⑤ 利用电表重点检查可能发生漏电故障的设备电缆。

⑥ 确认漏电故障排除后再打开该设备的交流电。

⑦ 如仍然跳闸，则马上关闭该设备的交流电，在不影响其他设备正常运行的情况下，彻底检查该设备的线缆。

（2）化学品类

1）在使用酒精等液态清洁剂清洁 AFC 设备内部时，不要一次性用棉布浸过多酒精，以避免滴到电源线或电路板上发生短路现象；酒精是易燃易挥发物品，应小心放置和保管。

2）工作时应小心保存螺纹紧固剂（如乐泰，Loctite），使用时应注意采用纯棉布和软毛刷，部件一经清洁完毕，不允许遗留污迹在部件表面，不要用手和油性物体接触部件。

3）在使用压缩气体清洁 AFC 设备内部时，要按规定说明正确使用，压缩空气罐的罐体与水平面的夹角应大于 60°，以避免会喷射出液体到电源线或电路板上发生短路现象；压缩气体是高压灌装物品，应小心放置和保管，避免高温接触和撞击。

4）运酒精、压缩空气的过程中，搬运人员应保持盛装酒精、压缩空气的容器密封良好，小心搬运，防止泄漏。配送酒精、压缩空气到车站时，要用地面交通工具（专车）运输，不能乘坐城市轨道交通。

（3）作业防护类

AFC 设备是在地铁运营过程中直接面对乘客的设备，作业设置防护时，必须用防护牌将正在维修维护过程中的设备和维修工具与乘客隔离开，一方面是提醒外界人员不得擅自进入作业区域，保护作业人员不受外界人员的干扰；另一方面是防止乘客误入维修区域，乘客无意踢到或碰触损坏设备零部件或维修工具；再一方面是保护作业设备和作业的工器具不被外界人员接触。作业防护的设置要点如下：

1）作业前，必须取出停用牌（或作业防护屏风）。

2）将停用牌放在作业设备或作业区域的前方显眼处，提醒外界人员注意。

3）进行设备维护或大范围检修作业时，还必须取出防护屏风，将作业区域围蔽。

4）如登梯作业，除了要设置停用牌，还必须有一人在梯下配合作业，方能登梯作业。

除此之外，我们还必须要注意作业过程中工器具和零部件的摆放，工器具的摆放原则如下：

① 放在低处、平坦、稳当的地放，防止掉落砸伤。

② 放在作业范围内，防止被外界人员碰触或绊倒外界人员。

③ 放在视线可及处，防止工器具遗漏在作业现场。

4. AFC 系统设备维修的常用工器具

AFC 系统设备维修的顺利开展离不开工具器的使用，维修人员能否正确选择合适的工器具，一方面直接影响工作效率；另一方面直接关系着作业质量的好坏。AFC 系统设备维修的建议配备工器具如表 10-18。

AFC 系统设备维修的常用工具 表 10-18

序号	分类	工器具名称
1	个人工器具	数字万用表
2		加长球形内六角扳手组
3		十字螺钉旋具
4		一字螺钉旋具
5		工具袋
6		充电式螺丝批
7		试电笔
8		8 件套中孔花型扳手
1	车站工器具	一字无感螺丝刀
2		十字无感螺丝刀
3		10MM 梨型头快速脱落棘轮扳手
4		10MM 系列公制六角旋具套筒
5		月牙扳手
6		温湿度表
7		皮卷尺
8		以太网线测试仪
9		省力型电工钢丝钳
10		省力型电工尖嘴钳
11		省力电工斜口钳
12		挡圈钳
13		圆口带刃大力钳：250mm
14		压接工具
15		活动扳手
16		全抛光棘轮两用扳手
17		T 型内六角扳手
18		T 型头内六角扳手
19		橡塑柄螺母螺丝批
20		十字螺钉旋具
21		十字螺丝批
22		一字绝缘螺钉旋具
23		一字螺钉旋具
24		螺母螺钉旋具
25		微型塑柄六角螺钉旋具
26		花型螺丝批组
27		圆头锤
28		橡胶锤
29		19 寸塑料工具箱
30		电烙铁
31		铬铁架
32		地板吸盘
33		吹风机
34		吸尘器
35		可弯式捡拾器
36		伸缩检测镜

续表

序号	分类	工器具名称
37	工班工器具	调温型热风枪
38		双用压线钳
39		ω形卡
40		拉力计
41		纸币钱箱拆卸工具，可转头的螺丝刀
42		25片塞尺
43		兆欧表
44		数字钳形万用表
45		强力压着绝缘端子钳
46		万用剥线钳
47		套筒扳手组
48		锉刀：齐头扁锉
49		六件套助焊工具
50		压杆式黄油枪
51		自动恒温热熔胶枪
52		重型拉铆枪
53		铝合金旋转形胶枪
54		手电钻
55		四坑锤钻
56		穿线器
57		金属端子取出工具
58		活动扳手
59		无感螺钉旋具
60		12.5mm系列转向接杆
61		锯弓
62		天线分析仪
63		蓄电池内阻测试仪
64		电烙铁

下面介绍几种AFC系统设备维修的常用工器具。

(1) 电动螺丝刀

电动螺丝刀，别名电批、电动起子，是用于拧紧和旋松螺钉用的电动工具。该电动工具装有调节和限制扭矩的机构，AFC设备内各部件使用大量螺丝进行固定与定位，使用电动螺丝刀能大大提升检修效率。电动螺丝刀分为：直杆式，手持式，安装式三类，如图10-15。

(2) 万用表

万用表通常分为机械万用表与数字万用表，结构上都由表头、转换开关、测量电路三部分组成。变动转换开关，便可选择不同的测量程。万用表可以用来测量AFC设备的交直流电压、交直流电流、电阻等。随着科技的发展，数字万用表测量精度越来越高，且读取方便，如图10-16。

图 10-15　常见的电动螺丝刀　　图 10-16　常见的万用表

（3）兆欧表

兆欧表大多采用手摇发电机供电，故又称摇表。它的刻度是以兆欧（MΩ）为单位的。主要用来检查 AFC 设备对地及相间的绝缘电阻，以保证这些设备、电器和线路工作在正常状态，避免发生触电伤亡及设备损坏等事故，如图 10-17。

（4）天线分析仪

天线分析仪，又称天线调谐器，是用于测量天线各项特性参数，检测、维护天线的有力工具。AFC 系统终端设备车票读写器识别应用射频识别技术，通过无线电波不接触快速信息交换和存储技术，通过无线通信结合数据访问技术，然后连接数据库系统，加以实现非接触式的双向通信，从而达到了识别的目的，用于数据交换，串联起一个极其复杂的系统。在识别系统中，通过电磁波实现电子标签的读写与通信。涉及主要部件为读写器、电子标签（代币式车票、储值票），其工作原理为：电子标签进入读写器后，接收读写器发出的射频信

图 10-17　常见的兆欧表

号，凭借感应电流所获得的能量发送出存储在芯片中的产品信息，读写器读取信息并解码后，送至信息系统进行有关数据处理。读写器的耦合匹配对于整个读写器射频识别效率至关重要。当天线工作频率发生改变时候，可通过调整天线板背后的可变电容，将天线的各项技术指标的参数调整到标准值，而在调整过程中，用于测量天线的各项参数的仪器就是天线调谐器了，如图 10-18。

（5）电池内阻测试仪

电池内阻测试仪是用于测量 AFC 设备 UPS 电池内部阻抗和电池酸化薄膜破损程度的仪器，以下简称内阻仪。它对被测对象施加 1kHz 交流信号，通过测量其交流压降而获得其内阻，如图 10-19。

5. AFC 系统常见故障的处理

对车站现场发生的一般设备故障，响应故障的时间不超过 5min，从故障接报到故障处理完毕平均时间不大于 60min。处理常见的设备故障要满足运营服务质量要求，实现

AFC 系统设备安全、稳定、高效、良好运行，实现 AFC 系统设备故障停用时间最小化、运营服务时间最大化。AFC 系统常见故障的处理技巧如表 10-19。

图 10-18 常见的天线分析仪

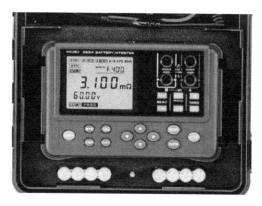

图 10-19 常见的电池内阻测试仪

AFC 系统常见故障的处理技巧   表 10-19

设备类型	故障现象	排查关键点
自动售票机	票卡模块故障	检查票卡模块机械部件动作是否正常。 检查票卡模块传感器状态是否正常。 检查票卡模块连接线缆是否松动。 检查票卡模块控制板是否正常
	硬币模块故障	检查硬币模块机械部件动作是否正常。 检查硬币模块传感器状态是否正常。 检查硬币模块连接线缆是否松动。 检查硬币模块控制板是否正常
	纸币模块故障	检查纸币模块机械传动部件是否正常。 检查纸币模块传感器状态是否正常。 检查纸币模块皮带是否正常。 检查纸币模块连接线缆是否正常。 检查纸币模块电源电压是否正常。 检修纸币模块软件是否正常
	电源模块故障	检查电源模块电压是否正常。 检查电源模块连接线缆是否松动。 检查电源模块电子元器件是否正常
	触摸屏模块故障	检查触摸屏连接线缆是否松动。 检查触摸屏控制板是否正常。 检查触摸屏触摸模块是否正常。 检查触摸屏液晶显示模块是否正常
	乘客状态显示屏故障	检查乘客状态显示屏电源是否正常。 检查乘客状态显示屏连接线缆是否松动。 检查乘客状态显示屏控制板是否正常
	主控模块故障	检查主控温度是否正常。 检查主控 CPU 板是否正常。 检查主控软件运行是否正常。 检查输入设备是否正常

续表

设备类型	故障现象	排查关键点
自动检票机	扇门模块故障	检查扇门模块机械部件是否正常。 检查扇门控制板是否正常。 检查扇门模块连接线缆是否松动。 检查扇门电机是否正常。 检查通道传感器连接线缆是否松动。 检查通道传感器控制板是否正常。 检查通道传感器是否正常。 检查扇门模块与主控通信是否正常
自动检票机	票卡模块故障	检查读卡器是否正常。 检查读卡器连接线缆是否松动。 检查闸机机械部件是否正常。 检查闸机回收票模块连接线缆是否正常。 检查闸机回收模块控制板是否正常。 检查票箱是否正常。 检查票箱识别器是否正常
自动检票机	主控模块故障	检查主控温度是否正常。 检查主控CPU板是否正常。 检查输入设备是否正常。 检查主控软件运行是否正常
票房售票机	读卡器故障	检查电源模块是否正常。 检查读卡器是否正常。 检查读卡器的串口线是否接在设定串口上,并且检查连接是否松开
票房售票机	打印机不能打印票据	检查打印机是否开启。 检查是否缺纸、卡纸,色带是否用完。 检查打印机的串口线是否接设定的串口上,并且检查连接是否松开
票房售票机	乘客显示器故障	检查乘客显示器的电源是否接好。 检查付费区乘客显示器、非付费区乘客显示器的串口线是否分别接在设定的串口上,并且检查连接是否松开
票房售票机	死机	检查主控温度是否正常。 检查主控CPU板是否正常。 检查主控软件运行是否正常
票房售票机	不间断电源故障	检查不间断电源电压输入和输出是否正常。 检查不间断电源控制板是否正常。 检查不间断电源连接线缆是否正常
车站计算机（服务器和工作站）	系统死机	检查主机温度是否正常。 检查主机控制板是否正常。 检查主控软件运行是否正常
车站计算机（服务器和工作站）	不间断电源故障	检查不间断电源电压输入和输出是否正常。 检查不间断电源控制板是否正常。 检查不间断电源连接线缆是否正常
车站计算机（服务器和工作站）	操作显示屏故障	检查操作显示屏电源电压是否正常。 检查操作显示屏连接线缆是否松动。 检查操作显示屏是否正常
车站计算机（服务器和工作站）	服务器硬盘故障	检查服务器是否正常开启。 检查服务器硬盘指示灯是否正常
车站计算机（服务器和工作站）	站厅设备与车站计算机没有通信	检查光纤交换机是否正常。 检查网线是否正常。 检查设备系统配置、IP地址设置是否正常

续表

设备类型	故障现象	排查关键点
自动验票机	读卡器故障	检查读卡器是否正常。 检查读卡器连接线缆是否松动
	电源故障	检查电源模块电压输入、输出是否正常。 检查电源模块连接线缆是否松动。 检查电源控制是否正常
	系统死机	检查主机温度是否正常。 检查主机控制板是否正常。 检查主控软件运行是否正常
	乘客显示屏故障	检查显示屏电源电压是否正常。 检查显示屏连接线缆是否松动。 检查显示屏是否正常
线路中央计算机	主机设备部件故障	检查设备部件指示灯是否正常。 检查硬件或系统告警信息和运行日志是否正常。 检查设备各类连线是否正常
	应用程序故障	检查通信服务监护程序各个子模块是否正常。 检查各相关的进程是否运作良好。 检查检查日志记录情况。 检查通信服务器双机是否正常
	交换机故障	检查交换机状态是否正常。 检查交换机连接是否正常。 检查设备系统配置、IP地址设置、日志信息是否正常
	不间断电源故障	检查不间断电源电压输入和输出是否正常。 检查不间断电源控制板是否正常。 检查不间断电源连接线缆是否正常
	数据库故障	检查数据库日志信息是否正常。 检查数据库进程是否正常。 检查数据库空间是否正常
清分系统	主机设备部件故障	检查设备部件指示灯是否正常。 检查硬件或系统告警信息和运行日志是否正常。 检查设备各类连线是否正常
	存储设备硬盘故障	检查存储设备硬盘指示灯是否正常。 检查系统日志是否有报错
	不间断电源故障	检查不间断电源电压输入和输出是否正常。 检查不间断电源控制板是否正常。 检查不间断电源连接线缆是否正常
	交换机故障	检查网络设备硬件运行状态是否正常。 检查通信程序是否正常运行。 检查网线和光纤是否正常。 检查设备系统配置、IP地址设置是否正常
	数据库故障	检查数据库日志信息是否正常。 检查数据库进程是否正常。 检查数据库空间是否正常

AFC系统常见故障的处理流程如图10-20。

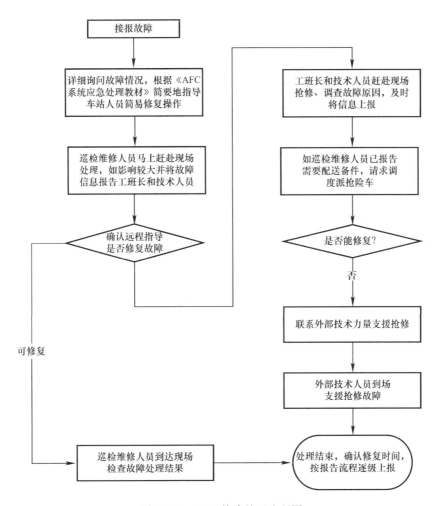

图 10-20 AFC 故障处理流程图

6. 典型故障

(1) 闸机卡票故障

现象：乘客投入单程票到闸机投票口，扇门模块不动作，闸机显示暂停服务，并提示相应故障代码，通行指示灯显示禁止通行。

处理：1）检查相关车票模块硬件（电磁阀、传感器、电机、传输皮带）是否故障；

2）检查车票是否卡在回收通道处；

3）检查车票模块到主控连接线缆、读卡器到单程票控制板线缆是否紧固；

4）检查回收车票通道是否被异物堵塞、车票变形；

5）复位闸机车票模块，使用指令测试是否恢复正常。

(2) 自动售票机卡硬币故障

现象：乘客反映投入足够硬币购票，自动售票机没有出票，硬币没有退还乘客。

处理：1）询问乘客（车站人员）投入硬币数量、点选车站等购票信息；

2）登录自动售票机，查看交易记录，是否有对应成功购票记录；如有成功购票记录，检查设备是否有遗留车票；如无，继续查询维修后台是否有相应故障代码；

3）如有故障代码，根据故障代码检查相对应模块；如无故障代码，重点检查验币器通道、硬币模块内部是否有遗留硬币；

4）检查通道表面是否有粘结物、异物堵塞；

5）复位自动售票机硬币模块，使用指令测试是否恢复正常。

(3) 操作员无法登录票房售票机故障

现象：操作员无法登录票房售票机，无法使用票房售票机进行乘客票务事务处理。

处理：1）使用维修人员账号或其他操作人员账号登录，检查是否能正常登录，排查该操作员是否有权限；

2）检查键盘指示灯是否正常亮，键盘线连接线是否紧固，排查键盘问题；

3）通过车站计算机，检查该台票房售票机的操作员权限参数状态，检查是否为最新版本，如发现该参数（或其他参数）显示未同步，则选择同步参数；

4）检查票房售票机本地的操作员权限参数，尝试删除本地参数，打开应用软件，使该参数自动从车站计算机重新下载；

5）如参数没有异常，且操作员有登录权限，则票房售票机软件可能发生错误，可尝试重做软件。

(4) 车站计算机与所有站级设备没有通信故障

现象：车站计算机监控软件显示与所有站级设备通信中断，没法监控站级设备，站级设备数据没法上传至车站计算机。

处理：1）检查车站计算机主机设备状态指示灯是否正常，硬件有无故障；

2）登录车站计算机，检查服务器、工作站软件是否正常运行；

3）检查站级设备到车站计算机之间线缆是否牢固，交换机通信指示灯是否正常亮；

4）如恢复正常通信，确认站级设备数据能正常上传，车站计算机能正常监控站级设备。

(5) 中央级计算机数据库业务查询失败故障

现象：数据库的业务查询失败，客户端无法对其进行业务查询。

处理：1）检查客户端到数据库间的网络状态；排查客户端到数据库间的网络问题；

2）检查运行该数据库设备是否故障，介质故障等；排查数据库设备与介质问题；

3）通过数据库的设备查看该数据库的运行日志，数据库故障主要是事务内部故障，日志空间满等；

4）分析数据库运行日志，如发现其日志段空间已满，则清理空间，重启数据库。

(6) 多个车站手机成功购票后现场无法取票

现象：乘客使用手机购买车票，成功支付并生成取票码后，无法在车站正常取票。

处理：1）组织排查处理后台支付平台是否正常运行；

2）组织排查站级设备网络是否正常，能否使用现金成功购票；

3）组织运营商排查现场手机网络信号情况。

(7) 手机地铁乘车码无法出码

现象：乘客使用手机无法生成地铁乘车码，无法过闸。

处理：1）组织排查各地铁乘客码程序入口是否故障；

2）组织排查处理后台支付平台是否正常运行；

3）组织运营商排查现场手机网络信号情况。

10.7 多元化支付背景下的 AFC 系统设备运作管理

在国家"互联网+"的战略号召下,各城市地铁公司陆续提出了基于多元化支付技术的"智慧出行"方案,多元化支付的运作机制及管理与传统支付方式存在一定的差异,如表 10-20。

多元化支付与传统支付的差异　　　　　　　表 10-20

序号	内容	多元化支付	传统支付
1	站级设备运作	(1) TVM 可屏蔽纸币模块、硬币模块,车站人员无需定时补充纸硬币与更换纸币钱箱、硬币钱箱。 (2) 乘客查询车票信息可在自助客服设备实现,无需另外安装 TCM。 (3) 乘客办理部分票卡事务可自助进行,无需由车站人员进行操作	(1) 因涉及现金交易,TVM 需安装有处理现金的纸币模块、硬币模块,需定时补充纸硬币与更换纸币钱箱、硬币钱箱。 (2) 需安装 TCM 供乘客查询车票信息。 (3) 乘客办理票卡事务必须由车站人员操作
2	网络通信情况	乘客与人机界面交互必须使用无线网络通信,出现网络异常时,可能会导致乘客无法使用 AFC 设备,高度依赖网络的稳定性	使用有线网络通信,出现网络异常时,站级设备能离线运行,乘客使用不受影响,交易数据在网络恢复后自动补传,对网络稳定性要求不高
3	支付方式	可支持先付后享/先享后付两种方式	仅支持先付后享一种方式
4	数据管理	开放性数据环境,通过增加外部互联网的数据接口,才能实现支付业务	封闭性数据环境,没有与外部互联网交互数据

多元化支付下的 AFC 系统设备运作管理方式可以基于上述章节介绍的基础上,针对特有属性,可做与之对应的调整与优化。

1. 跨专业的抢修联动

未实现多元化支付之前,AFC 设备可以实现单机离线运行,AFC 基本功能的实现并不依赖于服务器、网络交换机等其他设备,这也使得 AFC 系统发生大面积故障的风险降到非常低的水平。多元化支付的交易数据处理有实时联网、脱机配对等几种机制,且还可能涉及手机无线虚拟车票,因此需 AFC、民用通信、网络通信等专业均确保正常运行,任何一个环节出现问题都可能导致无法正常支付。

为在发生突发事件时,高效有序统筹各专业开展应急处理,最大限度地减少多元化支付突发事件造成的损失并降低影响,及时恢复正常运营生产秩序,各多元化支付业务专业链条需要联动起来,按其在多元化专业分工对本专业业务进行检查,由跨专业应急人员将检查结果以图片方式共享,以供业务链条中的其他专业快速判断故障。

2. 与既有传统设备的兼容

部分多元化支付的实现方式是在既有传统设备上改造实现,目前使用的技术需要实时数据交互,其对网络及支付服务器的要求非常高。网络方面,各条线路因投用时间长短不一,使用的网络结构不同,交换机、路由器等设备型号不一,新旧程度不同,当设备需要连接至统一的清分后台服务器时,较难保证网络的稳定性,而且各线路的数据链路带宽不一,部分老线路面临高负载数据通信时可能会因带宽不足导致通信延迟。同时服务器方面,清分后台服务器可能存在处理能力不足的情况,容易出现因大负载而响应缓慢等情况,设备的稳定性有待提高。

针对上述情况,可通过网络改造项目,统一网络结构及网络设备,增加双冗余链路作为网络稳定性的保证。在网络第一选择为固定网络的情况下,保留4G通信模块,作为出现网络问题后的应急措施。同时结合目前的技术发展趋势,建立地铁的AFC清分云平台,将ICCS建立在云服务器上,增加系统的健壮性及并行处理能力。

3. 数据安全的防范控制

实现多元化支付需要在智能手机上安装相应的应用程序,用户安装应用就会产生相应的风险。应用安全风险包括应用漏洞、逆向工程、重打包、恶意软件等。因此可建立手机端支付软件的企业级技术规范,规范中明确软件所要求具备的防范嗅探、篡改、数据伪造等安全功能。

多元化支付的整个周期环节均围绕信息验证和信息交换展开,在信息验证及交换过程中主要有三个风险点:一是支付指令验证手段是否具有多重保障;二是客户端软件加密功能是否可靠;三是差错处理方案是否完备。因此需建立有效的安全通信信道,各层级数据交互需要有完整的加密处理、数据完整性校验,手机端程序应采用自校验与服务器端检验相结合的方式,保证应用程序不被篡改,并完善虚拟车票的密钥验证流程及数据完整性。

4. 基于大数据的运维应用

基于汇聚在服务器平台的大数据,包括交易数据、设备运作状态等,可利用大数据分析技术深度挖掘,进而应用在运维方面。一方面可完善监测及告警功能,当出现异常趋势时及时给出预警和维护建议;为设备的预防修、状态修和计划修等维护计划提供科学的依据;另一方面可建立基于线网的智能运维系统,当系统有故障和告警发生时,系统启动故障诊断功能,协助AFC维护人员分析故障原因,定位故障点。

随着互联网技术的不断发展与创新,AFC设备的多元化支付改变了原有的售票、进出闸模式,大大提升了市民出行效率与员工工作效率,实现了"双赢",同时由于业务流程上的变化,设备系统层次构造的变化,也出现了新的运行管理挑战,准确把握AFC设备多元化支付的发展趋势,加快前瞻性布局,有助于整体提高轨道交通运营的智能化、信息化管理水平。